SLAVOJ
ŽIŽEK

Interrogando o real

OUTROS LIVROS DA **FILÔ**

FILÔ

A alma e as formas
Ensaios
Georg Lukács

A aventura da filosofia francesa no século XX
Alain Badiou

Ciência, um Monstro
Lições trentinas
Paul K. Feyerabend

A ideologia e a utopia
Paul Ricœur

O primado da percepção e suas consequências filosóficas
Maurice Merleau-Ponty

A teoria dos incorporais no estoicismo antigo
Émile Bréhier

A sabedoria trágica
Sobre o bom uso de Nietzsche
Michel Onfray

Se Parmênides
O tratado anônimo De Melisso Xenophane Gorgia
Bárbara Cassin

A união da alma e do corpo
em Malebranche, Biran e Bergson
Maurice Merleau-Ponty

Do espírito geométrico
e da arte de persuadir e outros escritos de ciência, política e fé
Blaise Pascal

FILÔAGAMBEN

Bartleby, ou da contingência
Giorgio Agamben
seguido de Bartleby, o escrevente
Herman Melville

A comunidade que vem
Giorgio Agamben

O homem sem conteúdo
Giorgio Agamben

Ideia da prosa
Giorgio Agamben

Introdução a Giorgio Agamben
Uma arqueologia da potência
Edgardo Castro

Meios sem fim
Notas sobre a política
Giorgio Agamben

Nudez
Giorgio Agamben

A potência do pensamento
Ensaios e conferências
Giorgio Agamben

O tempo que resta
Um comentário à Carta aos Romanos
Giorgio Agamben

FILÔBATAILLE

O erotismo
Georges Bataille

A literatura e o mal
Georges Bataille

A parte maldita
Precedida de A noção de dispêndio
Georges Bataille

Teoria da religião
Seguida de Esquema de uma história das religiões
Georges Bataille

Sobre Nietzsche vontade de chance
Georges Bataille

FILÔBENJAMIN

O anjo da história
Walter Benjamin

Baudelaire e a modernidade
Walter Benjamin

Imagens de pensamento Sobre o haxixe e outras drogas
Walter Benjamin

Origem do drama trágico alemão
Walter Benjamin

Rua de mão única Infância berlinense: 1900
Walter Benjamin

Estética e sociologia da arte
Walter Benjamin

Walter Benjamin: uma biografia
Bernd Witte

FILÔESPINOSA

Breve tratado de Deus, do homem e do seu bem-estar
Espinosa

Espinosa subversivo e outros escritos
Antonio Negri

Princípios da filosofia cartesiana e Pensamentos metafísicos
Espinosa

A unidade do corpo e da mente
Afetos, ações e paixões em Espinosa
Chantal Jaquet

FILÔESTÉTICA

O belo autônomo
Textos clássicos de estética
Rodrigo Duarte (Org.)

O descredenciamento filosófico da arte
Arthur C. Danto

Do sublime ao trágico
Friedrich Schiller

Íon
Platão

Pensar a imagem
Emmanuel Alloa (Org.)

FILÔMARGENS

O amor impiedoso
(ou: Sobre a crença)
Slavoj Žižek

Estilo e verdade em Jacques Lacan
Gilson Iannini

Introdução a Foucault
Edgardo Castro

Kafka
Por uma literatura menor
Gilles Deleuze
Félix Guattari

Lacan, o escrito, a imagem
Jacques Aubert, François Cheng, Jean-Claude Milner, François Regnault, Gérard Wajcman

O sofrimento de Deus
Inversões do Apocalipse
Boris Gunjevic
Slavoj Žižek

Psicanálise sem Édipo?
Uma antropologia clínica da histeria em Freud e Lacan
Philippe Van Haute
Tomas Geyskens

ANTI**FILÔ**

A Razão
Pascal Quignard

FILŌMARGENS   **autêntica**

SLAVOJ
ŽIŽEK

Interrogando o real

ORGANIZAÇÃO Rex Butler e Scott Stephens
TRADUÇÃO Rogério Bettoni

Copyright © Slavoj Žižek 2005, 2013
Copyright © Editorial material and Selection Rex Butler, Scott Stephens 2005, 2013. 'This translation is published by arrangement with Bloomsbury Publishing Plc'.
Copyright © 2017 Autêntica Editora

Título original: *Interrogating the Real*

Todos os direitos reservados pela Autêntica Editora. Nenhuma parte desta publicação poderá ser reproduzida, seja por meios mecânicos, eletrônicos, seja via cópia xerográfica, sem a autorização prévia da Editora.

COORDENADOR DA COLEÇÃO FILÔ
Gilson Iannini

CONSELHO EDITORIAL
Gilson Iannini (UFOP); *Barbara Cassin* (Paris); *Carla Rodrigues* (UFJR); *Cláudio Oliveira* (UFF); *Danilo Marcondes* (PUC-Rio); *Ernani Chaves* (UFPA); *Guilherme Castelo Branco* (UFRJ); *João Carlos Salles* (UFBA); *Monique David-Ménard* (Paris); *Olímpio Pimenta* (UFOP); *Pedro Süssekind* (UFF); *Rogério Lopes* (UFMG); *Rodrigo Duarte* (UFMG); *Romero Alves Freitas* (UFOP); *Slavoj Žižek* (Liubliana); *Vladimir Safatle* (USP)

EDITORA RESPONSÁVEL
Rejane Dias

EDITORA ASSISTENTE
Cecília Martins

REVISÃO
Aline Sobreira

CAPA
Alberto Bittencourt
(Sobre imagem de Ja Het / Shutterstock)

DIAGRAMAÇÃO
Larissa Carvalho Mazzoni

Dados Internacionais de Catalogação na Publicação (CIP)
(Câmara Brasileira do Livro, SP, Brasil)

Žižek, Slavoj
  Interrogando o real / Slavoj Žižek ; organização Rex Butler, Scott Stephens ; tradução Rogério Bettoni. -- 1. ed. -- Belo Horizonte : Autêntica Editora, 2017. -- (Filô/Margens)

  Título original: Interrogating the Real
  ISBN 978-85-513-0164-7

  1. Filosofia 2. Filósofos - Eslovênia 3. Hegel, Georg Wilhelm Friedrich, 1770-1831 4. Ideologia 5. Lacan, Jacques, 1901-1981 6. Psicanálise e filosofia I. Butler, Rex. II. Stephens, Scott. III. Título IV. Série.

17-04308   CDD-199.4973

Índices para catálogo sistemático:
1. Filósofos eslovenos 199.4973

Belo Horizonte
Rua Carlos Turner, 420
Silveira . 31140-520
Belo Horizonte . MG
Tel.: (55 31) 3465 4500

Rio de Janeiro
Rua Debret, 23, sala 401
Centro . 20030-080
Rio de Janeiro . RJ
Tel.: (55 21) 3179 1975

São Paulo
Av. Paulista, 2.073,
Conjunto Nacional, Horsa I
23º andar . Conj. 2310-2312 .
Cerqueira César . 01311-940
São Paulo . SP
Tel.: (55 11) 3034 4468

www.grupoautentica.com.br

7 Introdução dos organizadores

15 Prefácio do autor: O inumano

25 **Primeira parte: Orientações lacanianas**

27 A Sociedade para a Psicanálise Teórica na Iugoslávia: entrevista com Éric Laurent

33 Lacan: em que ponto ele é hegeliano?

43 "O mais sublime dos histéricos": Hegel com Lacan

61 Conexões do campo freudiano com a filosofia e a cultura popular

89 Lacan entre os estudos culturais e o cognitivismo

119 **Segunda parte: A filosofia atravessada pela psicanálise**

121 Os limites da abordagem semiótica à psicanálise

149 Um pelo do cão que te mordeu

179 Hegel, Lacan, Deleuze: três companheiros estranhos

201 O eclipse do significado: sobre Lacan e a desconstrução

225 A visão em paralaxe

241 **Terceira parte: A fantasia da ideologia**

243 Entre a ficção simbólica e o espectro fantasmático: rumo a uma teoria lacaniana da ideologia

263 Além da análise do discurso

277 Revisando a crítica social "lacaniana": a Lei e seu duplo obsceno

299 Por que Wagner é digno de ser salvo?

321 O real da diferença sexual

347 Posfácio do autor: Por que Hegel é lacaniano?

377 Glossário

Introdução dos organizadores

"A coisa-em-si" aparece: o pensamento
exemplar de Slavoj Žižek

Embora hoje seja um tanto clichê dizer isso, é pura verdade que a obra de Slavoj Žižek começa com o conceito filosófico de "início". Pensamos imediatamente na famosa discussão desse assunto presente no livro de Žižek sobre Schelling, *The Indivisible Remainder*, em que ele retorna ao clássico problema idealista da liberdade e da origem do mundo. Mas Žižek também trata desse conceito em vários outros exemplos: o momento do surgimento da civilização humana a partir do domínio indiferenciado dos animais, a origem da filosofia pré-socrática na mudança econômica, o nascimento do capitalismo contra o pano de fundo da teologia medieval e, com efeito, o início da própria ideia de Europa nos Bálcãs "primitivos".

É claro, essa busca filosófica pelos princípios vai contra a ideia que se costuma ter de Žižek como um iconoclasta da cultura popular, cujo gesto característico é derrubar os gêneros, nivelar a distinção entre a alta e a baixa cultura e usar exemplos inapropriados para ilustrar e, por fim, ironizar questões filosóficas sérias. Não chegaríamos a argumentar que essa leitura, a bem dizer, é incorreta, mas apenas que não vai longe suficiente. Afinal, hoje em dia é fácil e até convencional ilustrar conceitos filosóficos e psicanalíticos por meio da cultura popular. O fato de a distinção entre alta e baixa cultura ter sido abolida, tornando tudo igual em valor e importância, é mais uma característica da situação contemporânea. Mas, na verdade, a verdadeira pergunta de Žižek é:

O que permite que essa confusão aconteça? Qual é a distinção secreta, a exceção que permite a universalização do valor econômico e estético? (Marx já fazia a mesma pergunta nos termos de sua concepção generalizada da forma-mercadoria.)

Em seu conhecido método de ler Lacan através de Stephen King, Žižek não está sugerindo que a chave para Lacan esteja em King, ou que Lacan seja "reduzido" ao nível de King como apenas mais um elemento na cultura contemporânea. Também não está simplesmente igualando-os, ou vendo um como aquele que fornece a verdade para o outro. Em vez disso, um pode ser comparado ao outro precisamente porque cada um rompe com o contexto ou quadro referencial em que podem ser compreendidos. Ou seja, o que Žižek busca revelar ao colocá-los juntos é aquilo que é "neles mais do que eles mesmos", algo além das biografias de seus autores, das circunstâncias de suas composições ou ainda de suas histórias de recepção e interpretação.

Devemos, portanto, observar o seguinte paradoxo em Žižek: por um lado, ele atua por uma série de analogias ou comparações (só podemos entender Lacan através de King, ou Lacan só pode ser lido num mundo em que exista no mesmo nível de King); por outro, ele tenta revelar, por meio dessa comparação, algo que excede esse contexto ou essa leitura, um tipo de núcleo inato ou fórmula que simultaneamente se repete em toda sua obra e ocorre a cada vez, de maneira singular, no Real do encontro com um autor ou conceito particulares. Como dizer isso de outra forma? Nos textos reunidos aqui, e na obra de Žižek como um todo, é possível vê-lo inverter sua posição muitas vezes. Ele escreve, como tem sido afirmado, de maneira prolífera, e aparentemente sem se preocupar muito com a consistência. É como se a atividade da própria escrita fosse a principal motivação de Žižek, a razão que o leva a escrever. Isso se reflete na própria forma de seus textos, em que há inevitavelmente um capítulo final desnecessário, constituído de *faits divers* ou "questões relacionadas" complementares, depois de a obra teórica principal já ter sido completada. Na verdade, por mais estranho que pareça, o que Žižek quer que vejamos é esse vácuo, esse "nada-a-dizer" ou esse "discurso vazio" por trás de seus textos. Chamaremos esse nada de sua *pulsão* teórica, ou, numa linguagem mais técnica, de um tipo de *enunciação sem enunciado*.

Por outro lado, quando percorremos esses textos – e, mais uma vez, como tem sido afirmado –, observamos uma consistência enorme de abordagem em Žižek. Ele é, em suas próprias palavras, um "filósofo dogmático", que permaneceu extremamente fiel a seus primeiros grandes amores, Lacan e Hegel, sem nunca hesitar em relação aos dois. Mais do que isso, temos a estranha impressão de que, independentemente do que ele escreva, por mais que seus exemplos sejam forçados ou extravagantes, Žižek sempre acaba dizendo a mesma coisa. É quase como se seu sistema fosse predeterminado e seguisse um curso próprio, apesar dos obstáculos ou das contingências, dos eventos pessoais de sua vida ou das revoltas histórico-mundiais. E isso encontra uma expressão na própria obra de Žižek: quando ele fala do discurso do analista como "oracular", além da interpretação; do Real sem sentido do genoma humano, que se reproduz sem interrupção; e daquelas obras imortais da literatura, como *A Ilíada*, que parecem ir além de um único autor. Aqui, em contraste àquele discurso vazio do qual falamos antes, temos uma espécie de "discurso cheio", ou, para usar uma linguagem mais técnica, um *enunciado sem enunciação*.

Sem dúvida, a obra de Žižek manifesta essas duas qualidades. Ela parece totalmente limitada pelo contexto, susceptível aos eventos políticos contemporâneos, afetada por sua patologia privada, etc. Mas, como diz o próprio Žižek, ela também é uma espécie de "máquina" impessoal, uma forma de conhecimento objetivo e exteriorizado, incorporado num meio neutro que se repete sem cessar. Como juntar essas duas características? Como conciliar esses dois polos? O que há de "Žižek" que é transmitido em cada texto, apesar de seus equívocos, suas retrações e distorções? A resposta talvez esteja no procedimento único da clínica lacaniana. Para Lacan, a análise chega a um fim – ou seja, o analisando torna-se analista – no momento do chamado *passe*. Esse seria o momento em que o analisando tenta transmitir ao analista, por meio de uma terceira parte neutra, o que aprendeu na análise. É claro, uma vez que o analisando ainda está envolvido na análise, ele entende mal algumas coisas, distorce a mensagem, é movido por impulsos inconscientes. A mensagem, desse modo, é perdida, não passada adiante. Mas – tendo em mente a máxima de Lacan de que uma carta sempre chega ao seu destino – é somente dessa maneira que o analisando demonstra seu conhecimento do inconsciente. É nessas distorções e nesses exageros, nas contingências e impropriedades de expressão, que a verdade é encontrada e retransmitida. Em certo sentido, essas distorções *são* a verdade.

Toda a obra de Žižek repete exatamente essa verdade. Sua obra demonstra cada nível de verdade dessa contingência ou distorção, e também fala em cada um deles. É por isso que tanto os estudos culturais quanto as leituras diretamente filosóficas de Žižek estão incorretos. Os estudos culturais, porque não entendem a Verdade contida no método de Žižek; as leituras filosóficas, porque não entendem que essa Verdade só pode ser atingida pelo desvio desse método. Žižek vai além de simplesmente encontrar exemplos para os conceitos filosóficos, ou até mesmo reduzir esses conceitos ao nível dos exemplos. Pois o que persiste nos dois casos é a suposição de alguma Verdade externa da qual esses casos seriam exemplos. Com efeito, o verdadeiro argumento de Žižek é que *nenhuma* Verdade filosófica pode existir separada de sua exemplificação, ou seja, sua enunciação. Numa espécie de autorreflexão abissal – e aqui retornamos às origens da filosofia –, a obra de Žižek constitui uma investigação incessante de suas próprias condições discursivas. Ela assume e valoriza o meio "imbecil" que inclui seus leitores, o contexto cultural e até o próprio Žižek. É nesse sentido, por fim, que sua obra não pode ser dividida em seus conceitos e exemplos. O ponto crucial não é simplesmente que os conceitos possam ser apreendidos por seus exemplos, mas que os únicos conceitos filosóficos apropriados são aqueles que levam em conta suas próprias condições de transmissibilidade, as relações sempre transferenciais em que o pensamento encontra a si mesmo.

Esses são os contornos específicos da obra de Žižek que buscamos demonstrar nesta seleção e organização de textos. O livro está dividido em três partes, correspondendo a uma "concretização" e especificação progressivas do material. Na primeira parte, "Orientações lacanianas", examinamos as origens do pensamento de Žižek, tanto nos termos de sua localização institucional quanto nos dos encontros filosóficos inaugurais com Lacan e Hegel (incluindo seu gesto extremamente radical, mas talvez agora compreensível, de igualá-los, revelando o excesso dos dois). Também vemos nessa parte Žižek se envolver de maneira mais extensiva com as questões metodológicas suscitadas ao pensar Lacan e Hegel em outros contextos – como das ciências biológicas e da cultura popular. A proposta polêmica de Žižek, no entanto, é que não se trata de *aplicar* a psicanálise lacaniana ou o idealismo hegeliano a esses campos partindo de uma posição de superioridade conceitual; antes, a genética já é lacaniana e a cultura popular já é hegeliana – e vice-versa.

Na segunda parte, "A filosofia atravessada pela psicanálise", selecionamos cinco "trabalhos em curso" que seguem a cronologia dos principais livros de Žižek: "Os limites da abordagem semiótica à psicanálise" consiste em material de *For They Know Not What They Do:*

Enjoyment as a Political Factor (1991); "Um pelo do cão que te mordeu", de *Tarrying with the Negative: Kant, Hegel, and the Critique of Ideology* (1993); "Hegel, Lacan, Deleuze: três companheiros estranhos", de *Metastases of Enjoyment: Six Essays on Woman and Causality* (1994); "O eclipse do significado: sobre Lacan e a desconstrução", de *The Indivisible Remainder: An Essay on Schelling and Related Matters* (1996); e "A visão em paralaxe", de *The Parallax View* (2006). No entanto, defendemos aqui que essas não são formas menores ou meramente provisórias dos textos canônicos. Ao contrário, uma consideração desses ensaios revela que mesmo as versões finais só se deram por uma decisão arbitrária, por um momentâneo estofo ou *capitonnage* de seus argumentos. A organização alternada do material que vemos nesses textos faz com que seus argumentos e exemplos assumam diferentes sentidos e nuances naquelas versões canônicas posteriores. Esses rascunhos, portanto, são "vazios", meros efeitos de como foram feitos na época; e cada um deles é totalmente fiel e consistente com sua forma "final" e com a obra de Žižek como um todo.

Na terceira parte, "A fantasia da ideologia", tomamos um exemplo "privilegiado" do método de Žižek em ação: a análise da ideologia. Em certo sentido, essa é a principal contribuição de Žižek para a teoria contemporânea – a união de Marx e Lacan numa tentativa de compreender como a ideologia ainda funciona hoje em um mundo aparentemente pós-ideológico –, e, no entanto, tudo que Žižek diz aqui pode ser encontrado em toda sua obra: na relação entre masculino e feminino, no social como antagonismo, na questão do antissemitismo, até mesmo nas óperas de Richard Wagner. Em outras palavras, a análise da ideologia não é conceito central em Žižek, mas apenas mais um exemplo. Contudo, a operação fundamental da ideologia se constitui justamente pelo fato de os conceitos (ou o que ele chama de significantes-mestres) só poderem ser apreendidos como exemplos, e de os exemplos tentarem usurpar ou hegemonizar outros exemplos, assim se tornando conceitos. É por essa razão que um "exemplo" ideológico, como Wagner, só pode funcionar como crítica da ideologia, ou seja, pode permitir que falemos dele a partir de fora dele (sobre esse ponto, ver o ensaio "Por que Wagner é digno de ser salvo?"). Wagner nunca é simplesmente "Wagner": sempre existe algo nele que "é mais do que ele mesmo", que poderíamos pensar como seu "conceito", ou ainda chamar de seu sintoma. Isso põe em evidência a diferença irredutível entre Žižek e qualquer historicismo vulgar. Em contraste marcante ao imperativo dos estudos culturais de sempre contextualizar, ou ao imperativo de Fredric Jameson de "Sempre historicizar!", o gesto fundamental de Žižek é sempre *descontextualizar*. Mas isso não significa uma fuga da História ou das pressões do contexto, mas precisamente a tentativa de apresentar o não histórico ou não contextualizável dentro do próprio contexto. Ou seja, apresentar o que significa dizer que a história e o contexto são, em si, incompletos, "não-todos".

Como dissemos desde o início, Žižek contesta aquela economia em que tudo se reduz ao nível do exemplo (seja como mero efeito patológico de suas circunstâncias objetivas de vida, seja como elemento contingente dentro de uma bricolagem *ad hoc* de textos, como no pós-estruturalismo). Tal redução, sugerimos, esconde implicitamente uma Verdade contra a qual tudo é julgado e que permanece estruturalmente externa a essa redução. Contra essa economia – como ficará claro na terceira parte deste livro, em que Žižek discute a relação entre a lógica "masculina" e a "feminina" –, o conceito de Verdade na obra de Žižek não constitui um tipo de exceção ou Verdade exterior à ordem das coisas; em vez disso, ele representa a própria totalidade como não-toda. Em outras palavras, não há nada fora do reino da Verdade em Žižek (literalmente tudo pode ser teorizado), mas essa Verdade só pode ser declarada separada de suas distorções e de seus exemplos. Ela é, para usar a linguagem a que Žižek vai recorrer cada vez mais (ver, por exemplo, "O real da diferença sexual"), partidária, unilateral, tendenciosa, mas, justamente por essa razão, universal, oniabrangente, à qual tudo (incluindo sua própria posição de enunciação) está sujeitado.

Esse é o ponto que os comentadores de Žižek não compreendem quando o aprovam como filósofo ou o criticam como iconoclasta da cultura pop. Pois eles necessariamente não consideram o modo como Žižek une essas características ao pensar no que enquadra o próprio pensamento (iniciativa que, na verdade, caracteriza a filosofia desde o princípio, não só como um tipo de iniciativa interdisciplinar, mas também como tentativa de articular aquele espaço vazio do qual surgem todas as disciplinas, inclusive a sua própria). Em outras palavras, as muitas maneiras como Žižek tem sido lido até agora são, evocando Hegel, apenas muitas "evasões da coisa-em-si". Mas sejamos claros aqui: essa "coisa-em-si" não é um ponto final numenal ou teleológico, que dita secretamente nossas ações e que é o objetivo de todas as nossas palavras, mas sim o movimento rumo a esse ponto final; ele só acontece pela reflexão desse fim na prática em si. O que este livro tenta sobretudo demonstrar é a *prática* da obra de Žižek: o constante retrabalho de conceitos, de exemplos e até de trechos atesta, como qualquer outra coisa, as tentativas repetidas de apreender a coisa-em-si. Como diz Fredric Jameson, crítico cultural marxista, com referência a Bertold Brecht (importante pedra de toque para Žižek), o verdadeiro momento hegeliano está não em algum Saber Absoluto, mas sim na prática que se torna substancial e digna de realização por si só, como fim em si mesmo:

> Desse modo, a atividade [brechtiana] em si é também uma das características do saber e da arte à medida que recaem no útil: os "meios" inerentes na transformação lenta do útil em um fim por si só – embora não um fim formalista vazio, não o pretexto-fim, o propósito "medíocre" que evocamos para sermos capazes de nos manter ocupados; mas sim uma união substantiva e hegeliana de meios e fins, de tal modo que a atividade se torne valorosa por si só; de modo que imanência e transcendência se tornem indistinguíveis (ou que sua oposição transcenda, se preferir); ou, em outras palavras, de modo que "a coisa-em-si" apareça. *"Die Sache selbst"...*[1]

---

[1] JAMESON, Fredric. *Brecht and Method.* London; New York: Verso, 1998, p. 3-4.

Prefácio do autor

O inumano

No primeiro semestre de 2003, deparei-me com duas histórias memoráveis que foram relatadas na imprensa. Um historiador de arte espanhol havia descoberto o primeiro uso da arte moderna como forma proposital de tortura. Kandinsky e Klee, bem como Buñuel e Dalí, foram a inspiração por trás de uma série de celas secretas e câmeras de tortura construídas em Barcelona, em 1938, pelo anarquista francês Alphonse Laurenčič (de sobrenome *esloveno*!). Essas chamadas "celas coloridas", uma tortura "psicotécnica", foram sua contribuição para a luta contra as forças de Franco.[1] As celas eram inspiradas tanto por ideias de abstração geométrica e surrealismo quanto por teorias de arte vanguardistas que tratavam das propriedades psicológicas das cores. As camas ficavam inclinadas 20 graus na lateral, praticamente impossibilitando que se dormisse nelas, e no chão das celas de 0,90 por 1,80 metros havia tijolos e outros blocos geométricos espalhados para evitar que os prisioneiros andassem de um lado para o outro. A única opção que os prisioneiros tinham era olhar para as paredes, curvas e cobertas por padrões psicoativos formados por cubos, quadrados, linhas retas e espirais, que usavam truques de cor, perspectiva e escala para provocar confusão mental e irritação. Efeitos luminosos ainda davam a impressão de que os padrões vertiginosos se moviam nas paredes. Laurenčič preferiu usar a cor verde, porque, segundo sua teoria dos efeitos psicológicos das cores, ele gerava melancolia e tristeza nos prisioneiros.

---

[1] Ver TREMLETT, Giles. Anarchists and the Fine Art of Torture. *Guardian*, 27 Jan. 2003.

A segunda história dizia que Walter Benjamin não tinha se matado num vilarejo na fronteira espanhola na década de 1940 por medo de ser mandado de volta à França e, com isso, aos agentes nazistas – em vez disso, ele teria sido morto por agentes stalinistas.[2] Alguns meses antes de morrer, Benjamin escreveu as "Teses sobre a filosofia da história", uma análise curta, porém devastadora, sobre o fracasso do marxismo; nessa época, muitos ex-partidários dos soviéticos estavam se desiludindo com Moscou por causa do pacto entre Hitler e Stalin. Consequentemente, Benjamin teria sido assassinado por um dos *kileratti*, agentes stalinistas recrutados entre os intelectuais socialistas. A causa decisiva de seu assassinato provavelmente foi o conteúdo da pasta que Benjamin carregava junto ao peito quando fugiu pelos Pirineus rumo à Espanha: a obra-prima em que vinha trabalhando na Bibliothèque Nationale em Paris – a elaboração de suas "Teses". O manuscrito havia sido confiado a um colega refugiado que, convenientemente, perdeu-o num trem de Barcelona para Madri...

O que essas duas histórias têm em comum não é apenas a ligação surpreendente entre a alta cultura (artes plásticas e teoria) e o nível mais baixo de política brutal (assassinato, tortura). Em certo aspecto, essa ligação não é tão inesperada quanto possa parecer: uma das opiniões mais triviais do senso comum não é a de que ver arte abstrata (assim como escutar música atonal) *é* tortura? (Seguindo a mesma linha, pode-se facilmente imaginar uma prisão onde os detentos são expostos constantemente à música atonal.) Por outro lado, a opinião "mais profunda" é que Schönberg, em sua música, já expressava os horrores do holocausto e dos bombardeios em massa antes de ocorrerem de fato... Mas a verdadeira conexão entre essas histórias é muito mais radical e perturbadora: o que elas estabelecem é um *curto-circuito impossível* de níveis que, por razões estruturais, nunca podem se encontrar. (É simplesmente impossível, digamos, colocar aquilo que "Stalin" representa no mesmo patamar de "Benjamin", ou seja, perceber a verdadeira dimensão das "Teses" de Benjamin a partir de uma perspectiva stalinista...) A ilusão em que se baseiam essas duas histórias – a de pôr dois fenômenos incompatíveis no mesmo nível – é estritamente homóloga ao que Kant chamava de "ilusão transcendental", a falácia de poder usar a mesma linguagem para

---

[2] JEFFRIES, Stuart. Did Stalin's Killers Liquidate Walter Benjamin?. *Observer*, 8 July 2001.

fenômenos mutuamente intraduzíveis e que só podem ser entendidos por um tipo de visão em paralaxe, de uma perspectiva constantemente mutável entre dois pontos entre os quais não é possível síntese ou mediação. Desse modo, não há conformidade entre os dois níveis, não há espaço comum – embora estejam conectados, eles estão, por assim dizer, em lados opostos de uma fita de Möbius. Estruturalmente, o encontro entre a política leninista e a arte modernista (exemplificado na fantasia de Lenin encontrando dadaístas numa cafeteria em Zurique) não pode acontecer; de modo mais radical, a política revolucionária e a arte revolucionária caminham em temporalidades diferentes – embora interligadas, elas são *dois lados* do mesmo fenômeno que, justamente por estarem em dois lados, nunca podem se encontrar.[3] Em questões de arte, o fato de que os leninistas admiravam a grande arte clássica, enquanto muitos modernistas eram conservadores políticos, e até protofascistas, é mais do que um acaso histórico. Essa já não era a lição do elo entre a Revolução Francesa e o idealismo alemão? – embora sejam dois lados do mesmo momento histórico, eles nunca poderiam se encontrar diretamente, isto é, o idealismo alemão só pôde surgir nas condições "retrógradas" de uma Alemanha onde não ocorreu nenhuma revolução política.

Em suma, o que essas duas historietas têm em comum é a ocorrência de uma lacuna paraláctica intransponível[4] – e toda minha obra gira em torno dessa lacuna que separa o Um de si mesmo, designada por Lacan como o Real.[5] Há toda uma série de modalidades dessa lacuna em diferentes domínios da teoria contemporânea: a paralaxe da *neurobiologia* (a percepção de que, quando olhamos o crânio por trás do rosto, não encontramos nada, não há "ninguém ali", apenas um monte de massa cinzenta – é quase impossível permanecer nessa lacuna entre o significado e o Real puro); a paralaxe da *diferença ontológica*, da dissonância entre o

---

[3] Talvez a definição mais sucinta de utopia revolucionária seja esta: uma ordem social em que essa dualidade, essa lacuna paraláctica, não funcionasse mais – um espaço onde Lenin pudesse realmente se encontrar e debater com os dadaístas.

[4] Sob uma análise mais detalhada, fica claro como a própria relação entre essas duas histórias é a relação de uma paralaxe: sua simetria não é pura, pois a historieta de Laurenčič trata claramente de política (tortura e terror político), usando a arte modernista como contraponto cômico, enquanto a de Benjamin é sobre a "alta teoria", usando, ao contrário, Stalin como contraponto cômico.

[5] Reconheço aqui minha dívida fundamental para com KARATANI, Kojin. *Transcritique: On Kant and Marx*. Cambridge MA: MIT Press, 2003.

ôntico e o ontológico-transcendental (não podemos reduzir o horizonte ontológico a suas "raízes" ônticas, mas também não podemos deduzir o domínio ôntico a partir do horizonte ontológico, ou seja, constituição transcendental não é criação); a paralaxe do *Real* (o Real lacaniano não tem consistência substancial positiva, é apenas a lacuna entre a multiplicidade de perspectivas a respeito dele); a natureza paraláctica da lacuna entre *desejo* e *pulsão* (imaginemos um indivíduo que tenta realizar uma tarefa manual simples – por exemplo, segurar um objeto que lhe escapa repetidas vezes; no momento em que muda de atitude e começa a sentir prazer na mera repetição da tarefa fracassada [segurar o objeto que lhe escapa repetidamente], ele passa do desejo à pulsão);[6] a paralaxe do *inconsciente* (falta de medida comum entre os dois aspectos do edifício teórico de Freud, suas interpretações das formações do inconsciente [*A interpretação dos sonhos, Psicopatologia da vida cotidiana, Os chistes e sua relação com o inconsciente*] e as teorias das pulsões (*Três ensaios sobre a teoria da sexualidade*, etc.]); até – por que não? – a paralaxe da *vagina* (a passagem do objeto máximo de penetração sexual, a corporificação do mistério da sexualidade, para o próprio órgão da maternidade [nascimento]).

E, por último, mas não menos importante, deveríamos afirmar a condição paraláctica da filosofia como tal. Desde os seus primórdios (pré-socráticos jônicos), a filosofia surgiu nos interstícios das comunidades sociais substanciais como pensamento dos que estavam presos numa posição "paraláctica", incapazes de se identificar totalmente com alguma das identidades sociais positivas. É isso que falta à descrição de Heidegger: o modo como, a partir de seus queridos pré-socráticos, o filosofar envolvia uma posição "impossível", deslocada em relação a qualquer identidade coletiva, seja ela uma "economia" como organização do lar ou uma *polis*. Assim como o processo de troca segundo Marx, a filosofia surge nos interstícios *entre* diferentes comunidades, no frágil espaço entre a troca e a circulação, um espaço que carece de qualquer identidade positiva. Isso não fica especialmente claro no caso de Descartes? A experiência fundadora de sua posição de dúvida universal é precisamente uma experiência "multicultural" de como nossa própria tradição não é nada melhor do que, para nós, parecem ser as tradições "excêntricas" dos outros:

---

[6] A pulsão, portanto, surge como estratégia para lucrar a partir do próprio fracasso de atingir o objetivo do desejo.

Tendo aprendido já no colégio que não se poderia imaginar nada de tão estranho e de tão pouco crível que não tivesse sido dito por algum dos filósofos; e depois disso, ao viajar, tendo reconhecido que todos os que têm sentimentos muito contrários aos nossos nem por isso são bárbaros nem selvagens, mas que vários usam tanto ou mais que nós a razão; e tendo considerado como um mesmo homem, com seu mesmo espírito, tendo sido criado desde a infância entre franceses ou alemães, torna-se diferente do que seria se tivesse sempre vivido entre chineses ou canibais; e como, até nas modas de nossas roupas, a mesma coisa que nos agradou há dez anos, e que talvez nos agrade também daqui a menos de dez anos, parece-nos agora extravagante e ridícula; de sorte que é muito mais o costume e o exemplo que nos persuadem do que algum conhecimento certo, e, não obstante, a pluralidade de opiniões não é uma prova que valha para as verdades um pouco difíceis de descobrir, porque é muito mais verossímil que um só homem as tenha encontrado do que um povo inteiro; eu não podia escolher ninguém cujas opiniões parecessem preferíveis às dos outros, e achei-me como que forçado a empreender conduzir-me a mim mesmo.[7]

Kojin Karatani, portanto, está correto quando enfatiza o caráter insubstancial do *cogito*: "Dele não podemos falar positivamente; tão logo o façamos, sua função se perde".[8] O *cogito* não é uma entidade substancial, mas sim uma função estrutural pura, um lugar vazio (em Lacan, $) – como tal, ele só pode surgir nos interstícios de sistemas coletivos substanciais. Portanto, a ligação entre o surgimento do *cogito* e a desintegração e a perda das identidades comunitárias substanciais é inerente, e isso vale ainda mais para Espinosa do que para Descartes: embora Espinosa criticasse o *cogito* cartesiano, ele o considerava uma entidade ontológica positiva – mas é implícito que o endossou totalmente como "posição do enunciado", aquele que fala a partir da dúvida radical de si mesmo, uma vez que, mais ainda do que Descartes, Espinosa falava a partir do interstício do(s) espaço(s) social(is), nem judeu nem cristão.

Na verdade, Espinosa é o "filósofo como tal", com sua postura subjetiva de duplo excluído (excomungado da própria comunidade dos excluídos da civilização ocidental); é por isso que devemos usá-lo como

---

[7] DESCARTES, René. *Discurso do método*. Tradução de Maria Ermantina Galvão. São Paulo: Martins Fontes, 1996. 2 ed., p. 20-21.

[8] KARATANI. *Transcritique*, p. 134.

paradigma que nos permite descobrir os traços de um deslocamento semelhante – a condição comum de ser "desconjuntado" –, válido também para todos os outros grandes filósofos, até Nietzsche, que tinha vergonha dos alemães e enfatizava orgulhosamente suas supostas raízes polonesas. Para os filósofos, raízes étnicas, identidade nacional, etc. simplesmente *não são uma categoria da verdade*, ou, colocando em termos kantianos precisos, quando refletimos sobre nossas raízes étnicas, envolvemo-nos no *uso privado da razão*, restringidos por pressupostos dogmáticos contingentes – ou seja, agimos como indivíduos "imaturos", não como seres humanos livres que habitam na dimensão da universalidade da razão. Isso, é claro, não quer dizer que devamos sentir vergonha de nossas raízes étnicas: podemos amá-las, ter orgulho delas, e voltar para casa pode encher nosso coração de afeto; mas, em última instância, tudo isso é irrelevante. A posição correta é a de Paulo, que, embora orgulhoso de sua identidade particular (judeu e cidadão romano), tinha ciência de que, no espaço adequado da Verdade cristã absoluta, "não existem judeus ou gregos"... A luta em que ele verdadeiramente se envolve não é simplesmente "mais universal" do que a luta de um grupo étnico contra outro, mas sim uma luta que obedece a uma lógica totalmente diferente – não mais a lógica de um grupo substancial idêntico a si mesmo que batalha contra outro grupo, mas sim a de um antagonismo que, em diagonal, atravessa todos os grupos específicos.

Seria fácil rebater aqui e dizer que essa abertura e essa revitalização cartesianas multiculturalistas da posição dada são apenas um primeiro passo, o abandono de opiniões herdadas, algo que deveria nos levar à aquisição da certeza absoluta do conhecimento filosófico – o abandono do falso lar para chegarmos ao nosso verdadeiro lar. Afinal de contas, o próprio Hegel não comparou a descoberta do *cogito* de Descartes a um marinheiro que, depois de uma deriva no mar, finalmente avista a terra firme? Essa cartesiana falta de um lar não seria então apenas um movimento estratégico enganador? Não estaríamos lidando aqui com a "negação da negação" hegeliana – o *Aufhebung* do falso lar tradicional na descoberta final do verdadeiro lar conceitual? Nesse sentido, Heidegger não estaria correto ao se referir aprobativamente à definição de filosofia, dada por Novalis, como uma saudade do verdadeiro lar perdido? Para evitar um mal-entendido, é preciso acrescentar duas coisas aqui. Primeiro, o próprio Kant é realmente único nesse assunto: em sua filosofia transcendental, a falta de um lar permanece irredutível, e nós continuamos para sempre cindidos, condenados a uma frágil posição entre as duas dimensões e a um "salto de fé" sem qualquer garantia. Segundo, será que a posição de Hegel é assim tão clara? Para Hegel, esse novo "lar" não seria, de certo modo, a *falta de um lar propriamente dita*, o próprio movimento aberto da negatividade?

A questão fica ainda mais clara com uma piada particularmente mórbida. Em um hospital de grande porte, um paciente que está num quarto onde há várias camas reclama com o médico, dizendo que está ficando louco por causa do barulho constante dos outros pacientes. O médico diz que não pode fazer nada, pois não se pode proibir que os pacientes expressem seu desespero, uma vez que todos sabem que estão morrendo. O paciente, então, retruca: "Mas por que o senhor não coloca todos eles em um quarto exclusivo para os que estão morrendo?". Ao que o médico responde, calmo e loquaz: "Mas esse *é* o quarto para os que estão morrendo...". Por que as pessoas que conhecem um pouco sobre Hegel percebem imediatamente o tom "hegeliano" dessa piada? Precisamente por causa da virada final, em que a posição subjetiva do paciente é arruinada: ele se encontra incluído na mesma série da qual queria manter distância.

A principal maneira de afirmar a efetividade de Hegel, isto é, de salvá-lo da crítica de que seu sistema é uma loucura metafísica totalmente ultrapassada, é lê-lo como uma tentativa de estabelecer as condições ou os pressupostos normativos de nossas reivindicações cognitivas e éticas: a lógica de Hegel não é um sistema de ontologia universal, mas apenas um desdobramento sistemático de todos os meios que temos disponíveis para reivindicar o que existe, e das inconsistências inerentes a esses meios. De acordo com essa leitura, o ponto de partida de Hegel é o fato de a estrutura fundamental da mente humana ser autorreflexiva: o ser humano não age simplesmente; ele age (pode agir) de acordo com normas e motivações racionais assumidas livremente; isso quer dizer que, para explicar nossas declarações e atitudes, não podemos nunca nos referir apenas a alguns dados positivos (leis e processos naturais, Razão divina, Vontade de Deus, etc.) – cada uma dessas referências tem de ser *justificada*, seu poder normativo de vinculação tem de ser *explicado* de alguma maneira. O problema com essa elegante solução é que, em contraposição à leitura metafísica direta e robusta de Hegel como uma expressão da estrutura do Absoluto, ela é modesta demais: ela reduz silenciosamente a lógica hegeliana a um sistema de epistemologia global, mais do que qualquer outra posição epistemológica possível, e o que se perde é a interseção entre o aspecto epistemológico e o ontológico, o modo como a própria "realidade" fica presa no movimento do conhecer que temos dela (ou, vice-versa, como nosso conhecer da realidade é incorporado na própria realidade, como jornalistas incorporados a unidades do Exército dos Estados Unidos no Iraque).

Ao longo das linhas dessa "falta de um lar" constitutiva da filosofia, deveríamos recuperar a ideia kantiana da "sociedade civil mundial" (*Weltburgergesellschaft*) cosmopolita, que não é simplesmente uma expansão da cidadania do Estado-nação para a cidadania do Estado transnacional global; em vez disso, ela envolve uma mudança do princípio de identificação com a nossa substância étnica "orgânica" realizada numa tradição específica para um princípio de identificação radicalmente diferente. Recordemos a noção deleuziana de singularidade universal como oposta à tríade Individualidade-Particularidade-Universalidade – essa oposição é justamente a oposição entre Kant e Hegel. Para Hegel, a "sociedade civil mundial" é uma noção abstrata sem conteúdo substancial, carente da mediação do particular e, por isso, da força da plena efetividade – isto é, ela envolve uma identificação abstrata que não apreende substancialmente o sujeito; portanto, a única maneira de o indivíduo participar efetivamente da humanidade universal é por meio da plena identificação com um Estado-nação específico (eu sou "humano" apenas como alemão, inglês...).[9] Para Kant, ao contrário, a "sociedade civil mundial" designa o paradoxo da singularidade universal, o paradoxo de um sujeito singular que, numa espécie de curto-circuito, desvia da mediação do particular ao participar diretamente do Universal. Essa identificação com o Universal não é a identificação com uma Substância global abrangente ("humanidade"), mas uma identificação com um princípio ético-político universal – que pode ser um coletivo religioso universal, um coletivo científico, uma organização revolucionária global, sendo todos acessíveis a todo mundo. É isso que Kant, na conhecida passagem de "O que é o Esclarecimento?", quer dizer com "público" em oposição a "privado": "privado" não diz respeito apenas à individualidade do

---

[9] No entanto, será que a totalidade hegeliana é uma totalidade "orgânica" que se vale do Particular como mediador entre o Universal e o Individual? Pelo contrário, a (mal-)afamada "contradição" que impele o movimento dialético não seria a própria contradição entre o Todo "orgânico" (a estrutura U–P–I) e a singularidade que representa diretamente – sem mediação – o Universal?

sujeito em oposição a seus laços comunitários, mas também à própria ordem comunitária-institucional da identificação particular do sujeito; já o "público" diz respeito à universalidade transnacional do exercício da Razão. Desse modo, o paradoxo é que participamos da dimensão universal da esfera "pública" precisamente como indivíduos singulares extraídos da identificação comunitária substancial ou até mesmo opostos a ela – só somos realmente universais como radicalmente singulares, nos interstícios das identidades comunitárias. E no fim dessa estrada o que encontramos é o ateísmo – não o espetáculo patético e ridículo da provocação heroica de Deus, mas a constatação da irrelevância do divino nas linhas do sr. Keuner, de Brecht:

> Alguém perguntou ao sr. K. se existe um Deus. O sr. K. respondeu: "Aconselho refletir se o seu comportamento mudaria conforme a resposta a essa pergunta. Se não mudaria, podemos deixar a pergunta de lado. Se mudaria, posso lhe ser útil a ponto de dizer que você já decidiu: você precisa de um Deus".[10]

Brecht está correto: nunca estamos em condição de escolher diretamente entre teísmo e ateísmo, uma vez que a escolha como tal já se encontra dentro do campo da crença. O "ateísmo" (no sentido de decidir não acreditar em Deus) é uma postura miserável e patética de quem anseia por Deus, mas não consegue encontrá-lo (ou que se "rebela contra Deus"). O verdadeiro ateísta não escolhe o ateísmo: para ele, a questão em si é irrelevante – *esse* é o posicionamento de um *sujeito* verdadeiramente ateísta.

O procedimento crítico padrão da atualidade é mobilizar a oposição entre humano e sujeito: a ideia de subjetividade (consciência-de-si, autonomia que põe a si mesma, etc.) representa uma *hybris* perigosa, uma vontade de poder, que ofusca e distorce a essência autêntica da humanidade; a tarefa, portanto, é pensar a essência da humanidade fora do domínio da subjetividade. O que Lacan tenta realizar parece ser o exato oposto desse procedimento padrão: em todas as suas grandiosas interpretações literárias – de *Édipo* e *Antígona* até Sade e Claudel –, ele busca um ponto onde entramos na dimensão do "inumano", o ponto onde a "humanidade" se desintegra, de modo que o sujeito puro é

---

[10] BRECHT, Bertold. *Histórias do sr. Keuner*. Tradução de Paulo César de Souza. São Paulo: Editora 34, 2006, p. 24.

tudo que resta. A Antígona de Sófocles, a Juliette de Sade, a Sygne de Claudel, são todas figuras desse sujeito "inumano" (em oposição a seu contraponto "humano": Ismênia, Justine...). Parafraseando Nietzsche, o que deveríamos considerar problemático é aquilo que, em nós, é "humano, demasiado humano". Não deveríamos ter medo de aplicar essa ideia também à política: é muito simples menosprezar os nazistas como inumanos e bestiais – e se o verdadeiro problema com os nazistas fosse justamente o fato de eles terem sido "humanos, demasiado humanos"?

★ ★ ★

O destino de um antigo revolucionário comunista esloveno destaca-se como metáfora perfeita das reviravoltas do stalinismo. Em 1943, quando a Itália capitulou, esse revolucionário liderou uma revolta de prisioneiros iugoslavos num campo de concentração na ilha adriática de Rab: sob sua liderança, dois mil prisioneiros famintos desarmaram 2.200 soldados italianos. Depois da guerra, ele foi preso e levado para um *Goli otok* ("ilha nua") perto dali, um famoso campo de concentração comunista. Em 1953, enquanto ainda estava lá, ele foi convocado, junto com outros prisioneiros, para construir um monumento em homenagem ao décimo aniversário da rebelião de 1943 em Rab – em suma, como prisioneiro dos comunistas, ele estava construindo um monumento para si mesmo, em homenagem à rebelião liderada por ele... Se a injustiça (não a justiça) poética tem algum sentido, é este: o destino desse revolucionário não é o destino de todo o povo sob a ditadura stalinista, dos milhões que primeiro derrocaram heroicamente o *ancien régime* na revolução e depois, escravizados às novas regras, foram obrigados a construir monumentos em homenagem a seu próprio passado de revolução? Portanto, esse revolucionário é efetivamente um "singular universal", um indivíduo cujo destino representa o destino de todos.

Minha gratidão a Rex Butler e Scott Stephens por organizarem este volume é infinita. No entanto, gostaria de dedicá-lo ao velho comunista esloveno.

Primeira parte
Orientações lacanianas

Capítulo 1

A Sociedade para a Psicanálise Teórica na Iugoslávia: entrevista com Éric Laurent[1]

Éric Laurent: *O que há de peculiar no seu grupo?*

Slavoj Žižek: Nosso campo de atuação até agora tem sido uma releitura lacaniana de textos filosóficos importantes, mais textos do passado e menos textos contemporâneos. Desse ponto de vista, tivemos um impacto significativo na cena universitária. Os principais especialistas em Hegel, em filosofia antiga e em filosofia analítica são abertamente lacanianos. O mesmo vale para os analistas políticos. Por quê? Porque a autogestão presta-se a uma análise política explicitamente lacaniana que é muito mais precisa e paradoxal do que a teoria do socialismo realmente existente.[2] Podemos fazer maravilhas com a abordagem lacaniana. Nosso impacto é também considerável no campo literário mais amplo. De maneira semelhante, a teoria do cinema na Eslovênia é representada por quatro pessoas que, em termos bem simples, são lacanianas. Nossa posição, portanto, é absolutamente predominante.

ÉL: *Quando você fala em "lacanianos", está se referindo a pessoas que leram Lacan?*

---

[1] Entrevista publicada originalmente em *Ornicar?*, n. 39, p. 115-118, 1986-1987. Ela pode ser lida como um complemento muito mais *situado* – o que equivale a dizer necessariamente *falso* – às reflexões de Žižek presentes em ŽIŽEK, Slavoj; DALY, Glyn. *Conversations with Žižek*. London: Polity, 2004, p. 36-39.

[2] Žižek refere-se aqui a uma variação iugoslava específica de comunismo, caracterizado não pela repressão direta, mas pela "tolerância repressiva" do Partido já criticando a si mesmo. Sobre esse assunto, ver entrevista com Žižek e Renata Salecl, "Lacan in Slovenia", *Radical Philosophy,* n. 51 58, 1991, p. 2531. (N.O.)

SŽ: Sim, suas fontes francesas são pessoas cuja referência fundamental é Lacan, e, em relação ao cinema, Pascal Bonitzer ou Michel Chion. Mas essas pessoas são muito mais lacanianas ao interpretar a obra desses escritores do que o são os próprios Bonitzer e Chion. A posição dominante a que me referi há pouco gera uma situação interessante: o lacanismo está envolvido numa série de lutas públicas, que dizem respeito à reforma social ou às eleições, por exemplo. Temos, junto com outros, uma teoria completa da democracia, graças à exposição lacaniana de Claude Lefort.[3] Desse modo, tentamos explicar por que o socialismo realmente existente tende a evitar o momento traumático das eleições, que produz a automatização da sociedade. Mas nosso verdadeiro problema diz respeito ao estabelecimento de contatos sistemáticos com o meio psiquiátrico. A situação na Iugoslávia não é a de outros países que vivem sob o socialismo russo – a repressão política nunca fez uso do tipo de método que vemos numa variedade de terapias, desde a análise transacional até o grito primal. Todas essas estupidezes são permitidas pelo liberalismo como um todo. Estão todas inscritas no quadro referencial da psiquiatria institucionalizada, e consequentemente são financiadas pela seguridade social. E a institucionalização não é a condição de possibilidade da própria psicanálise? Afinal de contas, é impossível para o analisando pagar o analista sem a mediação da instituição. Alguns psiquiatras, no entanto, aventuram-se numa prática semelhante à psicanálise.

Depois de entrar em contato com pelo menos 10 praticantes – só em Liubliana, sem falar de outras repúblicas –, tentamos organizar um encontro. Recebemos muitas cartas de pessoas querendo trabalhar conosco – por exemplo, de um psiquiatra militar em Zagreb que estava muito interessado em Lacan. Por que não? Nosso próximo passo seria fazer uma reunião para criarmos, sob nossas próprias condições, algo que lembrasse um elo analítico social. Aí está o cerne da nossa problemática; um dos meus colegas de Liubliana destacou que jamais deveríamos insistir no "narcisismo de uma causa perdida".[4] É isso. Essa era precisamente a lógica do que estávamos fazendo: como nossa causa está perdida, por

---

[3] LEFORT, Claude. *A invenção democrática: os limites da dominação totalitária*. Tradução de Isabel Loureiro e Maria Leonor Loureiro. 3. ed. Belo Horizonte: Autêntica, 2011. (N.O.)

[4] Ver LACAN, Jacques. Subversão do sujeito e dialética do desejo no inconsciente freudiano. In: *Escritos*. Tradução de Vera Ribeiro. Rio de Janeiro: Jorge Zahar, 1998, p. 841. (N.O.)

que não persistir no nosso narcisismo acadêmico? Todos sabíamos que era necessário abandonar essa lógica, sem manter quaisquer ilusões; tentamos fazer tudo que podíamos, mas quando chegamos ao ponto de tomar medidas concretas, manifestaram-se todos os tipos de resistência, cuja grande característica comum, e objetivamente verdadeira, para nossa infelicidade, consistia na declaração de que "esses praticantes não sabem nada sobre teoria lacaniana", portanto não deveríamos nos envolver com eles. Na verdade, o que predomina na psiquiatria prática é apenas uma versão revisionista do que a psicanálise chama de terapia dinâmica. É muito característico da Iugoslávia que nenhuma referência seja feita à psicologia ou à psiquiatria soviética geral, mas sim a uma mistura de autores norte-americanos e alemães, como Schultz-Hencke e Erickson. Um dos principais aspectos da situação tem a ver com o fato de os psiquiatras acharem que o tesouro do conhecimento psiquiátrico é um conhecimento dado objetivamente, apresentado nos manuais e tecnicamente acessível. Eles são totalmente cegos para a dimensão fundamental do *passe* lacaniano, que é também o momento em que os próprios analisandos devem ser capazes não de transmitir uma teoria de seus sintomas, mas de explicá-los de uma maneira transmissível. E eles são totalmente incapazes de entender que o sintoma já é dirigido ao analista. Não são capazes de conceber o conhecimento que não seja objetivo, técnico, totalmente indiferente ao analisando. Para eles, o analisando ou aprende ou não aprende a teoria analítica a partir de um manual técnico; decerto, como diz Sacha Nacht na França, quanto menos o analisando achar que sabe, melhor. Além disso, como consideram o saber analítico um campo dos procedimentos técnicos, eles não têm ideia de como é importante distinguir a tradição freudiana como tal. É uma situação terrível, porque a única coisa que lhes interessa é o que é bom, confirmado e útil na prática, em Freud, em Lacan, em X ou Y...

ÉL: *Qual a situação atual do seu grupo?*

SŽ: Nosso maior sucesso – porque nos países vizinhos da Iugoslávia, em que o socialismo realmente existente é dominante, é extremamente difícil conseguir reconhecimento oficial como grupo autônomo – é ter chegado a essa posição autônoma. Tivemos de usar uma série de estratégias, mas conseguimos: como resultado, somos capazes de publicar livros, organizar reuniões públicas, colóquios, etc. Recebemos apoio financeiro do Estado para nossas publicações. Na verdade, publicamos uma revista do campo freudiano no sentido estrito, *Razpol*, que ao mesmo tempo quer dizer "sexo" e "divisão". Também publicamos uma coleção totalmente lacaniana chamada Alanecta, de duas a quatro vezes por ano. Mais de 20 volumes já foram publicados até agora, sendo o último uma tradução de *O seminário, livro 20*, de Lacan, campeão de vendas que esgotou em cinco meses e meio. Isso é encorajador. No entanto, não há sentido em sermos otimistas se não formos capazes de desenvolver nossos contatos com os círculos psiquiátricos.

ÉL: *Como se organiza o núcleo do seu grupo?*

SŽ: A estrutura é tripla, como qualquer boa hierarquia: uma parte, o círculo interno, que seria a "linha dura" do grupo, é formada por quem é capaz de escrever livros, os "verdadeiros" lacanianos – cerca de 10 pessoas; depois, temos mais ou menos 20 pessoas, de diferentes áreas, que pertencem à orientação lacaniana; por fim, a maior parte predominantemente indiferente, cuja orientação é basicamente pró-lacaniana. Para você ter uma ideia do que nossa atividade representa numa cidade pequena de 250 mil habitantes como Liubliana, esse ano, no Departamento de Filosofia, ministrei um curso semanal em que falava, capítulo por capítulo, de *O seminário, livro 20* para cerca de 250 pessoas. É nítido que o público tem muito interesse. Talvez seja só modismo, mas, ao mesmo tempo, confio bastante nessa geração nova, nas pessoas que ainda estão estudando. Também é muito encorajador saber que há muitos estudantes de psicologia: isso é importante para nossas conexões com a clínica nos próximos anos. A legislação vigente já é bastante liberal para nós: para se tornar clínico, não é necessário ser médico, mas sim ter graduação em psicologia, com especialização clínica no segundo ano de estudos.

ÉL: *No seu grupo, quantos de vocês já fizeram análise?*

SŽ: Poucos, mas alguns o fizeram por razões pessoais antes de se tornarem lacanianos.

ÉL: *Qual foi seu último colóquio?*

SŽ: Foi um encontro sobre o feminismo, em março de 1986. Na Eslovênia, o feminismo é uma tendência muito forte, que algumas pessoas querem opor a Lacan, mas recorrendo ao texto de Luce Irigaray. Conseguimos ampliar o campo desenvolvendo, pacientemente, uma série de exemplos, derivados do comentário de Otto Weininger, *Sex and Character*,[5] cujas teorias antifeministas e antissemitas tiveram um papel decisivo na

---

[5] WEININGER, Otto. *Sex and Character*. London: William Heinemann, 1906. (N.O.)

Eslovênia e por toda a Europa no período entre as duas guerras mundiais. Também desenvolvemos uma série de exemplos retirados de romances policiais, examinando a tradição de escritoras nessa área, no que se refere ao estilo de Patricia Highsmith e a categoria do não-todo no romance *Um assassino entre nós*, de Ruth Rendell, em que cada frase alude ao que acontece no fim, em que o que inicialmente dá a impressão de um universo fechado em que predomina o destino na verdade deixa visível a contingência radical do processo histórico. Esses exemplos, portanto, permitem-nos explicar a fórmula "A Mulher não existe", ou ainda "a História não existe". Agora, no movimento feminista, o lema será que uma mulher, para poder se libertar, deve primeiro admitir que ela não existe! Estou brincando, mas é fundamental esclarecer que a castração não significa que o homem tem e a mulher não tem, mas sim que o falo, em sua própria presença, encarna a falta. Nossa particularidade é sempre usar exemplos concretos, as óperas de Mozart ou os filmes de Hitchcock, não só para fins didáticos, mas também para o nosso próprio gozo.

Capítulo 2
Lacan: em que ponto ele é hegeliano?[1]

1. A coisa hegeliana

Michel Foucault propôs que a filosofia como tal fosse rotulada como "antiplatonismo". Todos os filósofos, a começar por Aristóteles, definiram seus projetos distanciando-se de Platão, precisamente porque Platão foi o pensador cuja iniciativa destacou o campo da filosofia. Do mesmo modo, poderíamos dizer que a filosofia dos dois últimos séculos se define por um distanciamento de Hegel, o monstro encarnado do "panlogicismo" (a mediação dialética total da realidade, a dissolução completa da realidade no automovimento da Ideia). Frente a esse "monstro", houve várias tentativas de afirmar que deve existir algum elemento que escapa à mediação do conceito, um gesto que já é discernível nas três grandes inversões pós-hegelianas,[2] opostas ao absolutismo da Ideia, em nome do abismo irracional da Vontade (Schelling), do paradoxo da existência do indivíduo (Kierkegaard) e do processo produtivo da vida (Marx). Até mesmo os comentaristas

---

[1] Trechos publicados originalmente em *Le plus sublime des hysteriques: Hegel passe.* Paris: Le point hors ligne, 1988, p. 5-8, 93-100.

[2] Aqui, a linguagem de Žižek também é, ironicamente, a de Louis Althusser, célebre por rejeitar qualquer "inversão" materialista da dialética hegeliana. Ver "Sobre a dialética materialista (da desigualdade das origens)", em *A favor de Marx*. Tradução de Dirceu Lindoso. 2. ed. Rio de Janeiro: Zahar, 1979, p. 140-175. (N.O.)

mais favoráveis de Hegel, apesar de se identificarem com ele, recusam-se a ultrapassar o limite que constitui o Saber Absoluto. Assim, Jean Hyppolite afirma que a tradição pós-hegeliana permite a abertura irredutível do processo histórico-temporal por meio de uma repetição vazia, destruindo o quadro do progresso da Razão... Em termos mais simples, cada uma dessas relações com o sistema hegeliano é sempre do tipo "sim, eu sei, mas"[3]: sabemos muito bem que Hegel afirma o caráter fundamentalmente antagônico das ações, a descentração do sujeito, etc., mas... essa divisão acaba sendo superada na automediação da Ideia absoluta, que, no fim, sutura todas as feridas. A posição do Saber Absoluto, da reconciliação final, desempenha aqui o papel da Coisa hegeliana: um monstro ao mesmo tempo assustador e ridículo, do qual é melhor manter distância, uma coisa ao mesmo tempo impossível (o Saber Absoluto é claramente inatingível, um Ideal irrealizável) e proibida (o Saber Absoluto deve ser evitado, pois ameaça mortificar toda a riqueza da vida pelo automovimento do conceito). Em outras palavras, toda tentativa de se definir no âmbito da influência de Hegel requer um ponto em que a identificação é bloqueada – a Coisa sempre tem de ser sacrificada...

Para nós, essa imagem de Hegel como "panlogicista", que devora e mortifica a substância viva do particular, é o *Real de seus críticos*, "Real" no sentido lacaniano: a construção de um ponto que efetivamente não existe (um monstro sem relação com o próprio Hegel), mas que, não obstante, tem de ser pressuposto para que possamos justificar nossa referência negativa ao outro, ou seja, um esforço de distanciamento. De onde vem esse horror que sentem os pós-hegelianos diante do monstro do Saber Absoluto? O que essa construção fantasmática esconde com sua presença fascinante? A resposta: um buraco, um vazio. A melhor maneira de distinguir esse buraco é fazendo uma leitura de Hegel *com* Lacan, ou seja, ler Hegel nos termos da problemática lacaniana da falta no Outro, o vazio traumático contra o qual se articula o processo de significação. Dessa perspectiva, o Saber Absoluto revela-se como o nome hegeliano do que Lacan tentou delinear com a descrição do *passe*, o momento final do processo analítico, a experiência da falta no Outro. Se, segundo a célebre formulação de Lacan, Sade nos fornece a verdade

---

[3] Essa fórmula da "negação fetichista" foi desenvolvida de maneira célebre por Octave Mannoni em "I Know Well, but All the Same ...", em *Perversion and the Social Relation*, organizado por Molly Anne Rothenberg, Dennis A. Foster e Slavoj Žižek. Durham: Duke University Press, 2003, p. 68-92. Žižek depois elabora a fórmula no capítulo 11 deste livro, "Entre a ficção simbólica e o espectro fantasmático: rumo a uma teoria lacaniana da ideologia" (p. 255, nota 11). (N.O.)

de Kant,[4] o próprio Lacan nos permitiria abordar a matriz elementar que sintetiza todo o movimento da dialética hegeliana: Kant com Sade, Hegel com Lacan. O que está implícito, então, nessa relação entre Hegel e Lacan?

Hoje em dia, as coisas parecem claras: embora ninguém negue que Lacan tem uma certa dívida para com Hegel, argumenta-se que todas as suas referências hegelianas se limitam a empréstimos teóricos específicos e são restritas a um período bem definido da obra de Lacan. Entre o final dos anos 1940 e o início dos anos 1950, Lacan tentou articular o processo psicanalítico nos termos da lógica intersubjetiva do reconhecimento do desejo e/ou do desejo de reconhecimento. Já nessa época, Lacan teve o cuidado de se distanciar do fechamento do sistema hegeliano, de um Saber Absoluto ligado ao ideal inatingível de um discurso perfeitamente homogêneo, completo e fechado em si mesmo. Mais tarde, a introdução da lógica do não-todo e do conceito do Outro barrado tornaria obsoleta essa referência inicial a Hegel. É possível imaginar uma oposição mais incompatível do que entre o Saber Absoluto hegeliano – o "círculo dos círculos" fechado – e o Outro barrado lacaniano – saber absolutamente vazio? Não será Lacan o anti-Hegel por excelência?

Ironicamente, no entanto, a maioria dos críticos de Lacan tem como base de discurso sua dívida para com Hegel: Lacan continua prisioneiro do falogocentrismo graças a um hegelianismo subterrâneo que restringe a disseminação textual dentro de um círculo teleológico... A essa crítica os lacanianos respondiam, apropriadamente, acentuando a ruptura do lacanismo em relação ao hegelianismo – esforçando-se para salvar Lacan ao enfatizar que ele não é e nunca foi hegeliano. Mas é hora de abordarmos esse debate a partir de outra óptica, expressando a relação entre Hegel e Lacan de maneira original. Na nossa opinião, Lacan é fundamentalmente hegeliano, mas sem saber. Seu hegelianismo certamente não está onde se espera – ou seja, em suas referências explícitas a Hegel –, mas precisamente na última fase de seus ensinamentos, na lógica do não-todo, na ênfase colocada no Real e na falta no Outro. E, reciprocamente, uma leitura de Hegel à luz de Lacan nos dá uma imagem de Hegel radicalmente diferente da que é comumente aceita, isto é, a imagem do Hegel "panlogicista".

---

[4] A formulação exata de Lacan é esta: "*A filosofia da alcova* surge oito anos depois da *Crítica da razão prática*. Se, depois de ter visto que [aquela] é compatível com esta, demonstraremos que ela a completa, diremos que ela fornece a verdade da *Crítica*"(LACAN, Jacques. Kant com Sade. In: *Escritos*. Tradução de Vera Ribeiro. Rio de Janeiro: Jorge Zahar, 1998. p. 776-777. (N.O.)

Ela elucida um Hegel da lógica do significante, de um processo autor-referencial articulado como a positivação repetitiva de um vazio central.

Essa leitura, portanto, interfere na definição dos dois termos. Ela destaca um Hegel resgatado dos restos do panlogicismo e/ou do historicismo, um Hegel da lógica do significante. Por conseguinte, torna-se possível perceber claramente o núcleo mais subversivo da doutrina lacaniana, o de uma falta constitutiva no Outro. Eis o motivo de nosso argumento ser fundamentalmente dialógico: é impossível desenvolver uma linha de pensamento positiva sem incluir as teses que lhe são opostas, ou seja, os já mencionados lugares-comuns sobre Hegel, que veem no hegelianismo o exemplo por excelência do "imperialismo da razão", uma economia fechada em que o automovimento do Conceito suprassume todas as diferenças e toda a dispersão do processo material. Esses lugares-comuns também são encontrados em Lacan, mas acompanhados por outra concepção de Hegel que não encontramos nas afirmações explícitas que Lacan faz sobre Hegel – e é por essa razão que nada dizemos sobre a maioria dessas declarações. Para nós, Lacan "não sabe em que ponto é hegeliano", pois sua leitura de Hegel inscreve-se na tradição de Kojève e Hyppolite.[5] Desse modo, para articular a conexão entre a dialética e a lógica do significante, seria necessário colocar entre parênteses, por enquanto, qualquer referência explicita de Lacan a Hegel. [...]

2. Três estágios do simbólico

É somente depois de esclarecer a relação entre a dialética hegeliana e a lógica do significante que temos condições de situar o "hegelianismo" em Lacan. Falemos dos três estágios sucessivos da progressão do conceito do Simbólico em Lacan:

O primeiro estágio, da "função e campo da fala e da linguagem em psicanálise",[6] coloca a ênfase na dimensão intersubjetiva da *fala*: a fala como meio do reconhecimento intersubjetivo do desejo. Os temas predominantes nesse estágio são a simbolização como historicização e a realização simbólica:

---

[5] Ver KOJÈVE, Alexandre. *Introdução à leitura de Hegel*. Tradução de Estela dos Santos Abreu. Rio de Janeiro: Contraponto, 2002; HYPPOLITE, Jean. *Gênese e estrutura da "Fenomenologia do Espírito" de Hegel*. Tradução de Silvio Rosa Filho. São Paulo: Discurso Editorial, 1999. (N.O.)

[6] LACAN, Jacques. Função e campo da fala e da linguagem em psicanálise. In: *Escritos*, p. 238-324.

os sintomas e os traumas são espaços vazios e não historicizados do universo simbólico do sujeito. A análise, portanto, "realiza no simbólico" esses vestígios traumáticos, incluindo-os no universo simbólico ao lhes conferir, posterior e retrospectivamente, alguma significação. Basicamente, conservamos aqui uma concepção fenomenológica da linguagem, próxima da concepção de Merleau-Ponty: o objetivo da análise é produzir o reconhecimento do desejo pela "fala plena", é integrar o desejo no universo da significação. De uma maneira tipicamente fenomenológica, a ordem da fala é identificada com a ordem da significação, e a própria análise funciona nesse nível: "Qualquer experiência analítica é uma experiência de significação".[7]

O segundo estágio, exemplificado na interpretação de "A carta roubada", de Edgar Allan Poe, é, em alguns aspectos, complementar ao primeiro, assim como a *linguagem* é complementar à fala. A ênfase desse estágio está na ordem significante como (a ordem de) uma estrutura fechada, diferencial e sincrônica: a estrutura significante funciona como um "automatismo" insensato ao qual o sujeito está sujeitado. Portanto, a ordem diacrônica da fala, da significação, é governada por um automatismo significante insensato, por um jogo diferencial e formalizável que produz o efeito da significação. Essa estrutura que "conduz o jogo" é dissimulada pela relação imaginária – aqui estamos no nível do "esquema L"[8]:

> Decerto sabemos da importância das impregnações imaginárias (*Prägung*) nas parcializações da alternativa simbólica que dão à cadeia significante seu aspecto. Mas nós estabelecemos que é a lei própria a essa cadeia que rege os efeitos psicanalíticos determinantes para o sujeito, tais como a foraclusão (*Verwerfung*), o recalque (*Verdrängung*) e a própria denegação (*Verneinung*) –, acentuando com a ênfase que convém que esses efeitos seguem tão fielmente o deslocamento (*Entstellung*) do significante que os fatores imaginários, apesar de sua inércia, neles não figuram senão como sombras e reflexos.[9]

---

[7] LACAN, Jacques. *O seminário, livro 2: O Eu na teoria de Freud e na técnica da psicanálise (1954-1955)*. Tradução de Marie Christine LaznikPenot e Antonio Luiz Quinet de Andrade. Rio de Janeiro: Jorge Zahar, 1985, p. 406.

[8] Lacan desenvolve o "esquema L" nos seguintes textos: "De uma questão preliminar a todo tratamento possível da psicose", em *Escritos*, p. 537-590; *O seminário, livro 2*, p. 399-407; *O seminário, livro 3: As psicoses*. Tradução de Aluísio Menezes. 2. ed. Rio de Janeiro: Jorge Zahar, 1997, p. 20-24, 185-186. (N.O.)

[9] LACAN, Jacques. O seminário sobre "A carta roubada". In: *Escritos*, p. 13.

Se o primeiro estágio era "fenomenológico", este é mais "estruturalista". O problema desse segundo estágio é que o sujeito – uma vez que sujeito do significante, irredutível ao Eu Imaginário – é radicalmente *impensável*: de um lado, temos o Eu Imaginário, o lugar da cegueira e do desconhecimento, ou seja, o lugar do eixo *a–a'*; de outro, um sujeito totalmente sujeitado à estrutura, alienado sem resto e, nesse sentido, dessubjetivado:

> A entrada em função do sistema simbólico em seu mais radical, mais absoluto emprego, acaba abolindo tão completamente a ação do indivíduo, que elimina, da mesma feita, sua relação trágica com o mundo. [...] No meio do andamento das coisas, do funcionamento da razão, o sujeito se acha, desde o início da jogada, não sendo mais do que um peão, impelido para dentro deste sistema, e excluído de toda participação que seja propriamente dramática e, por conseguinte, trágica, na realização da verdade.[10]

O sujeito que se liberta totalmente do eixo *a–a'* e que se realiza inteiramente no Outro, consumando sua realização simbólica, um sujeito sem Eu, sem cegueira imaginária, será de imediato radicalmente dessubjetivado, reduzido a um momento no funcionamento da máquina simbólica, da "estrutura sem sujeito".

O terceiro estágio certamente não é, entenda-se, algum tipo de "síntese" dos dois primeiros, ou uma combinação da perspectiva fenomenológica da fala com a perspectiva estruturalista da linguagem; esses dois estágios já são, em si, complementares, duas versões do mesmo edifício teórico. O terceiro estágio precisa romper com esse edifício comum, essa relação complementar da fala cheia de significação e da estrutura autossuficiente, postulando um Outro barrado, incompleto, "não-todo", um Outro articulado em relação a um vazio, um Outro que carrega dentro de si um êxtimo,[11] um núcleo não simbolizável. É somente a partir do Outro barrado (Ⱥ) que podemos entender o sujeito do significante ($): se o Outro não é cindido, se é um arranjo completo, a única relação possível do sujeito com a estrutura é a de uma alienação total, de uma sujeição sem resto: mas a falta no Outro quer dizer que há um resto, um

---

[10] LACAN, Jacques. *O seminário, livro 2*, p. 214.

[11] Interno e externo se articulam no pensamento de Lacan por meio de um neologismo, a união entre o prefixo *ex* e a palavra francesa *intime* (íntimo), formando *ex-time* (ex-timo). Com isso, ele representa o que há de mais íntimo no sujeito, mas que ao mesmo tempo lhe é exterior. (N.T.)

resíduo não integrável no Outro, *objeto a*, e o sujeito é capaz de evitar a alienação total apenas na medida em que se põe como correlato desse resto: $ ◊ a. Nesse sentido, podemos conceber um sujeito distinto do Eu, o lugar do desconhecimento imaginário: um sujeito que não se perde no "processo sem sujeito" da combinação estrutural.

Também podemos nos aproximar dessa conjuntura partindo da questão do desejo: o Outro barrado quer dizer um Outro que não é simplesmente uma máquina anônima, o automatismo de uma combinação estrutural, mas sim um Outro que deseja, um Outro que carece do objeto-causa do desejo, um Outro que quer alguma coisa do sujeito (*"Che vuoi?"*). Poderíamos dizer que o sujeito do significante ex-siste na medida em que essa dimensão da questão insiste no Outro – não como a questão do sujeito confrontado com o enigma do Outro, mas sim como uma questão que surge do próprio Outro.

À primeira vista, talvez pareça que a referência lacaniana a Hegel limita-se fundamentalmente ao primeiro estágio, com os temas da simbolização como historicização, da integração no universo simbólico, etc. Ao longo desse período, a leitura lacaniana do texto hegeliano é "mediada" por Kojève e Hyppolite, e os temas predominantes são da luta e da reconciliação final no meio do reconhecimento intersubjetivo, que é a fala.

Com efeito, a consumação da realização simbólica, a abolição do sintoma, a integração de cada núcleo traumático no universo simbólico, esse momento final e ideal em que o sujeito é finalmente liberto da opacidade imaginária, em que todos os vazios de sua história são preenchidos pela "fala plena", em que a tensão entre o "sujeito" e a "substância" é finalmente resolvida por essa fala em que o sujeito pode assumir seu desejo, etc. – não seria possível reconhecer esse estado de plenitude como uma versão psicanalítica do "Saber Absoluto" hegeliano: um Outro não barrado, sem sintoma, sem falta, sem núcleo traumático?

Portanto, parece que qualquer referência manifesta a Hegel é pelo menos relegada a segundo plano: o Outro barrado quer dizer precisamente a impossibilidade constitutiva de um Saber Absoluto, da consumação da realização simbólica, porque existe um vazio, uma falta do significante que acompanha o movimento da simbolização, ou melhor, num outro nível, porque há um não sentido que surge necessariamente tão logo haja o advento do sentido. O campo conceitual do terceiro estágio de Lacan seria, portanto, um campo do Outro que resiste, por todos os lados, à consumação da "realização", um Outro esvaziado por um núcleo hipotético de um

Real-impossível cuja inércia bloqueia a dialetização, a "suprassunção" no símbolo e pelo símbolo – em suma, um Outro anti-hegeliano por excelência.

3. Das Ungeschehenmachen

Antes de sucumbir rápido demais a essa imagem sedutora de um Lacan anti-hegeliano, vale a pena trazer à luz a lógica dos três estágios da doutrina lacaniana. Podemos fazê-lo por expedientes diversos. Por exemplo, é possível demonstrar que cada um desses três estágios corresponde a uma concepção específica da finalidade do processo analítico: 1) a *realização simbólica*, a consumação da historicização dos sintomas; 2) a experiência da *castração simbólica* ("repressão originária") como dimensão que abre para o sujeito o acesso a seu desejo no nível do Outro; 3) a *travessia da fantasia*, a perda do objeto que tampa o buraco no Outro. Não obstante, o expediente preferível é o da "pulsão de morte": pela simples razão de o vínculo entre a "pulsão de morte" e a ordem simbólica – sendo todo o resto constante na teoria lacaniana – se articular de maneira diferente em cada um dos estágios:

1) No estágio "hegeliano-fenomenológico", ele age como uma variação do tema hegeliano da "palavra como assassinato da coisa": a palavra, o símbolo, não é um simples reflexo, uma substituição ou uma representação da coisa; ela é a própria coisa, ou seja, a coisa é *aufgehoben*, suprimida-internalizada, em seu conceito, que existe na forma de uma palavra:

> Lembrem-se do que Hegel diz do conceito: – O conceito é o tempo da coisa. Certo, o conceito não é a coisa no que ela é, pela simples razão de que o conceito está sempre onde a coisa não está, ele chega para substituir a coisa [...]. O que é que pode estar aí, da coisa? Não é nem sua forma, nem sua realidade, porque, no atual, todos os lugares estão tomados. Hegel diz isso com grande rigor – o conceito é o que faz com que a coisa esteja aí, não estando.
>
> Essa identidade na diferença, que caracteriza a relação do conceito à coisa, é o que faz também com que a coisa seja coisa e que o *fact* seja simbolizado...[12]

A "pulsão de morte", portanto, quer dizer o aniquilamento da coisa em sua realidade imediata e corporal logo depois de sua simbolização: a coisa está mais presente em seu símbolo do que em sua realidade imediata.

---

[12] LACAN, Jacques. *O seminário, livro 1: Os escritos técnicos de Freud*. Tradução de Betty Milan. Rio de Janeiro: Jorge Zahar, 1996, p. 275-276.

A unidade da coisa, o traço que faz da coisa a coisa, é descentrado em relação à realidade da própria coisa: a coisa tem de "morrer" em sua realidade para chegar, atravessando seu símbolo, à sua unidade conceitual.

2) No estágio seguinte, o "estruturalista", a "pulsão de morte" é identificada com a ordem simbólica na medida em que segue suas próprias leis para além da experiência imaginária do sujeito, ou seja, "além do princípio do prazer" – um mecanismo que, por meio de seu automatismo, rompe, perturba o equilíbrio do sujeito e a homeostase imaginária. A ordem simbólica:

> não é a ordem libidinal na qual se inscrevem tanto o eu como as pulsões. Ela tende para além do princípio do prazer, fora dos limites da vida e é por isto que Freud a identifica ao instinto de morte. [...] a ordem simbólica é rejeitada da ordem libidinal, que inclui o âmbito todo do imaginário, inclusive a estrutura do Eu. E o instinto de morte é apenas a máscara da ordem simbólica...[13]

3) No terceiro estágio, em que Lacan coloca a ênfase no Real como núcleo impossível/não simbolizável, a "pulsão de morte" torna-se o nome do que, no pensamento de Sade, assume a forma da "segunda morte": a morte simbólica, o aniquilamento da rede significante, do texto em que o sujeito está inscrito, pelo qual a realidade é historicizada – o nome do que, na experiência psicótica, aparece como o "fim do mundo", o crepúsculo, o colapso do universo simbólico.[14] Em outras palavras, a "pulsão de morte" designa a possibilidade a-histórica implicada, exposta pelo processo de simbolização/historicização: a possibilidade de seu apagamento radical.

O conceito freudiano que melhor designa esse ato de aniquilamento é *das Ungeschehenmachen*, a "a anulação do acontecido [...] em que o segundo ato cancela o primeiro, como se nada tivesse ocorrido, quando, na realidade, ambos aconteceram",[15] ou, em termos mais simples, a anulação retroativa. E não é por acaso que encontramos o mesmo termo em Hegel, que define *das Ungeschehenmachen* como o supremo poder do Espírito.[16]

---

[13] LACAN. *O seminário, livro 2*, p. 407.

[14] LACAN, Jacques. *O seminário, livro 7: A ética da psicanalise, 1959-1960*. Tradução de Antônio Quinet. Rio de Janeiro: Jorge Zahar, 2008, p. 250-255. (N.O.)

[15] FREUD, Sigmund. Inibição, sintoma e angústia. In: *Obras completas, volume 17: Inibição, sintoma e angústia, O futuro de uma ilusão e outros textos* (1926-1929). Tradução de Paulo César de Souza. São Paulo: Companhia das Letras, 2014, p. 60.

[16] HEGEL, G. W. F. *Fenomenologia do espírito*. Tradução de Paulo Meneses. 8. ed. Petrópolis: Vozes, 2013, p. 439.

Esse poder de "desfazer" o passado é concebível apenas no nível simbólico: na vida imediata, em seu circuito, o passado é apenas o passado e, como tal, incontestável; mas, uma vez que estejamos situados no nível da história como texto, ou como rede dos traços simbólicos, somos capazes de retroceder o que já ocorreu, ou apagar o passado. Desse modo, podemos conceber o *Ungeschehenmachen*, a manifestação mais elevada da negatividade, como a versão hegeliana da "pulsão de morte": não se trata de um elemento acidental ou marginal no edifício hegeliano; antes, ele designa o momento crucial do processo dialético, o chamado momento da "negação da negação", a inversão da "antítese" na "síntese": a "reconciliação" própria da síntese não é uma ultrapassagem ou suspensão (ainda que "dialética") da cisão em algum plano superior, mas sim uma reversão retroativa, que significa que, para início de conversa, *nunca houve* cisão alguma – a "síntese" *anula retroativamente* essa cisão. É assim que devemos entender a passagem enigmática, mas fundamental, da *Enciclopédia* de Hegel:

> A plena realização do fim infinito é somente suprassumir a ilusão de que o fim não foi ainda realizado.[17]

Não realizamos o fim atingindo-o, mas provando que já o atingimos, mesmo que o caminho para sua realização esteja oculto de nossas vistas. Ao avançar, ainda não estávamos lá, mas, de repente, já estávamos lá o tempo todo – o "cedo demais" transforma-se de repente em "tarde demais", sem que possamos detectar o momento da transformação. Concluímos, portanto, que se trata da estrutura do encontro faltoso: no caminho, a verdade, a qual ainda não atingimos, impele-nos adiante como um fantasma, na promessa de que nos aguarda no fim da estrada; mas, de repente, percebemos que, desde sempre, estivemos na verdade. O excedente paradoxal que escapole, que se revela como "impossível" nesse encontro faltoso do "momento oportuno", é, sem dúvida, o *objeto a*: o puro semblante que nos impulsiona para a verdade, até o momento em que, de repente, aparece atrás de nós, o momento em que o deixamos para trás, um ser quimérico que não tem seu "tempo devido" e apenas persiste no intervalo entre o "cedo demais" e o "tarde demais".

---

[17] HEGEL, G. W. F. *Enciclopédia das ciências filosóficas em compêndio: A ciência da lógica*. Tradução de Paulo Meneses. São Paulo: Loyola, 1995, v.1, § 212, p. 347.

Capítulo 3

"O mais sublime dos histéricos": Hegel com Lacan[1]

1. A falta no outro

Seria um equívoco completo entender a relação dialética entre Saber e Verdade como uma aproximação progressiva em que o sujeito, movido pela operação da Verdade, passa de uma imagem do saber (tendo provado sua "falsidade", sua insuficiência) para outra imagem muito mais próxima da Verdade, etc., até atingir um acordo final entre saber e Verdade na forma do Saber Absoluto. Dessa perspectiva, a Verdade é concebida como uma entidade substancial, um Em-si, e o processo dialético é reduzido a um movimento assintomático simples, uma aproximação progressiva à Verdade, no sentido do célebre dito de Victor Hugo: "A ciência é uma assíntota da verdade. Aproxima-se dela incessantemente sem jamais tocá-la". Já a coincidência hegeliana entre o movimento rumo a verdade e a verdade em si significa, ao contrário, que *já houve um contato com a verdade*: a própria verdade deve mudar com a mudança de saber, o que equivale a dizer que, quando o saber não mais corresponde à verdade, devemos não apenas ajustar adequadamente o saber, mas sim transformar os dois polos – a insuficiência do saber, sua falta em relação à verdade, indica radicalmente uma falta, uma não consumação no cerne da própria verdade.

---

[1] Trechos publicados originalmente em *Le plus sublime des hysteriques: Hegel passe.* Paris: Le point hors ligne, 1988, p. 13-62.

Deveríamos, pois, abandonar a noção clássica de que o processo dialético avança a partir de elementos particulares (limitados e "unilaterais") em direção a uma totalidade final: de fato, a verdade a que chegamos não é "toda"; a questão continua aberta, mas é transposta para uma questão dirigida ao Outro. A fórmula de Lacan, de que Hegel é "o mais sublime dos histéricos",[2] deveria ser interpretada ao longo dessas linhas: a pessoa histérica, por seu próprio questionar, "cava um buraco no Outro"; seu desejo é experimentado precisamente como o desejo do Outro. Ou seja, o sujeito histérico é fundamentalmente um sujeito que se propõe uma pergunta, ao mesmo tempo que pressupõe que o Outro tenha a chave da resposta, que o Outro conheça o segredo. Mas essa questão posta para o Outro, na verdade, é resolvida, no processo dialético, por uma virada reflexiva – a saber, acatando a questão como *sua própria resposta*.

Tomemos um exemplo de Adorno[3]: atualmente, é impossível encontrar uma definição única de sociedade; o que sempre temos é uma multiplicidade de definições que são mais ou menos contraditórias, até excludentes (por exemplo, de um lado temos as definições que concebem a sociedade como um Todo orgânico que transcende os indivíduos particulares, e, de outro, as que concebem a sociedade como uma relação entre indivíduos atomizados – "organicismo" *versus* "individualismo"). À primeira vista, essas contradições parecem bloquear o conhecimento da sociedade "em si", de modo que quem pressupor a sociedade como uma "coisa-em-si" só poderá abordá-la por meio de uma multiplicidade de concepções parciais e relativas, incapazes de apreendê-la. A virada dialética acontece quando essa mesma contradição se torna a resposta: as diferentes definições da sociedade não funcionam como obstáculo, mas são inerentes à "própria coisa"; tornam-se indicadores de contradições sociais efetivas – o antagonismo da sociedade como um Todo orgânico em oposição aos indivíduos atomizados não é simplesmente gnosiológico; *ele é o antagonismo fundamental que constitui exatamente o que se quer compreender*. Eis a aposta fundamental da estratégia hegeliana: a "inadequação como tal" (no nosso caso, a inadequação de definições opostas) "faria revelar o

---

[2] Ver, por exemplo, LACAN, Jacques. O mestre e a histérica. In: *O seminário, livro 17: O avesso da psicanálise, 1969-1970*. Tradução de Ary Roitman. Rio de Janeiro: Jorge Zahar, 1992, p. 33. (N.O.)

[3] Ver ADORNO, Theodor *et al. Aspects of Sociology*. Tradução para o inglês de John Viertel. Boston: Beacon, 1972, p. 23-33.

segredo"[4] – o que quer que se apresente inicialmente como obstáculo se torna, na virada dialética, a prova de que tivemos contato com a verdade. Desse modo, somos impelidos à coisa pelo que parece obscurecê-la, o que sugere que "a própria coisa" está oculta, constituída em torno de alguma falta. Os exemplos de uma lógica tão paradoxal, em que o problema funciona como sua própria solução, são numerosos na obra de Lacan; além de "Subversão do sujeito e dialética do desejo no inconsciente freudiano", recordemos duas outras passagens em que Lacan responde a seus críticos:

– em "A ciência e a verdade", Lacan comenta a "perplexidade" expressa por Laplanche e Leclaire a respeito do problema da "dupla inscrição", uma perplexidade em que eles "poderiam ter lido, em sua própria cisão na abordagem do problema, sua solução".[5]

– em *Mais, ainda*, a resposta de Lacan a Nancy e Lacoue-Labarthe, que o censuram pela inconsequência de sua teoria do significante:

> Partindo do que me distingue de Saussure e que faz com que eu tenha, como eles dizem, me desviado dele, eles conduzem, pontinho por pontinho, a esse impasse, que eu designo, concernente ao que é, no discurso analítico, da abordagem da verdade e de seus paradoxos. [...] Tudo se passa como se fosse justamente do impasse aonde meu discurso é feito para levá-los que eles estejam quites [...].[6]

Nos dois casos, o procedimento de Lacan é o mesmo: ele chama a atenção para uma espécie de erro de perspectiva. O que seus críticos percebem como um problema, um impasse, uma questão de inconsequência, uma contradição, já é em si a solução. Somos inclusive tentados a ver aqui uma forma elementar da refutação lacaniana da crítica: a formulação do problema já contém sua própria solução. É exatamente *aqui*, e não naquelas referências explícitas a Hegel, que devemos buscar a dimensão "hegeliana" de Lacan!

Lidamos com a mesma estrutura – da lógica da pergunta que age como sua própria resposta – na famosa piada de Rabinovitch: num primeiro momento, somos confrontados com um problema, e nossa objeção é

---

[4] LACAN, Jacques. Subversão do sujeito e dialética do desejo no inconsciente freudiano. In: *Escritos*. Tradução de Vera Ribeiro. Rio de Janeiro: Jorge Zahar, 1998, p. 835. (N.O.)

[5] LACAN, Jacques. A ciência e a verdade. In: *Escritos*, p. 878.

[6] LACAN, Jacques. Deus e o gozo d'Ⱥ mulher. In: *O seminário, livro 20: Mais, ainda*. Tradução de M. D. Magno. Rio de Janeiro: Jorge Zahar, 1985, p. 89.

invalidada pela objeção do adversário; num segundo momento, no entanto, essa mesma objeção é revelada como o verdadeiro argumento.[7] O próprio Hegel cita, em seu *Filosofia da história*, o bom dito francês: "Ao repelir a verdade, nós a abraçamos",[8] o que sugere um espaço paradoxal em que a essência da "própria coisa" encontra sua exterioridade. Essa estrutura é ilustrada, em sua forma mais elementar, pelo famoso gracejo hegeliano de que os segredos egípcios são segredos para os próprios egípcios: a solução do enigma é sua duplicação, o mesmo enigma deslocado para o Outro. A solução do enigma consiste em entendê-lo como uma pergunta que o Outro coloca para si mesmo: é precisamente pelo que a princípio parece nos excluir do Outro – nossa pergunta, pela qual o concebíamos como enigmático, inacessível, transcendental – que voltamos a nos juntar ao Outro, pois a pergunta se torna a pergunta do Outro, *pois a substância se torna sujeito* (o que define o sujeito, não nos esqueçamos, é precisamente a pergunta).

Não seria possível situar a "desalienação" hegeliana como um elemento da *separação* lacaniana? Lacan define separação como a sobreposição de duas faltas: quando o sujeito encontra uma falta no Outro, ele responde com uma falta prévia, com sua própria falta.[9] Se, na alienação, o sujeito é confrontado com um Outro pleno e substancial, que supostamente esconde em suas profundezas algum "segredo", seu tesouro inacessível, a "desalienação" não tem nada a ver com a obtenção desse segredo: longe de conseguir penetrar diretamente no núcleo oculto do Outro, o sujeito simplesmente

---

[7] No primeiro parágrafo de *For They Know Not What They Do: Enjoyment as a Political Factor* (London e New York: Verso, 1991), Žižek conta a piada sobre Rabinovitch, "um judeu que deseja emigrar. O burocrata do serviço de emigração pergunta por que motivo ele quer deixar a URSS, e Rabinovitch responde: 'Tenho dois motivos para fazer isso. O primeiro é que tenho medo de os comunistas perderem o poder na União Soviética, [...] e o novo governo colocar toda a culpa pelos crimes comunistas em nós, judeus [...]'. 'Mas', interrompe o burocrata, 'isso não faz sentido nenhum! Nada vai mudar na União Soviética, o poder dos comunistas vai durar para sempre!'. 'Pois é', responde Rabinovitch calmamente, 'esse é meu segundo motivo'". A mesma piada aparece também em *The Puppet and the Dwarf: The Perverse Core of Christianity* (Cambridge: MA. MIT Press, 2003), p. 77. (N.O.) [Ver também *As piadas de Žižek*. Organização de Audun Mortensen. Tradução de Rogério Bettoni. São Paulo: Três Estrelas, 2015, p. 145-148.]

[8] Ver HEGEL, G. W. F. *Filosofia da história*. Tradução de Maria Rodrigues e Hans Harden. 2. ed. Brasília: Editora Universidade de Brasília, 1999, p. 300. (N.O.)

[9] LACAN, Jacques. O sujeito e o Outro (I): a alienação. In: *O seminário, livro 11: Os quatro conceitos fundamentais da psicanálise*. Tradução de M. D. Magno. 2. ed. Rio de Janeiro: Zahar, 1985, p. 203.

experimenta esse "tesouro oculto" (*agalma*, o objeto-causa do desejo) como *já faltoso no próprio Outro*. A "desalienação" é reduzida a um gesto pelo qual o sujeito percebe que o segredo do Outro substancial também é um segredo para o Outro – ela é precisamente reduzida, portanto, à experiência de uma *separação* entre o Outro e seu segredo, o *objeto pequeno a*.

2. O ato simbólico

Se o campo da verdade não fosse "não-todo", se o Outro não fosse faltoso, não seríamos capazes de "apreender a substância como sujeito", e o sujeito seria nada mais do que um epifenômeno, um momento secundário no movimento da Verdade substancial: o sujeito é interno à substância precisamente como sua lacuna constitutiva; ele *é* esse vazio, a impossibilidade em torno da qual se estrutura a Verdade substancial. A resposta às perguntas "Por que o erro, a ilusão, é imanente à verdade? Por que a verdade surge do equívoco?", portanto, é muito simples: *porque a substância já é sujeito*. Desde sempre, a substância é subjetivada: a Verdade substancial coincide com sua própria progressão através das ilusões "subjetivas". Nesse ponto, surge outra resposta à pergunta "Por que o erro é imanente à verdade?": *porque não existe metalinguagem*. A ideia de que desde o início somos capazes de dar conta do erro, de levá-lo em consideração como *erro* e, portanto, tomar distância dele, é precisamente o erro supremo da existência da metalinguagem, a ilusão de que embora sejamos parte da ilusão, de algum modo seríamos capazes de observar o processo de uma distância "objetiva". Evitando nos identificar com o erro, cometemos o erro supremo e não consideramos a verdade, pois o lugar da própria verdade só se constitui pelo erro. Em outras palavras, poderíamos retomar aqui a proposição hegeliana que pode ser parafraseada como "o medo do erro é o próprio erro": o verdadeiro mal não está no objeto ruim, mas em quem percebe o mal como tal.

Encontramos essa lógica do erro interno à verdade na descrição dada por Rosa Luxemburgo sobre a dialética do processo revolucionário. Quando Eduard Bernstein criticou o medo revisionista de tomar o poder "cedo demais", prematuramente, antes de as "condições objetivas" terem chegado à maturidade, ela respondeu que as primeiras tomadas de poder são *necessariamente* "prematuras": para o proletariado, a única maneira de chegar à "maturidade", de esperar o momento "oportuno" de tomar o poder, é se formar e se preparar para essa tomada; e a única maneira de o proletariado se formar para isso, é claro, são essas tentativas "prematuras"... Se meramente esperarmos pelo "momento oportuno", nós nunca o atingiremos, porque esse "momento oportuno" – que não chega nunca sem que as condições subjetivas para a "maturidade" do sujeito revolucionário sejam cumpridas – só pode acontecer através de uma série de tentativas "prematuras". Assim, a oposição à tomada "prematura" do poder revela-se como uma oposição à tomada de poder *em geral, como tal*: repetindo a célebre frase de Robespierre, os revisionistas querem uma "revolução sem revolução".[10]

Quando examinamos as coisas mais de perto, percebemos que a aventura fundamental de Luxemburgo é justamente a impossibilidade de uma metalinguagem no processo revolucionário: o sujeito revolucionário não "conduz" o processo a uma distância objetiva, mas ele mesmo é constituído por esse processo; ninguém é capaz de "fazer a revolução a tempo" com tentativas "prematuras" e esforços insuficientes, porque o tempo da revolução é uma questão subjetiva. A atitude de Luxemburgo é exatamente a da histérica diante da metalinguagem obsessiva do revisionismo: a de quem se esforça para agir, ainda que prematuramente, para chegar ao ato correto por meio desse mesmo erro. Para que algo de real aconteça, temos de nos deixar enganar por nosso desejo, embora no fundo ele seja impossível.

As proposições "apreender a substância como sujeito" e "não existe metalinguagem" são apenas variações de um mesmo tema. Desse modo, é impossível dizer "Embora existam tentativas prematuras de revolução, não tenhamos a ilusão e continuemos conscientes de que elas estão antecipadamente fadadas ao fracasso". A ideia de que podemos agir e, ao mesmo tempo, manter distância em relação ao "objetivo" – possibilitando levar em consideração a "significação objetiva" do ato (ou seja, estar fadado ao fracasso) – ignora o modo como a "ilusão subjetiva" dos agentes faz parte do próprio processo "objetivo". É por isso que a revolução tem de se repetir: o "significado" das tentativas prematuras deve ser literalmente encontrado em seu fracasso – ou melhor, dizendo em termos consoantes com Hegel, "uma revolução política, em geral, só é sancionada pela opinião do povo depois de se repetir".

A teoria hegeliana da repetição histórica (desenvolvida em sua *Filosofia da história*), em suma, consiste nisto: "Pela repetição, o que no início parecia só ocasional e possível torna-se realidade e é comprovado".[11] Hegel elabora essa

---

[10] Ver LUXEMBURGO, Rosa. *Social Reform or Revolution.* 2nd ed. New York: Pathfinder Press, 1973.

[11] HEGEL. *Filosofia da história*, p. 266. (N.O.)

questão a propósito da morte de César: ao consolidar seu poder pessoal, César agiu "objetivamente" (em si) com respeito à verdade histórica de que "não havia mais força moral na república, ela só podia ser encontrada na vontade de um indivíduo".[12] No entanto, é a República que ainda reina formalmente (para si, na "opinião do povo") – a República "ainda está viva só porque se esqueceu de que já está morta", parafraseando o sonho freudiano do pai que não sabia que tinha morrido. Em vista dessa "opinião" que ainda acredita na República, a ação de César só pode parecer um ato arbitrário, algo acidental; para essa opinião, pareceria que "se esse indivíduo saísse do caminho, a República se restabeleceria *ipso facto*".[13] No entanto, foram precisamente os conspiradores de César que, obedecendo à "astúcia da razão", confirmaram a verdade de César: a consequência final de seu assassinato foi o reinado de Augusto, o primeiro *césar*. Assim, a verdade surge aqui de seu próprio fracasso:

> O assassinato de César, ao frustrar seu objetivo imediato, cumpriu a função que lhe fora maquiavelicamente atribuída: mostrar a verdade da história expondo sua própria não verdade.[14]

Todo o problema da repetição consiste nisto: nessa passagem de César – o nome de uma pessoa – a *césar* – título do imperador romano. O assassinato de César como persona histórica produziu, como resultado final, o estabelecimento do *cesarismo*: a persona-César se repete como título-césar. Mas qual a razão que move essa repetição? Paul-Laurent Assoun desenvolveu em detalhes o risco duplo da repetição hegeliana: ela significa, ao mesmo tempo, a passagem da contingência à necessidade e a passagem da substância inconsciente à consciência – em suma, do em-si ao para-si: "o acontecimento que só se dá uma vez parece, por definição, *incapaz de se dar de todo modo*".[15] No entanto, parece que Assoun interpreta essa conjuntura de maneira excessivamente "mecanicista": como se ela

---

[12] HEGEL. *Filosofia da história*, p. 265.

[13] HEGEL. *Filosofia da história*, p. 266. [Este trecho foi traduzido a partir do inglês para se aproximar melhor da interpretação de Žižek. A tradução brasileira diz: "acreditavam que isso estaria à altura de um indivíduo; consequentemente, a república reinava novamente".]

[14] ASSOUN, Paul-Laurent. *Marx et la répétition historique*. Paris: Presses Universitaires de France, 1978, p. 68.

[15] ASSOUN. *Marx et la répétition historique*, p. 69-70.

funcionasse simplesmente – em virtude da repetição do acontecimento – por consistir em "duas instâncias da mesma lei geral",[16] o que tentaria convencer a "opinião do povo" de sua necessidade. No fundo, a interpretação de Assoun é que o fim da República e o advento do poder imperial foram uma necessidade objetiva que se impôs por sua repetição. Mas a própria formulação de Assoun já contraria essa interpretação simplista:

> com efeito, é *reconhecendo* um acontecimento que já *ocorreu* que a consciência histórica deve experimentar a necessidade do processo gerador.[17]

Numa leitura literal: a diferença entre o "original" e sua repetição é a intervenção da rede significante em que se inscreve o acontecimento. Inicialmente, o acontecimento é vivido como um trauma contingente, como erupção do não simbolizado; é somente atravessando a repetição que ele é "reconhecido", o que aqui só pode significar isto: realizado na ordem simbólica. E esse reconhecimento-através-da-repetição pressupõe necessariamente (como em Moisés na análise de Freud) um crime, um ato de assassinato: César tinha de morrer como pessoa "empírica" para se realizar em sua necessidade, como *titular* do poder, precisamente porque a "necessidade" em questão é uma necessidade *simbólica*.

Não é apenas que as pessoas "precisem de tempo para compreender", ou que o acontecimento, em sua forma inicial de aparição, seja "traumático" demais: o *desconhecimento* de sua primeira ocorrência é "inerente" a sua necessidade simbólica, bem como constituinte imediato de seu reconhecimento. Colocando em termos clássicos: o primeiro assassinato (o "parricídio" de César) suscita uma "culpa", e é isso que "dá energia" à repetição. A coisa não se repete por causa de alguma necessidade "objetiva", "independente da nossa vontade subjetiva" e, dessa maneira, "irresistível" – na verdade, é a própria "culpa" que suscita a dívida simbólica e, com isso, inicia a compulsão de repetir. A repetição anuncia o surgimento da lei, do Nome-do-Pai no lugar do pai assassinado: o acontecimento que se repete recebe retroativamente, por meio de sua repetição, sua lei. Dito de outra forma, poderíamos conceituar a repetição hegeliana precisamente como a passagem do "*lawless*" [sem lei] para o "*lawlike*" [semelhante à lei],[18] como gesto interpretativo por

---

[16] ASSOUN. *Marx et la répétition historique*, p. 70.

[17] ASSOUN. *Marx et la répétition historique*, p. 70.

[18] Ver MILLER, Jacques-Alain. Algorithmes de psychoanalyse. *Ornicar?*, n. 16, 1978.

excelência (Lacan diz, em algum lugar, que a interpretação sempre procede sob o signo do Nome-do-Pai): a apropriação simbólica do evento traumático.

Hegel, portanto, tem sucesso ao formular o atraso constitutivo do gesto interpretativo: a interpretação só surge pela repetição, enquanto o acontecimento não pode se tornar "semelhante à lei" desde o início. Deveríamos conectar essa necessidade da repetição ao famoso prefácio de *Filosofia do Direito* sobre a coruja de Minerva, que só levanta voo à noite, *a posteriori*.[19] Ao contrário da crítica marxista que vê essa questão como sinal da impotência da posição contemplativa da interpretação *post festum*, deveríamos apreender esse atraso como inerente ao próprio processo "objetivo": o fato de a "opinião popular" ver o ato de César como algo acidental, e não como a manifestação da necessidade histórica, não é um simples caso do "atraso da consciência em relação à efetividade" – a própria necessidade histórica, ignorada pela "opinião" durante seu aparecimento inicial, confundida com algo arbitrário, *só é capaz de se constituir, de se realizar, por meio dessa confusão.*

Há uma distinção crucial entre essa posição hegeliana e a dialética marxista do processo revolucionário: para Rosa Luxemburgo, os fracassos das tentativas prematuras criam as condições da vitória final, enquanto para Hegel, a reversão dialética consiste na mudança de perspectiva por meio da qual *o fracasso como tal* aparece como vitória – o ato simbólico, o ato precisamente enquanto simbólico, *tem êxito em seu próprio fracasso.* Desse modo, devemos entender de maneira literal a proposição hegeliana de que "o verdadeiro começo só surge no fim": o ato – a "tese" – é necessariamente "prematuro"; é uma "hipótese" condenada ao fracasso, e a reversão dialética acontece quando o fracasso dessa "tese" – a "antítese" – revela a verdadeira "tese". A "síntese" é a "significação" da tese que surge de seu fracasso. Ainda assim, Goethe estava certo, em oposição às Escrituras: no princípio foi o ato;[20] o ato implica um deslize constitutivo, ele erra, "cai no vazio"; e o gesto original da *simbolização* é colocar esse puro dispêndio como algo positivo, experimentar a perda como processo que abre um espaço livre, que "deixa as coisas serem".

---

[19] HEGEL, G. W. F. *Linhas fundamentais da filosofia do direito, ou, direito natural e ciência do estado em compêndio.* Tradução de Paulo Meneses *et al.* São Leopoldo, RS: Editora Unisinos, 2010, p. 44.

[20] FREUD, Sigmund. *Obras completas, volume 11: Totem e tabu, Contribuição à história do movimento psicanalítico e outros textos (1912-1914).* Tradução de Paulo César de Souza. São Paulo: Companhia das Letras, 2012.

É por isso que a crítica comum – segundo a qual a dialética hegeliana reduz o processo a sua estrutura puramente lógica, omitindo a contingência dos atrasos e das ultrapassagens, todo o peso maciço e a inércia do real que perturba e prejudica o jogo dialético, ou seja, que não se permite ser absorvido no movimento de *Aufhebung* – erra completamente o alvo: esse jogo de atrasos e ultrapassagens está incluído no processo dialético, não apenas no nível acidental e não essencial, mas absolutamente como seu componente central. O processo dialético sempre assume a forma paradoxal da ultrapassagem/atraso, a forma da reversão de um "não ainda" para um "sempre já", de um "cedo demais" e um "*a posteriori*" – seu verdadeiro motor é a impossibilidade estrutural de um "momento certo", a irredutível diferença entre uma coisa e seu "tempo próprio". Inicialmente, a "tese" chega, por definição, cedo demais para atingir sua identidade própria, e só pode "se" realizar, tornar-se "ela mesma", *a posteriori*, retroativamente, por meio de sua repetição na "síntese".

3. "...esse vazio integral que também chamamos de sagrado"

Sejamos precisos: não se trata de entender o elo entre o fracasso do ato e sua simbolização reduzindo-a a uma suposta "compensação imaginária" ("quando o ato, a intervenção efetiva na realidade, falha, tenta-se compensar a perda por uma reparação simbólica, associando um significado mais profundo aos acontecimentos") – por exemplo, como quando a vítima impotente das forças naturais as diviniza, compreendendo-as como forças espirituais personificadas... Numa passagem tão rápida do ato ao seu "significado mais profundo", nós perdemos a articulação intermediária que é a essência de sua simbolização: o próprio momento da derrota, antes de ser reparado por uma "compensação imaginária" e obter um "significado mais profundo", torna-se em si um gesto positivo, um momento que poderia ser definido pela distinção entre o *Simbólico* no sentido estrito e aquilo que chamamos de "significação simbólica", ou, simplesmente, *ordem simbólica*.

É comum passarmos diretamente do real para a ordem simbólica: uma coisa ou é ela mesma, idêntica a si na inércia de sua presença bruta, ou possui uma "significação simbólica". Onde o Simbólico se encaixa nisso? É preciso introduzir a distinção crucial entre a "significação simbólica" e seu próprio lugar, o lugar vazio preenchido pela significação: o Simbólico é sobretudo um lugar, um lugar originariamente vazio, preenchido subsequentemente pelo bricabraque da ordem simbólica. A dimensão crucial do conceito lacaniano do Simbólico é essa prioridade lógica, a precedência do lugar (vazio) com respeito aos elementos que o preenchem: antes de ser um conjunto de "símbolos" portadores de alguma "significação", o Simbólico é uma rede diferencial estruturada em tomo de um lugar vazio, traumático, descrito por Lacan como o lugar de *das Ding*, o lugar "sagrado" do gozo impossível.[21] Como ele demonstra a propósito do vaso, fazendo referência a Heidegger, *das Ding* é, sobretudo, um lugar vazio cercado por uma articulação significante – um lugar vazio preenchido por tudo que quisermos, até mesmo por "arquétipos" junguianos. Essa prioridade do "sagrado" como lugar vazio em relação a seu conteúdo já fora enfatizada por Hegel:

> Para que haja algo nesse *vazio total* [*in diesen so ganz Leeren*], que também se denomina *sagrado*, há que preenchê-lo, ao menos com devaneios [*Träumereien*]: *fenômenos* que a própria consciência para si produz. [...] Afinal, os próprios devaneios ainda valem mais que seu esvaziamento.[22]

É por isso que a "perda da perda" hegeliana definitivamente não é o retorno a uma identidade plena, sem nenhuma perda: a "perda da perda" é o momento em que a perda deixa de ser perda *de* "algo" e se torna a abertura do lugar vazio que o objeto ("algo") pode ocupar, o momento em que o lugar vazio é concebido como anterior àquilo que o preenche – a perda revela um espaço para o aparecimento do objeto. Na "perda da perda", a perda *permanece* perda, não é "cancelada" no sentido comum: a "positividade" recuperada é a da perda como tal, a experiência da perda como condição "positiva", ou "produtiva", na verdade.

Não seria possível definir o momento final do processo analítico, o *passe*, precisamente como essa experiência do caráter "positivo" da perda, do vazio original preenchido pela experiência estonteante e fascinante do objeto fantasmático, a experiência de que o objeto como tal, em sua dimensão fundamental, é a positivação de um vazio? Não seria essa travessia da fantasia, essa experiência da prioridade do lugar em relação ao objeto

---

[21] LACAN, Jacques. *O seminário, livro 7: A ética da psicanálise, 1959-1960*. Tradução de Antônio Quinet. Rio de Janeiro: Jorge Zahar, 2008, p. 146-147, 157-158. (N.O.)

[22] HEGEL, G. W. F. *Fenomenologia do espírito*. Tradução de Paulo Meneses. 8. ed. Petrópolis: Vozes, 2013, § 146, p. 116. [Os termos em alemão entre colchetes foram mantidos por Žižek.]

fantasmático, no momento em que, retomando a formulação de Mallarmé, "nada tem lugar senão o lugar"?

O desejo do analista (uma vez que é desejo "puro"), consequentemente, não é um desejo particular (por exemplo, o desejo da interpretação, o desejo de desatar o nó sintomático do analisando por meio da interpretação), mas sim, de acordo com a formulação kantiana, nada mais que desejo não patológico, um desejo que não está ligado a um objeto "patológico", mas que é sustentado apenas pelo lugar vazio no Outro.

Por isso é tão importante distinguir com clareza o *passe* de qualquer "resignação" ou "assentimento à renúncia"; segundo essa leitura, a análise acabaria quando o analisando "aceitasse a castração simbólica", quando se resignasse à necessidade de uma Perda radical como parte de sua condição de ser que fala... Tal leitura faz de Lacan uma espécie de "sábio" que prega uma "renúncia fundamental". À primeira vista, tal leitura poderia parecer bem-fundamentada: não seria a fantasia, em última análise, a fantasia de que a relação sexual é finalmente possível, plenamente realizável? E o fim da análise, a travessia da fantasia, não seria precisamente o equivalente à experiência da impossibilidade da relação sexual, e por isso do caráter irredutivelmente discordante, bloqueado e deficiente da "condição humana"? Ora, essa leitura é vazia: se adotamos como princípio ético fundamental da análise o "não ceder de seu desejo"[23] – donde se segue que o sintoma é, como afirma Jacques-Alain Miller, precisamente um modo específico de "ceder de seu desejo" –, temos de definir o *passe* como o momento em que o sujeito toma para si mesmo seu desejo em seu estado puro e "não patológico", para além de sua historicidade/histericidade – o caso exemplar do sujeito "pós-analítico" não é a figura duvidosa do "sábio", mas a de Édipo em Colona, um velho rancoroso que exige tudo e não renuncia a nada! Se a travessia da fantasia se sobrepõe à experiência de alguma falta, *essa falta é do Outro* e não do próprio sujeito: no *passe*, o sujeito obtém a prova de que o *agalma*, o "tesouro oculto", está em falta no Outro; esse objeto é separado do ponto de identificação simbólica, do traço significante no Outro. Depois de localizar o sujeito em relação ao *objeto a*,

---

[23] LACAN. *O seminário, livro 7*, p. 375-76. Dennis Porter interpreta a frase *ne pas ceder sur son désir* como "retirar-se ou render-se em relação ao desejo". Bruce Fink, por outro lado, opta por "não desistir de seu desejo", ou "não fraquejar quando se trata do desejo", no sentido de que o analisando não deve "deixar que o desejo do Outro tenha procedência sobre o seu próprio desejo". Ver o seu *A Clinical Introduction to Lacanian Psychoanalysis: Theory and Practice*. Cambridge MA: Harvard University Press, 1997, p. 206. (N.O.)

a experiência da fantasia fundamental se torna a pulsão. O que se torna então aquele que passou pela experiência dessa relação, opaca na origem, a pulsão? Como, um sujeito que atravessou a fantasia radical, pode viver a pulsão? Isto é o mais-além da análise, e jamais foi abordado. Isto só é, até o presente, abordável, no nível do analista, na medida em que seria exigido dele ter precisamente atravessado em sua totalidade o ciclo da experiência analítica.[24]

O "Saber Absoluto" de Hegel, essa pulsação incessante, essa travessia de um caminho já trilhado e repetido ao infinito, não seria o caso exemplar de como "viver a pulsão" quando a história/histeria acaba? Desse modo, não admira que Lacan, no capítulo 14 de *O seminário, livro 11*, articule o circuito da pulsão em termos que evocam diretamente a distinção hegeliana entre o fim "finito" e o fim "infinito". Lacan lembra a diferença, própria da língua inglesa, entre *aim* e *goal*: "*The aim* é o trajeto. O fim tem um termo diferente em inglês, que é *goal*".[25] O circuito da pulsão talvez seja mais bem definido como a pulsação entre *goal* e *aim*: inicialmente, a pulsão está no caminho de certo alvo; em seguida, esse alvo coincide com a experiência do próprio caminho, cujo "alvo não é outra coisa senão esse retorno em circuito"[26] – em suma, o verdadeiro fim ("infinito", *aim*) realiza-se atravessando seu fracasso incessante para atingir o fim "finito" (*goal*); no próprio fracasso de atingir o alvo pretendido [*goal*], o verdadeiro objetivo [*aim*] é sempre atingido.

4. O "Saber Absoluto" diferenciador

Inegavelmente, o "Saber Absoluto" não é uma posição de "onisciência", em que o sujeito, em última instância, "sabe tudo"; devemos levar em conta o ponto exato em que o conceito surge em Hegel: no final da "fenomenologia do espírito", o ponto em que a consciência se "desfetichiza" e, com isso, torna-se capaz de saber a verdade, de saber o lugar da verdade, e assim se torna capaz da "ciência" no sentido hegeliano. Como tal, o "Saber Absoluto" é apenas um "isto é [*scilicet*]", um "você tem permissão para saber", o que abre um espaço para o desenvolvimento da ciência (lógica, etc.).

Em última instância, o que representa o fetiche? Ele é um objeto que preenche a falta constitutiva no Outro, o lugar vazio da "repressão

---

[24] LACAN. *O seminário, livro 11*, p. 258.

[25] LACAN. *O seminário, livro 11*, p. 170. Tradução modificada. (N.O.)

[26] LACAN. *O seminário, livro 11*, p. 179.

primordial", o lugar onde o significante, por necessidade, tem de faltar para que a rede significante possa se articular; nesse sentido, a "desfetichização" é equivalente à experiência dessa falta constitutiva, ou seja, do Outro como barrado. Talvez por isso seja ainda mais difícil atingir a "desfetichização", porque inverte a relação clássica entre o "signo" e a "coisa": costumamos entender o "signo" como algo que representa, que substitui o objeto ausente, enquanto o fetiche é um objeto, uma coisa que substitui o "signo" que falta. É fácil detectar a ausência, a estrutura dos adiamentos significantes, quando o que esperamos é a presença plena de uma coisa; no entanto, é mais difícil detectar a presença inerte de um objeto onde esperamos encontrar "signos", ao jogo de adiamentos representativos, traços... É por isso que podemos claramente distinguir Lacan de toda a tradição "pós-estruturalista", cujo objetivo é "desconstruir" a "metafísica da presença": denunciar a presença plena, detectar nela os traços da ausência, dissolver a identidade fixa em meio a um feixe de adiamentos e traços... Lacan, nesse ponto, está muito mais próximo de Kafka: é bem sabido, é claro, que Kafka é um "escritor da ausência", que descreve um mundo de estrutura ainda religiosa, mas em que o lugar central que pertence a Deus é vazio; no entanto, ainda é preciso demonstrar como essa mesma Ausência esconde uma presença inerte e aterrorizante, a presença de um objeto obsceno superegoico, o "Ser-supremo-em-maldade".[27]

É a partir dessa perspectiva que devemos reinterpretar as duas características do Saber Absoluto que podem, à primeira vista, possuir uma ligação "idealista": o Saber Absoluto como "abolição do objeto", a supressão da objetividade como oposta ao sujeito ou externa a ele, e o Saber Absoluto como abolição do Outro (entendido aqui como a dependência do sujeito *vis-à-vis* uma instância, em relação à qual ele é exterior e descentrado). A "suprassunção do Outro" hegeliana não equivale a uma fusão do sujeito com seu outro, tampouco à apropriação, por parte do sujeito, de todo conteúdo substancial; antes, trata-se de uma maneira especificamente hegeliana de dizer que "o Outro não existe" (Lacan) – em outras palavras, que o Outro não existe como Garantidor da Verdade, como o ouro do Outro, e assim essa declaração põe a falta no Outro, o Outro como barrado. É nesse buraco

---

[27] Lacan se refere a essa expressão precisa de Sade em "A pulsão de morte", em *O seminário, livro* 7, p. 258, e também em "Kant com Sade", nos *Escritos*, p. 784. Ver também o capítulo 6 deste volume, "Os limites da abordagem semiótica à psicanálise", p. 135-136. (N.O.)

no cerne do Outro substancial que o sujeito deve reconhecer seu lugar: um sujeito é interior ao Outro substancial na medida em que se identifica com uma obstrução no Outro, com a impossibilidade de atingir sua identidade por meio do fechamento consigo mesmo. A "abolição do objeto", por sua vez, representa o outro lado da moeda: não é uma fusão do sujeito com o objeto num sujeito-objeto, mas sim uma mudança radical no status do objeto em si – aqui, o objeto não esconde nem preenche o buraco no Outro. Essa é a relação pós-fantasmática com o objeto: o objeto é "abolido", "suprimido", ele perde sua aura fascinante. O que antes nos deslumbra com seu encanto é agora revelado como resto pegajoso e repugnante, o presente dado "transforma-se inexplicavelmente em presente de merda".[28]

A propósito de Joyce, Lacan sublinhou que ele tivera bons motivos para rejeitar a análise (condição estipulada por um rico patrocinador norte-americano em troca de apoio financeiro); ele não precisava dela, porque, em sua prática artística, já havia atingido a posição subjetiva correspondente ao momento final da análise, como fica evidente, por exemplo, em seu famoso jogo de palavras com *letter* e *litter* – ou seja, a transformação do objeto de desejo em merda, a relação pós-fantasmática do objeto.[29] No campo da filosofia, o Saber Absoluto hegeliano – e talvez somente ele – designa a mesma posição subjetiva, a da travessia da fantasia, da relação pós-fantasmática com o objeto, a experiência da falta no Outro. Talvez o status único desse Saber deva-se à questão que pode ser posta aos proponentes da chamada "inversão pós-hegeliana",[30] quer seja Marx ou Schelling: essa "inversão" não seria, em último recurso, uma fuga diante do caráter insuportável do procedimento hegeliano? O preço dessa "inversão" parece ser uma leitura de Hegel totalmente cega para a dimensão evocada pela travessia da fantasia e pela falta no Outro: nessa leitura, o Saber Absoluto torna-se o ponto culminante do chamado "panlogicismo idealista", contra o qual podemos, é claro, afirmar sem nenhum problema o "processo da vida efetiva".

Geralmente entendemos o Saber Absoluto como a fantasia do discurso pleno, sem falhas ou discórdia, a fantasia de uma Identidade que

---

[28] LACAN. *O seminário, livro 11*, p. 254.

[29] Devo essa formulação a Jacques-Alain Miller.

[30] Žižek parece se referir aqui à famosa rejeição de Louis Althusser a uma "inversão" marxista da dialética hegeliana em "Sobre a dialética materialista (da desigualdade das origens)", em *A favor de Marx*. Tradução de Dirceu Lindoso. 2. ed. Rio de Janeiro: Zahar, 1979, p. 140-175. (N.O.)

abarca todas as divisões, ao passo que nossa leitura, a modo de contraste, vê no Saber Absoluto o exato oposto disso, a dimensão da *travessia* da fantasia. O traço definidor do Saber Absoluto não é uma Identidade finalmente atingida, em que só há uma divisão para a "consciência finita" (uma divisão entre o sujeito e o objeto, entre saber e verdade, etc.), mas sim a experiência da distância, a *separação*, em que para a "consciência finita" há apenas fusão e identidade (entre *objeto a* e o Outro). O Saber Absoluto, longe de preencher a falta sentida pela "consciência finita" separada do Absoluto, transfere essa falta para o próprio Outro. A virada introduzida pelo Saber Absoluto, desse modo, diz respeito ao próprio status da falta: a "consciência finita" e "alienada" sofre a perda do objeto, enquanto a "desalienação" consiste na percepção de que esse objeto *estava perdido desde o início*, e que qualquer objeto dado é apenas uma tentativa de preencher o espaço vazio dessa perda.

A "perda da perda" marca o ponto em que o sujeito reconhece a prioridade da perda em relação ao objeto: no decorrer do processo dialético, o sujeito sempre perde de novo o que nunca possuiu, enquanto continua sucumbindo à ilusão necessária de que "o possuiria de outro modo". A ilusão – segundo a qual o Saber Absoluto seria o nome dado à completa correspondência entre sujeito e objeto, saber e verdade, ou seja, o nome do preenchimento de uma falta numa identidade absoluta que suprime todas as diferenças – é sustentada por um erro de perspectiva totalmente homólogo à interpretação que compreende o fim do processo analítico, que é o surgimento de uma não relação, como o estabelecimento de uma relação sexual genital completa, o que é o exato oposto de seu efetivo fim:

> É fato que a psicanálise é incapaz de fazer existir a relação sexual. Freud perdeu a esperança quanto a isso. Os pós-freudianos se esforçaram para solucionar essa questão elaborando uma fórmula genital. Até mesmo Lacan tomou nota disso: o fim do processo analítico não está vinculado ao surgimento da relação sexual. Em vez disso, depende totalmente do surgimento da não relação... A essa altura, o fim da análise é resolvido de uma maneira que, antes, teria sido impensável, rejeitada como pré-genital pela vertente pós-freudiana: permaneceria confinado ao nível do objeto... O objeto não é o que impede o advento da relação sexual, como nos faria acreditar um erro de perspectiva. O objeto, ao contrário, é aquilo que preenche uma relação que não existe e dá a ela sua consistência fantasmática... De agora em diante, o término da análise

como tal assume um encontro com a ausência por meio da travessia da fantasia e da separação do objeto.[31]

O objeto pré-genital é a mesma coisa que, por sua presença fantasmática inerte, obstrui a entrada da relação sexual genital plena e madura, e assim dissimula, pelo mero peso de sua presença, o obstáculo fundamental, o vazio da impossibilidade da relação sexual: longe de encobrir outra presença, ele na verdade nos desvia, por sua presença, do *lugar* que preenche. De onde vem esse erro de perspectiva? Do fato de *que o vazio é estritamente consubstancial ao próprio movimento de seu encobrimento*. É verdade que a fantasia *disfarça* o vazio significado pela fórmula "não existe relação sexual", mas ao mesmo tempo ela *se põe no lugar* desse vazio: o objeto fantasmático encobre o vazio aberto *que também é sustentado por ele*.

O mesmo vale para o objeto hegeliano, a figura-fetiche objetal: longe de ser uma imagem "prematura" da verdadeira síntese dialética, ele oculta, com seu dado caráter "não dialético" e "não mediado", a impossibilidade de toda síntese final entre sujeito e objeto. Em outras palavras, o erro de perspectiva consiste em pensar que no fim do processo dialético o sujeito *finalmente obtém* aquilo que procura – o erro de perspectiva existe porque a solução hegeliana não é de que o sujeito é incapaz de obter o que procura, mas sim de que *ele já possui* aquilo que procura na própria forma de sua perda. A formulação que Gérard Miller propõe para marcar a diferença entre o marxismo e a psicanálise ("no marxismo, o homem sabe o que quer e não o possui; na psicanálise, o homem não sabe o que quer e já o possui") delimita ao mesmo tempo a distância entre Hegel e o marxismo, a cegueira do marxismo para a inversão propriamente dialética do impasse em *passe*. O *passe* como momento final do processo analítico não significa que o sujeito finalmente resolveu o impasse (a armadilha do inconsciente na transferência, por exemplo), superando seus obstáculos – o *passe* pode ser reduzido à experiência retroativa de que o impasse já é sua própria "resolução". Dito de outra forma, o *passe* é *exatamente a mesma coisa que o impasse* (a impossibilidade da relação sexual), assim como a síntese é exatamente a mesma coisa que a antítese: o que muda é apenas a "perspectiva", a posição do sujeito. Nos primeiros seminários de Lacan, no entanto, encontramos

---

[31] MILLER, Jacques-Alain. D'un autre Lacan. *Ornicar?*, n. 28, p. 51-52, 1984. Žižek cita uma parte da mesma passagem em *Enjoy Your Symptom! Jacques Lacan in Hollywood and Out*. London; New York: Routledge, 1992, p. 89. (N.O.)

uma concepção de Saber Absoluto como o ideal impossível de atingir um fechamento definitivo do campo do discurso:

> O saber absoluto é o momento em que a totalidade do discurso se fecha sobre si mesma numa não-contradição perfeita, até e aí compreendido o fato de que ele se desloca, se explica e se justifica. Daqui a que nós tenhamos chegado a este ideal![32]

A razão é simplesmente que Lacan, nesse período, ainda não dispunha do conceito da falta no Outro, tampouco percebia como esse conceito se dava em Hegel: aqui, sua problemática é a da simbolização-historicização, a realização simbólica do núcleo traumático, além da não integração do sujeito no universo simbólico. Para Lacan, portanto, o fim ideal da análise é atingir a simbolização que reintegra todas as rupturas traumáticas dentro do campo simbólico – um ideal encarnado no Saber Absoluto hegeliano, mas um ideal cuja verdadeira natureza, na verdade, é kantiana: o Saber Absoluto é concebido como pertencente à espécie da "ideia reguladora", supostamente servindo de guia para o "progresso da realização do sujeito na ordem simbólica"[33]:

> É o ideal da análise, que, é claro, permanece virtual. Não existe nunca sujeito sem um eu, sujeito plenamente realizado, porém é justamente o que sempre se deve visar a obter do sujeito em análise.[34]

Contra essa concepção, devemos insistir no fato decisivo de que o Saber Absoluto hegeliano *não tem absolutamente nada a ver com algum tipo de ideal*: a virada específica do Saber Absoluto acontece quando percebemos que o campo do Outro já é "fechado" *em sua própria desordem*. Em outras palavras, o sujeito como barrado deve ser posto como *correlato* ao resto inerte que forma o obstáculo à sua plena realização simbólica, à sua plena subjetivação: $ ◊ a.

É por isso que, no matema do Saber Absoluto (SA), os dois termos devem ser barrados – ele se dá pela conjunção de $ e Ⱥ.

---

[32] LACAN, Jacques. *O seminário, livro 1: Os escritos técnicos de Freud*. Tradução de Betty Milan. Rio de Janeiro: Jorge Zahar, 1996, p. 301.

[33] LACAN, Jacques. *O seminário, livro 2: O Eu na teoria de Freud e na técnica da psicanálise (1954-1955)*. Tradução de Marie Christine Laznik-Penot e Antonio Luiz Quinet de Andrade. Rio de Janeiro: Jorge Zahar, 1985, p. 398.

[34] LACAN. *O seminário, livro 2*, p. 310.

Capítulo 4

Conexões do campo freudiano com a filosofia e a cultura popular[1]

Gostaria de começar com uma reflexão quase narcisista. Por que recorro com tanta frequência a exemplos da cultura popular? A resposta simples é: para evitar um tipo de jargão, e para atingir a maior clareza possível, não só para meus leitores, mas também para mim. Ou seja, o idiota para quem me empenho em formular um ponto teórico da maneira mais clara possível é, em última instância, eu mesmo: não estou menosprezando meus leitores. Não acho que seja coincidência o fato de o periódico lacaniano trimestral conhecido na França, como vocês devem saber, chamar-se *L'âne* – o Burro. A ideia é que, de certo modo, precisamos aceitar uma exteriorização total: precisamos renunciar inclusive ao último traço de qualquer tipo de circuito de conhecimento, fechado e instruído. Para mim, esse é exatamente o papel da referência que faço à cultura popular. Nessa plena aceitação da exteriorização num meio imbecil, nessa recusa radical de todo segredo iniciado, é assim que eu, por fim, entendo a ética lacaniana de encontrar o devido valor.

Acho que a maneira como me refiro à cultura popular, essa necessidade de que devemos atravessar esse meio exterior radical – ou imbecil, caso queiram –, é uma versão do que Lacan, pelo menos em sua última

---

[1] Esta é uma transcrição editada da segunda de uma série de palestras dadas por Žižek na Oitava Conferência Anual do Centro Australiano de Psicanálise no Campo Freudiano, em Melbourne, em 13 de agosto de 1994. Originalmente publicada em *Agenda: Australian Contemporary Art,* n. 44, p. 1-34, 1995.

fase, chamava de "destituição subjetiva", envolvida na posição do analista enquanto ocupa a posição de *objeto pequeno a*. Essa posição, acredito, é muito mais radical e paradoxal do que parece.

Deixem-me ilustrar isso com um exemplo de muito mau gosto, uma história do Sul dos Estados Unidos antes da Guerra de Secessão. Li em algum romance de James Baldwin, acho eu, que, nos prostíbulos do antigo Sul, da antiga Nova Orleans antes da Guerra de Secessão, os afro-americanos, os empregados negros, não eram vistos como pessoas. Então, por exemplo, o casal branco – prostituta e cliente – não se sentiam incomodados quando o empregado entrava no quarto para entregar bebidas. Eles simplesmente continuavam o que estavam fazendo, o ato sexual, etc., pois o olhar do empregado não contava como o olhar de outra pessoa. Em certo sentido, acredito, com o analista acontece o mesmo que acontecia com esses empregados negros.

Nós nos livramos de toda culpa quando falamos com o analista. Conseguimos confidenciar os segredos mais íntimos das pessoas que amamos, que odiamos, etc., embora nossa relação com o analista seja totalmente impessoal, sem a intimidade de uma verdadeira amizade. Isso é absolutamente fundamental, acredito. A relação com o analista, como vocês devem saber, não é uma relação intersubjetiva precisamente porque o analista, na disposição analítica, não é outro sujeito. Nesse sentido, o analista ocupa o papel de um objeto. Podemos nos confidenciar a eles sem nenhuma relação íntima de amizade.

Podemos apreender outro aspecto dessa destituição subjetiva fazendo referência à autobiografia de Louis Althusser, publicada recentemente e já traduzida para o inglês.[2] Althusser escreve que foi assombrado na vida adulta pela ideia de que ele não existia: assombrado pelo medo de que os outros tomassem consciência de sua não existência, de que os outros, por exemplo, leitores de seus livros, tomassem consciência do fato de que ele era um impostor que só fingia existir. Por exemplo, sua maior angústia depois da publicação de *Ler o Capital* era que algum crítico revelasse o fato escandaloso de que o principal autor do livro não existia.[3] Acredito

---

[2] ALTHUSSER, Louis. *The Future Lasts Forever: A Memoir*. Organizado por Olivier Corpet e Yann Moulier Boutang. Tradução para o inglês de Richard Veasey. London: Chatto and Windus, 1993. [Ed. bras.: *O futuro dura muito tempo*. Tradução de Rosa Freire D'Aguiar. Rio de Janeiro: Cia. das Letras, 1992.] (N.O.)

[3] ALTHUSSER. *The Future Lasts Forever*, p. 147-148.

que, em certo sentido, a psicanálise consista exatamente nisso. A cura psicanalítica acaba efetivamente quando o sujeito perde sua angústia, por assim dizer, e assume livremente sua própria não existência.

E acredito que, se quisermos colocar de uma maneira cínica e levemente engraçada, aqui resida a diferença entre a psicanálise e, digamos, o clássico solipsismo empirista-subjetivista inglês. A ideia clássica solipsista-empirista é que só podemos ter certeza absoluta das nossas ideias na nossa cabeça, ao passo que a existência da realidade exterior já é uma inferência inconclusiva. Para mim, a psicanálise afirma que a realidade exterior a mim definitivamente existe. O problema é que eu mesmo não existo.

Ora, minha próxima observação, é claro, é que Lacan só chegou a essa posição paradoxal no final de seus ensinamentos. Antes desse último estágio, nas décadas de 1950 e 1960, o fim do processo psicanalítico, para Lacan, envolvia quase exatamente o movimento oposto – a subjetivação, a realização subjetiva, a consumação subjetiva, a subjetivação do nosso próprio destino, etc. Assim, temos essa mudança radical: uma entre outras mudanças em Lacan.

Então, nessa destituição subjetiva, ao aceitar minha não existência como sujeito, tenho de renunciar ao fetiche do tesouro oculto responsável por meu valor. Tenho de aceitar minha exteriorização radical no meio simbólico. Como é bem sabido, o suporte final do que experimento como a singularidade de minha personalidade é dado pela minha fantasia fundamental, por sua formação absolutamente particular e não universalizável.

Ora, qual é o problema com a fantasia? Acredito que o ponto principal, geralmente negligenciado, é o modo como Lacan articulou a noção de fantasia: "Ok, a fantasia representa um desejo, mas o desejo de quem?". Meu argumento é: não o desejo do sujeito, não o seu próprio desejo. O que encontramos no núcleo da formação da fantasia é a relação com o desejo do Outro: com a opacidade do desejo do Outro. O desejo representado na fantasia, na minha fantasia, não é precisamente o meu próprio desejo, mas o desejo do Outro. A fantasia é uma maneira de o sujeito responder a questão de que objeto ele é para o Outro, nos olhos do Outro, para o desejo do Outro. Ou seja, o que o Outro vê em nós? Que papel temos no desejo do Outro?

Uma criança, por exemplo, consegue resolver, por meio de sua fantasia, o enigma do papel que representa como meio das interações entre sua mãe, seu pai, todos os seus parentes, etc.: o enigma de como a mãe, o pai e os outros travam suas lutas e ajustam contas entre si. Para mim, esse é o ponto crucial: a criança, por exemplo, experimenta sua situação como uma série de investimentos óbvios sobre ela. Os pais travam suas lutas entre si, mas não está claro qual o papel que eles têm nessa rede complexa e intersubjetiva na qual estão jogados. E é precisamente pela fantasia que eles tentam esclarecer esse ponto. A pergunta não é "Qual é o desejo deles?", mas sim "Qual é o papel deles no desejo do Outro?". Para mim, isso é extremamente importante, e é por isso que, como vocês devem saber, no grafo lacaniano do desejo, a fantasia aparece como resposta para a questão além do nível do significado, "O que quer você?", justamente como resposta ao enigma do desejo do Outro.[4] Mais uma vez, acho que precisamos ser muito precisos nesse ponto.

Todos conhecem essa frase, repetida uma vez atrás da outra: "O desejo é o desejo do Outro". Mas acredito que, para cada estágio fundamental dos ensinamentos lacanianos, corresponde uma leitura diferente dessa famosa formulação. Primeiro, já na década de 1940, "O desejo é o desejo do Outro" alude apenas à estrutura paranoica do desejo, à estrutura da inveja – colocando em termos diretos. Aqui, o desejo do sujeito é o desejo do Outro; é apenas esse tipo de relação transitiva e imaginária. É basicamente a estrutura da inveja – só desejo um objeto na medida em que é desejado pelo Outro, e assim por diante. Esse é o primeiro nível – o nível imaginário, digamos.

Depois temos o nível simbólico, em que "O desejo é o desejo do Outro" envolve essa dialética do reconhecimento e, ao mesmo tempo, o fato de que o que desejo é determinado pela rede simbólica na qual eu articulo minha posição subjetiva, etc., então, trata-se simplesmente da determinação do meu desejo: o modo como meu desejo se estrutura através da ordem do grande Outro. Isso é bem conhecido.

Mas acredito que a formulação final e crucial de Lacan só aparece quando a posição do analista não é mais definida como tendo seu início no lugar do grande Outro (A), isto é, o analista como incorporação da ordem simbólica, mas sim quando o analista é identificado com o pequeno outro

---

[4] LACAN, Jacques. Subversão do sujeito e dialética do desejo no inconsciente freudiano. In: *Escritos*. Tradução de Vera Ribeiro. Rio de Janeiro: Jorge Zahar, 1998, p. 829. Ver ŽIŽEK, Slavoj. *Sublime Object of Ideology*. London e New York: Verso, 1989, p. 110-114. (N.O.)

(*a*), com o objeto fantasmático. Em outras palavras, quando o analista dá corpo ao enigma da impenetrabilidade pelo desejo do Outro. Aqui, "O desejo é o desejo do Outro" significa que só posso chegar ao meu desejo pela complicação do desejo do Outro precisamente na medida em que esse desejo é, para mim, impenetrável e enigmático. Acho que esse é o primeiro ponto fundamental, geralmente esquecido, sobre a fantasia: como a verdadeira fantasia é uma tentativa de resolver o enigma do desejo do Outro. É esse o desejo representado na fantasia. Não é apenas que eu desejo algo, que eu crio uma fantasia. Não.

A propósito da noção de fantasia, outro ponto me parece crucial. Uma observação muito ingênua, e sou tentado a dizer que quase préteórica – embora eu a ache bem interessante –, é como, não só em Lacan, mas na psicanálise em geral (o que, a propósito, acontece com toda uma série de noções lacanianas), o conceito de fantasia é um ótimo exemplo da coincidência dialética entre os opostos: ou seja, a noção de fantasia não designa quase dois opostos?

Por um lado, ela é, digamos que ingenuamente, o aspecto jubiloso e beatífico da fantasia. Vocês sabem, refiro-me à fantasia como, digamos, alguma ideia de um estado idealizado sem perturbações, etc. Por exemplo, na política, a fantasia corporativista, geralmente totalitária, da sociedade como um corpo orgânico em que todos os membros colaboram, etc. Esse é o lado beatífico e harmonioso da fantasia. Ou, dito ingenuamente: na vida privada, a fantasia como fantasia da relação sexual bem-sucedida, etc.

Mas, por outro lado, existe outro aspecto igualmente radical e original: a noção de fantasia que é o exato oposto, precisamente a fantasia cuja forma fundamental é o ciúme. Não a fantasia beatífica e jubilosa, mas a fantasia suja. Por exemplo, quando sentimos ciúme, ficamos o tempo inteiro incomodados com a forma como o outro nos trata, com a forma como o outro aproveita a vida, etc. Meu argumento é que se tivermos de aprender alguma coisa com as chamadas ideologias totalitárias (e estou desenvolvendo aqui noções num nível muito elementar), é isto: as duas noções de fantasia são os dois lados da mesma moeda. O preço que pagamos por nos apegarmos, por nos prendermos à primeira fantasia é a segunda fantasia, a fantasia suja.

Não é por acaso que (e meu raciocínio aqui é bastante ingênuo) os sistemas políticos presos à fantasia no sentido de uma sociedade harmoniosa – por exemplo, no nazismo, a fantasia de uma "comunidade do povo", etc., ou, no stalinismo, a fantasia de construir "novos homens", uma nova sociedade socialista harmoniosa –, para sustentar essa fantasia, tiveram, ao mesmo tempo, de levar a outra fantasia ao seu extremo: a obsessão pelo sangue judeu, a obsessão pelos traidores, pelo que o outro está fazendo, etc. Para mim, é crucial o fato de a fantasia ser necessariamente cindida desse jeito. Sou tentado a dizer que com a fantasia acontece o mesmo que com a ideologia: sempre existem duas fantasias.

O que quero dizer com essa referência à ideologia? É absolutamente crucial o fato de a ideologia ser sempre dupla. É verdade, eu sei que hoje em dia a noção de ideologia está um pouco ultrapassada, é dita ingênua, etc., mas tentarei explicar no final por que e como, precisamente como lacanianos, nós não só temos de nos agarrar à noção de ideologia, como também podemos levar essa noção adiante de uma maneira muito útil. O norte-americano Fredric Jameson, meu caro amigo marxista – com o qual estou fazendo uma lavagem cerebral para transformá-lo num bom lacaniano, e espero ter algum sucesso –, deu-me um excelente exemplo de como funciona a ideologia.

Vocês se lembram de que há 20 anos, mais ou menos, na terminologia filosófica e antropológica corrente, costumávamos falar da relação do homem com a natureza, do complexo de produção e exploração da natureza, etc.? Isso era percebido como uma espécie de constante. Ninguém duvidava que esse complexo poderia continuar indefinidamente. A produção de trabalho vai continuar; a espécie humana, de algum modo, vai continuar explorando a natureza, etc. Mas no nível da própria organização social, as possibilidades eram tidas como abertas. O capitalismo vai prevalecer? E o fascismo? Haverá um socialismo? Desse modo, a imaginação social estava ativa no nível de diferentes possibilidades de organização social. A ideia era de que talvez tivéssemos fascismo, totalitarismo, talvez uma sociedade orwelliana fechada, talvez um "Admirável Mundo Novo" huxleyano, talvez um capitalismo liberal, ou um capitalismo estatal, o que for. Nesse ponto, era possível imaginar uma mudança. De algum modo, a produção continuaria, e continuaria a exploração da natureza – isso era visto como uma constante.

Hoje, no entanto, 20 ou 30 anos depois, digo que acontece exatamente o oposto. É muito fácil imaginar – e todos o fazem – que, de algum jeito, toda a natureza vai se desintegrar, que haverá uma catástrofe ecológica, ou o que for: a raça humana não seguirá adiante. O que não é mais possível imaginar é que não haverá um capitalismo liberal: não há mudança nesse nível. Então o sonho é que talvez não haja natureza, talvez haja uma catástrofe total, mas o capitalismo liberal, de algum modo, ainda vai existir, mesmo que a Terra não exista mais. E também precisamente cenas como essa, em que podemos ver como muda o que é visível, o que é invisível, o que pode ser imaginado, o que não pode ser imaginado. Para mim, isso é, para colocar em termos bem simplistas, um tipo de, caso queiram, prova empírica de que a ideologia está em ação.

Outra vez, minha alegação é que, assim como a noção de fantasia, a noção de ideologia tem dois níveis. Acredito que o modo de reconhecer uma ideologia em ação é sempre denunciando outra ideologia. Não existe ideologia pura e ingênua. A ideologia sempre será um gesto de denúncia que aponta como ingênua uma outra posição ideológica. Outra vez, estou falando aqui da minha própria experiência política. Por exemplo, como vivenciamos o momento da desintegração do comunismo quando finalmente nos livramos dessa doutrinação ideológica totalitária e retornamos a um estado "natural" das coisas? Qual foi esse estado natural das coisas? O livre mercado, as eleições multipartidárias, etc.? Precisamente, acredito que essa espontânea experiência de como nos livramos de uma ordem social imposta e retornamos a uma espécie de estado ideológico natural das coisas, digamos, é o gesto básico, por assim dizer, da ideologia. Ok, eu não quero me perder, talvez volte a falar disso mais tarde.

Quanto a essa noção de fantasia, não estou fazendo o jogo fácil de dizer "sim, também podemos atravessar a fantasia no campo político, etc.", mas acredito que uma das lições da psicanálise é que, mesmo na política, é necessário pelo menos se aproximar um pouco do quadro fantasmático. Para exemplificar isso, gostaria de mencionar um exemplo muito simples e, para mim, muito interessante.

O livro de Aldous Huxley *Eminência parda*, como talvez vocês saibam, é uma biografia de Père Joseph, que foi conselheiro político do cardeal Richelieu. Acho que esse livro deveria estar na lista de leitura de todas as pessoas que querem jogar luzes sobre a relação obscura entre ética e fantasia. Por que essa figura – Père Joseph – é tão interessante? Se, na reconstrução ficcional (vamos entrar nesse jogo) da história europeia moderna, isolarmos o episódio que descarrilou o chamado curso normal dos acontecimentos, qual poderia ser o episódio que introduziu o desequilíbrio cuja consequência final foram duas guerras mundiais? É claro, a principal candidata para essa perturbação fundamental, para esse descarrilamento, é a divisão do reino alemão – *Reich* – na Guerra dos Trinta Anos, de 1618 a 1648, acho eu – ou seja, na primeira metade do século XVII. Como vocês devem saber, por causa dessa divisão do império alemão, a afirmação da Alemanha como Estado-nação foi atrasada, e assim por diante. Esse, então, é o curso do desequilíbrio fundamental na história da Europa. Vamos levar essa reconstrução ficcional e retroativa um passo adiante. Se nessa reconstrução fictícia existe uma pessoa que podemos responsabilizar por esses resultados catastróficos, o principal candidato ao papel é justamente o infeliz Père Joseph, que, como conselheiro de Richelieu, por meio de sua capacidade fenomenal para a intriga, conseguiu introduzir – qual foi seu maior feito? – uma ruptura, uma cisão, no campo protestante, concluindo num pacto entre a França católica e a Suécia protestante contra a Áustria, mudando com isso o centro da guerra para o território alemão. Assim, Père Joseph é a encarnação máxima do político conspirador e maquiavélico, pronto para sacrificar milhares de vidas, pronto para usar recursos como espionagem, mentiras, assassinato, extorsão. Muito bem, não há nada de novo nisso. Mas, e esse foi o elemento que fascinou Aldous Huxley, esse mesmo Père Joseph tem um outro lado. Tudo bem, durante o dia ele era um político terrível, um conspirador, o pior de todos; mas, depois de fazer o trabalho sujo durante o dia, ele era, durante a noite, não só um padre, mas também um místico dos mais autênticos. Toda noite, depois de um dia cheio de árduas intrigas diplomáticas, ele mergulhava em meditações profundas. Suas visões místicas dão o testemunho de uma autenticidade digna de Santa Teresa, São João da Cruz, etc. Ele se correspondia regularmente com as irmãs de um pequeno convento francês, aconselhando-as em relação a suas tormentas espirituais, etc. Esse foi o enigma que Huxley encontrou. Como conciliamos esses dois lados?

Nesse ponto crucial, acredito, o próprio Huxley evita o paradoxo e opta por uma saída fácil: colocar a culpa nos pontos ditos fracos da experiência mística de Père Joseph. Segundo Huxley, a centração excessiva em Jesus Cristo – a obsessão de Père Joseph com o sofrimento de Cristo na *via crucis* – é o que possibilita o descaso para com o sofrimento dos outros, e tudo mais.

Como provavelmente vocês sabem, por essa razão, Huxley se afastou do cristianismo. Procurou salvação espiritual na sabedoria oriental, etc. Mas acredito que uma das lições da psicanálise seja que devemos aceitar totalmente esse paradoxo. Sim, você pode ser um místico absolutamente autêntico – é claro, isso não é uma crítica – e, ao mesmo tempo, o pior conspirador político. Não há garantia, na sua experiência particular autêntica, de quais serão os efeitos políticos disso. Acho que essa é a ilusão a que devemos renunciar. Não há garantia de quais serão os efeitos da sua experiência política.

Deixem-me retornar ao meu ponto principal, que é a fantasia. É claro, como sabemos desde Lacan, a fantasia suprema é a fantasia da relação sexual. Então, obviamente, o modo de atravessar a fantasia é elaborar o que Lacan quer dizer quando fala que não existe relação sexual, ou seja, pela teorização de Lacan da diferença sexual, as chamadas fórmulas da sexuação. Que defendo aqui? O seguinte. Geralmente não se percebe nesse ponto que a afirmação de Lacan *La femme n'existe pas*", "A Mulher não existe", não se refere de modo nenhum a uma essência feminina inefável fora da ordem simbólica, não integrada à ordem simbólica, além do domínio do discurso.

Vejam bem, não sei se vocês notaram isso em Lacan, mas o que eu mais gosto nele é do fato de ser um leninista do jeito dele. O que quero dizer com isso? Algo muito preciso. Como a gente reconhece um verdadeiro leninista? A reviravolta leninista típica é que, por exemplo, quando alguém diz "liberdade", a pergunta leninista é "Liberdade para quem? Para fazer o quê?". Ou seja, por exemplo, liberdade para a burguesia explorar os trabalhadores, etc. Já viram que no seminário *Ética da psicanálise* Lacan tem a mesma virada a propósito do "bem"? Sim, o bem supremo, mas o bem de quem, para fazer o quê, etc.? Nesse aspecto, acredito que quando Lacan diz "A Mulher não existe", também devemos fazer essa *tour* leninista e nos perguntar "Que Mulher?", "Para quem A Mulher não existe?". E, repetindo, a questão é que não é o modo como a mulher costuma ser concebida, ou seja, que a mulher não existe dentro da ordem simbólica, que a mulher de algum modo resiste a ser integrada dentro da ordem simbólica. Sou tentado a dizer que é quase o oposto.

Para simplificar as coisas, primeiro vou apresentar minha tese. Uma série de introduções conhecidas, principalmente introduções feministas a Lacan, costumam se concentrar apenas nessa fórmula e dizer: "Sim, nem todas as mulheres estão integradas na ordem fálica, então há algo na mulher, como se a mulher estivesse com um pezinho dentro da ordem fálica, e com o outro em algum tipo de gozo místico feminino", e por aí vai. Minha tese, para simplificar bastante, é que todo o argumento de Lacan é precisamente este: como não podemos totalizar a mulher, não há exceção. Então, em outras palavras, acho que o exemplo maior da lógica masculina é justamente essa ideia de uma essência feminina, eternamente feminina, excluída da ordem simbólica, além. Essa é a fantasia masculina suprema. E quando Lacan diz que "A Mulher não existe", acho que o que não existe é justamente esse misterioso e inefável "além", excluído da ordem simbólica. O que quero dizer com isso?

$\forall_x \, \Phi_x$ $\exists_x \, \overline{\Phi_x}$	$\overline{\forall_x} \, \Phi_x$ $\overline{\exists_x} \, \Phi_x$
MASCULINO	FEMININO
Função universal. Todos são submetidos à função fálica, com uma exceção. Existe um que não é.	Nem todos são submetidos à função fálica. Mas não há exceção. Não há nenhum que não seja submetido à função fálica.

Deixem-me elaborar isso um pouco melhor, primeiro de um jeito bem comum, e depois vou me aproximar lentamente da filosofia. Para colocar as cartas na mesa, já desenvolvi minha tese final em meu livro mais recente, *Tarrying with the Negative* (1993). O mesmo trabalho foi feito por minha amiga Joan Copjec, nos Estados Unidos, em seu livro *Read my Desire*, que provavelmente já está nas livrarias – acho que o subtítulo é "Lacan against the New Historicism".

Não sei o quanto vocês estão familiarizados com a filosofia de Immanuel Kant. A ideia de Kant é que a razão humana, aplicada além da experiência ao domínio do infinito, envolve-se necessariamente em antinomias. E, como vocês devem saber, Kant fala sobre dois tipos de antinomia da razão pura. De um lado, as chamadas antinomias matemáticas. De outro, as chamadas antinomias dinâmicas. Para simplificar um pouco, podemos dizer que as antinomias matemáticas correspondem aos paradoxos da divisibilidade infinita, da indivisibilidade, etc. Já as antinomias dinâmicas correspondem, em sua estrutura, a outro conjunto de paradoxos, porque principalmente, como vocês devem saber na lógica, temos duas matrizes, dois conjuntos de paradoxos. De um lado, os paradoxos da divisibilidade infinita, da indivisibilidade, e de outro, os paradoxos desse tipo de conjunto anormal, sabem, aqueles paradoxos russellianos famosos, "Pode um elemento ser a classe de si mesmo?". Estou falando daqueles exemplos chatos, como do barbeiro em Sevilha que se barbeia ou não se barbeia. Esse tipo de elemento anormal, de paradoxo autorreferencial.

Ora, minha ideia, para colocar em termos bem simples, como o fizeram Joan Copjec e outros, é que do lado feminino nós temos precisamente a estrutura das antinomias matemáticas – divisibilidade infinita *versus* indivisibilidade. E do lado masculino, nós temos precisamente a estrutura de uma antinomia dinâmica kantiana. Por que isso é tão importante? Porque, como vocês devem saber, a teoria kantiana oficial da diferença sexual é elaborada em um de seus primeiros escritos, um ensaio sobre o belo e o sublime; de maneira simples, a ideia é que as mulheres são belas e os homens são sublimes. Não? Minha tese, e também de Joan Copjec, é que nesse ponto devemos contrastar Kant com o próprio Kant. Ou seja, quando Kant fala sobre os dois modos do sublime – o sublime matemático quando lidamos com esse tipo de infinidade quantitativa, e por outro lado o sublime dinâmico –, já nesses dois modos do sublime encontramos a diferença sexual. Mas vou retornar a isso depois. Deixem-me primeiro explicar as coisas do modo como as entendo, pelo menos.

Primeiro temos a posição feminina. A divisão feminina consiste em assumir a inconsistência do desejo. É a famosa frase de Lacan, "Exijo que você recuse minha demanda, pois isto não é aquilo", *"C'est ne pas, ça"*. Isto é, o temor masculino à mulher, que tão profundamente marcou o espírito dos tempos, o *Zeitgeist*, na virada do século, de Edvard Munch, August Strindberg, até Franz Kafka – o que é esse horror à mulher? É precisamente o horror à inconsistência feminina: horror ao que na época era chamado de histeria feminina – a histeria que traumatizou esses homens e que também, como sabemos, marcou o nascimento da psicanálise – e que os confrontou com uma multiplicidade inconsistente de máscaras. A mulher histérica passa imediatamente do apelo desesperado para uma virago cruel, para a irrisão, etc. O que provoca essa inquietação é a impossibilidade de discernir, por trás dessas máscaras, um sujeito consistente que as manipule.

Permitam-me mencionar aqui, brevemente, o encontro de Edvard Munch com a histeria, o que lhe deixou uma marca profunda. Em 1893, Munch se apaixonou pela bela filha de um vinicultor em Oslo. Ela se apegou a ele, mas ele ficou com medo daquele vínculo, ansioso com o próprio trabalho e a deixou. Numa noite tempestuosa, um veleiro chegou para buscá-lo. Disseram que a jovem estava quase morrendo e queria falar com ele pela última vez. Munch ficou profundamente comovido e, sem questionar, foi até a casa dela e a encontrou deitada na cama entre duas velas acesas. Mas quando ele se aproximou da cama, ela se levantou e começou a rir. Toda aquela cena era um embuste. Munch se virou e começou a sair. Nesse ponto, ela ameaçou atirar em si mesma se ele a abandonasse e, segurando um revólver, apontou para o próprio peito. Quando Munch se virou para arrancar a arma dela, convencido de que aquilo também fazia parte de um jogo, a arma disparou, feriu-o na mão, etc.

Esse é o teatro histérico em sua forma mais pura. O sujeito é capturado numa mascarada na qual o que parece extremamente sério se revela fraude, e o que parece um gesto totalmente vazio se revela extremamente sério. O pânico que se apodera do sujeito masculino confrontado com esse teatro expressa o terror de que por trás das muitas máscaras que decaem uma depois da outra, como as camadas de uma cebola, não haja nada – nenhum segredo feminino supremo.

Aqui, no entanto, devemos evitar um equívoco fatal. Na medida em que essas máscaras histéricas são o modo de a mulher cativar o olhar masculino, a conclusão inevitável parece ser que o segredo feminino inacessível à economia fálica masculina – o famoso eternamente feminino, etc. – consiste num sujeito feminino que escapa ao reino do que costumamos nos referir como razão falogocêntrica, função fálica, e tudo o mais. A conclusão complementar é que na medida em que não há nada por trás das máscaras, a mulher é totalmente subordinada à função fálica. Mas, segundo Lacan, o que acontece é o exato oposto. Essa é a minha leitura do lado feminino das fórmulas de sexuação. O pré-simbólico e eternamente feminino é uma fantasia retroativa e patriarcal. É a exceção que fundamenta o reino do falo. O mesmo vale, a propósito, para a noção antropológica de um paraíso matriarcal original. Para mim, essa ideia de que originalmente havia um paraíso matriarcal que pouco a pouco foi substituído pelo patriarcado é, em sentido estrito, um mito patriarcal. Acredito que o primeiro gesto do verdadeiro feminismo radical deva ser a renúncia desse mito, que desde o início serviu para apoiar a legitimação retroativa do domínio masculino.

Portanto, é a própria ausência de qualquer exceção ao falo que torna inconsistente a economia libidinal feminina, e assim, de certo modo, solapa o reino da função fálica. Esse é meu argumento central. Quando Lacan diz que há algo além do falo, o gozo feminino, etc., isso não significa que, de um lado, temos uma parte da mulher presa no que Lacan chama de função fálica – e espero não ofender ninguém aqui – e, de outro lado, uma parte que fica de fora. Deixe-me dizer dessa maneira, esse é o paradoxo máximo ao qual estou tentando chegar. É justamente por não existir exceção, justamente por a mulher estar inteiramente dentro da função simbólica, que, paradoxalmente, o domínio da função fálica é solapado, que ficamos presos na inconsistência. O que quero dizer com isso? Tentarei explicar melhor.

Como vocês provavelmente sabem, o *écrit* mais famoso de Lacan, "Subversão do sujeito e dialética do desejo", termina com o ambíguo

"Não iremos aqui mais adiante".[5] É ambíguo porque pode dar a entender que depois, em algum outro lugar, Lacan irá adiante, e esse engodo incitou algumas feministas a criticar Lacan por ter parado no momento exato em que deveria ter dado um passo fundamental para além do falocentrismo de Freud. Embora Lacan fale sobre o gozo feminino, a *jouissance*, que escapa ao domínio fálico, ele o concebe como um continente escuro inefável, separado do discurso masculino por uma fronteira impossível de ser ultrapassada.

Ora, para feministas como Irigaray ou Kristeva, essa recusa em ultrapassar a fronteira, esse, como diz Lacan, "Não iremos aqui mais adiante", assinala a continuada interdição das mulheres. O que esse tipo de feminista quer é precisamente ir adiante, desdobrar os contornos de um discurso feminino além da ordem fálica. Ora, por que essa operação, segundo o senso comum, é plenamente justificada, erra o alvo?

Em termos filosóficos tradicionais, o limite que define a mulher não é epistemológico, mas ontológico. Ou seja, sim, há um limite, mas além do limite não há nada. Quer dizer, a mulher é não-toda, sim, mas isso significa precisamente que a mulher é não-toda presa na função fálica. Isso não significa que uma parte dela não esteja presa na função fálica, mas precisamente que não há nada além. Em outras palavras, o feminino é essa estrutura do limite como tal, um limite que precede o que pode ou não repousar no seu além. Tudo que percebemos nesse além, o eterno feminino, por exemplo, ou, em termos mais modernos, semiótica, discurso feminino, ou o que for, são, basicamente, as projeções da fantasia masculina.

Em outras palavras, não deveríamos opor a mulher como se ela fosse, para o outro, para o homem, a mulher como projeção narcisista masculina, imagem masculina da mulher, e, por outro lado, a verdadeira mulher em si mesma, para além do discurso feminino. Sou quase tentado a afirmar o exato oposto. A mulher em si é, em última instância, a fantasia masculina, ao passo que chegamos muito perto, chamemo-la de mulher verdadeira, simplesmente seguindo até o fim os impasses inerentes do discurso masculino na mulher. Acredito que, mais uma vez, precisamente por estarmos visando a mulher como aquele inefável além da ordem simbólica masculina em oposição à semiótica, etc., precisamente essa ideia de além é a fantasia masculina suprema, por assim dizer. Agora deixem-me passar para o outro lado. No caso do homem,

---

[5] LACAN. Subversão do sujeito e dialética do desejo no inconsciente freudiano, p. 841.

do lado masculino, a cisão é, por assim dizer, exteriorizada. O homem escapa à inconsistência de seu desejo estabelecendo uma linha de separação entre o domínio fálico – chamemo-lo simplesmente de domínio do gozo sexual, a relação com o par sexual – e o não fálico – digamos que o domínio da atividade pública não sexual. O que encontramos aqui, eu acho, são os paradoxos do que é chamado, na teoria da escolha racional, de estados que são essencialmente subprodutos. O homem subordina sua relação com uma mulher ao domínio de objetivos éticos: quando obrigado a escolher entre a mulher e o dever ético, a profissão, sua missão, ou o que quer que seja, o homem imediatamente opta pelo dever; mesmo assim, ele está simultaneamente consciente de que apenas uma relação com uma mulher pode lhe dar felicidade genuína, satisfação pessoal, etc. Então acredito, para colocar em termos mais simples, que o golpe sujo da economia masculina é dizer: "o quê?". Acho que encontramos isso em todos os bons melodramas hollywoodianos. Qual é o golpe sujo básico do melodrama? Eu poderia dar diversos exemplos, mas não quero tomar muito o tempo de vocês. A lógica é a seguinte: o homem sacrifica seu amor pela mulher por alguma causa superior – revolução, trabalho, algo supostamente não sexual –, mas a mensagem nas entrelinhas é precisamente que sacrificar seu amor é a maior prova de amor, de como a mulher é tudo para ele, de modo que os momentos sublimes do melodrama (e eles são fundamentais, acredito, para entender a posição sexual masculina) são aqueles em que a mulher finalmente percebe que o homem a traiu, que foi embora, mas também que a sacrificar era a maior prova de seu amor por ela. A frase melodramática derradeira é "Eu fiz isso por você", justamente quando ela é abandonada. Esse é o golpe sujo masculino: a mulher é seu bem supremo, mas justamente para ser digno dela ele precisa traí-la. Eu acredito em melodramas. Meu lema básico é que os melodramas estruturam nossas vidas, quer dizer, podemos encontrar nossa estrutura neles. Então, repetindo, para mim é justamente o homem, que postula uma exceção, que está muito mais de acordo com a estrutura fálica, etc.

Deixem-me explicar melhor, de uma maneira mais abstrata, essa descrição bem teórica que estou fazendo aqui. O que representa esse não-todo que não pode ser universalizado? Como marxista tradicional, darei um exemplo bem ortodoxo, que talvez surpreenda. Eu acho que – essa é a provocação que sempre tento vender em Paris, e Jacques-Alain Miller costuma comprá-la, porque ele é um velho maoísta, etc. – o exemplo perfeito do que Lacan quer dizer com não-todo, sem exceção, mas precisamente por isso não podemos totalizá-la, é a noção de luta de classes. O que significa a luta de classes? Cada posição que assumimos numa luta de classes, até mesmo a teórica, já é um momento de luta de classes. Ela requer tomar partidos na luta de classes, e é por isso que não existe ponto de vista objetivo imparcial que nos permita delinear a luta de classes. Nesse sentido preciso, podemos dizer o mesmo em relação às mulheres – a luta de classes não existe desde que não haja exceção, desde que não haja nenhum elemento que dela escape. Não podemos conceber ou apreender a luta de classes como tal, pois nesse aspecto estamos sempre lidando com efeitos parciais, cujos *accent gros* é a luta de classes.

Acho que essa é precisamente a estrutura de quando dizemos que não há nada de fora – toda posição que tomamos já faz parte da luta de classes, e é justamente por isso que não podemos totalizá-la. Ou, para dar um exemplo filosófico mais abstrato e menos dogmático, uma rápida olhada em qualquer manual de filosofia deixa claro como toda noção universal ou oniabrangente da filosofia está enraizada numa filosofia particular, como ela envolve o ponto de vista de uma filosofia particular. Não há noção neutra de filosofia que depois seja subdividida em filosofia analítica, hermenêutica, estruturalista, etc., é fundamental entender isso. Toda filosofia particular abrange a si mesma e a todas as outras filosofias, ou seja, sua visão sobre todas as outras filosofias. Ou, como Hegel diz em *Lectures on the History of Philosophy*, toda filosofia importante em determinada época é, de certo modo, toda a filosofia. Não se trata de uma subdivisão do todo, mas o próprio todo apreendido numa modalidade específica.

O que temos aqui, portanto, não é uma simples redução do universal ao particular, mas um tipo de excesso do universal. Nenhum universal abrange o conteúdo particular inteiro, pois cada particular tem seu próprio universal, cada um contém uma perspectiva específica sobre o campo inteiro.

O argumento, desse modo, é bastante refinado. Não se trata de um nominalismo primitivo no sentido de que só há filosofias particulares. Só há universais particulares. Cada universal é um universal ligado a determinada particularidade. Por exemplo, o não-todo feminino e a posição masculina designam precisamente uma tentativa de resolver esse impasse de demasiados universais excluindo um particular paradoxal. Esse particular excepcional, então, imediatamente dá corpo ao universal, como tal.

O que quero dizer com isso? Pensemos num caso exemplar, acredito, dessa lógica masculina precisa da exceção – a figura da dama no amor cortês. Na figura da dama, esse outro inacessível absoluto, a mulher como objeto sexual, torna-se existente. Lá a mulher existe, ainda que ao preço de ser postulada como coisa inacessível. Sexualizada, ela é transformada num objeto que precisamente, na medida em que dá corpo à sexualidade como tal, torna impotente o sujeito masculino.

Ou outro exemplo: uma referência ao eurocentrismo. Hoje em dia está na moda, em nome do multiculturalismo, criticar o eurocentrismo, etc. Para mim, a situação é muito mais complicada. O verdadeiro multiculturalismo só surge naquela cultura em que sua própria tradição, a cultura dessa tradição, sua própria herança comum, aparece como contingente. Ou seja, numa cultura que é indiferente para consigo, para com suas especificidades. O multiculturalismo é, por essa razão – minha tese radical –, sempre estritamente eurocentrismo. Apenas na subjetividade cartesiana, da era moderna é possível experimentar a própria tradição como elemento contingente a ser metodologicamente colocado entre colchetes. Aqui reside o paradoxo do universal e sua exceção constitutiva. A noção universal da multiplicidade das pessoas, cada uma delas incorporada em cada tradição particular, pressupõe uma exceção, uma tradição que experimenta a si própria como contingente.

Outra vez, acredito que este seja o argumento fundamental: esse multiculturalismo só é possível quando experimentamos nossa própria tradição como radicalmente contingente: quando nos relacionamos com nossa própria tradição como contingente. Não acredito que isso seja possível fora desse ponto de referência vazio que é o sujeito cartesiano.

Ou, para dizer de outra maneira, num nível diferente: a pegadinha, por assim dizer, a armadilha do universal está naquilo que ele secretamente exclui. Como vocês sabem, o exemplo clássico, o "homem" dos direitos humanos universais, exclui aqueles que são – qual é a pegadinha dos direitos humanos universais? – é claro, eles são universais, todo homem tem direito a eles, mas a pegadinha, então, é a seguinte: quem são os homens não considerados plenamente humanos? Primeiro você exclui, por exemplo, os selvagens. Exclui os loucos. Exclui os bárbaros não civilizados. E pode continuar: exclui os criminosos, as crianças, as mulheres, os pobres e por aí vai.

Então os direitos humanos pertencem a todos: a pegadinha costuma ser puramente tautológica, certo? Os direitos humanos são os direitos de todos, mas de todos que são plenamente humanos. Desse jeito você pode formular o embuste que pode ser usado até lá em cima, de modo que todo mundo seja uma exceção a esse conjunto [Žižek faz referência às fórmulas no quadro]. O caso mais apropriado – meu predileto, considerando o velho terrorista de esquerda que sou – é o terror jacobino na Revolução Francesa. Quase todo indivíduo concreto é potencialmente excluído, é potencialmente concebido como egoísta, pode ser executado pela guilhotina, etc. Então, os direitos humanos são universais, mas todo indivíduo concreto, de algum modo, não se encaixa no universal. Meu núcleo está aqui, mas vamos seguir em frente.

Outro bom exemplo dessa tensão entre universal e particular, acredito, é precisamente a antinomia do projeto liberal democrata. Essa antinomia diz respeito à relação entre universal e particular. O direito liberal democrata universalista à diferença encontra seu limite no momento em que se depara com a diferença real. Deixem-me voltar ao mau gosto e lembrar, como vocês chamam mesmo, a clitoridectomia, a remoção do clitóris para marcar a maturidade sexual da mulher, uma prática que, como vocês devem saber, persiste em algumas partes no leste da África. Ou, um caso menos extremo, a insistência de que as muçulmanas na França, por exemplo, usem o véu nas escolas públicas, etc. Ora, isso parece um caso bem definido, mas como nós, como bons liberais, abordamos esse problema?

Para mim, existe um dilema que simplesmente não pode ser resolvido, e isso não é uma ficção, acontece de fato: e se um grupo minoritário afirmar que essa diferença – o direito à clitoridectomia, a obrigar as mulheres a usar véus em público, etc. –, esse costume específico, é uma parte indispensável da identidade cultural desse grupo e, consequentemente, se esse grupo criticar a oposição, por exemplo, à remoção do clitóris como uma prática do imperialismo cultural, como a imposição violenta de padrões eurocêntricos? O que vocês diriam, por exemplo, se não só os homens, mas também as mulheres, caso vocês tentassem ensiná-los ou explicar para eles como isso faz parte de um caráter patriarcal primitivo, se eles dissessem: "Não, isso faz parte da minha identidade cultural"? Como escolhemos entre as reivindicações conflitantes da identidade de grupo e dos direitos de um indivíduo quando, e essa é a pegadinha, a identidade do grupo explica uma parte fundamental da identidade pessoal do indivíduo?

A resposta liberal clássica é: o quê? Que as mulheres escolham o que quiserem. Se quiserem retirar o clitóris, que assim seja, sob a condição de que elas sejam devidamente informadas, que entendam o panorama de escolhas alternativas, para que estejam plenamente conscientes do contexto mais amplo de sua escolha. Essa é a resposta liberal clássica, não é? Para colocar em termos simplistas, devemos apenas contar para elas objetivamente qual é a situação. Mas aqui mora a ilusão, na implicação subjacente de que existe uma forma neutra e não violenta de informar o indivíduo, de torná-lo ciente de toda a gama de alternativas.

A comunidade específica e ameaçada experimenta necessariamente o modo concreto dessa aquisição de conhecimento sobre estilos de vida alternativos, por exemplo, pela educação obrigatória, a educação do Estado, como uma intervenção violenta que perturba sua identidade. Essa é a pegadinha. Aqui, acredito, a abordagem liberal costumeira é um pouco simplista. A questão é que não há meio neutro, não há uma maneira neutra de informar o indivíduo. Como tentamos, por exemplo, dizer às mulheres pobres numa sociedade africana dita primitiva (não é o que penso) que a remoção do clitóris é bárbara, etc.? A própria forma de informá-la já é vivida por aquela comunidade como uma violência mínima.

A propósito, não me entendam mal. Meu ponto de vista não é esse tipo de neutralidade ocidental falsa: muito bem, que elas então façam o que quiserem, etc. Meu argumento é simplesmente mais pessimista, e [gesticulando para as fórmulas de sexuação no quadro] acho que essa é a verdade desse lado masculino de que não há uma universalidade neutra não exclusiva. De que devemos aceitar, independentemente do que façamos, um certo nível de violência.

Agora, minha parte final, que é mais filosófica: o que Lacan está realmente tentando atingir com essas fórmulas de sexuação? Para mim, algo bastante radical, sem precedentes, até, que não costuma ser devidamente reconhecido e entendido. Para mim, Lacan foi o único, pelo menos até onde sei, que tentou elaborar uma noção de diferença sexual no nível do sujeito cartesiano, o sujeito da ciência moderna.

Ou seja, o sujeito cartesiano, o sujeito abstrato do "penso, logo sou", esse sujeito abstrato e vazio surge, como vocês provavelmente sabem, da dessexualização radical da relação do homem com o universo. Quer dizer, a sabedoria tradicional sempre foi antropomórfica e sexualizada. A compreensão pré-moderna e tradicional do universo era estruturada por oposições que carregam uma conotação sexual indelével: *yin/yang*; luz/escuridão; ativo/passivo. Há uma espécie de universalização antropomórfica da oposição sexual. Essa fundação antropomórfica possibilita a correspondência metafórica, a relação de espelho, entre microcosmo e macrocosmo: o estabelecimento de cosmologias estruturais entre homem, sociedade e universo; a sociedade como organismo, com um monarca na cabeça, etc., o nascimento do universo pela cópula da terra com o céu, etc.

No mundo moderno, ao contrário, a realidade nos confronta como inerentemente não antropomórfica, como um mecanismo cego que, como costumamos dizer, fala a língua da matemática, e consequentemente só pode ser expresso em fórmulas sem sentido. Toda busca por um sentido mais profundo dos fenômenos é hoje tida como a sobra do antropomorfismo tradicional. Essa é a abordagem moderna: o universo não tem sentido.

(Sinto não ter tempo para entrar nesse assunto porque agora estou trabalhando – e talvez vocês se surpreendam – numa leitura detalhada da física quântica. Por quê? Porque a física quântica é um campo de batalha muito importante usado como contra-ataque pelos obscurantistas da Nova Era. Vocês conhecem o argumento, esse tipo de "a física quântica abre um novo caminho para combinar a ciência ocidental com a sabedoria oriental", etc. Para mim, em absoluto, é quase o contrário. Acho que a física quântica é o auge da modernidade, mas tudo bem, talvez depois possamos colocar o assunto em discussão. Deixem-me continuar.)

Ora, é nesse contexto que podemos avaliar o feito de Lacan. Ele foi o primeiro – e pelo que sei, o único – a delinear os contornos de uma teoria, digamos, não naturalizada e não imaginária – e sou inclusive tentado a dizer não antropomórfica e não humana – da diferença sexual. Ou seja, uma teoria que rompe radicalmente com todo tipo de sexualização antropomórfica: masculino/feminino como dois princípios cósmicos, *yin/yang*, ativo/passivo, e assim por diante.

O problema que Lacan enfrentou foi o seguinte: como passamos da cópula animal movida pelo conhecimento instintivo, regulada por ritmos naturais, para a sexualidade humana possuída por um desejo exteriorizado justamente por não poder ser satisfeito – inerentemente perturbado, fadado ao fracasso, etc.? Repetindo, como passamos da cópula natural para a sexualidade humana? A resposta de Lacan, acredito, é que entramos na sexualidade humana, é claro, pela intervenção da ordem simbólica como um tipo de parasita heterogêneo que descarrila o ritmo natural da cópula. Ok, todos parecem saber disso, mas o que isso significa?

A propósito dessas duas antinomias de simbolização assimétricas – temos o lado masculino: universalidade com exceção; temos o lado feminino: um campo não-todo que, justamente por essa razão, não tem exceção –, uma questão se coloca, a questão mais simplista. O que temos

PRIMEIRA PARTE: ORIENTAÇÕES LACANIANAS

aqui é apenas um certo impasse inerente à simbolização, que também se expressa em dois conjuntos principais de paradoxos lógicos, e assim por diante. Ora, temos todas as justificativas para fazermos a nós mesmos uma pergunta simples e ingênua. O que constitui o elo que conecta essas duas antinomias puramente lógicas com a oposição entre feminino e masculino que, por mais que mediada simbolicamente, por mais que condicionada culturalmente, continua sendo um fato biológico óbvio? Qual é a ligação entre isso [Žižek aponta para as fórmulas] e o fato quase empírico de que existe algum sentido no masculino, feminino, etc.?

Para mim, a resposta de Lacan para essa pergunta é que não existe, precisamente, nenhuma ligação. Ou seja, o que experimentamos como sexualidade – a sexualidade humana perturbada, não existe a relação sexual, etc. – é justamente o efeito do ato contingente, digamos, de inserir o fundamental impasse da simbolização na oposição biológica entre masculino e feminino. Então, a resposta à pergunta "É ilícita a ligação entre os dois paradoxos lógicos da universalização e da sexualidade?" é, portanto, precisamente o argumento de Lacan. O que Lacan faz é simplesmente transpor esse caráter ilícito do nível epistemológico, digamos, para o nível ontológico. A sexualidade em si, o que experimentamos como a asserção mais elevada e mais intensa do nosso ser, é, se me permitem dizer dessa forma, uma bricolagem – uma montagem de dois elementos totalmente heterogêneos. Desse modo, essa inserção parasítica do impasse simbólico na cópula animal, é o que enfraquece o ritmo instintivo da cópula animal, e por aí vai.

O que Lacan faz aqui é algo bem preciso. Em Lacan, masculino e feminino, conforme definidos por essas fórmulas de sexuação, não são predicados que fornecem informações positivas sobre o sujeito, que designam algumas propriedades positivas. Não sei até que ponto vocês conhecem a filosofia de Kant, mas minha tese é que se trata do que Kant concebe como uma determinação puramente negativa, uma determinação que meramente designa ou registra um certo impasse, um certo limite, uma modalidade específica de como o sujeito fracassa na sua tentativa de chegar a uma identidade que o constituiria como objeto plenamente constituído, plenamente realizado, etc. Nesse ponto, portanto, Lacan é muito mais subversivo do que parece.

Como provavelmente vocês sabem, todo o propósito da filosofia e da ética kantianas é a busca das estruturas ditas formais, *a priori*, independentes das entidades empíricas e contingentes, entidades encontradas na nossa experiência sensível. Para mim, quem tenta sugerir que Lacan, de certa forma, elaborou à moda kantiana uma crítica do puro desejo, as condições *a priori* do desejo, faz algo desse tipo.

O que Lacan chama de "objeto pequeno a" é precisamente um tipo de objeto-causa não patológica e *a priori* do desejo, precisamente um tipo de objeto quase transcendental. O problema – não posso ir a fundo nesse aspecto, apenas dar uma pista –, como Lacan afirma repetidas vezes, em relação ao que deu errado em Kant, é o seguinte. Seria produtivo nesse ponto, acho eu, interpretar a filosofia de Kant junto com Edgar Allan Poe. Por exemplo, em dois de seus contos, "O gato preto" e "O demônio da perversidade", Poe se refere a esse chamado "demônio da perversidade". O que seria isso? Voltemos a Kant. Para Kant, de um lado nós temos os atos patológicos, atos causados por nossos desejos patológicos, ou seja, pelos desejos cujo objeto é sensível, contingente, empírico; do outro lado, temos a atividade ética, definida como não patológica, ou seja, como uma atividade cujo motor é uma regra vazia *a priori*, puramente formal. Ora, o paradoxo onde as coisas se complicam – e essa, acredito, é uma das críticas de Lacan a Kant – é que, naturalmente, Kant queria purificar a atividade ética de todo elemento patológico, definir a atividade ética pura. Mas o que acabou fazendo sem querer foi revelar um novo tipo de mal, aquilo a que o próprio Kant se referia como o mal diabólico, que é um mal muito mais radical, isto é, um mal paradoxal que se encaixa perfeitamente nas condições kantianas do bem, de um ato bom. Ou seja, de um ato não patológico, um ato não condicionado pelo objeto empírico e contingente. Falemos agora brevemente sobre "O demônio da perversidade", de Edgar Allan Poe.

Como vocês provavelmente sabem, nesses dois contos, "O gato preto" e "O demônio da perversidade", Poe fala sobre o estranho impulso que todo homem tem de realizar um ato sem nenhuma razão positiva, mas simplesmente pela fórmula de que deve ser feito porque é proibido. É a motivação negativa pura. Pensem nisso e verão que essa motivação puramente negativa é formal e *a priori* no sentido kantiano mais puro. Ela é puramente fundamentada em si mesma, sem nenhuma referência empírica. Esse é o problema, um novo domínio do mal se revelou... Ok, mas essa é outra questão.

Meu argumento nesse aspecto é o seguinte: o que Lacan tenta com suas fórmulas de sexuação é precisamente, no mesmo nível, fornecer uma lógica *a priori* não empírica, mas puramente formal e transcendental, em termos kantianos, da diferença sexual. De maneira paradoxal e bem precisa, Kant diz que existem dois tipos de antinomia nos quais a razão humana envolve-se necessariamente *a priori*. E acredito que, para simplificar um pouco, segundo Lacan, essas antinomias correspondam às duas formas do sublime, etc. De maneira precisa, elas designam, elas estruturam as duas posições sexuais. Vou ser exato mais uma vez. Por essa razão, Lacan está o mais longe possível da ideia de diferença sexual como a relação entre dois polos opostos que se suplementam, que juntos formam o todo do homem. Vocês sabem do que falo, essa mitologia de masculino e feminino como dois polos opostos, que juntos formam a completude do gênero do homem, etc. Nesse ponto, segundo Lacan, não podemos dizer que juntando isto com aquilo [Žižek se refere às partes das fórmulas de sexuação no quadro] teremos a totalidade plena do homem, se colocarmos homem e mulher juntos. Por que não? Porque temos apenas dois fiascos. Cada uma dessas duas tentativas já é, em si mesma, um fiasco. São precisamente duas tentativas de chegar à universalidade, mas que fracassam.

Podemos aqui fazer uma distinção de maneira bem clara. (Gosto sempre, como velho stalinista que sou, de traçar uma distinção entre nós e eles, os inimigos, sendo inimigos aqui os construcionistas foucaultianos que dizem que a diferença sexual não é algo naturalmente dado.) O sexo – vejam bem, Foucault desenvolveu isso no primeiro volume de *História da sexualidade* – é uma bricolagem, uma unificação artificial de práticas discursivas heterogêneas, etc. Lacan rejeita isso. Para ele, o sexo, as posições sexuais, não é algo construído apenas discursivamente. Não obstante, Lacan, é claro, não retorna à posição ingênua de considerar o sexo como algo dado substancialmente de maneira pré-discursiva. O sexo não é uma construção discursiva simbólica. O que é, então? Ele surge precisamente quando a simbolização falha. Esse é o argumento de Lacan. Em outras palavras, somos seres sexuados justo porque a simbolização necessariamente falha. E a sexualidade significa duas versões desse fiasco.

Em outras palavras, colocando em termos precisos, se fosse possível simbolizar a diferença sexual, não haveria dois sexos, mas apenas um. Existem dois sexos precisamente porque cada um deles é, assim dizendo, seu próprio tipo de fiasco. Acho que vocês deveriam ler, para entender a lógica disso, um dos melhores artigos ou ensaios de Lévi-Strauss, um texto maravilhoso. Nesse texto Lévi-Strauss é, acredito, lacaniano (por mais que odiasse Lacan). Em *Antropologia estrutural*, ele fala de um experimento. Ele notou que os membros de alguma tribo, se não me engano no Brasil, na Amazônia, dividiam-se em dois grupos. Ele fez um pedido simples para os membros de cada grupo: vocês poderiam desenhar para mim, no papel, o mapa das casas de sua aldeia? O paradoxo foi que cada um dos grupos, embora retratando a mesma aldeia, desenhou mapas totalmente diferentes um do outro. Um deles desenhou as casas em volta de um centro. Era assim que seu grupo enxergava a disposição, o mapa da aldeia. O outro grupo desenhou uma série de cabanas com uma divisória no meio. Ora, é claro que isso não é problema, vocês podem dizer: a gente aluga um helicóptero, tira uma foto de cima e vemos qual é o verdadeiro quadro. Mas a questão não é essa: fazendo isso, não entendemos o essencial. A questão, como Lévi-Strauss coloca muito bem, é que ali havia um impasse fundamental, um desequilíbrio estrutural, e cada grupo percebia esse desequilíbrio à sua própria maneira e tentou assim simbolizá-lo, repará-lo... É assim que temos de compreender a lógica da diferença sexual. Repetindo, não se trata de metade aqui, metade ali [Žižek aponta para as fórmulas]. Trata-se de uma maneira falha de apreender o todo do homem; outra maneira de apreender o todo, o homem inteiro.

Em outras palavras, meu próximo ponto é que, por exemplo, a propósito da diferença sexual, devemos evitar a formulação da diferença sexual como um tipo de polaridade complementar dos opostos. Para mim, essa é a operação ideológica suprema.

Por exemplo, e nesse aspecto sou contra certo tipo de feminismo que tenta opor ao discurso masculino outro discurso feminino separado, especial. Para mim, esse tipo de feminismo repete o mesmo erro que costuma criticar, o erro geralmente cometido nos bons tempos do stalinismo pelos stalinistas mais radicais, que afirmam que, vocês sabem, temos a ciência burguesa e a ciência proletária. Todos nós rimos deles e os chamamos de primitivos, mas acho que o erro é o mesmo. O mesmo principalmente quando falamos de luta de classes – sim, não existe nenhuma posição neutra, mas justamente porque existe apenas uma ciência, e essa ciência é cindida desde dentro. Acho absolutamente fundamental insistir no mesmo ponto com respeito ao discurso. Não estou dizendo que o discurso é simplesmente neutro em relação ao sexo ou ao gênero. Não é neutro, mas é discurso que, por assim dizer, é cindido desde dentro.

Vou dizer de outro modo. Repetindo, se me perdoam a referência que fiz a Louis Althusser, acredito que tudo depende do status da palavra "e" como categoria. Quando lemos Althusser – e ainda vale a leitura, acredito –, vemos que numa série de seus textos, de seus ensaios, no título, a palavra "e" aparece. Por exemplo, temos um título, "Ideologia e aparelhos ideológicos de Estado", ou "Contradição e sobredeterminação". Qual é a lógica desse "e"? O termo que antecede o "e" é uma noção ideológica geral: a noção de ideologia, a noção de contradição. Depois, o segundo termo, "aparelhos ideológicos de Estado" ou "sobredeterminação", fornece as condições materiais concretas para que essa noção comece a funcionar como não ideológica. Se quisermos evitar a dialética idealista e nos concentrarmos na dialética materialista, precisamos conceber a contradição como parte de uma totalidade concreta, sobredeterminante, complexa, e assim por diante. Então, repetindo, esse "é" é, em certo sentido, tautológico. Ele une o mesmo conteúdo em suas duas modalidades. Primeiro, em sua evidência ideológica, a noção universal abstrata; depois a extraideológica, as condições materiais concretas de sua existência. A ideologia só existe nos aparelhos ideológicos de Estado. A contradição existe materialmente apenas na sobredeterminação. Desse modo, aqui não é necessário um primeiro termo para fazer a mediação entre os dois pontos do fim, porque o segundo termo já é a existência concreta do primeiro.

Aqui, por sinal – e agora vocês dirão, o que isso tem a ver com psicanálise? –, está uma das maneiras de entender a diferença entre Freud e Jung, pois o que Jung faz é precisamente o oposto de Freud. Por exemplo, a propósito da noção de libido; para Jung, a libido é justamente uma noção universal neutra, daí temos as formas concretas de libido – diferentes metamorfoses, como ele diz. Temos a libido sexual, a criativa, a destrutiva, etc. Já Freud insiste que a libido, em sua existência concreta, é irredutivelmente sexual. Portanto, o título althusseriano de Freud seria "Libido e sua existência sexual", ou algo do tipo. Qual é meu argumento aqui? Com Lacan, a diferença sexual, homem e mulher, tem de ser concebida precisamente nos termos desse "e" althusseriano. O homem é esse universal, a mulher é a existência concreta, digamos. Existem duas maneiras. Ou colocamos assim: homem e mulher como ideologia e aparelhos ideológicos de Estado; ou colocamos desta maneira abstrata e obscurantista: homem e mulher, duas polaridades que se complementam, etc., e rapidamente chegamos a um tipo de obscurantismo de Nova Era.

Vou finalizar rapidamente. Para colocar esse paradoxo de outra maneira: quando Lacan diz que a Mulher não existe, essa é outra consequência do que estou dizendo. Definitivamente, não devemos entender essa frase dentro da lógica de que nenhum elemento empírico corresponde a seu lugar simbólico. Está claro que essa é a tese básica de Lacan. Por exemplo, o pai – o empírico, o real como parte da realidade, a pessoa empírica do pai – nunca está à altura de seu mandato simbólico, nunca o realiza plenamente. Existe sempre uma lacuna entre o lugar simbólico do pai e o pai empírico. A pessoa empírica é alguém que se refere a sua autoridade paternal, alguém que age literalmente em nome dessa autoridade. Ele não é imediatamente a autoridade. Ora, dirão vocês, mas e se ele a for? Ok, espero que vocês não tenham esse tipo de pai, porque, se tiverem, será um pai psicótico. Quer dizer, o pai de Schreber era plenamente um pai: não havia lacuna desse tipo. Então o que quero é que vocês entendam a diferença, que evitem outra armadilha aqui. Isso, aliás, é o que significa, para mim, a noção de castração. A noção de castração significa precisamente que para exercermos, digamos, a autoridade paternal, devemos passar por um tipo de transubstanciação e aceitar que não agimos mais totalmente como nós, mas como uma incorporação, um agente, de alguma instância simbólica transcendente. Devemos aceitar que não somos totalmente nós mesmos. É o grande Outro, por assim dizer, que fala através de nós. Exatamente na medida em que somos agentes da autoridade, somos sempre descentrados, não somos imediatamente a autoridade. Somos um substituto para a autoridade simbólica ausente. É assim que o pai pagaria o preço de sua autoridade, precisamente por essa castração como a lacuna entre sua existência empírica e seu lugar simbólico.

Acredito que quando Lacan diz que a Mulher não existe, não se trata, de modo nenhum, da mesma lacuna. Não significa que, da mesma maneira que nenhum pai empírico condiz totalmente com o lugar simbólico do pai, nenhuma mulher empírica condiz totalmente com A Mulher com letra maiúscula. Para mim, não é a mesma lógica. Por quê? Em que sentido?

Permitam-me fazer minha última e rápida digressão. É o mesmo que os judeus. Vejam bem, no antissemitismo também vemos esse tipo de lacuna – o que costuma ser chamado de judeu conceitual, ou seja, a imagem fantasmática do judeu como o conspirador, etc. É claro, não encontramos nenhum judeu empírico que se encaixe totalmente na imagem desse judeu terrível e conspirador, mas a questão é que essa lacuna entre o judeu empírico e o judeu conceitual não é a mesma que separa o pai do Nome-do-Pai. A lógica é diferente, porque acho que, com o pai, nós temos a estrutura da castração. Com o judeu é o oposto. O paradoxo com o modo de funcionamento dos judeus é que quanto mais eles são destruídos e humilhados empiricamente, mais poderosos se tornam.

Esse é o paradoxo básico dos judeus, e posso dar um exemplo de como a mesma lógica acontece no meu país, onde agora os populistas de direita estão atacando comunistas, mesmo que os comunistas tenham perdido o poder. Eles concebem o perigo comunista dizendo que embora os comunistas tenham perdido o poder, quanto mais invisíveis eles são, mais poderosos se tornam, poderosos secretamente a ponto de terem todo o poder nas mãos, etc. Essa é a lógica dos judeus: quanto mais os arruinamos empiricamente, quanto mais eles são mortos, mais adquirem um tipo de presença fantasmática, espectral, que é todo-poderosa. Em outras palavras, quanto mais os matamos, menos eles podem ser castrados. Assim, em oposição à castração paternal – e esse é o horror dos judeus dentro do antissemitismo nazista –, precisamente os judeus, de certo modo, não podem ser castrados. Então, no que consiste essa diferença? Acho que ela pode ser formulada de uma maneira bastante precisa. O Nome-do-Pai é uma ficção simbólica. Aqui estamos nós na ordem do que ontem foi chamado impecavelmente de "nobre mentira". É a ficção simbólica. Ao passo que o judeu não é uma ficção simbólica, mas um espectro fantasmático, uma aparição espectral. Se quisermos entender a teoria lacaniana, isso é absolutamente fundamental. As aparições espectrais – esses horrores fantásticos, como o morto-vivo, o fantasma do pai em *Hamlet*, etc. – não são da ordem da ficção simbólica, pelo contrário. O que quero dizer com "pelo contrário"? A questão é: o que Lacan quer dizer quando afirma repetidas vezes que a verdade tem a estrutura de uma ficção, etc.? Quer dizer, isso já é um lugar-comum em todos os manuais estúpidos de sociologia. Existem livros escritos sobre a construção social simbólica da realidade, etc. A questão é que sempre há – pensem no exemplo de Lévi-Strauss – o fiasco da ficção simbólica, que tenta remediar um certo impasse fundamental: o fiasco da ficção em lidar com algum antagonismo social fundamental, seja a diferença sexual, a luta de classes, o que for. Esse fiasco é depois postulado em aparições espectrais, em fantasmas, em mortos-vivos. Eles estão sempre aqui, como a incorporação do que Lacan teria chamado de impasse simbólico.

Para concluir, meu argumento é que se abordarmos Lacan dessa maneira, nós realmente podemos, acredito, elaborar uma teoria inteira da ideologia baseada nele. O constituinte básico dessa teoria da ideologia é o seguinte fato: o que essa aparição espectral e fantasmática oculta não é a realidade, a realidade social. Aqui devemos deixar para trás essa abordagem marxista ingênua, de que a construção ideológica simplesmente oculta alguma realidade social. Não. O argumento central de Lacan é que para a realidade social se estabelecer – por realidade social quero dizer ordem social, realidade simbólica social –, algo tem de ser primordialmente reprimido. Algo não pode ser simbolizado, e a aparição espectral surge para preencher a lacuna do que não pode ser simbolizado. Repetindo, então, o espectro não esconde a realidade social, mas o que deve ser primordialmente reprimido para que a realidade social possa surgir.

Acredito que a noção lacaniana de Real como uma rocha que resiste à simbolização é extremamente útil para uma noção não ingênua de ideologia. Por noção não ingênua de ideologia eu entendo uma noção de ideologia que evite as armadilhas comuns da falsa consciência, se dissermos ideologia, então automaticamente insinuamos uma abordagem natural direta ao que a realidade verdadeiramente é, etc. Não precisamos disso. Precisamos precisamente é da noção de que a realidade em si nunca está plenamente constituída, e isso é o que as fantasias espectrais ideológicas tentam mascarar. Não uma realidade positiva, mas precisamente o fato de que o que costumamos chamar na sociologia de "construção social da realidade" sempre fracassa.

Capítulo 5
Lacan entre os estudos culturais e o cognitivismo[1]

1. Estudos culturais *versus* "terceira cultura"

(a) A luta por hegemonia intelectual

Estamos testemunhando atualmente a luta por hegemonia intelectual – a luta para saber quem vai ocupar o lugar universal do "intelectual público – entre os estudos culturais desconstrucionistas pós-modernos e os promotores cognitivistas das ciências "duras", isto é, os proponentes da chamada "terceira cultura". Essa luta, que primeiro chamou a atenção do público geral pelo chamado "caso De Man" (em que oponentes procuraram mostrar as tendências protofascistas irracionais da desconstrução), chegou ao auge no caso Sokal-*Social Text*. Nos estudos culturais, a palavra "teoria" geralmente se refere a uma mistura de crítica literária/cinematográfica, cultura de massa, ideologia, estudos *queer* e assim por diante. Vale citar aqui a reação de surpresa de Dawkins:

> Outro dia, vi um artigo, escrito por um crítico literário, chamado "Teoria: o que ela é?". Dá para acreditar? "Teoria" passou a significar "teoria na crítica literária". [...] A própria palavra "teoria" foi

---

[1] Publicado originalmente em *UMBR(a):A Journal of the Unconscious*, n. 4, p. 9-32, 2000.

apoderada por algum propósito literário paroquial extremamente estrito – como se Einstein não tivesse teorias; como se Darwin não tivesse teorias.[2]

Dawkins, nesse aspecto, é extremamente solidário a seu grande oponente Stephen Jay Gould, que também reclama que "existe uma conspiração entre os intelectuais literários que acreditam ser donos da paisagem intelectual e das resenhas bibliográficas, quando na verdade há um grupo de escritores de não ficção, principalmente da área de ciências, dono de um monte de ideias fascinantes que as pessoas querem ler".[3] Essas citações claramente delimitam os termos do debate como a luta pela hegemonia ideológica no sentido preciso que esse termo adquiriu nos escritos de Ernesto Laclau: a luta sobre um conteúdo particular que sempre "hegemoniza" o termo universal aparentemente neutro. A terceira cultura abarca um campo vasto que vai desde o debate da teoria evolutiva (Dawkins e Dennett *versus* Gould), passa pelos físicos que lidam com a física quântica e a cosmologia (Hawking, Weinberg, Capra), os cientistas cognitivos (Dennett de novo, Marvin Minsky), os neurologistas (Sacks), os teóricos do caos (Mandelbrot, Stewart), os autores que tratam do impacto cognitivo e social geral da digitalização de nossa vida diária, até chegar aos teóricos do sistema autopoiético, que tentam desenvolver uma noção formal universal dos sistemas auto- organizadores recentes que possa ser aplicada a espécies e organismos vivos "naturais", bem como a "organismos" sociais (o comportamento dos mercados e outros grandes grupos de agentes sociais interativos). Nesse ponto, devemos observar três coisas: (1) via de regra, não estamos lidando com os próprios cientistas (embora muitas vezes eles também sejam autores), mas com autores que se dirigem a um público amplo, de modo que seu sucesso excede totalmente o apelo público dos estudos culturais (basta lembrarmos dos grandes *best-sellers* de Sacks, Hawking, Dawkins e Gould); (2) no caso dos estudos culturais, não estamos lidando com um campo homogeneizado, mas sim com uma multiplicidade rizomática conectada por "semelhanças de família", na qual os autores geralmente se envolvem em polêmicas violentas, mas em que também florescem conexões interdisciplinares

---

[2] DAWKINS, Richard. A Survival Machine. In: BROCKMAN (Org.). *The Third Culture: Beyond the Scientific Revolution*. New York, Simon and Schuster, 1996, p. 23.

[3] GOULD, Stephen Jay. The Pattern of Life's History. In: BROCKMAN (Org.). *The Third Culture*, p. 21.

(entre a biologia evolutiva e as ciências cognitivas, etc.); (3) via de regra, os autores que estão ativos nesse domínio são sustentados por um tipo de zelo missionário, pela percepção comum de que todos participam de uma mudança única no paradigma global do conhecimento.

Como um tipo de manifesto dessa orientação, poderíamos citar a "Introdução" ao *The Third Culture: Beyond the Scientific Revolution*, em que o editor (John Brockman) apresenta muito bem a grande narrativa que sustenta a identificação coletiva dos vários cientistas entrevistados no livro.[4] Segundo Brockman, nas décadas de 1940 e 1950, a ideia de intelectual público era relacionada ao acadêmico versado em ciências humanas (ou sociais) "leves", que tratava de questões de interesse comum, assumia uma postura sobre os grandes assuntos em voga na época, e assim desencadeava debates públicos importantes e acalorados, ou participava deles. O que aconteceu depois, com o furioso ataque da teoria desconstrucionista pós-moderna "francesa", foi a morte daquela geração de pensadores públicos e sua substituição por "acadêmicos anêmicos", ou seja, cientistas culturais cuja posição pseudorradical contra o "poder" ou o "discurso hegemônico" na verdade envolve o desaparecimento acelerado de engajamentos políticos efetivos e diretos fora dos confins estritos da academia, bem como um recolhimento cada vez maior num jargão elitista que impede a própria possibilidade de atuarem como intelectuais engajados em debates públicos. Felizmente, no entanto, essa retirada do "intelectual público" foi neutralizada pelo surto da terceira cultura, pelo surgimento de um novo tipo de intelectual público, o autor da terceira cultura, que, aos olhos do público em geral, representa cada vez mais o sujeito "suposto saber", de quem se espera a revelação das chaves para os grandes segredos que nos preocupam. Aqui, mais uma vez, o problema é a lacuna entre as ciências efetivas "duras" e seus proponentes ideológicos da terceira cultura, que elevam o cientista a "sujeito suposto saber", não só para o povo comum, que compra esses livros aos montes, mas também para os próprios teóricos pós-modernos que são intrigados por ele, "apaixonados por ele", e supõem que "realmente sabem algo sobre o mistério supremo do ser". Nesse aspecto, o encontro é um fracasso. Não, os populares autores da terceira cultura *não* têm a solução que resolveria a crise dos estudos culturais; eles não

---

[4] BROCKMAN, John. Introduction: The Emerging Third Culture. In: *The Third Culture*, p. 17-34.

têm o que falta aos estudos culturais. O encontro amoroso, portanto, fracassa: o ser amado não estica a mão para dar amor.

(b) A "terceira cultura" como ideologia

É fundamental fazer uma distinção entre a ciência em si e sua inerente ideologização, sua transformação às vezes sutil em um novo "paradigma" holístico (novo codinome para "visão de mundo"). Aqui se inscreve duplamente uma série de noções (complementaridade, princípio antropomórfico, etc.), funcionando como termos científicos *e* ideológicos. É difícil medir com eficácia até que ponto a "terceira cultura" está infestada de ideologia. Entre suas apropriações ideológicas óbvias (mas são elas apenas apropriações secundárias?), devemos mais uma vez notar pelo menos dois casos óbvios. Primeiro, inscrição geralmente presente da Nova Era, em que a mudança de paradigma é interpretada como a superação do paradigma cartesiano mecânico-materialista rumo uma nova abordagem holística que nos leva de volta à sabedoria do antigo pensamento oriental (o Tao da física, etc.). Às vezes, isso é ainda mais radicalizado na afirmação de que a mudança científica no paradigma predominante é um epifenômeno do fato de que a humanidade inteira está bem perto da maior mudança espiritual de toda sua história, do fato de que estamos entrando numa nova época em que o individualismo egoísta será substituído por uma consciência cósmica transindividual. O segundo caso é a "naturalização" de certos fenômenos sociais específicos, claramente discerníveis no chamado ciber-revolucionarismo, que se baseia na noção de ciberespaço (ou internet) como organismo "natural" que desenvolve a si mesmo; a "naturalização da cultura" (mercado, sociedade, etc. como organismos vivos) aqui se sobrepõe à "culturalização da natureza" (a própria vida é concebida como um conjunto de informações autorreprodutivas – "genes são memes"). Essa nova noção de vida, portanto, é neutra no que se refere à distinção entre processos naturais e culturais (ou "artificiais") – a Terra (como Gaia), bem como o mercado global, surge como sistema vivo autorregulado gigantesco, cuja estrutura básica é definida nos termos do processo de codificar e decodificar, de passar informação adiante, etc. Desse modo, embora os ideólogos do ciberespaço possam sonhar com a próxima fase da evolução – na qual os indivíduos cortarão os elos substanciais com seus corpos e passarão a se identificar como parte de uma nova mente holística que vive e age por meio deles –, o que está oculto nessa "naturalização" direta da internet ou do mercado é o conjunto das relações de poder – das decisões políticas, das condições institucionais – necessário para que "organismos" como a internet (ou o mercado, ou o capitalismo) prosperem. Estamos lidando aqui com uma transposição metafórica extremamente apressada de certos conceitos biológicos evolutivos para o estudo da história da civilização, como o salto dos "genes" para os "memes" – ou seja, a ideia de que além de os seres humanos usarem a linguagem para se reproduzir, multiplicar seu poder e conhecimento, etc., a própria linguagem, talvez em um nível mais fundamental, usa os seres humanos para se replicar e se expandir, para ganhar uma nova riqueza de significados, etc.

O contra-argumento padrão dos proponentes dos estudos culturais à crítica da terceira cultura é que a perda do intelectual público lamentada nessas queixas na verdade é a perda dos intelectuais modernistas tradicionais (geralmente homens e brancos). Na nossa era pós-modernista, esse tipo de intelectual foi substituído por uma proliferação de teóricos que atuam num estilo diferente (substituindo a preocupação com uma grande questão por uma série de intervenções estratégicas localizadas) e de fato tratam de questões referentes a um público mais amplo (racismo e multiculturalismo, sexismo, como derrubar o currículo eurocentrista, etc.) e assim desencadeiam debates públicos (como as controvérsias do "politicamente correto" ou do assédio sexual). Embora essa resposta seja fácil demais, a verdade é que esses temas abordados pelos estudos culturais estão no centro dos debates ideológico-políticos públicos (multiculturalismo híbrido *versus* a necessidade de uma identificação íntima da comunidade; aborto e direitos *queer versus* fundamentalismo da Maioria Moral, etc.), enquanto a primeira coisa que chama a atenção a propósito da terceira cultura é como seus proponentes, por mais que estejam ocupados em esclarecer enigmas fundamentais ("lendo a mente de Deus", conforme disse Hawking uma vez), silenciosamente passam por cima das questões urgentes que, na verdade, ocupam o palco central dos debates político-ideológicos.

Por fim, devemos notar que, apesar da distinção nítida entre ciência e ideologia, a ideologia obscurantista da Nova Era é *um resultado imanente da própria ciência moderna* – de David Bohm a Fritjof Capra, há uma abundância de exemplos de diferentes versões da "dança dos mestres Wu Li", que nos ensina sobre o Tao da física, o "fim do paradigma cartesiano", o significado do princípio antrópico e da abordagem holística, etc.[5] Para evitar qualquer equívoco, como materialista dialético antiquado que sou, oponho-me de maneira ferrenha a essas apropriações obscurantistas da física quântica e da astronomia. Para mim, esses ramos obscurantistas não são simplesmente impostos de fora, mas funcionam como o que Louis Althusser teria chamado de "ideologia espontânea" dos próprios cientistas, como um tipo de suplemento espiritualista à atitude reducionista-procedimentalista predominante de que "só é válido o que pode ser precisamente definido e mensurado". Muito mais preocupante que os "excessos" dos estudos culturais são as apropriações obscurantistas que faz a Nova Era das ciências "duras" da atualidade, apropriações que, para legitimar sua posição, evocam a autoridade da própria ciência ("a ciência de hoje superou o materialismo mecanicista e aponta para uma nova posição holística espiritual..."). De maneira significativa, defensores do realismo científico (como Bricmont e Sokal) referem-se apenas brevemente a algumas formulações "subjetivistas" de Heisenberg e Bohr, que podem suscitar apropriações relativistas/historicistas equivocadas, qualificando-as como a expressão da filosofia de seus autores, e não como parte do edifício científico da física quântica em si. Aqui, no entanto, começa o problema: as formulações "subjetivistas" de Bohr e Heisenberg não são um fenômeno marginal, mas foram canonizadas como "ortodoxia de Copenhague", ou seja, como interpretação "oficial" das consequências ontológicas da física quântica. O fato é que no momento em que se quer oferecer uma explicação ontológica para a física quântica (que conceito da realidade se encaixa em seus resultados), surgem paradoxos que solapam o objetivismo científico padrão do senso comum. Esse fato é enfatizado constantemente pelos próprios cientistas, que oscilam entre a mera suspensão da questão ontológica (a física quântica funciona, então não tente entendê-la, apenas faça os cálculos...) e diferentes saídas do impasse (ortodoxia de Copenhague, Interpretação de Muitos Mundos, alguma versão da teoria da "variável oculta" que salvaria a noção de uma

---

[5] Veja uma das milhares de passagens paradigmáticas: "Será que existe, como afirma David Bohm, uma 'ordem implicada' para a matéria, que esteja além da nossa compreensão atual e presuma uma "totalidade" a todas as coisas? Podemos conceber um 'Tao da física', como diz Fritjof Capra em seu livro homônimo que já vendeu milhões de exemplares, no qual as filosofias orientais são postas em paralelo com os paradoxos atordoantes do mundo quântico?" (KANE, Pat. There's Method in the Magic. In: FRANKLIN, Jane (Org.). *The Politics of Risk Society*. Oxford: Polity, 1998, p. 78-79).

realidade objetiva única e singular, como a proposta por David Bohm, mas que envolve paradoxos próprios, como a noção de causalidade que retrocede no tempo).

O problema mais fundamental por trás dessas perplexidades é: será que podemos simplesmente renunciar à questão ontológica e nos limitar ao mero funcionamento do aparelho científico, bem como de seus cálculos e medições? Outro impasse diz respeito à necessidade de, de alguma maneira, relacionar as descobertas científicas à linguagem cotidiana, de traduzi-las na linguagem cotidiana. Pode-se argumentar que os problemas surgem somente quando tentamos traduzir os resultados da física quântica de volta nas noções de senso comum da realidade. Mas é possível resistir a essa tentação? Todos esses assuntos são amplamente discutidos na literatura sobre física quântica, por isso não têm nada a ver com a (má) apropriação que as ciências fazem dos estudos culturais. Foi o próprio Richard Feynman quem disse, de maneira célebre, que "ninguém entende realmente a física quântica", insinuando que não podemos mais traduzir seu edifício teórico-matemático nos termos de nossas noções cotidianas da realidade. O impacto da física moderna *foi* ter abalado o edifício epistemológico ingênuo-realista tradicional: as próprias ciências abriram um hiato no qual os ramos obscurantistas puderam crescer. Desse modo, em vez de desdenhar os pobres estudos culturais, seria muito mais produtivo abordar mais uma vez o assunto clássico das implicações epistemológicas e ontológicas precisas das mudanças nas próprias ciências "duras".

(c) O impasse do historicismo

Por outro lado, o problema com os estudos culturais, pelo menos na sua forma predominante, é o fato de *envolverem* uma espécie de suspensão cognitiva (o abandono da consideração do valor de verdade inerente da teoria sob consideração) característica do relativismo historicista. Quando um típico teórico da cultura lida com um edifício filosófico ou psicanalítico, sua análise se concentra exclusivamente em revelar seu "viés" oculto – patriarcal, eurocentrista, identitário, etc. –, sem sequer fazer as seguintes perguntas tolas, porém necessárias: "Muito bem, mas qual *é* a estrutura do universo? Como a psique humana 'realmente' *funciona*?". Essas perguntas nem são levadas a sério nos estudos culturais, pois elas simplesmente tendem a reduzi-los à reflexão historicista sobre as condições em que surgiram certas noções como resultado de relações de poder historicamente específicas. Além disso, numa atitude tipicamente retórica, os estudos culturais criticam a própria tentativa de distinguir claramente entre, digamos, a verdadeira ciência e a mitologia pré-científica, como parte do processo eurocentrista de impor sua própria hegemonia desvalorizando o Outro como ainda-não-científico. Desse modo, acabamos organizando e analisando a ciência propriamente dita, a "sabedoria" pré-moderna e outras formas de conhecimento como diferentes formações discursivas avaliadas não com respeito a seu valor de verdade inerente, mas com respeito ao seu status sociopolítico e seu impacto (por conseguinte, uma sabedoria "holística" nativa pode ser considerada muito mais "progressista" que a ciência ocidental "mecanicista" responsável pelas formas da dominação moderna). O problema com esse procedimento do relativismo histórico é que ele continua se baseando num conjunto de pressupostos ontológicos e epistemológicos silentes (não tematizados) sobre a natureza do conhecimento humano e da realidade – geralmente, uma noção protonietzschiana de que o conhecimento não é apenas enraizado num conjunto complexo de estratégias discursivas de (re)produção de poder, mas também gerado por ele. Portanto, é crucial destacar que Lacan, nesse ponto, afasta-se do historicismo dos estudos culturais. Para Lacan, a ciência moderna *não é*, de modo nenhum, uma das "narrativas" comparáveis em princípio a outros modos de "mapeamento cognitivo". A ciência moderna toca o Real de uma maneira totalmente ausente dos discursos pré-modernos.

Precisamos agora colocar os estudos culturais em seu contexto apropriado. Desde o fim das grandes escolas filosóficas no final da década de 1970, a própria filosofia acadêmica europeia, com seu posicionamento histórico-hermenêutico básico, compartilha paradoxalmente com os estudos culturais o posicionamento da suspensão cognitiva. Apesar de recentemente terem surgido excelentes estudos sobre autores do passado, a maioria deles se concentra na interpretação correta desses autores e ignora a questão simplista, porém inevitável, do valor de verdade – não falo apenas de perguntas do tipo "Será essa a leitura correta da noção de corpo em Descartes? É isso que a noção de corpo em Descartes tem de suprimir para manter sua consistência?", etc., mas também "Qual *é*, então, o verdadeiro status do corpo? Como *nos* sentimos em relação à noção de corpo em Descartes?". E parece que essas questões "ontológicas" proibidas agora estão voltando com toda força na terceira cultura. Afinal, o que caracteriza o recente advento da física quântica e da cosmologia senão uma retomada violenta e agressiva das questões metafísicas mais fundamentais (por exemplo, qual é a origem e o suposto fim do universo)? O objetivo explícito de pessoas como Hawking é uma versão da TDT (Teoria de Tudo), ou seja, a tentativa de descobrir uma fórmula básica da estrutura do universo que possa ser impressa e usada numa camiseta (ou, quanto ao ser humano, o genoma que identifique o que sou objetivamente). Portanto, em claro contraste à proibição estrita dos estudos culturais referente a questões "ontológicas" diretas, os proponentes da terceira cultura abordam descaradamente as problemáticas metafísicas pré-kantianas mais fundamentais – os constituintes supremos da realidade; as origens e o fim do universo; o que é a consciência?; como surgiu a vida?, etc. –, como se o velho sonho (morto com o fim do hegelianismo) de uma síntese ampla entre metafísica e ciência, o sonho de uma teoria global de *tudo* fundamentada em constatações científicas exatas, estivesse tomando forma novamente.

Em contraste a essas duas versões da suspensão cognitiva, a abordagem cognitivista opta por uma investigação ingênua direta na "natureza das coisas" (O que é a percepção? Como surge a linguagem?). No entanto, para usar uma expressão já desgastada, ao jogar fora a água do banho, ela joga junto o bebê – ou seja, a própria dimensão da reflexão filosófico-transcendental. Em outras palavras, será de fato o relativismo historicista (que, em última instância, leva a um solipsismo insustentável) a única alternativa ao realismo científico ingênuo (segundo o qual, nas ciências e no nosso conhecimento em geral, estamos pouco a pouco nos aproximando da imagem própria do modo como as coisas realmente são lá fora, independentemente da consciência que tenhamos delas)? Partindo de uma reflexão filosófica, é possível mostrar facilmente que essas posições deixam de lado o nível propriamente hermenêutico-transcendental. Onde se encontra esse nível? Tomemos a clássica linha de raciocínio realista, que afirma que a passagem do pensamento mítico pré-moderno para a abordagem científica moderna à realidade não pode simplesmente ser interpretada como a substituição de uma "narrativa" predominante por outra, visto que a abordagem científica moderna definitivamente nos aproxima mais do que a "realidade" (a realidade "dura" que existe independentemente do pesquisador científico) é de fato. A resposta básica dos filósofos hermenêuticos a essa posição seria insistir que, com a passagem do universo mítico pré-moderno para o universo da ciência moderna, *a própria noção do que significa a "realidade" (ou "efetivamente existir") ou do que "conta" como realidade também mudou*, tanto assim que não podemos simplesmente pressupor uma medida externa neutra que nos permita concluir que, com a ciência moderna, nós nos aproximamos mais da "mesma" realidade que aquela com a qual lidava a mitologia pré-moderna. Como teria dito Hegel, com a passagem do universo mítico pré-moderno para o universo científico moderno, a medida, o padrão que usamos ou aplicamos implicitamente para medir o quanto é "real" aquilo com que lidamos, passou por uma mudança fundamental. A perspectiva científica moderna envolve uma série de distinções (entre a realidade "objetiva" e as ideias/impressões "subjetivas" que temos dela; entre fatos concretos neutros e "valores" que nós, sujeitos que julgam, impomos aos fatos; etc.) que são, *stricto sensu*, insignificantes no universo pré-moderno. É claro, os realistas diriam que tudo se resume a isto: somente com a passagem para o universo científico moderno que obtemos uma noção apropriada do que é a "realidade objetiva", em contraste à perspectiva pré-moderna, que confundia "fatos" e "valores". Contra essa perspectiva, os filósofos hermenêutico-transcendentais estariam plenamente justificados ao insistir que, não obstante, não podemos sair do círculo vicioso de pressupor nosso resultado: o modo mais fundamental de a realidade "aparecer", o modo mais fundamental de experimentarmos o que "de fato conta como efetivamente existente", está desde sempre já pressuposto nos nossos juízos do que "realmente existe". O próprio Kuhn apresentou muito bem esse nível transcendental em *A estrutura das revoluções científicas*, no qual ele diz que a mudança de um paradigma científico é *mais* do que a mera mudança na nossa perspectiva (externa) sobre a realidade (ou na percepção que temos dela), porém *menos* do que "criar" efetivamente uma nova realidade. Por esse motivo, a distinção clássica entre as condições sociais ou psicológicas contingentes de uma invenção científica e seu valor de verdade objetivo é insuficiente aqui: a própria distinção entre a gênese (sociopsicológica contingente, empírica) de uma certa formação científica e seu valor de verdade objetivo, independentemente das condições dessa gênese, já pressupõe uma série de distinções (por exemplo, entre gênese e valor de verdade) que não são autoevidentes. Sendo assim, devemos mais uma vez insistir que o questionamento hermenêutico-transcendental dos pressupostos implícitos de modo nenhum endossa o relativismo histórico típico dos estudos culturais.

(d) Conhecimento e verdade

No que consiste, então, a diferença máxima entre cognitivismo e estudos culturais? De um lado, há o conhecimento objetivo neutro, ou seja, o exame empírico paciente da realidade. Os cognitivistas gostam de enfatizar que, politicamente, eles não são contra a esquerda – seu objetivo é precisamente libertar a esquerda do impostor pós-moderno irracionalista-relativista-elitista; não obstante, eles aceitam a distinção entre o *insight* (científico) teórico neutro e o possível viés ideológico-político do autor. Em contrapartida, os estudos culturais envolvem o paradoxo propriamente dialético de uma verdade baseada numa posição subjetiva engajada. Essa distinção entre conhecimento inerente à instituição acadêmica, definido pelos padrões do "profissionalismo", e a verdade de um sujeito (coletivo) engajado numa luta (elaborada por filósofos que vão de Theodor Adorno a Alain Badiou, entre outros) nos permite explicar como a diferença entre os cognitivistas e os proponentes dos estudos culturais funciona como um xibolete: ela só é propriamente visível do ponto de vista dos estudos culturais. Por um lado, portanto, deveríamos reconhecer plenamente o sólido status erudito de grande parte do empenho cognitivista – na maioria dos casos, trata-se da academia na sua melhor forma; por outro, há uma dimensão que simplesmente escapa à sua apreensão. Permitam-me elaborar essa relação entre a verdade a exatidão do conhecimento por meio de um experimento mental maravilhoso proposto por Daniel Dennett em *A perigosa ideia de Darwin*: você e seu melhor amigo estão prestes a ser capturados por forças hostis, que falam a mesma língua que vocês, no caso o inglês, mas não sabem muita coisa sobre seu mundo. Vocês e seu amigo sabem código Morse e criam o seguinte esquema improvisado de codificação: para um traço, diga uma verdade; para um ponto, diga uma mentira. Os captores, obviamente, escutam a conversa de vocês dois: "Os passarinhos põem ovos, e os sapos voam. Chicago é uma cidade, meus pés não são feitos de lata, e os jogos de beisebol acontecem em agosto", diz você, como se respondesse "Não" em inglês (*"no"* – traço-ponto, pontoponto-ponto) a alguma pergunta que seu amigo lhe tenha feito. Mesmo que os captores saibam código Morse, eles só vão conseguir detectar as propriedades que representam o ponto e o traço se conseguirem determinar a verdade e a falsidade das frases.[6] O próprio Dennett usa esse exemplo para argumentar que o significado não pode ser explicado em termos puramente sintáticos e inerentes: em última instância, a única maneira de ter acesso ao significado de um enunciado é situando-o no contexto

---

[6] Ver DENNETT, Daniel C. *A perigosa ideia de Darwin: a evolução e os significados da vida*. Tradução de Talita M. Rodrigues. Rio de Janeiro: Rocco, 1998.

de seu mundo vivido, ou seja, levando em consideração sua dimensão semântica, os objetos e processos aos quais ele se refere. Defendo algo bem diferente. Como o próprio Dennett coloca, os dois prisioneiros, nesse caso, usam o próprio mundo como uma *"one-time pad"*. Embora o valor de verdade de seus enunciados não seja indiferente, mas crucial, o que importa não é esse valor de verdade como tal, em si mesmo; o que importa é a tradução do valor de verdade em uma série diferente de sinais de adição e subtração (traços e pontos) que transmite a verdadeira mensagem em código Morse.

Algo semelhante também não acontece no processo psicanalítico? Embora o valor de verdade dos enunciados do paciente não seja indiferente, o que realmente importa não é esse valor de verdade como tal, mas o modo como a própria alternância entre verdades e mentiras revela o desejo do paciente – o paciente também usa a realidade em si (o modo como se relaciona com ela) como uma *"one-time pad"* para criptografar seu desejo. Do mesmo modo, a teoria usa o próprio valor de verdade (exatidão) do conhecimento pós-teórico como meio para articular sua própria mensagem de verdade.

Por outro lado, os proponentes politicamente corretos dos estudos culturais geralmente pagam por sua arrogância e pela falta de uma abordagem séria ao confundir verdade (posição subjetiva engajada) e conhecimento, isto é, ao renegar a lacuna que os separa, ao subordinar diretamente o conhecimento à verdade (por exemplo, uma apressada rejeição sociocrítica de uma ciência específica, como a física quântica ou a biologia, sem a familiaridade apropriada com a estrutura conceitual inerente desse campo do conhecimento). Em essência, o problema dos estudos culturais muitas vezes é a falta de habilidades disciplinares específicas: um teórico literário sem conhecimento apropriado de filosofia pode escrever afrontas sobre o falogocentrismo de Hegel, sobre cinema, etc. Estamos lidando com um tipo de falsa capacidade crítica universal de julgar tudo sem o conhecimento apropriado. Com toda a sua crítica do universalismo filosófico tradicional, os estudos culturais funcionam de fato como um tipo de filosofia *ersatz*, e as noções, portanto, são transformadas em universais ideológicos. Nos estudos pós-coloniais, a noção de "colonização" começa a funcionar como noção hegemônica e é elevada a um paradigma universal, de modo que, nas relações entre os sexos, o masculino coloniza o feminino, as classes superiores colonizam as inferiores, e assim por diante. É comum que alguns intérpretes "progressistas" da biologia contemporânea, principalmente, concentrem-se em como posições opostas são sobredeterminadas pelo posicionamento político-ideológico de seus autores. A "teoria de vida do gângster de Chicago", de Dawkins, essa teoria determinista e reducionista sobre os "genes egoístas" presos numa luta mortal por sobrevivência, não expressa a posição de uma sociedade burguesa competitiva e individualista? A ênfase dada por Gould à súbita mudança genética e à exaptação não é o sinal de um posicionamento dialético de esquerda mais maleável e "revolucionário" por parte de seu autor? Quem enfatiza (como Lynn Margulis) a cooperação espontânea e a ordem emergente não expressa o anseio por uma ordem orgânica estável, por uma sociedade que funcione como "corporação"? O que temos aqui não é a expressão científica da tríade básica entre direita, centro e esquerda – a noção conservadora organicista da sociedade como um todo, a noção burguesa individualista da sociedade como espaço de competição entre os indivíduos e a noção revolucionária da mudança súbita? (É claro, a insistência numa abordagem holística e na ordem emergente pode ter uma ênfase diferente: ela pode mostrar o anseio conservador por uma ordem estável, ou a crença utópica progressista em uma nova sociedade de cooperação solidária na qual a ordem brota espontaneamente de baixo e não é imposta de cima.) A forma clássica de oposição se dá entre a análise mecanicista "fria" da causalidade, mostrando a atitude do manipulador científico a serviço da dominação exploradora da natureza, e a nova abordagem "holística", que se volta para a ordem e a cooperação que surgem espontaneamente, apontando para o que Andrew Ross chamou de "ciência mais maleável, animadora". Aqui o erro é o mesmo do marxismo stalinista, que opunha a ciência "burguesa" à ciência do "proletariado", ou do feminismo pseudorradical, que opõe o discurso "masculino" ao discurso "feminino" como dois todos fechados em si mesmos e em guerra um com o outro. Nós não temos *duas* ciências, mas sim *uma* ciência universal cindida por dentro, ou seja, presa na batalha por hegemonia.[7]

---

[7] É interessante notar como a oposição entre a ciência "dura", cuja estrutura conceitual incorpora a posição de dominação, e a ciência "maleável" (empenhada na colaboração, etc.) chega perigosamente perto da ideologia dos dois universos mentais, de acordo com a Nova Era – masculino e feminino, competitivo e colaborativo, racional-dissecador e intuitivo-abrangente. Em suma, chegamos perigosamente perto da sexualização pré-moderna do universo, concebida como a tensão entre dois princípios: Masculino e Feminino.

(e) Aparelhos teóricos de Estado

O "pensamento radical" reconhecido academicamente no Ocidente liberal não atua no vazio; na verdade, ele faz parte das relações de poder. A propósito dos estudos culturais, é preciso fazer mais uma vez a velha pergunta benjaminiana: não "Como a gente se *relaciona* explicitamente com o poder?", mas "Como a gente *se situa dentro* das relações predominantes de poder?". Os estudos culturais também não funcionam como um discurso que pretende ser criticamente autorreflexivo e revelar as relações predominantes de poder, enquanto ofuscam seu próprio modo de participar delas? Desse modo, seria produtivo aplicar aos próprios estudos culturais a ideia foucaultiana de "biopoder" produtivo como oposto ao poder legal "repressivo"/proibitório: e se o campo dos estudos culturais, longe de efetivamente ameaçar as relações globais de dominação da atualidade, encaixar-se perfeitamente nesse quadro, da mesma maneira que a sexualidade e os discursos "repressivos" que a regulam se complementam plenamente? E se a crítica à ideologia patriarcal/identitária revelar um fascínio ambíguo por ela, em vez de uma vontade forte de destruí-la? É fundamental aqui a passagem dos estudos culturais ingleses para os norte-americanos. Mesmo que encontremos em ambos os mesmos temas e as mesmas noções, o funcionamento socioideológico é totalmente diferente: nós passamos do envolvimento efetivo com a verdadeira cultura de classe trabalhadora para o *radical chic* acadêmico.

No entanto, apesar dessas observações críticas, o fato de haver resistência aos estudos culturais prova que eles continuam sendo um corpo estranho incapaz de se encaixar plenamente na academia: no fundo, o cognitivismo é a tentativa de se livrar desse intruso, de restabelecer o funcionamento padrão do conhecimento acadêmico – "profissional", racional, empírico, de solução de problemas, etc. Por conseguinte, a distinção entre cognitivismo e estudos culturais não é apenas a distinção entre duas doutrinas ou duas abordagens teóricas; em última análise, trata-se de uma distinção muito mais radical entre duas modalidades de conhecimento totalmente diferentes, ou melhor, entre duas *práticas* de conhecimento, incluindo os diferentes aparelhos institucionais de conhecimento. Essa dimensão dos "aparelhos teóricos de Estado" – para usar a formulação de Althusser – é crucial: se não a levarmos em conta, simplesmente deixamos escapar o antagonismo entre cognitivismo e estudos culturais. Não admira que os cognitivistas gostem de enfatizar sua oposição à psicanálise: dois casos exemplares de tal conhecimento não acadêmico são, é claro, o marxismo e a psicanálise. A psicanálise difere da psicologia cognitivista e da psicoterapia em pelo menos três características fundamentais: (1) como ela não se apresenta como um conhecimento objetivo testado empiricamente, existe um problema recorrente (nos Estados Unidos, onde tratamentos psiquiátricos às vezes são cobertos pelos planos de saúde): não se sabe até que ponto o Estado ou a companhia de seguros vão reembolsar o paciente; (2) pela mesma razão, a psicanálise tem dificuldades inerentes de se integrar no edifício acadêmico dos departamentos de psicologia ou psiquiatria médica, então ela geralmente funciona como uma entidade parasita que se associa aos departamentos de estudos culturais, de literatura comparada ou de psicologia; (3) quanto à sua organização inerente, as comunidades de psicanálise não funcionam como sociedades acadêmicas "normais" (como as sociedades sociológicas, as matemáticas ou as outras). Do ponto de vista das sociedades acadêmicas "normais", a sociedade psicanalítica só pode parecer uma disciplina "dogmática" envolvida em eternas lutas partidárias entre subgrupos dominados por uma autoridade forte ou por um líder carismático; os conflitos dentro das comunidades psicanalíticas não são resolvidos pela argumentação racional e pelo teste empírico – antes, eles se assemelham a lutas religiosas sectárias. Em suma, o fenômeno da transferência (pessoal) funciona aqui de um jeito totalmente diferente de como funciona na comunidade acadêmica "padrão". (A dinâmica nas comunidades marxistas é algo semelhante.) Do mesmo modo que o marxismo interpreta a resistência a suas constatações como "resultado da luta de classes em teoria", como explicado por seu próprio objeto, a psicanálise também interpreta a resistência a si mesma como resultado dos próprios processos inconscientes que são seu tema. Em ambos os casos, a teoria está presa em um circuito autorreferencial; de certa forma, ela é *a teoria sobre a resistência a si mesma*. A respeito desse ponto crucial, a situação hoje é totalmente diferente, ou quase o oposto, da situação na década de 1960 e no início da década de 1970, quando disciplinas "marginais" (como a variante da psicanálise nos estudos culturais) eram vistas como "anárquicas", como disciplinas que nos libertavam do regime autoritário "repressor" da disciplina acadêmica padrão. A crítica cognitivista aos estudos culturais toca de leve na percepção comum de que, hoje, a variante da psicanálise nos estudos culturais (ou o que resta dela) é percebida como sectária, stalinista, autoritária, engajada em lutas partidárias pseudoteológicas ridículas, nas quais os problemas relacionados à diretiva partidária prevalecem sobre a pesquisa empírica aberta e a argumentação racional. Os cognitivistas se apresentam como o ar fresco que afugenta essa atmosfera fechada e abafada – por fim, somos livres para formular e testar diferentes hipóteses, não mais "aterrorizados" por alguma diretiva partidária global imposta de maneira dogmática. Desse modo, estamos muito longe da lógica antiacadêmica/*antiestablishment* da década de 1960; hoje, a academia se apresenta como lugar da discussão livre e aberta, como lugar que nos liberta da prisão abafada dos estudos culturais "subversivos". Ainda que, é claro, a "regressão" ao discurso profético autoritário seja um dos perigos que ameaçam os estudos culturais, sua tentação inerente, devemos prestar atenção em como a posição cognitivista consegue apresentar, sem maiores problemas, o quadro de referência do discurso universitário acadêmico institucional como o próprio lugar da liberdade intelectual.

2. Será a liberdade nada mais que uma necessidade concebida?

(a) *Você não pode, porque não deve!*

Como a teoria lacaniana nos permite evitar o impasse dos estudos culturais e enfrentar o desafio da naturalização cognitivista e/ou evolutiva do sujeito? No *thriller* futurista *Gatacca* (1998), de Andrew Niccol, Ethan Hawke e Uma Thurman provam o amor que sentem um pelo outro jogando fora o fio de cabelo que ambos oferecem para análise com o intuito de confirmar sua qualidade genética. Nessa sociedade futurista, a autoridade (acesso a uma elite privilegiada) é estabelecida "objetivamente", pela análise genética dos recém-nascidos – nós não temos mais a autoridade simbólica propriamente dita, uma vez que a autoridade é fundamentada diretamente no real do genoma. Como tal, *Gatacca* meramente extrapola a perspectiva, hoje aberta, da legitimação direta da autoridade social e do poder no real do código genético: "ao eliminar as formas artificiais de desigualdade, fundadas no poder e na cultura, os programas socialmente igualitários poderiam por fim salientar e cristalizar formas naturais de desigualdade de modo muito mais dramático do que antes, em uma nova ordem hierárquica fundada no código genético".[8] Contra essa perspectiva, não basta insistir que o princípio democrático do que Étienne Balibar chama de *égaliberté* não tem nada a ver com a semelhança genética-biológica dos indivíduos, mas visa à igualdade essencial dos sujeitos enquanto participantes do espaço simbólico. *Gatacca* nos coloca diante do seguinte dilema: a única maneira de manter nossa dignidade como seres humanos não seria aceitando uma limitação, interrompendo de repente a investigação sobre nosso genoma, interrompendo de repente nossa naturalização, ou seja, através de um gesto de "Não quero saber o que você realmente/objetivamente é, eu aceito você pelo que você é..."?

Entre os filósofos modernos, Kant foi aquele que enfrentou essa condição de maneira mais enfática, restringindo nosso conhecimento da interconexão causal dos objetos ao domínio dos fenômenos, para criar espaço para a liberdade numenal – e é por isso que a verdade oculta da frase de Kant "Você pode, portanto deve!" é seu inverso: "Você não pode, porque não deve!". Os problemas éticos da clonagem parecem apontar nessa direção. Quem se opõe à clonagem argumenta que *não devemos* realizá-la, pelo menos não em seres humanos, porque *não é possível* reduzir um ser humano a uma entidade positiva cujas propriedades psíquicas mais íntimas podem ser manipuladas – a manipulação biogenética *não pode* chegar ao núcleo da personalidade humana, portanto deveríamos proibi-la. Essa não é outra variação do paradoxo de Wittgenstein de *proibir o impossível*: "Aquilo de que não podemos falar devemos transpor em silêncio?" O medo subjacente que ganha expressão nessa proibição, é claro, é que a ordem da razão está na verdade invertida, ou seja, a impossibilidade ontológica está fundamentada na ética: deveríamos dizer que não podemos fazê-lo, pois do contrário *devemos muito bem fazê-lo*, com consequências éticas catastróficas. Se os católicos conservadores acreditam de fato na imortalidade da alma humana e no caráter único da personalidade humana, se insistem que não somos apenas o resultado da interação entre nosso código genético e nosso ambiente, por que então eles se opõem à clonagem e às manipulações genéticas? Em outras palavras, não será que *esses cristãos que se opõem à clonagem acreditam secretamente no poder da manipulação científica, em sua capacidade de revolver o próprio núcleo da nossa personalidade?* É claro, sua resposta seria que o ser humano, ao se tratar justamente como o resultado da interação entre seu código genético e seu ambiente, renuncia

---

[8] ANDERSON, Perry. A Sense of the Left. *New Left Review*, n. 231, Sept.-Oct. de 1998, p. 76.

livremente à sua dignidade: o problema não é a manipulação genética como tal, mas o fato de que sua aceitação sinaliza como os seres humanos concebem a si mesmos como nada mais que outra máquina biológica, e com isso se privam de sua espiritualidade própria. Contudo, a resposta para isso é, repetindo: por que não deveríamos defender a manipulação genética e, *ao mesmo tempo*, acentuar que os seres humanos são agentes responsáveis livres, uma vez que aceitamos a condição de que essas manipulações não afetam realmente o núcleo de nossa alma? Por que os cristãos continuam falando do "mistério imperscrutável da concepção" no qual o homem não deveria se intrometer, como se, não obstante, ao levar adiante nossas explorações biogenéticas, pudéssemos tocar algum segredo que seria melhor deixar nas sombras – em suma, como se, ao clonar nossos corpos, *clonássemos ao mesmo tempo nossas almas imortais?*

Voltamos à conhecida sabedoria conservadora que afirma que a única maneira de salvar a liberdade humana e a dignidade ética é restringir nossas capacidades cognitivas e não analisar profundamente a natureza das coisas. As próprias ciências da atualidade parecem nos mostrar uma saída dessa situação. O cognitivismo contemporâneo não costuma produzir fórmulas que soem estranhamente familiares para quem conhece diferentes vertentes da filosofia antiga e moderna, desde a noção budista de Vazio e a noção idealista alemã de reflexividade constitutiva do sujeito, até a noção heideggeriana de "ser-no-mundo" ou a noção desconstrucionista de *différance*? Nesse ponto surge a tentação de preencher a lacuna ou reduzindo a filosofia à ciência, dizendo que o cognitivismo moderno naturalizador "realiza" constatações filosóficas, traduzindo-as na forma científica aceitável, ou, ao contrário, dizendo que, com essas constatações, a ciência pós-moderna rompe com o "paradigma cartesiano" e se aproxima do nível do pensamento filosófico autêntico. Esse curto-circuito entre ciência e filosofia hoje surge em várias formas: cognitivismo heideggeriano (Hubert Dreyfuss), budismo cognitivista (Francisco Varela), a combinação do pensamento oriental com a física quântica (o "Tao da física", de Capra), até o evolucionismo desconstrucionista. Vejamos brevemente as duas principais vertentes desse curto-circuito.

(b) Evolucionismo desconstrucionista

Há paralelos óbvios entre as leituras sobre Darwin popularizadas recentemente (de Gould a Dawkins e Dennett) e a desconstrução derridiana. Afinal, o darwinismo não pratica uma espécie de "desconstrução" não só da teologia natural, mas também da própria ideia de natureza como sistema positivo bem-ordenado das espécies? A noção darwiniana estrita de "adaptação" não afirma que, precisamente, *os organismos não se "adaptam" de maneira direta*, que *stricto sensu* não há "adaptação" no sentido teológico do termo? As mudanças genéticas contingentes ocorrem, e algumas delas permitem que alguns organismos funcionem melhor e sobrevivam em um ambiente que, em si, é flutuante e articulado de maneira complexa, mas não há adaptação linear a um ambiente estável: quando alguma coisa muda inesperadamente no ambiente, uma característica que até agora impediu a plena "adaptação" pode de repente se tornar crucial para a sobrevivência do organismo. O darwinismo, portanto, prefigura de fato uma versão da *différance* derridiana ou do *Nachträglichkeit* freudiano, segundo o qual as mudanças genéticas contingentes e insignificantes são retroativamente usadas (ou "exaptadas", como teria dito Gould) de maneira apropriada para a sobrevivência. Em outras palavras, o que Darwin fornece é uma explicação-modelo de como um estado de coisas que parece envolver uma economia teleológica bem-ordenada (animais que fazem coisas "com o intuito de...") na verdade é o resultado de uma série de mudanças insignificantes. A temporalidade aqui é a do futuro perfeito, ou seja, a "adaptação" é algo que sempre, e por definição, "terá sido". Será que esse enigma de como a ordem teleológica e significativa (ou seu semblante) pode surgir de ocorrências contingentes e insignificantes também não é central para a desconstrução?

Com efeito, é possível dizer que o darwinismo (é claro, em sua dimensão radical verdadeira, não como evolucionismo vulgarizado) "desconstrói" não só a teleologia ou a intervenção divina na natureza, mas também a própria noção de natureza como ordem positiva estável – isso torna ainda mais enigmático o silêncio da desconstrução sobre o darwinismo, a falta de tentativas desconstrucionistas de "apropriá-lo".

O próprio Dennett, grande proponente do evolucionismo cognitivista, reconhece (ironicamente, sem dúvida, mas com um sério propósito subjacente) como sua teoria "pandemônica" da mente humana está próxima do desconstrucionismo dos estudos culturais. Eis o que ele diz em *Consciousness Explained*: "Imagine a mistura de emoções que senti quando descobri que antes de publicar em livro minha versão da ideia do 'si-mesmo como centro da gravidade narrativa', ela já havia sido satirizada em um romance, *Nice Work* de David Lodge. Aparentemente trata-se de um tema em alta entre os desconstrucionistas".[9] Ademais, uma escola inteira de teóricos do ciberespaço (o mais conhecido é Sherry Turkle) defende a noção de que os fenômenos do ciberespaço tornam palpável, na nossa experiência cotidiana, o "sujeito descentrado" desconstrucionista. Segundo esses teóricos, deve-se endossar a "disseminação" do si-mesmo único em uma multiplicidade de agentes competidores, em uma "mente coletiva", uma pluralidade de autoimagens sem um centro coordenador global, operativa no ciberespaço, e desconectá-lo do trauma patológico – jogar em espaços virtuais permite que os indivíduos descubram novos aspectos do "si", uma riqueza de identidades cambiantes, e assim experimentem o mecanismo ideológico da produção do si, a violência imanente e a arbitrariedade dessa produção/construção.

No entanto, a tentação que devemos aqui evitar é a conclusão apressada de que Dennett é um tipo de lobo desconstrucionista da ciência empírica, mas em pele de ovelha. Há uma lacuna que separa para sempre a naturalização evolucionária da consciência, no pensamento de Dennett, da análise desconstrucionista "metatranscendental" das condições de (im)possibilidade do discurso filosófico. Como argumenta Derrida de maneira exemplar em "A mitologia branca", não basta afirmar que "todos os conceitos são metáforas", que não há um corte epistemológico puro, pois o cordão umbilical que conecta os conceitos abstratos às metáforas cotidianas é irredutível. Primeiro, a questão não é apenas que "todos os conceitos são metáforas", mas sim que a própria diferença entre conceito e metáfora é sempre minimamente metafórica, baseada em alguma metáfora. Ainda mais importante é a conclusão oposta, de que a própria redução de um conceito a um monte de metáforas já tem de se basear em alguma determinação *filosófica e conceitual* implícita da diferença entre conceito e metáfora, ou seja, na própria oposição que ela tenta destruir.[10] Desse modo, estamos para sempre presos num círculo vicioso: sim, é impossível adotar uma posição filosófica livre dos limites que nos impõem as noções e atitudes ingênuas e cotidianas do mundo cotidiano; no entanto, embora seja *impossível*, essa posição filosófica é simultaneamente *inevitável*. Derrida defende o mesmo argumento a propósito da conhecida

---

[9] DENNETT, Daniel C. *Consciousness Explained*. Harmondsworth: Penguin, 1991, p. 410.

[10] Ver DERRIDA, Jacques. A mitologia branca: a metáfora no texto filosófico. In: *Margens da filosofia*. Tradução de Joaquim Torres Costa e António M. Magalhães. São Paulo: Papirus, 1991, p. 249-314.

tese historicista de que toda a ontologia aristotélica dos 10 modos do ser é um efeito e uma expressão da gramática grega. O problema é que *essa redução da ontologia (das categorias ontológicas) a um efeito da gramática pressupõe uma certa noção (determinação categórica) da relação entre a gramática e os conceitos ontológicos que em si já é grega-metafísica.*[11]

Devemos ter sempre em mente essa delicada posição derridiana, pela qual se evitam as armadilhas gêmeas do realismo ingênuo e do fundacionalismo filosófico direto: uma "fundação filosófica" para nossa experiência é *impossível*, porém *necessária* – embora tudo o que percebemos, entendemos e articulamos seja, é claro, sobredeterminado por um horizonte de compreensão prévia, esse próprio horizonte continua sendo impenetrável. Por conseguinte, Derrida é um tipo de metatranscendentalista em busca das condições de possibilidade desse próprio discurso filosófico. Se deixamos de lado o jeito como Derrida destrói *por dentro* o discurso filosófico, nós reduzimos a "desconstrução" a apenas mais um relativismo histórico ingênuo. Desse modo, a posição de Derrida nesse aspecto é oposta à de Foucault. Ao responder uma crítica de que ele fala de uma posição cuja possibilidade não é explicada dentro do quadro referencial de sua teoria, Foucault disse animadamente: "Perguntas desse tipo não me dizem respeito: elas pertencem ao discurso da polícia, com seus arquivos que constroem a identidade do sujeito!". Em outras palavras, a maior lição do desconstrucionismo parece ser a de que não podemos adiar *ad infinitum* a questão *ontológica*; em Derrida, é profundamente sintomática sua oscilação entre, de um lado, a abordagem hiperautorreflexiva que critica antecipadamente a questão de "como as coisas realmente são" e se limita a comentários desconstrutivos de terceiro nível a respeito das inconsistências na leitura que o filósofo B faz sobre o filósofo A; e, de outro lado, as afirmações "ontológicas" diretas sobre como a *différance* e o arquitraço determinam a estrutura de todas as coisas vivas e já estão, como tais, em operação na natureza animal. Não devemos nos esquecer aqui da interconexão paradoxal entre esses dois níveis: a mesma característica que nos impede eternamente de apreender diretamente nosso objeto almejado (o fato de que nossa apreensão é sempre refratada, "mediada", por uma alteridade descentrada) é a característica que nos conecta à estrutura proto-ontológica básica do universo.

---

[11] Ver DERRIDA, Jacques. O suplemento de cópula: a filosofia face a linguística. In: *Margens da filosofia*, p. 215-247.

O desconstrucionismo, portanto, envolve duas proibições: ele proíbe a abordagem empírica "ingênua" ("vamos examinar cuidadosamente o material em questão e depois generalizar hipóteses sobre ele..."), bem como as teses metafísicas globais a-históricas sobre a origem e a estrutura do universo. Essa dupla proibição, que define clara e inequivocamente o desconstrucionismo, atesta suas origens transcendentais kantianas. Não se trata da mesma dupla proibição característica da revolução filosófica de Kant? Por um lado, a ideia de constituição transcendental da realidade envolve a perda de uma abordagem empirista ingênua direta à realidade; por outro, ela envolve a proibição da metafísica, ou seja, de uma visão de mundo oniabrangente que fornece a estrutura numenal do universo como um todo. Em outras palavras, devemos sempre nos lembrar de que Kant, longe de simplesmente expressar uma crença no poder constitutivo do sujeito (transcendental), introduz a ideia de dimensão transcendental para responder o impasse fundamental e intransponível da existência humana: o ser humano se esforça compulsivamente para ter uma noção global da verdade, de uma cognição universal e necessária, por mais que essa cognição, simultaneamente, seja-lhe para sempre inacessível.

(c) Budismo cognitivista

Será que o resultado é melhor na emergente aliança entre a abordagem cognitivista da mente e os proponentes do pensamento budista, em que a questão não é naturalizar a filosofia, mas sim o oposto – ou seja, usar os resultados do cognitivismo para (re)obter o acesso à sabedoria antiga? A negação cognitivista contemporânea de um si-mesmo unitário, estável e idêntico a si mesmo – isto é, a ideia da mente humana como *playground* pandemônico de múltiplos agentes, que alguns autores (mais especialmente Francisco Varela)[12] relacionam à negação budista do si-mesmo como substância permanente que subjaz nossos atos/eventos mentais – parece persuasiva em sua rejeição crítica da moção substantiva do si-mesmo. O paradoxo no qual se baseiam os cognitivistas e neobudistas é a lacuna entre nossa experiência comum, que automaticamente recorre a e/ou envolve uma referência a alguma noção do si-mesmo como substância subjacente que "tem" sentimentos, volições, etc., à qual

---

[12] Ver VARELA, Francisco; THOMPSON, Evan; ROSH, Eleanor. *The Embodied Mind*. Cambridge MA: MIT Press, 1993.

esses estados mentais e atos "acontecem", e o fato (bem conhecido até na Europa, pelo menos desde Hume) de que por mais que busquemos profunda e detalhadamente nossa experiência-de-si, o que encontramos são apenas eventos mentais esquivos e passageiros, nunca o si-mesmo como tal (isto é, uma substância à qual seria possível atribuir esses eventos). Tanto os cognitivistas quanto os budistas concluem, obviamente, que a noção de si-mesmo é resultado de um erro epistemológico (ou, no caso do budismo, ético-epistemológico) inerente à natureza humana como tal. Devemos nos livrar dessa noção enganadora e aceitar plenamente que o si-mesmo não existe, que "eu" não passo de um monte infundado de eventos (mentais) esquivos e heterogêneos.

Essa conclusão, no entanto, é realmente inevitável? Varela também rejeita a noção kantiana do si-mesmo, o sujeito da pura apercepção, como sujeito transcendental que não é encontrado em lugar nenhum na nossa experiência empírica. Nesse ponto, no entanto, devemos introduzir a distinção entre agregados ou eventos mentais sem o Eu/sem o si-mesmo e o sujeito como idêntico a esse vazio, a essa falta de substância. E se for apressado demais concluir, a partir fato de que não existe representação ou ideia positiva do si-mesmo, que o si-mesmo não existe? E se o si-mesmo for justamente o "eu da tempestade", o vazio no centro do incessante vórtice/turbilhão dos eventos mentais esquivos, algo como o "vacúolo" na biologia, o vazio que não é nada em si, que não tem identidade positiva substantiva, mas que serve como ponto irrepresentável de referência, como o "eu" para o qual são atribuídos os eventos mentais? Em termos lacanianos, é preciso distinguir entre o "si-mesmo" como padrão de identificações comportamentais e outras identificações imaginárias e simbólicas (como a "autoimagem", como o que me percebo ser) e o ponto vazio da pura negatividade, o sujeito "barrado" ($\$$). O próprio Varela chega perto disso quando distingue entre: (1) o si-mesmo enquanto série de formações mentais e corporais que tem certo grau de coerência causal e integridade através do tempo; (2) o Si-mesmo, com inicial maiúscula, enquanto núcleo substancial oculto da identidade do sujeito (o "eu-si-mesmo"); e, por fim, (3) o anseio/apego desesperado da mente humana pelo/ao si-mesmo, por/a algum tipo de base sólida. Da perspectiva lacaniana, no entanto, esse "anseio incessante" não seria *o próprio sujeito*, o vazio que "é" a subjetividade?

Os neobudistas estão justificados ao criticar os proponentes cognitivistas da noção de "sociedade da mente" por defenderem a cisão irredutível entre nossa cognição científica (segundo a qual não existe si-mesmo ou livre-arbítrio) e a experiência cotidiana na qual simplesmente não funcionamos sem pressupor um si-mesmo consistente dotado de livre-arbítrio. Os cognitivistas, portanto, condenam a si próprios a uma posição niilista de defender as crenças que eles sabem que estão erradas. O esforço dos neobudistas é diminuir essa cisão traduzindo/transpondo a própria noção de que não há si-mesmo substantivo para a experiência humana diária (em última instância, é disso que trata a reflexão meditativa budista). Quando Ray Jackendoff, autor de uma das maiores tentativas cognitivistas de explicar a consciência, sugere que nossa consciência/percepção surge precisamente do fato de nós *não* termos ciência do modo como a própria consciência/percepção é gerada por processos mundanos – só há consciência na medida em que suas origens orgânico-biológicas permanecem opacas[13] –, ele se aproxima bastante da ideia kantiana de que existe a consciência-de-si, de que eu só penso na medida em que *"das·Ich oder Ero der Es (das Ding), welches denkt"*[14] continua sendo impenetrável para mim. O contra-argumento de Varela, segundo o qual o raciocínio de Jackendoff é confuso, segundo o qual esses processos dos quais não temos ciência não passam disso – processos que não fazem parte da nossa experiência humana diária, mas estão totalmente além dela, hipostasiados pela prática científica cognitivista[15] –, portanto, passa ao largo do problema.

Essa inacessibilidade do si-mesmo substantivo-natural (ou melhor, de sua base substantiva-natural para o meu si-mesmo) *faz parte* de nossa experiência não científica diária, precisamente na forma do nosso maior fracasso em encontrar um elemento positivo na nossa experiência que "seria" exatamente o nosso si-mesmo (a experiência, já formulada por Hume, de que não importa o quanto analisemos profundamente nossos processos mentais: nós jamais encontraremos algo que seja nosso si-mesmo). E se nos referíssemos a Varela usando a piada sobre o louco que procura uma chave perdida embaixo de um poste iluminado, e não no canto escuro onde a perdeu, porque é mais fácil procurá-la sob a luz? E se estivermos procurando o si-mesmo no lugar errado, na falsa prova de fatos empíricos positivos?

---

[13] Ver JACKENDOFF, Ray. *Consciousness and the Computational Mind*. Cambridge MA: MIT Press, 1987.

[14] "Eu, Ele ou Isso (a Coisa) que pensa."

[15] Ver VARELA; THOMPSON; ROSH. *The Embodied Mind*, p. 126.

(d) O fenômeno inacessível

Concluímos, portanto, que efetivamente não há como superar o abismo que separa o horizonte apriorístico transcendental do domínio das descobertas científicas positivas. Por um lado, a clássica "reflexão filosófica da ciência" (as ciências positivas "não pensam", são incapazes de refletir sobre seu horizonte de compreensão prévia, acessível apenas à filosofia) lembra cada vez mais um antigo truque automático que está perdendo sua eficácia; por outro lado, a ideia de que alguma ciência "pós-moderna" chegará ao nível da reflexão filosófica (digamos, que a física quântica, ao incluir o observador na objetividade material observada, rompe com o quadro do objetivismo/naturalismo científico e chega ao nível da constituição transcendental da realidade) claramente perde o nível próprio do *a priori* transcendental.

É verdade que a filosofia moderna, de certa maneira, está "na defensiva" contra o ataque furioso da ciência. A virada transcendental de Kant está ligada ao advento da ciência moderna não só de maneira óbvia (fornecendo o *a priori* da física newtoniana), mas também da maneira mais radical de levar em consideração como, com o advento da ciência empírica moderna, uma "teoria de tudo", metafísica e imediata, deixa de ser viável, ou seja, não pode ser combinada com a ciência. Desse modo, a única coisa que a filosofia pode fazer é "fenomenalizar" o conhecimento científico e apresentar seu horizonte hermenêutico *a priori*, dada a inescrutabilidade suprema do universo e do homem. Adorno já tinha falado da completa ambiguidade da noção kantiana de constituição transcendental: longe de simplesmente afirmar o poder constitutivo do sujeito, ela também pode ser interpretada como a aceitação resignada da *limitação a priori* de nossa abordagem ao Real. Acredito que se pensarmos exaustivamente sobre as consequências dessa noção de sujeito transcendental, poderemos evitar esse impasse debilitante e "salvar a liberdade". Como? Interpretando esse impasse como sua própria solução, ou seja, deslocando outra vez o obstáculo epistemológico para uma condição ontológica positiva.

Para evitar quaisquer mal-entendidos: não estamos visando aqui nenhum curto-circuito no estilo "a indecidibilidade ontológica da flutuação quântica fundamenta a liberdade humana", mas sim uma lacuna ou abertura pré-ontológica muito mais radical, uma "barra" de impossibilidade no meio da própria "realidade". E se *não existe o "universo"* no sentido de um cosmos constituído plena e ontologicamente? Ou seja, o erro de identificar a consciência(-de-si) com o desconhecimento, com um obstáculo epistemológico, é que isso (re)introduz furtivamente a ideia "cosmológica" clássica e pré-moderna de realidade como ordem positiva do ser. Numa tal "cadeia do ser", positiva e plenamente constituída, não há, é claro, lugar para o sujeito, por isso a dimensão da subjetividade só pode ser concebida como algo estritamente codependente do desconhecimento epistemológico da verdadeira positividade do ser. Como consequência, a única maneira de explicar efetivamente o status da consciência(-de-si) é afirmar a *incompletude ontológica da "realidade" em si*: só existe a "realidade" na medida em que existe uma lacuna ontológica, uma rachadura, em seu próprio cerne. É apenas essa fenda que explica o "fato" misterioso da liberdade transcendental, ou seja, uma consciência(-de-si) que é efetivamente "espontânea" e cuja espontaneidade não é um efeito do desconhecimento de algum processo causal "objetivo", não importa quão complexo e caótico seja esse processo. Qual o posicionamento da psicanálise com respeito a esse impasse? À primeira vista, pode parecer que a psicanálise seja a maior tentativa de preencher a lacuna, de restabelecer a cadeia causal completa que gerou o sintoma "inexplicável". No entanto, a oposição estrita que faz Lacan entre a causa e a lei (da causalidade) não aponta numa direção totalmente diferente? Diz Lacan:

> A causa se distingue do que há de determinante numa cadeia, dizendo melhor, da *lei*. Para exemplificar, pensem no que se figura na lei de ação e reação. Só existe aqui, se quiserem, apenas um titular. Um não anda sem o outro. [...]. Aqui, nenhuma hiância [...]. Ao contrário, cada vez que falamos de causa, há sempre algo de anticonceitual, de indefinido. [...] Em suma, só existe causa para o que manca. [...] O inconsciente freudiano se situa nesse ponto em que, entre a causa e o que ela afeta, há sempre claudicação. O importante não é que o inconsciente determina a neurose – quanto a isto, Freud fez de bom grado o gesto pilático de lavar as mãos. Mais dia menos dia, vão achar talvez alguma coisa, determinantes humorais, pouco importa – para ele dá na mesma. Pois o inconsciente nos mostra a hiância por onde a neurose se conforma a um real – real que bem pode, ele sim, não ser determinado.[16]

---

[16] LACAN, Jacques. *O seminário, livro 11: Os quatro conceitos fundamentais da psicanálise*. Tradução de M. D. Magno. 2. ed. Rio de Janeiro: Zahar, 1985, p. 27.

O inconsciente intervém quando algo "dá errado" na ordem da causalidade que abrange nossa atividade diária: um lapso de língua abre uma lacuna na conexão entre a intenção-de-significar e as palavras, um gesto falho frustra meu ato. No entanto, o argumento de Lacan é precisamente que a interpretação psicanalítica não apenas preenche essa lacuna, fornecendo a rede oculta completa de causalidade que "explica" o lapso: a causa cuja "insistência" interrompe o funcionamento normal da ordem da causalidade não é outra entidade positiva. Como enfatiza Lacan, ela pertence, antes, à ordem do *não realizado* ou *tolhido*, ou seja, ela é *em si estruturada como lacuna*, um vazio que insiste para sempre em seu preenchimento. (O nome psicanalítico para essa lacuna, é claro, é pulsão de morte, enquanto seu nome filosófico no idealismo alemão é "negatividade abstrata", o ponto da absoluta autocontradição que constitui o sujeito como o vazio da pura autorrelação.)

A noção psicanalítica de fantasia explica justamente a tentativa ilusória ou fracassada de preencher essa lacuna ontológica. O paradoxo básico da noção freudiana de fantasia consiste no fato de ela subverter a oposição clássica entre "subjetivo" e "objetivo". É claro, a fantasia, por definição, não é "objetiva" (no sentido simplista de "existir" independentemente das percepções do sujeito); no entanto, ela também não é "subjetiva" (no sentido de ser redutível às intuições que o sujeito vivencia conscientemente). Antes, a fantasia pertence à "categoria bizarra do objetivamente subjetivo – o modo como as coisas parecem efetiva e objetivamente para você, mesmo que não pareçam daquele modo para você".[17] Quando, por exemplo, o sujeito realmente experimenta uma série de formações fantasmáticas que se inter-relacionam como permutações uma da outra, essa série nunca está completa; ao contrário, é como se a série de fato vivenciada apresentasse tantas variações de uma fantasia "fundamental" subjacente que, na verdade, ela nunca é de fato vivenciada pelo sujeito. (Em "Batem numa criança", de Freud, as duas fantasias vivenciadas conscientemente pressupõem uma terceira, e assim se relacionam com ela: "Meu pai bate em mim"; essa terceira fantasia na verdade nunca foi vivenciada e só pode ser reconstruída em retrospecto como referência pressuposta às outras duas fantasias – ou, nesse caso,

---

[17] DENNETT, Daniel C. *Consciousness Explained*, p. 132. (Dennett, é claro, evoca esse conceito de uma maneira puramente negativa, como uma *contradiction in adjecto* sem sentido).

termo intermediário entre elas.[18]) Podemos ir um pouco mais fundo e dizer que, nesse sentido, o próprio inconsciente freudiano é "objetivamente subjetivo". Quando, por exemplo, dizemos que uma pessoa conscientemente bem-intencionada para com os judeus nutre preconceitos antissemitas profundos dos quais não tem ciência, não dizemos que (uma vez que tais preconceitos não definem como os judeus realmente são, mas o modo como parecem para a pessoa) *ela não tem ciência de como os judeus realmente parecem para ela?*

Além disso, isso não nos permite lançar uma nova luz sobre o mistério do fetichismo da mercadoria marxiano? O que o fetiche reifica é "minha verdadeira crença", como as coisas "realmente parecem para mim", embora eu nunca as vivencie efetivamente dessa maneira – o próprio Marx usa nesse aspecto o termo "*objektiv-notwendiges Schein* [aparência necessária objetiva]".[19] Desse modo, quando um crítico marxista encontra um burguês imerso no fetichismo da mercadoria, sua abordagem marxista não é "uma mercadoria pode lhe parecer um objeto mágico dotado de poderes especiais, mas na verdade ela é apenas uma expressão reificada das relações entre as pessoas"; em vez disso, a verdadeira reprimenda do marxista é: "Você pode pensar que a mercadoria lhe parece a simples encarnação das relações sociais (que, por exemplo, o dinheiro é apenas um documento que lhe dá direito a parte do produto social), mas *não é assim que as coisas realmente lhe parecem* – na sua realidade social, por meio da sua participação na troca social, você atesta o estranho fato de que uma mercadoria realmente lhe aparece como objeto mágico dotado de poderes especiais".

Essa também é uma das maneiras de especificar o significado da afirmação de Lacan do "descentramento" constitutivo do sujeito. Não é que minha experiência subjetiva seja regulada por mecanismos inconscientes objetivos que são "descentrados" com respeito à minha experiência-de-si e, como tal, além do meu controle (argumento defendido por todo materialista), mas sim algo muito mais desconcertante:

---

[18] FREUD, Sigmund. "Batem numa criança": contribuição ao conhecimento da gênese das perversões sexuais. In: *Obras completas, volume 14: História de uma neurose infantil ("O homem dos lobos"), Além do princípio do prazer e outros textos (1917-1920)*. Tradução de Paulo César de Souza. São Paulo: Companhia das Letras, 2010. (N.O.)

[19] MARX, Karl. *O capital: crítica da economia política, livro I*. Tradução de Rubens Enderle. São Paulo: Boitempo, 2013, p. 157-158. (N.O.)

sou destituído até mesmo da minha experiência "subjetiva" mais íntima, do modo como as coisas "realmente me parecem", da experiência da fantasia fundamental que constitui e garante o núcleo do meu ser, pois jamais posso conscientemente experimentá-la e assumi-la. De acordo com a visão clássica, a dimensão constitutiva da subjetividade é a da experiência(-de-si) fenomenal. Em outras palavras, sou um sujeito no momento em que posso dizer a mim mesmo: "Independentemente de qual mecanismo desconhecido controle meus atos, minhas percepções e meus pensamentos, ninguém pode tirar de mim o que vejo e sinto agora". Por exemplo, quando estou apaixonado e um bioquímico me diz que todos os meus sentimentos intensos são apenas o resultado de processos bioquímicos em meu corpo, posso respondê-lo apegando-me à aparência: "Tudo o que você diz pode ser verdade, mas nada pode tirar de mim a intensidade da paixão que estou vivendo nesse momento..."; no entanto, Lacan argumenta que o psicanalista é aquele que *pode*, justamente, tirar isso do sujeito, uma vez que seu objetivo final é privar o sujeito da própria fantasia fundamental que regula o universo de sua experiência(de-si). O sujeito do inconsciente, em Freud, só surge quando um aspecto fundamental da experiência(-de-si) *fenomenal* do sujeito (sua fantasia fundamental) torna-se *inacessível* (ou seja, primordialmente reprimido). Em seu aspecto mais radical, o inconsciente é o *fenômeno inacessível*, não o mecanismo objetivo, que regula minha experiência fenomenal. Desse modo, em contraste ao lugar-comum de que estamos lidando com um sujeito no momento em que uma entidade mostra sinais de "vida interior" – isto é, de uma experiência-de-si fantasmática que não pode ser reduzida ao comportamento externo –, devemos dizer que o que caracteriza a subjetividade humana propriamente dita é a lacuna que separa os dois, ou seja, o fato de que a fantasia, em seu aspecto mais elementar, torna-se inacessível para o sujeito; é essa inacessibilidade que torna o sujeito "vazio" ($\$$). Assim, chegamos a uma relação que subverte totalmente a ideia clássica do sujeito que experimenta diretamente a si mesmo e seus "estados interiores": uma relação "impossível" entre o *sujeito vazio e não fenomenal* e os *fenômenos que continuam inacessíveis ao sujeito* – a mesma relação registrada pela fórmula lacaniana da fantasia, $\$ \lozenge a$.

Os geneticistas preveem que, em cerca de 10 ou 15 anos, eles serão capazes de identificar e manipular o genoma exato de todos os indivíduos. Desse modo, pelo menos potencialmente, cada pessoa terá à sua disposição a fórmula completa do que ela "realmente é". Como esse "conhecimento no Real", o fato de que serei capaz de me localizar e identificar completamente como um objeto na realidade, afeta o status da subjetividade? Será que ele levará ao fim da subjetividade humana? A resposta de Lacan é negativa: o que continuará escapando aos geneticistas não é minha experiência-de-si fenomenal (digamos, a experiência de uma paixão que não pode ser tirada de mim por nenhum conhecimento genético ou outros mecanismos materiais), mas sim a fantasia fundamental "objetivamente subjetiva", o núcleo fantasmático inacessível à minha experiência consciente. Mesmo que a ciência descubra a fórmula genética do que sou objetivamente, ela continuará sendo incapaz de formular minha identidade fantasmática "objetivamente subjetiva", esse contraponto objetal à minha subjetividade, que não é nem subjetivo (vivenciado) nem objetivo.

Segunda parte
A filosofia atravessada pela psicanálise

Capítulo 6
Os limites da abordagem semiótica à psicanálise[1]

1. *Le point de capiton*

A proposição mais conhecida de Lacan certamente é a famosa "o inconsciente se estrutura como linguagem", geralmente entendida como se apontasse para uma reinterpretação semiótica da teoria e da prática psicanalíticas. O objetivo deste artigo é mostrar que, ao contrário dessa proposição adotada de maneira ampla, a teoria de Lacan, pelo menos em sua última fase, está longe de endossar tamanho reducionismo linguístico: seu esforço central é precisamente articular os diferentes modos do verdadeiro cerne (*das Ding, objet petit a*) que apresenta um obstáculo irredutível ao movimento da simbolização. Tentaremos exemplificar esse impasse da simbolização por meio de alguns fenômenos ideológicos e artísticos.

Vamos começar na extremidade oposta: com a operação semiótica elementar articulada por Lacan – a do *point de capiton*.[2] Lacan apresenta esse conceito em *O seminário, livro 3*, com respeito ao primeiro ato de *Atália*, de Racine. Em resposta às lamentações de Abner sobre o triste

---

[1] Publicado originalmente em FELDSTEIN, Richard; SUSSMAN, Henry (Ed.). *Psychoanalysis and...* London e New York: Routledge, 1990, p. 89-110.

[2] No original, o termo é usado em francês. Em português, costuma ser traduzido por "ponto de estofo", "ponto de capitonê" ou "ponto de basta", opção mais corrente nos seminários de Lacan traduzidos no Brasil. (N.T.)

destino que espera os partidários de Deus sob o reino de Atália, Joad responde com os famosos versos:

> Aquele que põe um freio ao furor das vagas
> Sabe também dos maus deter os complôs.
> Submetido com respeito a sua vontade santa,
> Temo a Deus, caro Abner, e não tenho outro temor.[3]

Isso provoca uma verdadeira conversão de Abner: de um zeloso impaciente, e incerto justamente por essa razão, essas palavras criam um calmo fiel, certo de si e de um poder divino maior. Mas como essa evocação do "temor a Deus" teve sucesso em tal conversão milagrosa? Antes de sua conversão, Abner vê no mundo terreno apenas uma multiplicidade de perigos que o enchem de medo, e ele espera que o polo oposto, o de Deus e seus representantes, ofereça-lhe ajuda e lhe permita superar as muitas dificuldades desse mundo. Diante dessa oposição entre o campo terreno dos perigos, da incerteza, do medo, etc. e o campo divino da paz, do amor e da segurança, Joad não só tenta convencer Abner de que as forças divinas são, apesar de tudo, poderosas o suficiente para ter o controle sobre a desordem mundana; ele apazigua seu medo de uma maneira bem diferente: apresentando-lhe o exato oposto – Deus – como uma coisa muito mais amedrontadora do que todos os medos terrenos. E – esse é o "milagre" do *point de capiton* – esse medo suplementar, o medo de Deus, muda retroativamente o caráter de todos os medos. Ele:

> transforma, de um minuto a outro, todos os temores numa perfeita coragem. Todos os temores – *Eu não tenho outro temor* – são trocados contra o que se chama o temor a Deus.[4]

A fórmula marxista comum – o consolo religioso como compensação ou, mais precisamente, como "suplemento imaginário" da miséria terrena – deve, portanto, ser interpretada de maneira literal. Nesse caso, estamos lidando com uma relação imaginária dupla entre o terreno aqui em baixo e o celestial lá em cima, sem a intervenção do momento da "mediação" simbólica. A operação religiosa consistiria, nessa concepção, em nos compensar pelos horrores e pelas incertezas do mundo com a

---

[3] Ver LACAN, Jacques. *O seminário, livro 3: As psicoses*. Tradução de Aluísio Menezes. 2. ed. Rio de Janeiro: Jorge Zahar, 1997, p. 300. (N.O.)

[4] LACAN. *O seminário, livro 3*, p. 302.

beatitude que nos espera no outro mundo – todas as famosas fórmulas de Feuerbach sobre o além divino como imagem invertida e especular da miséria terrena. Para que essa operação funcione, é preciso a intervenção de um terceiro momento, que de algum modo age como "mediador" entre os dois polos opostos. Por trás da multiplicidade de horrores terrenos, o horror infinitamente mais assustador da fúria de Deus deve se mostrar, para que os horrores terrenos assumam uma nova dimensão e se tornem muitas manifestações da fúria divina. A mesma operação acontece no fascismo, por exemplo: o que Hitler faz em *Mein Kampf* para explicar para os alemães os infortúnios de sua época (por exemplo, crise econômica, "decadência" moral, etc.)? Por trás da multiplicidade dessas misérias, ele constrói um novo sujeito apavorante, uma causa única do mal: os judeus. A chamada "conspiração judaica" *explica tudo*, de modo que todas as misérias terrenas – da crise econômica à crise familiar – tornam-se manifestações da "conspiração judaica": os judeus, portanto, são o *point de capiton* de Hitler.

O "caso Dreyfus" desenvolve o efeito dessa "curva milagrosa" do campo discursivo, produzida pela intervenção do *point de capiton*, de maneira paradigmática. Seu papel na história política francesa e europeia já lembra o papel do *point de capiton*, pois reestruturou todo o campo e desencadeou, direta ou indiretamente, toda uma série de deslocamentos que determinam até hoje a cena política: por exemplo, a separação final entre a Igreja e o Estado nas democracias burguesas, a colaboração socialista no governo burguês e a cisão da democracia social em socialismo e comunismo. Também poderíamos ligar o nascimento do sionismo e a elevação do antissemitismo a esse momento-chave do "populismo de direita".

Mas aqui tentaremos apenas indicar a virada decisiva em seu desdobramento: uma intervenção que gerou uma briga judicial a respeito da justiça e da legalidade de um veredito, o risco de uma batalha política que chacoalhou inteiramente a vida nacional. Não devemos procurar esse ponto de virada, como se costuma acreditar, no famoso "J'accuse", publicado no jornal *L'Aurore* em 13 de janeiro de 1898, em que Émile Zola tomou mais uma vez todos os argumentos para a defesa de Dreyfus e denunciou a corrupção dos círculos oficiais. A intervenção de Zola não saiu do quadro do liberalismo burguês, da defesa das liberdades e dos direitos dos cidadãos, etc. O verdadeiro transtorno aconteceu no segundo semestre de 1898. Em 30 de agosto, o tenente-coronel Henry, novo chefe do Deuxième Bureau, foi preso. Ele era suspeito de forjar um dos documentos secretos que serviram de base para que Dreyfus fosse condenado por alta traição. No dia seguinte, Henry cometeu suicídio com uma navalha em sua cela. A notícia provocou um choque na opinião pública. Se Henry confessou sua culpa – e que outro sentido poderia ter seu suicídio? –, o ato de acusação contra Dreyfus perdia toda sua solidez. Todos esperavam um novo julgamento e a absolvição de Dreyfus. Por enquanto, vamos repetir a poética descrição de Ernest Nolte:

> Então, no meio da confusão e do temor, a publicação de um artigo de jornal mudou a situação. Seu autor era Maurras, um escritor de 30 anos até então conhecido apenas em círculos fechados. O artigo se chamava "O primeiro sangue", e encarava as coisas de um modo que ninguém pensara ou ousara encarar.[5]

O que Maurras fez? Ele não apresentou nenhuma prova adicional, tampouco refutou qualquer fato. Ele simplesmente produziu uma reinterpretação global de todo o "caso", lançando novas luzes sobre ele. Transformou o tenente-coronel Henry numa vítima heroica, que preferiu o dever patriótico à "justiça" abstrata. Ou seja, Henry, depois de ver como o "Sindicato da Traição" judaico explorou um erro judicial insignificante para desacreditar e solapar a fundação da vida francesa com o propósito de romper a força do Exército, não hesitou em cometer uma pequena falsidade patriótica para deter essa corrida rumo ao precipício. O que realmente está em jogo no "caso" não é mais a justeza de uma sentença, mas o choque, a degeneração do poder vital francês, que pertencia aos financistas judeus que se escondiam por trás do liberalismo corrupto, da liberdade de imprensa, da autonomia da justiça, etc. Como resultado, sua verdadeira vítima não é Dreyfus, mas o próprio Henry, o solitário patriota que arriscou tudo pela salvação da França e para o qual seus superiores, no momento decisivo, viraram as costas: o "primeiro sangue" derramado pela conspiração judaica.

A intervenção de Maurras mudou a situação: a direita uniu suas forças, e a unidade "patriótica" rapidamente assumiu o controle da desordem. Ele provocou esse resultado criando o triunfo, o mito da "primeira vítima", a partir dos mesmos elementos que, antes de sua

---

[5] NOLTE, Ernest. *Three Faces of Fascism*. Toronto: University of Toronto Press, 1969, p. 85.

intervenção, provocaram a desorientação e o assombro (falsificação de documentos, iniquidade da pena, etc.), e que ele estava longe de contestar. Não surpreende que, até sua morte, ele tenha considerado esse artigo o melhor de sua vida.

Deveríamos buscar a operação elementar do *point de capiton* nessa virada "milagrosa", nesse *quid pro quo* por meio do qual o que antes era a fonte da desordem se tornou a prova e o testemunho de um triunfo – como no primeiro ato de *Atália*, em que a intervenção do "medo suplementar", o medo de Deus, de repente transforma todos os outros medos em seu oposto. Estamos lidando aqui com o ato de "criação" em sentido estrito: o ato que transforma a causa numa "nova harmonia" e, de repente, torna "compreensível" o que até então era apenas um distúrbio sem sentido e até apavorante. É impossível não pensarmos no cristianismo – não tanto o ato de Deus que cria um mundo ordenado a partir do caos, mas sim sua virada decisiva, da qual resultou a forma definitiva da religião cristã, a forma que mostrou seu valor em nossa tradição. Esse é, obviamente, o corte paulino. São Paulo concentrou todo o edifício cristão precisamente no ponto que aparecia previamente, para os discípulos cristãos, como um trauma apavorante, 'impossível", não simbolizável, não integrável em seu campo de significação: sua morte vergonhosa na cruz entre dois bandidos. São Paulo transformou essa derrota final de sua missão terrena, que aniquilou a esperança de libertação (dos judeus sob o domínio romano), no próprio ato da salvação. Por sua morte, Cristo redimiu, salvou a humanidade.

2. O proibido da tautologia

Podemos esclarecer ainda mais a lógica dessa operação fazendo uma pequena digressão pelas histórias de detetive. Qual é o principal fascínio a propósito da relação entre a lei e sua transgressão, a aventura criminal? De um lado, temos o reino da lei, da tranquilidade, da certeza, mas também a trivialidade, o tédio da vida cotidiana; de outro, temos o crime – Brecht já tinha dito isso – como a única aventura possível no mundo burguês. As histórias de detetive, no entanto, provocam uma reviravolta terrível nessa relação, já revelada por Gilbert Keith Chesterton:

> Ao passo que a tendência constante do Velho Adão é rebelar-se contra algo tão universal e automático como a civilização, a pregar a fuga e a rebelião, o romance policial mantém de alguma forma presente na

mente o fato de que a própria civilização já é a mais sensacional das fugas e a mais romântica das rebeliões. [...] Quando o detetive de um romance policial encontra-se só e – talvez totalmente – sem medo, entre facas e punhos em uma cozinha de ladrões, isso certamente serve para lembrar-nos de que é o agente da justiça social que é a figura original e poética, ao passo que os bandidos e salteadores são simplesmente velhos e plácidos conservadores cósmicos, que se sentem felizes em ter a mesma respeitabilidade imemorial dos macacos e lobos. O romance policial é dessa forma todo o romance do homem. Baseia-se no fato de que a moral é a mais obscura e ousada das conspirações.[6]

A operação fundamental das histórias de detetive, por conseguinte, consiste em apresentar o próprio detetive – aquele que trabalha para a defesa da lei, em nome da lei, para restabelecer o reino da lei – como o aventureiro maior, como uma pessoa em comparação a quem os próprios criminosos aparecem como pequenos burgueses conservadores e indolentes... Esse é um truque verdadeiramente milagroso: existe, é claro, um grande número de transgressões da lei, crimes, aventuras que rompem com a monotonia da lealdade cotidiana e da vida tranquila, mas a única transgressão verdadeira, a única aventura verdadeira, aquela que transforma todas as outras aventuras em prudência pequeno-burguesa, é a aventura da civilização, da defesa da própria lei.

O mesmo é válido para Lacan. Para ele, a maior transgressão, a mais traumática, a maior coisa sem sentido, também é a própria lei: a lei louca e superegoica que tanto impõe quanto comanda o gozo. Não temos de um lado uma pluralidade de transgressões, perversões, agressividades, etc., e de outro uma lei universal que regula e normaliza o *cul-de-sac* das transgressões e possibilita a coexistência pacífica das pessoas. O mais insensato é o outro lado da própria lei apaziguante, a lei como uma injunção muda e incompreendida ao gozo. Podemos dizer que a lei se divide necessariamente entre uma lei apaziguadora e uma lei louca. Desse modo, a oposição entre a lei e suas transgressões se repete dentro da própria lei. Temos aqui a mesma operação que acontece em *Atália*: em Chesterton, a lei aparece, diante das transgressões criminosas, como a única transgressão verdadeira; em *Atália*, Deus aparece, diante dos medos terrenos, como a única coisa que deve realmente ser temida.

---

[6] CHESTERTON, G. K. *O defensor / Tipos variados*. Tradução de Mateus Leme. Campinas, SP: Ecclesiae, 2015, p. 97-98.

Deus, portanto, divide-se no Deus apaziguador – o Deus do amor, da tranquilidade e da graça – e o Deus feroz e enraivecido – o que provoca nos seres humanos o medo mais terrível.

Essa virada, esse ponto de reversão onde a própria lei surge como a única transgressão verdadeira, corresponde exatamente ao que chamamos, na terminologia hegeliana, de "negação da negação". Primeiro, temos a oposição simples entre uma posição e sua negação – no nosso caso, entre a lei positiva e apaziguadora e a multiplicidade de seus crimes e suas transgressões particulares. A "negação da negação" é o momento em que se percebe que a única transgressão verdadeira, a única negatividade verdadeira, é a da própria lei que transforma todas as transgressões criminosas ordinárias em positividade indolente. É por isso que a teoria lacaniana é irredutível a qualquer variante de transgressismo, de antiedipismo, etc. O único antiedipismo verdadeiro é o próprio Édipo, seu inverso superegoico... Podemos seguir essa economia "hegeliana" até chegar às decisões organizacionais de Lacan. A dissolução da École Freudienne de Paris e a constituição da Cause Freudienne podem ter dado a impressão de um ato libertador – o fim da burocratização e da arregimentação da escola. A partir de agora, nós nos preocuparíamos apenas com a própria Causa, liberta de todos os obstáculos terrenos... No entanto, vemos rapidamente que esse ato intensificou a restituição de uma École de la Cause elle-même, muito mais severa do que todas as outras escolas, assim como superar os temores terrenos pelo amor divino implica o temor a Deus, algo mais terrível que todos os outros temores terrenos.

A forma mais apropriada de indicar essa curva do *point de capiton*, da "negação da negação", na linguagem comum é, paradoxalmente, a da tautologia: "lei é lei", "Deus é Deus". Aqui, a tautologia funciona precisamente no sentido hegeliano, como a identidade que revela a suprema contradição. Na tautologia "Deus é Deus", o primeiro "Deus" é o da tranquilidade, da graça e do amor, enquanto o segundo "Deus" é o da fúria e da ferocidade insustentáveis. Do mesmo modo, a tautologia "lei é lei" mostra o caráter ilegal e ilegítimo do estabelecimento do reino da lei. Blaise Pascal provavelmente foi o primeiro a identificar esse conteúdo subversivo da tautologia "lei é lei":

> O costume é toda a equidade, pela simples razão e só razão de que é recebido. É esse o fundamento místico de sua autoridade. Quem a reduzir ao seu princípio a aniquilará. Nada é mais eivado de erros do

que essas leis que consertam os erros. Quem obedece a elas porque elas são justas, obedece à justiça que imagina, mas não à essência da lei. Ela é toda concentrada em si mesma. É lei e nada mais. [...] Eis por que o mais sábio dos legisladores dizia que, para o bem dos homens, é muitas vezes preciso enganá-los; e outro bom político: *Cum veritatem qua liberetur ignoret, expedit quod fallatur* [Com a verdade que ignora seja livrado, com a que expede seja enganado]. Não é preciso que ele sinta a verdade da usurpação, ela foi introduzida outrora sem razão, ela se tornou razoável. É preciso fazer com que a olhem como autêntica, eterna, e ocultar a sua origem se não se quer que logo venha a terminar.[7]

Não é preciso dar destaque ao caráter escandaloso dessas proposições: elas subvertem as fundações do poder, de sua autoridade, no momento exato em que dão a impressão de apoiá-las. A violência ilegítima pela qual a lei se sustenta deve ser escondida a todo preço, pois essa ocultação é a condição positiva do funcionamento da lei. Esta só funciona na medida em que seus sujeitos são enganados, na medida em que experimentam a autoridade da lei como "autêntica e eterna" e não percebem a "verdade da usurpação". É por isso que Kant é obrigado, em *A metafísica dos costumes*, a vetar quaisquer questionamentos sobre as origens do poder legal: é justamente por meio desses questionamentos que surge a mancha dessa violência ilegítima, a mancha que macula, como o pedaço original, a pureza do reino da lei. Não surpreende, portanto, que, em Kant, essa proibição assuma a forma paradoxal muito conhecida na psicanálise: ela proíbe algo que, ao mesmo tempo, é dado como impossível:

Não cabe a um povo *perscrutar*, tendo qualquer propósito prático em vista, sobre a origem da autoridade suprema à qual está submetido, isto é, o súdito *não deve raciocinar*, em termos práticos, a respeito da origem dessa autoridade, como um direito ainda passível de ser questionado no tocante à obediência que a ele deve [...]. A um povo já submetido à lei civil esses raciocínios sutis são completamente despropositados e, ademais, ameaçam perigosamente o Estado. [...] É *fútil* sondar a *garantia histórica* do mecanismo do governo, isto é, não é possível remontar ao tempo da origem da sociedade civil [...].

---

[7] PASCAL, Blaise. *Pensamentos*. Tradução de Mário Laranjeira. 2. ed. São Paulo: Martins Fontes, 2005, § 60 (294).

É *condenável*, todavia, empreender tal investigação com o objetivo de possivelmente alterar pela força a constituição atualmente existente.[8]

Note-se que não se pode voltar à origem da lei porque não se deve. A fórmula kantiana do dever é bem conhecida: "Você pode porque deve [*Du kannst, denn du sollst*]". Essa chamada proibição é a inversão dessa famosa fórmula: "Você não pode porque não deve". O modelo elementar de tal proibição é, obviamente, o incesto. Não obstante, ele não é alheio ao discurso filosófico, como podemos demonstrar por uma série de exemplos, até na famosa proposição que conclui o *Tractatus* de Wittgenstein: "Sobre aquilo de que não se pode falar, deve-se calar".[9] Devemos fazer uma pergunta totalmente ingênua aqui: se o sujeito declara que não pode, de qualquer forma, dizer algo sobre o inefável, por que acrescentar de novo o enunciado totalmente redundante de que o sujeito não deve dizer nada sobre o inefável, que deve se calar? De onde vem esse temor por não dizer demais sobre o inexprimível? O paradoxo desse "nada", desse puro semblante, é, obviamente, o mesmo paradoxo do objeto-causa do desejo no sentido lacaniano do *objeto pequeno a*.

3. Kant com Sade

"No princípio" da lei, há uma transgressão, uma certa realidade da violência, que coincide com o próprio ato do estabelecimento da lei.[10] A totalidade do pensamento político-filosófico clássico apoia-se na recusa de uma contrariedade da lei; é por isso que devemos interpretar "Kant com Sade". Ainda que Kant não tenha conseguido articular a falta no Outro (Ⱥ), ele conseguiu – usando a formulação de Jacques-Alain Miller – formular o *B barré* na forma da inacessibilidade, da transcendência absoluta do Bem

---

[8] KANT, Immanuel. *A metafísica dos costumes*. Tradução de Edson Bini. Bauru, SP: EDIPRO, 2003, p. 161, 183.

[9] WITTGENSTEIN, Ludwig. *Tractatus logico-philosophicus*. Tradução de Luiz Henrique Lopes dos Santos. 2. ed. São Paulo: Edusp, 1994, p. 281.

[10] Žižek está se referindo à famosa frase de Goethe – "No princípio foi o Ato [*Im Anfang war die Tat*]" – com a qual Freud conclui seu "Totem e tabu: algumas concordâncias entre a vida psíquica dos homens primitivos e dos neuróticos", em *Obras completas, volume 11: Totem e tabu, Contribuição à história do movimento psicanalítico e outros textos (1912-1914)*. Tradução de Paulo César de Souza. São Paulo: Companhia das Letras, 2012. Ver também o capítulo 3 deste volume, "'O mais sublime dos histéricos': Hegel com Lacan", p. 43-60. (N.O.)

supremo como único objeto e motivação legítima e não patológica da nossa atividade moral. Cada objeto dado, determinado e representado que funciona como motivação da nossa vontade já será patológico no sentido kantiano: um objeto empírico, relacionado às condições de nossa experiência definitiva e sem uma necessidade *a priori*. É por isso que a única motivação legítima da nossa vontade continua sendo a própria forma da lei, a forma universal da máxima moral. A tese fundamental de Lacan é que esse objeto impossível não obstante nos é dado numa experiência específica, a do *objeto pequeno a*, objeto-causa do desejo, que não é "patológico", que não se reduz a um objeto de necessidade ou demanda. E é *por isso* que Sade deve ser interpretado como a verdade de Kant. Esse objeto cuja experiência é eludida por Kant aparece precisamente na obra de Sade sob a forma do carrasco, do executor, do agente que inflige na vítima sua atividade sádica.

O executor sadeano não tem nada a ver com prazer. Sua atividade, portanto, é ética no sentido mais estrito: além de cada motivação "patológica", ele simplesmente cumpre seu dever, como demonstrado pela falta de humor na obra de Sade. O executor sempre trabalha para o gozo do Outro, não para o seu. Por conseguinte, ele se torna um instrumento somente da vontade do Outro. Na cena sadeana, perto do executor e de sua vítima, sempre há um terceiro, o Outro para quem o sádico pratica sua atividade, o Outro cuja forma pura é a da voz de uma lei que se dirige ao sujeito na segunda pessoa, com o imperativo "Cumpra seu dever!".

A grandiosidade da ética kantiana, portanto, é ter formulado pela primeira vez o "além do princípio de prazer". O imperativo categórico de Kant é uma lei superegoica que vai contra o bem-estar do sujeito. Ou, mais precisamente, é totalmente diferente de seu bem-estar, que, do ponto de vista do "princípio de prazer" como o que prolonga o "princípio de realidade", é totalmente não econômico e não economizável, sem sentido. A lei moral é uma lei ferrenha que não admite desculpas – "você pode porque deve" – e que, desse modo, adquire um ar de neutralidade prejudicial, de sórdida indiferença.

De acordo com Lacan, Kant ignora o outro lado dessa neutralidade da lei moral, sua sordidez e obscenidade, sua malícia que remonta ao gozo por trás do comando da lei; Lacan relaciona essa suposição ao fato de que Kant evita a cisão do sujeito (sujeito da enunciação/sujeito do enunciado) implícita na lei moral. Esse é o significado da crítica lacaniana do exemplo kantiano do depósito e do depositário.[11] Aqui, o sujeito da enunciação é reduzido a sujeito do enunciado, e o depositário, a sua função de depositário: Kant pressupõe que estamos lidando com um depositário que "cumpre seu dever", com um sujeito que se deixa ser levado sem permanecer na determinação abstrata de ser o depositário.[12] Uma breve piada lacaniana segue na mesma direção: "Minha noiva nunca perde um encontro, pois no momento em que o perde, não é mais minha noiva". Aqui, também, a noiva é reduzida a sua função de noiva. Hegel já tinha detectado o potencial terrorista dessa redução do sujeito a uma determinação abstrata.

A pressuposição do terror revolucionário é justamente que os sujeitos se deixam reduzir a sua determinação como Cidadãos que "cumprem seu dever", o que provoca a liquidação dos sujeitos que não estão cumprindo seu dever. Desse modo, o terror jacobino é realmente a consequência da ética kantiana. O mesmo se dá com a ordem do real socialismo: "Todas as pessoas apoiam o Partido". Tal proposição não é uma declaração empírica e, como tal, refutável; ela funciona, ao contrário, performativamente, como a definição do verdadeiro Povo, do Povo que "compre seu dever". O verdadeiro Povo é aquele que apoia o Partido. A lógica, portanto, é exatamente a mesma que a da piada sobre a noiva: "Todo o povo apoia o Partido porque os eleitores do Povo que vão contra o Partido se excluíram da comunidade do Povo". Afinal, estamos lidando com o que Lacan, em seus primeiros seminários, chamou de "fala fundadora",[13] o mandato simbólico, etc. (o "você é minha noiva, meu depositário, o cidadão..."). Isso deve ser de novo interpretado da perspectiva da conceituação ulterior do S_1, o significante-mestre. A aposta da crítica lacaniana é que sempre existe um excesso no sujeito que toma para si o mandato simbólico, que concorda em encarnar um S_1, o mandato. Esse excesso é precisamente o lado do objeto.[14]

---

[11] Ver KANT, Immanuel. *Crítica da razão prática*. Tradução de Valerio Rohden. 4. ed. São Paulo: WMF Martins Fontes, 2016, p. 45.

[12] Ver LACAN, Jacques. Kant com Sade. In: *Escritos*. Tradução de Vera Ribeiro, Rio de Janeiro: Jorge Zahar, 1998, p. 778.

[13] LACAN, Jacques. *O seminário, livro 2: O Eu na teoria de Freud e na técnica da psicanálise (1954-1955)*. Tradução de Marie Christine LaznikPenot e Antonio Luiz Quinet de Andrade. Rio de Janeiro: Jorge Zahar, 195, p. 405, e *O seminário, livro 3*, p. 261. (N.O.)

[14] A linguagem incomum de Žižek nesse ponto presume algum conhecimento dos "quatro discursos" que Lacan desenvolve consideravelmente em *O seminário, livro 17*. Ver LACAN, Jacques. *O seminário, livro 17: O avesso da psicanálise, 1969-1970*.

Na medida em que escapa de ficar preso no significante, o mandato que lhes é conferido pelo laço sociossimbólico, o sujeito da enunciação funciona como objeto.

Essa é, então, a cisão entre o sujeito do enunciado e o sujeito da enunciação da lei. Por trás do S_1 – a lei em sua forma neutra, pacificadora, solene e sublime – sempre há a presença do objeto que revela maldade, vileza e obscenidade. Outro exemplo bem conhecido ilustra perfeitamente essa cisão do sujeito da lei. Em resposta à pergunta de exploradores que procuram canibalismo, o nativo responde: "Não, não existem mais canibais na nossa região. Ontem, a gente comeu o último". No nível do sujeito do enunciado, não existem mais canibais, e o sujeito da enunciação é precisamente esse "nós" que comeu o último canibal. Essa é, pois, a intrusão do "sujeito da enunciação" da lei, elidido por Kant: esse agente obsceno que come o último canibal para garantir a ordem da lei. Agora podemos especificar o status da proibição paradoxal que concerne à questão da origem da lei, do poder legal. Ela visa o objeto da lei no sentido de seu "sujeito da enunciação", do sujeito que se torna o agente-instrumento obsceno e brutal da lei.

4. Kant com McCullough

É exatamente isso que Kant deixa passar, esse filósofo do Dever incondicional, a maior das obsessões da história da filosofia. Mas o que ele não entende é percebido pela literatura sentimental e vulgar da atualidade, o *kitsch*. Não surpreende perceber que o *amour courtois* tenha sobrevivido exatamente no universo dessa literatura, cujo traço fundamental consiste em considerar o amor da Dama como um Dever supremo. Tomemos um exemplo desse gênero, *Uma obsessão indecente*, de Colleen McCullough (um romance completamente ilegível e, por essa razão, publicado na França na coleção J'ai Lu), a história de uma enfermeira que cuida de pacientes psiquiátricos num pequeno hospital no Pacífico, por volta do fim da Segunda Guerra Mundial, dividida entre

---

Tradução de Ary Roitman. Rio de Janeiro: Jorge Zahar, 1992, e "Radiofonia", em *Outros escritos*. Tradução de Vera Ribeiro. Rio de Janeiro: Zahar, 2003, p. 400-413. A exposição mais sólida de Žižek sobre os quatro discursos é feita em seu "Four Discourses, Four Subjects", em *Cogito and the Unconscious*. Durham: Duke University Press, 1998, p. 74-113. Na fórmula lacaniana para o discurso do mestre (S_1 / $\$$ $\rightarrow$ S_2 / *a*), o *objeto pequeno a* ocupa a posição do "produto", o "excesso inassimilável", da determinação do significante mestre (S_1) do campo simbólico (S_2).

seu dever profissional e o amor que sente pelos pacientes. No final do livro, ela percebe coisas sobre seu desejo, desiste do amor e volta para seu dever. À primeira vista, portanto, trata-se do mais insípido moralismo: a vitória do dever sobre o amor apaixonado, a renúncia do amor "patológico" em nome do dever. A apresentação de seus motivos para essa renúncia, no entanto, é um pouco mais delicada. Vejamos as últimas frases do romance:

> Ela tinha ali um dever. [...] Não era apenas um trabalho – seu coração estava ali, enraizado nele! Era o que ela realmente queria. [...] A enfermeira Langtry começou a caminhar de novo, a passos ligeiros e destemidos, finalmente compreendendo a si mesma. E compreendendo que o dever, a mais indecente de todas as obsessões, era apenas outro nome para o amor.

Vemos aqui um verdadeiro giro dialético: a oposição entre amor e dever é superada quando se percebe que o próprio dever é "outro nome para o amor". Por meio dessa reversão – a "negação da negação" –, o dever, à princípio uma negação do amor, coincide com o amor supremo que abole todos os outros amores "patológicos", ou, colocando em termos lacanianos, funciona como *point de capiton* em relação a todos os outros amores "ordinários". A tensão entre dever e amor, entre a pureza do dever e a indecência (obscenidade patológica do amor ou da paixão), é resolvida no momento em que se experimenta o caráter radicalmente obsceno do próprio dever.

A parte essencial repousa nessa mudança de lugar da "obsessão indecente" em relação à oposição entre dever e amor. Inicialmente, é o dever que aparece como puro e universal, contrário ao amor (ou à paixão) patológico, particular, indecente. Desse modo, é o dever em si que é revelado como "*a mais indecente de todas as obsessões*". Essa é a lógica hegeliana da "reconciliação" entre o Universal e o Particular. A Particularidade mais radical e absoluta, na verdade, é a do próprio Universal, uma vez que tem um *rapport* de exclusão para com o Particular: em outras palavras, na medida em que se opõe ao Particular e exclui a riqueza de seu conteúdo concreto. É também desse modo que devemos interpretar a tese lacaniana de que o Bem é apenas a máscara do Mal absoluto e radical, a máscara da "obsessão indecente" pela *das Ding*, a coisa atroz-obscena.[15] Por trás do Bem, existe

---

[15] LACAN, Jacques. *O seminário, livro 7: A ética da psicanalise, 1959-1960*. Tradução de Antônio Quinet. Rio de Janeiro: Jorge Zahar, 2008, p. 141-155. (N.O.)

um Mal radical; o Bem Supremo é o outro nome para o Mal que não tem um status particular, "patológico". Na medida em que nos obsidia de maneira indecente e obscena, a *das Ding* possibilita que desatemos os nós, que nos libertemos de nosso apego "patológico" aos objetos particulares e terrenos. O "Bem" é a única maneira de manter a distância dessa Coisa má, uma distância que a torna suportável.

Isso é o que Kant não entende, ao contrário da literatura *kitsch* do nosso século: esse outro lado, o lado obsceno do Dever. E é por isso que só lhe foi possível evocar o conceito de *das Ding* em sua forma negativa, como uma (im)possibilidade absurda – em seu tratado sobre as grandiosidades negativas, por exemplo, a propósito da diferença entre contradição lógica e oposição real. A contradição é uma relação lógica que não tem existência real, enquanto, na oposição real, os dois polos são igualmente positivos. Em outras palavras, sua relação não é entre algo e sua falta, mas sim entre dois dados positivos que constituem a oposição. Por exemplo – um caso que não é de modo algum acidental, uma vez que mostra exatamente em que nível estamos, o nível do contentamento, o princípio de prazer –, contentamento e dor: "Não estão um para o outro como ganho e falta (+ e 0), mas como ganho e perda (+ e -), isto é, um não é oposto ao outro meramente como *contraditório (contradictorie s. logice oppositum)*, mas também como *contrário (contrarie s. realiter oppositum)*".[16] Contentamento e dor, portanto, são como polos de uma oposição real, fatos positivos em si mesmos. Um é negativo apenas em relação ao outro, enquanto Bem e Mal são contraditórios, sendo seu *rapport* o de + e 0. É por isso que o Mal não é uma entidade positiva. Ele é apenas a falta, a ausência do Bem. Seria um absurdo tomar o polo negativo de uma contradição como algo positivo, portanto, "pensar num tipo particular de objeto e chamá-lo de coisas negativas". Além disso, a *das Ding*, em sua conceituação lacaniana, é precisamente essa coisa negativa, uma Coisa paradoxal que é apenas a positivação de uma falta, de um buraco no Outro simbólico. A *das Ding* como o "Mal encarnado", na verdade, é um objeto irredutível no nível do princípio de prazer, da oposição entre prazer e dor. Em outras palavras, é um objeto "não patológico" no sentido estrito, também o paradoxo impensável do passo "crítico" para Kant, razão pela qual ele deve ser interpretado junto "com Sade".

---

[16] KANT, Immanuel. *Antropologia de um ponto de vista pragmático*. Tradução de Clélia Aparecida Martins. São Paulo: Iluminuras, 2006, § 60, p. 127.

5. O "objeto totalitário"

Aqui está nossa tese fundamental: o advento do "totalitarismo" contemporâneo introduz um corte decisivo nessa conjuntura clássica, digamos assim, um corte que corresponde precisamente à passagem de Kant a Sade. No "totalitarismo", esse agente-instrumento ilegal da lei, o executor sadeano, não está mais oculto. Ele *aparece como tal* – por exemplo, na forma do Partido, como agente-instrumento da vontade histórica. O Partido Stalinista é literalmente um executor de grandes criações: executor da criação do comunismo, a maior de todas as criações. Esse é o significado da famosa proposição de Stalin: "Nós somos comunistas, somos de um tipo diferente. Somos esculpidos de um material diferente". Esse "material diferente" (a matéria ideal, poderíamos dizer) é precisamente a encarnação, a aparição do *objet*. Aqui, devemos voltar à definição lacaniana da estrutura da perversão como efeito inventado da fantasia. É o sujeito que determina a si mesmo como objeto, em seu encontro com a divisão da subjetividade.[17]

A fórmula da fantasia é escrita como $\$ \lozenge a$. Em outras palavras, o sujeito barrado se divide em seu encontro com o objeto-causa de seu desejo. O sádico inverte essa estrutura, que dá: $a \lozenge \$$. De certo modo, ele evita essa divisão ocupando o lugar do próprio objeto, do agente-executor diante de sua vítima, o sujeito dividido-histerizado: por exemplo, o stalinista diante do "traidor", o pequeno-burguês histérico que não quer renunciar completamente a sua subjetividade, que continua a "desejar em vão" (Lacan). Na mesma passagem, Lacan retorna a seu "Kant com Sade" para recordar que "o sádico ocupa ele próprio o lugar do objeto, mas sem saber disto, em benefício de um outro, pelo gozo do qual ele exerce sua ação de perverso sádico".[18]

O Outro do "totalitarismo" – por exemplo, a "necessidade invisível de leis do desenvolvimento histórico" a que se refere a figura sadeana do grande Outro, pela qual o executor stalinista pratica seu ato – seria, então, concebido como uma nova versão do "ser-supremo-em-maldade".[19] É essa objetificação-instrumentação radical de sua própria posição subjetiva que

---

[17] LACAN, Jacques. *O seminário, livro 11: Os quatro conceitos fundamentais da psicanálise.* Tradução de M. D. Magno. 2. ed. Rio de Janeiro: Zahar, 1985, p. 175.

[18] LACAN. *O seminário, livro 11*, p. 175.

[19] LACAN. Kant com Sade, p. 784. Ver também o capítulo 3 deste volume, "O mais sublime dos histéricos", p. 43-60. (N.O.)

confere ao stalinista, para além de sua aparência enganosa de desprendimento cínico, sua convicção inabalável de apenas ser o instrumento de produção da necessidade histórica. Por conseguinte, o Partido Stalinista, esse "sujeito histórico", é o exato oposto de um sujeito. Devemos procurar o traço distintivo do "sujeito totalitário" precisamente nessa recusa radical da subjetividade no sentido do $, o sujeito histérico-burguês, por meio da instrumentalização radical do sujeito em relação ao Outro. Ao se tornar o instrumento transparente da Vontade do Outro, o sujeito tenta evitar sua divisão constitutiva, pela qual ele paga através da alienação total de seu gozo. Se o advento do sujeito burguês é definido por seu direito ao gozo livre, o sujeito "totalitário" mostra sua liberdade como pertencente ao Outro, o "ser-supremo-em-maldade".

Podemos, portanto, conceituar a diferença entre o Mestre pré-liberal clássico e o Líder totalitário como a diferença entre S_1 e *objeto pequeno a*. A autoridade do Mestre clássico é a de um certo S_1, um significante-sem-significado, um significante autorreferencial que encarna a função performativa do mundo. O "liberalismo" do Esclarecimento quer prescindir dessa instância da autoridade "irracional". Seu projeto é de uma autoridade fundada inteiramente no "*savoir(-faire)*". Nesse quadro, o Mestre reaparece como Líder totalitário. Excluído como S_1, ele assume a forma da encarnação-objeto de um S_1 (por exemplo, o "conhecimento objetivo das leis da história"), instrumento da Vontade superegoica que assume para si a "responsabilidade" de produzir a necessidade histórica em sua crueldade canibalesca. A fórmula, o matema do "sujeito totalitário", seria S_2/a, o semblante de um conhecimento "objetivo" neutro, sob o qual vai se esconder o agente-objeto obsceno de uma Vontade superegoica.

6. O rei e sua burocracia

Hegel provavelmente foi o último pensador clássico a desenvolver, em sua *Filosofia do direito*, a função necessária de um ponto simbólico puramente formal, de uma autoridade "irracional" e infundada. A monarquia constitucional é um Todo racional, e em sua cabeça há um momento estritamente "irracional": a pessoa do monarca. Essencial, aqui, é o abismo irredutível entre o Todo racional organicamente articulado da constituição do Estado e a "irracionalidade" da pessoa que encarna o Poder supremo, pelo qual o Poder recebe a forma da subjetividade. À repriminda de que o destino do Estado é abandonado aqui à eventualidade da disposição psíquica do monarca (a sua sabedoria, honestidade, coragem, etc.), Hegel responde:

> Mas tal objeção se baseia no pressuposto nugativo de que tudo depende do caráter particular do monarca. Em um Estado completamente organizado, trata-se apenas do ponto de culminação da decisão formal, e tudo que se exige de um monarca é que diga "sim" e coloque o pingo no "i", porque o trono deveria ser tal que o significativo no seu detentor não tenha significado [...]. Em uma monarquia bem organizada, o aspecto objetivo pertence apenas à lei, e o papel do monarca é simplesmente acrescentar a ela seu subjetivo "Eu farei".[20]

A natureza do ato do monarca, portanto, é completamente formal. O quadro de suas decisões é determinado pela constituição. O conteúdo concreto de suas decisões é proposto para ele por seus conselheiros especialistas, de modo que muitas vezes a única coisa que ele tem a fazer é assinar seu nome. "Mas esse *nome* é importante: é a instância máxima e *non plus ultra*."[21]

De fato, esse exemplo contém tudo. O monarca é o significante "puro", o significante-mestre "sem significado". Sua "realidade" inteira (e autoridade) está no nome, e é por isso que sua "efetividade na realidade" é arbitrária; ela pode ser abandonada à contingência biológica da hereditariedade. O monarca é o Um que – como a exceção, o ápice "irracional" da massa amorfa ("não-toda") do povo – concretiza a totalidade dos costumes. Com sua existência como significante "puro", ele constitui o Todo em sua "articulação orgânica" (*organische Gliederung*). Ele é o suplemento "irracional" como condição da Totalidade racional, o significante "puro" sem significado como condição do Todo orgânico do significante-significado:

> O povo, tomado sem seu monarca e sem a articulação do todo que se conecta precisamente, assim, a ele de maneira necessária e imediata,

---

[20] HEGEL, G. W. F. *Elements of the Philosophy of Right*. Organizado por Allen W. Wood. Tradução para o inglês de H. B. Nisbet. Cambridge: Cambridge University Press, 1991, p. 322-323. [A edição usada por Žižek contém adendos escritos por H. G. Hotho, um dos pupilos de Hegel e organizador de obras póstumas. As traduções brasileiras consultadas (publicadas pela Martins fontes e pela Unisinos/Loyola) não foram feitas a partir das edições comentadas. O trecho em questão é um adendo ao § 280. (N.T.)]

[21] HEGEL. *Elements of the Philosophy of Right*.

é a massa informe que não é mais nenhum Estado e à qual não compete mais nenhuma das determinações que estão presentes no todo formado dentro de si, – soberania, governo, tribunais, autoridade, estamentos e o que quer que seja.[22]

Aqui, a aposta hegeliana é muito mais ambígua, até mesmo mais cínica, do que pensávamos. Sua conclusão é quase esta: se o Mestre é indispensável dentro da política, não devemos condescender ao raciocínio do bom senso que nos diz "que ele deve ser pelo menos o mais capaz, sábio, corajoso". Devemos, ao contrário, manter o máximo possível da distância entre as legitimações simbólicas e as habilidades "reais", localizar a função do Mestre num ponto rejeitado do Todo, onde realmente não importa se ele é mudo. Em outras palavras, Hegel diz a mesma coisa que Lacan em *O seminário, livro 17*.[23] A lacuna entre a burocracia do Estado e o monarca corresponde à lacuna entre a bateria do "saber" (S_2, o *savoir-faire* burocrático) e o *point de capiton* (S_1, o significante-mestre "unário") que "estofa" [*capitonne*] seu discurso, que o "totaliza" de fora, que toma para si o momento de "decisão" e confere a esse discurso a dimensão "performativa". Nossa única chance, portanto, é isolar o máximo possível o S_1 para fazer dele o ponto vazio da "decisão" formal sem nenhum peso concreto; em outras palavras, manter a máxima distância entre S_1 e o registro das "qualificações", que é o do "*savoir(-faire)*" burocrático. Se esse ponto de exceção falha, o saber burocrático "se torna mal". A "neutralidade" própria do saber, na falta do estofamento [*capitonnage*], parece ser "má". Sua própria "indiferença" provoca no sujeito o efeito de um imperativo superegoico. Em outras palavras, chegamos ao reino da burocracia "totalitária".

É decisivo, por conseguinte, não confundir a autoridade "irracional" da monarquia pré-liberal com a do regime "totalitário" pós-liberal. A primeira é baseada na lacuna de S_1 em relação a S_2, enquanto o "totalitarismo" surge precisamente do discurso burocrático *non-capitonne* de S_2 sem S_1. A diferença aparece melhor quando consideramos a justificação da obediência. O líder "totalitário" exige a submissão em nome de suas supostas capacidades "efetivas", sua sabedoria, sua coragem, sua adesão

---

[22] HEGEL, G. W. F. *Linhas fundamentais da filosofia do direito, ou, direito natural e ciência do estado em compêndio*. Tradução de Paulo Meneses *et al.* São Leopoldo, RS: Editora Unisinos, 2010, § 279, p. 264.

[23] LACAN. *O seminário, livro 17*, p. 18-19, 40-48. (N.O.)

à Causa, etc., ao passo que se uma pessoa diz "eu obedeço ao rei porque ele é sábio e justo", já se trata de um *crime de lesa-majestade*. A única justificativa apropriada para isso é a tautologia: "eu obedeço ao rei porque ele é o rei". Kierkegaard desenvolveu essa questão em uma passagem magnífica que se alonga, em um arco estendido, da autoridade divina, passa pela autoridade secular suprema (o rei) até chegar à autoridade escolar e familiar (o pai):

> Perguntar se Cristo é profundo é tanto blasfêmia quanto uma tentativa de o aniquilar (seja consciente ou inconscientemente), pois na pergunta está contida uma dúvida sobre sua autoridade. [...] Perguntar se o rei é um gênio, com a implicação de que, nesse caso, ele deve ser obedecido, é realmente uma *lesa-majestade*, pois a pergunta contém uma dúvida sobre sua autoridade. Estar disposto a obedecer a um conselho só se ele for capaz de dizer coisas sagazes é, no fundo, fazer o conselho de bobo. Honrar um pai porque ele é um sujeito distinto é impiedade.[24]

Horkheimer, que cita esse trecho em "Authority and the Family", vê nessas palavras uma indicação da passagem do princípio liberal-burguês de "autoridade racional" para o princípio pós-liberal "totalitário" de autoridade "irracional" e incondicional. Em contraposição a essa leitura, devemos insistir na lacuna entre autoridade simbólica e capacidades "efetivas" que, por si só, mantêm aberto o espaço não "totalitário". Em outras palavras, Kierkegaard se move aqui no terreno da argumentação hegeliana pré-liberal, enquanto o "totalitarismo" pós-liberal deve ser visto como um efeito da reversão interior do próprio "liberalismo". Em outras palavras: quando e em que condições a burocracia do Estado se torna "totalitária"? Não quando S_1, o ponto da autoridade "irracional", exerceria uma pressão "forte demais", excessiva, sobre o *savoir(-faire)* burocrático, mas sim, ao contrário, quando seu ponto "unário" que "estofa" e "totaliza" de fora o campo do S_2 fracassa. Aqui, o "saber" burocrático "fica louco": ele opera "por si só", sem referência a um ponto descentrado que lhe conferiria uma dimensão "performativa". Numa palavra, ele começa a funcionar como superego.

---

[24] KIERKEGAARD, Søren. *On Authority and Revelation*, citado em HORKHEIMER, Max. Authority and the Family. In: *Critical Theory: Selected Essays*. Tradução para o inglês de M. J. O'Connell *et al*. New York: Herder and Herder, 1972, p. 103-104.

7. "A neutralidade enganadora" da burocracia

Quando o próprio conhecimento assume o momento da "autoridade" (isto é, convocação, comando, imperativo), produz-se um curto-circuito entre o campo "neutro" do conhecimento e a dimensão "performativa". Longe de se limitar a um tipo de declaração "neutra" da objetividade dada, o discurso "se torna mal" e começa a se comportar de maneira "performativa" perante o dado dos próprios fatos. Mais precisamente, ele oculta sua "força performativa" sob a forma de "conhecimento objetivo", da "declaração" neutra dos "fatos". O exemplo que vem à mente de imediato é o do discurso burocrático stalinista, o suposto "conhecimento das leis objetivas" como legitimação suprema de suas decisões: um verdadeiro "conhecimento incontrolado" capaz de "fundar" qualquer decisão conforme o fato. E é o sujeito, é claro, que paga por esse "curto circuito" entre S_1 e S_2. Em um caso "puro", o acusado, por meio de julgamentos políticos grandiosos, encontra-se confrontado por uma escolha impossível. A confissão que exigem dele conflita obviamente com a "realidade" dos fatos, uma vez que o Partido lhe pede para se declarar culpado de "falsas acusações". Além disso, essa demanda do Partido funciona como imperativo superegoico, o que significa que constitui a "realidade" simbólica do sujeito. Lacan insistiu muitas vezes nesse elo entre o Supereu e o suposto "sentimento de realidade": "Quando o sentimento de estranheza se manifesta em alguma parte, nunca é do lado do superego – é sempre o eu que não se reconhece mais".[25]

Com isso, ele não está dando uma resposta à pergunta: de onde vem a confissão nos julgamentos stalinistas? Como não havia uma "realidade" para o acusado fora do Supereu do Partido, fora de seu imperativo obsceno e maldoso – sendo a única alternativa a esse imperativo superegoico o vazio de uma realidade abominável –, a confissão exigida pelo Partido era, na verdade, a única maneira de o acusado evitar a "perda da realidade". As "confissões" stalinistas devem ser concebidas como consequência extrema que decorre do curto-circuito "totalitário" entre S_1 e S_2. Em outras palavras, do modo como o próprio S_1 assume para si a dimensão "performativa", podemos dizer que estamos lidando com uma variante "louca" da própria "performatividade" do discurso. A ação significante

---

[25] LACAN. *O seminário, livro 3*, p. 313.

pode de fato "mudar a realidade", a saber, a realidade simbólica, transformando retroativamente a rede significante que determina o significado simbólico dos "fatos". Mas aqui, a ação significante "incorre no Real", como se a linguagem pudesse mudar os fatos extralinguísticos em sua própria "solidez" real.

O fato fundamental do advento do "totalitarismo" consistiria, portanto, na Lei social que começa a funcionar como Supereu. Aqui, ele não é mais o que "proíbe" e, com base nessa proibição, abre, apoia e garante o campo da coexistência dos sujeitos burgueses "livres", o campo de seus prazeres diversos. Ao se tornar "louco", ele começa imediatamente a comandar o gozo: o ponto de virada em que a permitida liberdade de gozar se reverte em gozo obrigatório, o que, devo acrescentar, é a maneira mais eficaz de impedir o acesso do sujeito ao gozo. Encontramos na obra de Kafka uma representação perfeita da burocracia sob o domínio de uma lei obscena, cruel, "louca", uma lei que inflige o gozo de imediato – em suma, o Supereu:

> Pertenço pois ao tribunal – disse o sacerdote. – Por que deveria querer alguma coisa de você? O tribunal não quer nada de você. Ele o acolhe quando você vem e o deixa quando você vai.[26]

Como não reconhecer nesse trecho da entrevista entre Josef K. e o padre, que finaliza o capítulo 9 de *O processo*, a "neutralidade enganadora" do Supereu? O ponto de partida de seus dois maiores romances, *O processo* e *O castelo*, já é o chamado de uma instância superior (a Lei, o Castelo) ao sujeito – afinal, não estamos lidando com uma lei que "viesse a ordenar 'Goza' [*Jouis!*], o sujeito só poderia responder a isso com um 'Ouço' [*J'ouïs*], onde o gozo não seria mais do que subentendido"?[27] A "má compreensão", a "confusão" do sujeito que enfrenta essa instância, não se deve precisamente ao fato de ele não entender o imperativo do gozo que aqui ressoa e transpira por todos os poros de sua superfície "neutra"? Quando Josef K. olha os livros dos juízes na câmara vazia, ele descobre um "quadro indecente" em *O processo*. "Um homem e uma mulher estavam sentados nus num canapé; a intenção vulgar do desenhista era

---

[26] KAFKA, Franz. *O processo*. Tradução e posfácio de Modesto Carone. São Paulo: Companhia das Letras, 2005, p. 190, 233.

[27] LACAN, Jacques. Subversão do sujeito e dialética do desejo no inconsciente freudiano. In: *Escritos*, p. 836. (N.O.)

claramente discernível".[28] Esse é o Supereu: uma "indiferença" solene, em parte impregnada de obscenidades.

É por isso que, para Kafka, a burocracia "está mais próxima da natureza humana original do que qualquer outra instituição social" (carta a Oskar Baum, junho de 1922): o que é essa "natureza humana original" senão o fato de o homem ser, desde o início, um *parlêtre* [falasser]"?[29] E o que é esse Supereu – o modo de funcionamento do conhecimento burocrático – senão, de acordo com Jacques-Alain Miller, o que "se presentifica" sob a pura forma do significante como causa da divisão do sujeito? – em outras palavras, a intervenção da ordem-significante sob seu aspecto caótico e sem sentido.

8. Pós-modernismo I: Antonioni *versus* Hitchcock

Essa referência a Kafka não é acidental. De certo modo, Kafka foi o primeiro pós-modernista. E é precisamente o pós-modernismo que, no campo da arte, encarna os limites da abordagem semiótica e "textual" característica do modernismo.

O "pós-modernismo" é um tema com discussões teóricas da Alemanha aos Estados Unidos, com o efeito bem surpreendente de evocar uma problemática totalmente incompatível nos diferentes países. Na Alemanha, por "pós-modernismo" entende-se a desvalorização da Razão universal, da tradição "moderna" do Esclarecimento, na corrente que começa com Nietzsche, e cujo fruto mais recente seria o "pós-estruturalismo" francês de Foucault, Deleuze, etc. (ver os muitos textos de Habermas). Nos Estados Unidos, designa particularmente a fase estética que sucede o fim da vanguarda modernista: em outras palavras, as diferentes formas dos movimentos "retrôs". Em toda essa diversidade, existe, no entanto, a mesma matriz. Concebe-se o "pós-modernismo" como uma reação ao "intelectualismo" modernista, como um retorno da metonímia do movimento interpretativo à plenitude da Coisa em si, à instilação na experiência vital, à riqueza barroca da *Erlebnis* diante da suposta "prisão da linguagem".

---

[28] KAFKA. *O processo*, p. 48, 233.

[29] *Parlêtre* é um neologismo criado por Lacan a partir de *parler* ("falar") e *être* ("ser"), comumente vertido para o português como "falasser" e para o inglês como "*speaking-being*". (N.T.)

Eis a nossa tese. É apenas a passagem lacaniana do significante para o objeto, "do sintoma para a fantasia" (Jacques-Alain Miller), que possibilita remover o advento do pós-modernismo do campo de uma ideologia da autenticidade, da instilação, etc. O pós-modernismo marca, no meio do espaço modernista, o advento da linguagem e de seu auto-movimento interpretativo ao infinito de um núcleo "duro", da inércia de um Real não simbolizável. Lacan nos permite ver esse lugar fora do simbólico como um vazio aberto pelo buraco no Outro simbólico. O objeto inerte é sempre a presentificação, o preenchimento do buraco em torno do qual a ordem simbólica se articula, do buraco constituído retroativamente por sua própria ordem, e de modo nenhum um fato "pré-linguístico".

Vamos começar com *Blow-Up: depois daquele beijo* (1966), de Antonioni, talvez o último grande filme modernista. Quando o herói (o fotógrafo) revela as fotografias de um parque no laboratório, uma mancha no meio dos arbustos, na lateral de uma fotografia, chama sua atenção. Ele amplia o detalhe e descobrimos lá os contornos de um corpo. Imediatamente, no meio da noite, ele volta para o parque e encontra o corpo. Mas, no dia seguinte, quando volta para ver a cena do crime novamente, o corpo tinha desaparecido sem deixar rastro nenhum. É inútil destacar o fato de que o corpo é, segundo o código dos romances de detetive, o objeto de desejo por excelência, a causa que inicia o desejo interpretativo. A chave do filme nos é dada, no entanto, pela cena final. O herói, conformado com o beco sem saída onde sua investigação terminou, passa perto de uma quadra de tênis onde um grupo de hippies finge jogar tênis (sem bola, eles simulam raquetadas, correm e pulam, etc.). No enquadramento do suposto jogo, a bola imaginada atravessa a cerca da quadra e cai perto do herói. Ele hesita um instante, depois aceita o jogo. Ele se inclina, faz o gesto de apanhar a bola e a joga de volta para a quadra... Essa cena, é claro, tem uma função metafórica em relação a todo o filme. Ela sensibiliza o herói a consentir com o fato de que "o jogo funciona sem objeto". Os hippies não precisam de uma bola para o jogo, assim como na aventura dele, em que tudo funciona sem um corpo.

O modo "pós-modernista" é o exato oposto desse processo. Ele consiste não em mostrar o jogo que também funciona sem um objeto e que é posto em movimento por um vazio central, mas sim em mos-trar imediatamente o objeto, tornando visível o caráter indiferente e arbitrário do objeto em si. O mesmo objeto pode funcionar ao mesmo tempo como uma merda asquerosa e como uma aparição sublime, carismática. A diferença é estritamente estrutural. Ela não está ligada às "propriedades efetivas" do objeto, mas apenas a seu lugar, a seu laço com uma identificação simbólica (I).[30] Podemos ver essa diferença entre o modernismo e o pós-modernismo fazendo uma referência ao terror nos filmes de Hitchcock. De início, parece que Hitchcock simplesmente respeita a regra clássica (já conhecida por Ésquilo na *Oréstia*), segundo a qual devemos colocar o acontecimento aterrorizante fora da cena e só mostrar seus reflexos e seus efeitos no palco. Se não o vemos diretamente, o terror cresce à medida que o vazio de sua ausência é preenchido por projeções fantasmáticas ("nós o vemos como mais aterrorizante do que ele realmente é..."). O processo mais simples de despertar o terror seria, então, limitar-nos aos reflexos do objeto aterrorizante sobre suas testemunhas ou vítimas. Por exemplo, o terror só é visível pelo rosto apavorado das vítimas na tela.

Hitchcock, no entanto, quando está "cumprindo seu dever", inverte esse processo tradicional. Citemos um pequeno detalhe de *Um barco e nove destinos* (1944), a cena em que o grupo de náufragos recebe no bote um marinheiro alemão que estivera num submarino destruído: a surpresa dos náufragos quando descobrem que a pessoa que salvaram é um inimigo. O modo tradicional de retratar essa cena seria nos deixar ouvir os gritos de ajuda, mostrar as mãos de uma pessoa se segurando na lateral do bote, e depois, em vez de mostrar o marinheiro alemão, o foco da câmera seria nos sobreviventes do naufrágio. É a expressão perplexa de seus rostos que deve nos mostrar que eles tiraram da água algo inesperado. O quê? Naquele momento, quando já se criou o suspense, a câmera pode finalmente nos mostrar o marinheiro alemão. Mas Hitchcock faz exatamente o oposto desse processo tradicional: ele não mostra os sobreviventes do naufrágio; em vez disso, retrata o marinheiro alemão subindo a bordo e dizendo, com um sorriso amigável, *"Danke schön!"* Depois, ele não mostra o rosto surpreso dos sobreviventes. A câmera continua no alemão. Nós só podemos detectar se sua aparição provocou um efeito aterrorizante pela sua reação à reação dos sobreviventes: seu sorriso desaparece, seu olhar se desorienta.

---

[30] Žižek desenvolve essa linha de raciocínio detalhadamente em seu *O absoluto frágil, ou Por que vale a pena lutar pelo legado cristão?* Tradução de Rogério Bettoni. São Paulo: Boitempo, 2015, p. 43-66. (N.O.)

Isso confirma o que Pascal Bonitzer disse ser o lado proustiano de Hitchcock[31]: esse procedimento hitchcockiano corresponde exatamente ao de Proust em *Um amor de Swann*. Quando Odette confessa a Swann suas aventuras lésbicas, Proust descreve apenas Odette. Se sua história tem um efeito aterrorizante sobre Swann, Proust o apresenta apenas pelo tom modificado da narrativa quando ela observa seu efeito desastroso. Mostra-se um objeto ou uma atividade que é apresentada como uma coisa comum, cotidiana, mas, de repente, pelas reações do ambiente desse objeto refletidas sobre o próprio objeto, percebemos que se está confrontando um objeto apavorante, fonte de um terror inexplicável. O terror é intensificado pelo fato de esse objeto, segundo sua aparência, ser completamente ordinário. O que percebemos apenas um momento antes como uma coisa totalmente comum é revelado como Mal encarnado.

9. Pós-modernismo II: Joyce *versus* Kafka

Esse procedimento pós-modernista é muito mais subversivo do que o procedimento modernista comum, porque este, não representando a Coisa, deixa aberta a possibilidade de apreender esse vazio central a partir de dentro da perspectiva teológica do "Deus ausente". Se a lição modernista é que a estrutura, a máquina intersubjetiva, trabalharia bem do mesmo jeito se a Coisa estivesse ausente, se a máquina se voltasse para um vazio, a inversão pós-modernista mostra a própria Coisa como vazio encarnado e positivado, representando o objeto aterrorizante de maneira direta e depois revelando o efeito assustador como simples efeito de seu lugar dentro da estrutura. O objeto aterrorizante é um objeto cotidiano que começa a funcionar, por acaso, como ocupante do buraco no Outro. O protótipo da obra modernista, portanto, seria *Esperando Godot*. Toda a atividade fútil e sem sentido acontece enquanto se espera a chegada de Godot, quando finalmente "algo aconteceria". Mas sabemos muito bem que "Godot" pode nunca chegar. Qual seria o modo "pós-modernista" de reescrever a mesma história? Ao contrário, teríamos de representar diretamente o próprio Godot: um sujeito mudo que nos ridiculariza, um sujeito que, em outras palavras, é exatamente como nós, que vive uma vida fútil cheia de tédio e de prazeres tolos – a única diferença é

---

[31] BONITZER, Pascal. Longs feux. *L'âne*, n. 16, 1984. (N.O.)

que, por acaso, sem saber ele mesmo disso, ele se encontra ocupando o lugar da Coisa. Ele começa a encarnar a Coisa cuja chegada é esperada.

Existe um filme de Fritz Lang, menos conhecido, chamado *O segredo da porta fechada* (1947), que também representa e forma pura (poderíamos até dizer destilada) essa lógica do objeto cotidiano encontrado no lugar de *das Ding*. Celia Barrett, uma jovem comerciante, viaja para o México, depois da morte do irmão, onde conhece Mark Lamphere. Ela se casa e se muda com ele para Lavender Falls. Algum tempo depois, o casal recebe em casa os amigos íntimos de Mark e ele lhes mostra sua galeria de cômodos históricos que tinham sido reconstruídos em sua própria casa, mas proíbe o acesso ao Quatro 7, que está trancado. Fascinada pela restrição a esse quarto, Celia consegue uma chave e entra nele. É a réplica exata do quarto dela. As coisas mais familiares ganham a dimensão de uma estranheza inquietante por causa do fato de ela se encontrar num lugar deslocado, um lugar que "não é certo". E o efeito de emoção resulta exatamente desse caráter familiar e doméstico do que se encontra nesse lugar proibido da Coisa. Essa é a ilustração perfeita da ambiguidade fundamental da ideia freudiana de *das Unheimliche*.

A partir dessa problemática, podemos também tratar o tema principal dos romances policiais "durões": que a mulher fatal é um "objeto mau" por excelência, o objeto que devora homens, que deixa vidas destroçadas como traço de sua presença. Nos melhores romances do gênero, acontece certa reversão quando a mulher fatal, enquanto "objeto mau", é subjetivada. Primeiro ela é apresentada como objeto aterrorizante, devorador, explorador. Mas quando, de repente, somos colocados na perspectiva dela, descobrimos que ela não passa de uma criatura fraca e destroçada, que não tem controle dos seus efeitos sobre o meio (masculino), que, principalmente quando pensa que "controla o jogo", é tão vítima quanto suas próprias vítimas. O que lhe dá o poder de fascinação como mulher fatal é exclusivamente seu lugar na fantasia masculina. Ela está apenas "controlando o jogo" como objeto da fantasia masculina. A lição teórica que aprendemos disso é que a subjetivação coincide com a experiência da nossa própria impotência, da nossa própria posição como a de uma vítima do destino. É o momento identificado por Adorno em seu magnífico texto sobre *Carmen* (em *Quasi una fantasia*), a respeito da melodia sobre a "implacável carta" de tarô no terceiro ato, o ponto nodal de toda a ópera, em que Carmen, objeto mau-fatal, é subjetivada, é sentida como vítima de seu próprio jogo.

É assim que devemos entender a bela frase adorniana sobre a "passividade original do sujeito". Devemos interpretá-la literalmente. Em outras palavras, não lidamos com o fato de que o sujeito – centro e origem da atividade – da reconstrução e apropriação do mundo deveria, de alguma maneira, reconhecer seu próprio limite, sua própria subordinação ao mundo objetivo. Ao contrário, devemos afirmar certa passividade como dimensão original da própria subjetividade. A estrutura dessa passividade nos é dada pela fórmula lacaniana da fantasia, $ \lozenge a$. O fascínio do sujeito diante de *das Ding*, diante da "Coisa má" que ocupa o buraco da mulher fatal, vem do fato de ela mesma ser esse objeto em relação ao qual ela sente sua passividade original.

No entanto, para perceber a correlação sociopolítica dessa passagem do modernismo ao pós-modernismo, devemos suspender essa série de variações. O advento do que chamamos de sociedade pós-industrial, onde mudam todas as coordenadas da arte, incluindo o status da própria arte. A obra de arte modernista perde seu "terá"[32] [sua *aura*].[33] Ela funciona como refugo sem carisma, na medida em que o mundo "cotidiano" do comércio se torna em si "semelhante-a-terá" [*aurático*] (publicidade, etc.). A obra pós-modernista readquire o "terá". Além do mais, isso acontece à custa de uma renúncia radical, contrária à utopia modernista ("fusão de arte e vida") detectável inclusive em seus projetos mais "elitistas". O pós-modernismo reafirma a arte como instituição social, a distância irredutível entre arte e vida "cotidiana". Somos tentados a conceber o pós-modernismo como um dos fenômenos da mudança ideológica global, que inclui o fim dos grandes projetos escatológicos. Como tal, ele é, ao mesmo tempo, pós-marxista.

Essa oposição entre modernismo e pós-modernismo, no entanto, está longe de se reduzir a uma simples diacronia. Nós já a vemos formulada no início do século XX na oposição entre Joyce e Kafka. Se Joyce é o modernista por excelência, o escritor do sintoma (Lacan), do delírio interpretativo levado ao infinito, do tempo (de interpretar) quando cada momento estável

---

[32] Žižek faz aqui um paralelo de "aura", em Walter Benjamin, com "*aura*", terceira pessoa do futuro do indicativo do verbo "ter" em francês, "*avoir*". Nesse sentido, diz que a obra de arte perde o seu "*will have*". (N.T.)

[33] BENJAMIN, Walter. A obra de arte na era de sua reprodutibilidade técnica. In: *Magia e técnica, arte e política*. Tradução de Sérgio Paulo Rouanet. 3. ed. São Paulo: Brasiliense, 1987, p. 168-170.

se revela como apenas um efeito congelante de um processo significante plural, Kafka já é, de certo modo, pós-modernista, a antípoda de Joyce, o escritor da fantasia, do espaço de uma presença dolorosa e inerte. Se o texto de Joyce provoca a interpretação, o de Kafka a bloqueia. O que percebemos erroneamente quando fazemos uma leitura modernista de Kafka é justo essa dimensão de uma presença não dialetizável e inerte, com sua ênfase na instância inacessível, ausente e transcendente (o Castelo, o Tribunal), ocupando o lugar da falta, da ausência como tal. Dessa perspectiva, o segredo de Kafka seria que no coração do maquinário burocrático existe apenas um vazio, o Nada. A burocracia seria uma máquina louca que "trabalha por si só", como o jogo em *Blow-Up* que funciona sem um objeto-corpo. Podemos interpretar essa conjuntura de duas maneiras diferentes, mas que compartilham do mesmo quadro teórico: uma teológica, outra imanentista. Qualquer uma das duas pode assumir o caráter inacessível e transcendente do Centro (do Castelo, do Julgamento) como a marca de um "Deus ausente" – o universo de Kafka como um universo angustiado, abandonado por Deus –, ou pode assumir o vazio dessa transcendência como uma "ilusão de perspectiva", como uma forma de uma aparição invertida da imanência do desejo. A transcendência inacessível, seu vazio, sua falta, é apenas a negativa do suplemento (excesso) do movimento produtivo do desejo sobre seu objeto (Deleuze-Guattari). As duas leituras, embora opostas, deixam escapar o mesmo ponto: como essa ausência, esse lugar vazio é desde sempre preenchido por uma presença inerte, obscena, suja e revoltosa. O Tribunal em *O processo* não está apenas ausente, na verdade ele está presente sob as figuras dos juízes obscenos que, durante os julgamentos noturnos, espiam livros pornográficos. O Castelo, na verdade, está presente sob a figura dos funcionários públicos subservientes, lascivos e corruptos. Aqui, a fórmula do "Deus ausente" em Kafka não funciona em absoluto: ao contrário, o problema de Kafka é que, em seu universo, Deus está presente demais, sob a forma – é claro, de modo nenhum confortante – dos fenômenos obscenos e asquerosos. O universo de Kafka é um mundo em que Deus – que, até esse ponto, mantinha-se numa distância segura – se aproximou demais de nós. Devemos ler as teses dos exegetas, segundo as quais o universo de Kafka seria o da angústia, tendo como base a definição lacaniana de angústia. Estamos perto demais de *das Ding*. Essa é a lição teológica do pós-modernismo. O Deus louco e obsceno, o ser-supremo-em-maldade, é exatamente o mesmo Deus tido como Bem Supremo. A diferença está apenas no fato de estarmos próximos demais d'Ele.

Capítulo 7
Um pelo do cão que te mordeu[1]

Jacques Lacan formula a estrutura dialética elementar da ordem simbólica dizendo que "a fala pode resgatar a dívida que engendra",[2] uma tese em que devemos reconhecer todas suas conotações hegelianas. A dívida, a "ferida" aberta pela ordem simbólica, é um lugar-comum, pelo menos a partir de Hegel: com a entrada na ordem simbólica, nossa imersão na imediatez do real é para sempre perdida, somos obrigados a assumir uma perda irredutível, a palavra implica o assassinato (simbólico) da coisa, etc. Em suma, estamos lidando aqui com o poder negativo-abstrativo que pertence ao que Hegel chamou de *Verstand* (o desmembramento mortificador analítico do que organicamente está unido). Como, então, devemos conceber precisamente a tese de que o *lógos* é capaz de compensar sua própria dívida constitutiva, ou, de modo ainda mais enfático, a tese de que é apenas a própria fala, a própria ferramenta de desintegração, que pode curar a ferida que ela incide no real ("apenas a espada que golpeia pode curar a ferida", como diz Wagner em *Parsifal*)? Seria fácil dar exemplos aqui, e o primeiro deles seria a crise ecológica: se existe uma coisa clara hoje em dia é o fato de o retorno

---

[1] Publicado originalmente em BRACHER, Mark *et al.* (Ed.). *Lacanian Theory of Discourse: Subject, Structure, and Society.* New York: New York University Press, 1994, p. 46-73.

[2] LACAN, Jacques. A coisa freudiana, ou Sentido do retorno a Freud em psicanálise. In: *Escritos.* Tradução de Vera Ribeiro. Rio de Janeiro: Jorge Zahar, 1998, p. 436.

a qualquer tipo de equilíbrio natural ser adiado para sempre; apenas a tecnologia e a ciência podem nos tirar do impasse em que nos colocaram. Continuemos, no entanto, no nível do conceito. De acordo com a *doxa* pós-moderna, a própria ideia de que a ordem simbólica é capaz de saldar sua dívida totalmente resume a ilusão da *Aufhebung* hegeliana: a linguagem nos compensa pela perda da realidade imediata (a substituição de "coisas" por "palavras") com o sentido, que presentifica a essência das coisas, ou seja, em que a realidade é preservada em seu conceito. No entanto – ainda segundo a *doxa* –, o problema consiste no fato de a ordem simbólica ser constitutiva e, como tal, irreparável: o surgimento da ordem simbólica abre uma *lacuna* que nunca pode ser totalmente preenchida pelo sentido; por essa razão, o sentido nunca é "todo"; ele é sempre truncado, marcado por uma mancha de não sentido.

Contudo, contrário à opinião comum, Lacan não segue esse caminho; o modo mais apropriado de seguir sua orientação é tomar como ponto de partida a relação entre "fala vazia" [*parole vide*] e "fala plena" [*parole pleine*]. Nesse ponto, encontramos de imediato um dos equívocos de interpretação comuns da teoria lacaniana: via de regra, a fala vazia é tida como um falatório vazio e inautêntico em que a posição subjetiva de enunciação do falante não é revelada, ao passo que, na fala plena, espera-se que o sujeito expresse sua posição existencial autêntica de enunciação; a relação entre a fala vazia e a fala plena, por conseguinte, é concebida como homóloga à dualidade entre "sujeito do enunciado" e "sujeito da enunciação". Tal leitura, no entanto (mesmo que não deprecie absolutamente a fala vazia, mas a conceba também como "livres associações" no processo psicanalítico, isto é, como uma fala esvaziada de identificações imaginárias), não compreende em nada o argumento de Lacan, que é esclarecido no momento em que levamos em conta o fato crucial de que, para Lacan, o caso exemplar da fala vazia é a senha [*mot-de-passe*]. Como funciona uma senha? Como gesto puro de reconhecimento, de admissão em determinado espaço simbólico, cujo conteúdo enunciado é totalmente irrelevante. Se, digamos, eu combino com um colega gângster que a senha que me dá acesso a seu esconderijo é "Minha tia fez torta de maçã", ela pode facilmente ser modificada para "Vida longa ao camarada Stalin!", ou qualquer outra coisa. Nisso consiste o "vazio" da fala vazia: nessa nulidade final de seu conteúdo enunciado. O argumento de Lacan é que a fala humana, em sua dimensão fundamental mais radical, funciona como senha: antes de ser um meio de comunicação, de transmitir o conteúdo significado, a fala é o meio de reconhecimento mútuo dos falantes. Em outras palavras, é precisamente a senha *enquanto* fala vazia que reduz o sujeito à pontualidade do "sujeito da enunciação": nela, ele está presente *enquanto* ponto simbólico puro, livre de todo conteúdo enunciado. Por essa razão, a fala plena jamais deve ser concebida como um simples e imediato preenchimento do vazio que caracteriza a fala vazia (como na oposição comum entre fala "autêntica" e "inautêntica"). Ao contrário, deveríamos dizer que é somente a fala vazia que, por sua própria vacuidade (sua distância do conteúdo enunciado que é postulado nela como totalmente irrelevante), cria o espaço para a "fala plena", para a fala em que o sujeito pode articular sua posição de enunciação. Ou, em hegelês: é apenas o estranhamento radical do sujeito em relação à riqueza substancial imediata que abre espaço para a articulação de seu conteúdo subjetivo. Para postular o conteúdo substancial como "meu", devo primeiro me estabelecer como forma de subjetividade pura e vazia, desprovida de todo conteúdo positivo.

Na medida em que a ferida simbólica é o maior paradigma do Mal, o mesmo vale também para a relação entre o Bem e o Mal: o Mal radical abre o espaço para a fala plena. Obviamente, deparamos-nos aqui com o problema do "Mal radical" articulado pela primeira vez por Kant em *Religião nos limites da simples razão.*[3] Ao conceber a relação Bem-Mal como contrária, como uma "oposição real", Kant é obrigado a aceitar uma hipótese sobre o "Mal radical", sobre a presença, no homem, de uma contraforça positiva à sua tendência ao Bem. A prova final da existência positiva dessa contraforça é o fato de o sujeito experimentar a Lei moral em si mesmo como uma pressão traumática insuportável que humilha sua autoestima e seu amor próprio – portanto, deve haver algo na própria natureza do si-mesmo que resiste à Lei moral, ou seja, que dá preferência às inclinações egoístas e "patológicas" a seguir a Lei moral. Kant enfatiza o caráter *a priori* dessa propensão para o Mal (o momento desenvolvido depois por Schelling): uma vez que sou um ser livre, não posso simplesmente reificar aquilo que em mim resiste ao Bem (dizendo, por exemplo, que faz parte da minha natureza, pela qual não sou responsável). O próprio fato de eu me sentir moralmente responsável pelo meu mal atesta o fato de que, em um ato transcendental atemporal, eu

---

[3] KANT, Immanuel. *Religião nos limites da Simples Razão*. Covilhã: Universidade da Beira Interior, 2008. (N.O.)

tive de escolher livremente meu caráter eterno ao dar preferência ao Mal sobre o Bem. Assim Kant concebe o "Mal radical": como um *a priori*, não apenas uma propensão empírica e contingente da natureza humana para o Mal. No entanto, ao rejeitar a hipótese do "Mal diabólico", Kant recua do maior paradoxo do Mal radical, do domínio estranho daqueles atos que, embora "maus" em seu conteúdo, satisfazem totalmente o critério formal de um ato ético: não são motivados por nenhuma consideração patológica, ou seja, seu único fundamento motivador é o Mal como princípio, e é por isso que podem envolver a ab-rogação radical dos interesses patológicos do sujeito, incluindo o sacrifício de sua vida.

Recordemos *Don Giovanni*, de Mozart: quando, no confronto final com a estátua do Comendador, Don Giovanni se recusa a se arrepender, a renunciar a seu passado pecaminoso, ele realiza algo cuja única designação apropriada é uma postura ética radical. É como se sua tenacidade, de um modo trocista, invertesse o próprio exemplo que Kant dá em *Crítica da razão prática*, em que o libertino está preparadíssimo para renunciar à satisfação de sua paixão tão logo descobre que o preço a ser pago por ela é a forca[4]: Don Giovanni persiste em sua atitude libertina mesmo depois de saber muito bem que o que o espera é *somente* a forca, e nenhuma de suas satisfações. Ou seja, do ponto de vista dos interesses patológicos, a ação a tomar deveria ser acompanhar o gesto formal da penitência: Don Giovanni sabe que a morte está próxima, tanto que, ao reparar seus feitos, ele não vai perder nada, só ganhar (isto é, salvar-se das tormentas póstumas), e mesmo assim, "por princípio", ele escolhe persistir na posição desafiadora do libertino. Como podemos evitar a experiência do irredutível "Não!" de Don Giovanni para a estátua, esse morto-vivo, como modelo de uma atitude *ética* intransigente, apesar de seu conteúdo "mau"?

Se aceitamos a possibilidade de um ato ético "mau" como esse, não é suficiente conceber o Mal radical como algo que pertence à própria noção de subjetividade no mesmo nível que uma disposição para o Bem; somos compelidos a dar um passo adiante e a conceber o Mal radical como algo que precede ontologicamente o Bem, abrindo um espaço para ele. Isso equivale a perguntar: no que consiste precisamente o Mal? O Mal é outro nome para a "pulsão de morte", para a fixação em alguma Coisa

---

[4] KANT, Immanuel. *Crítica da razão prática*. Tradução de Valerio Rohden. 4. ed. São Paulo: WMF Martins Fontes, 2016, p. 51. (N.O.)

que descarrila nosso circuito de vida costumeiro. Pelo Mal, o homem arranca a si próprio do ritmo instintual animal; ou seja, o Mal introduz a inversão radical da relação "natural".[5] Aqui, portanto, é revelada a insuficiência da fórmula padrão de Kant e Schelling (a possibilidade do Mal está fundamentada na liberdade de escolha do homem, e por conta dela ele pode inverter a relação "normal" entre os princípios universais da Razão e sua natureza patológica subordinando sua natureza suprassensível a suas inclinações egoístas). Hegel, que, em *Lectures on the Philosophy of Religion*, concebe o próprio ato de se tornar humano, o ato da passagem do animal ao homem, como a Queda no pecado,[6] é aqui mais incisivo: o espaço possível para o Bem é aberto pela escolha original do Mal radical, que abala o padrão do Todo substancial orgânico. Por conseguinte, a escolha entre Bem e Mal, em certo sentido, não é a escolha verdadeira, original. A escolha verdadeiramente primeira é a escolha entre (o que depois será percebido como) ceder às inclinações patológicas ou adotar o Mal radical, um ato de egoísmo suicida que "cria espaço" para o Bem, ou seja, que supera a dominação dos impulsos patológicos naturais por meio de um gesto puramente negativo de suspender o circuito de vida. Ou, para citar os termos de Kierkegaard, o Mal é o próprio Bem "no modo de vir a ser". Ele "vem a ser" como uma perturbação radical do circuito e da vida; a diferença entre os dois diz respeito a uma conversão puramente formal do modo de "vir a ser" no modo de "ser".[7] É assim que "apenas a espada que golpeia pode curar a ferida": a ferida é curada quando o lugar do Mal é preenchido por um conteúdo "bom". O bem

---

[5] Nesse sentido, a mulher fatal que, no universo dos filmes *noir*, descarrila a rotina diária do homem é uma das personificações do Mal: a relação sexual torna-se impossível no momento em que a mulher é elevada à dignidade da Coisa.

[6] HEGEL, G. W. F. *Lectures on the Philosophy of Religion, Volume III: The Consummate Religion*. Organizado por P. C. Hodgson. Tradução para o inglês de R. F. Brown, P. C. Hodgson, J. M. Stewart e H. S. Harris. Berkeley: University of California Press, 1985, p. 207. (N.O.)

[7] Precisamos ter cuidado aqui para evirar a armadilha da projeção retroativa: o Satã, de Milton, em seu *Paraíso perdido*, ainda não é o Mal radical kantiano – ele apareceu como tal apenas para o olhar romântico de Shelley e Blake. Quando Satã diz: "Mal, sejas tu meu Bem", isso ainda não é o Mal radical, mas continua sendo apenas o caso de colocar erroneamente algum Mal no lugar do Bem. A lógica do Mal radical consiste exatamente no seu oposto, ou seja, em dizer "Bem, sejas tu meu Mal" – em preencher o lugar do Mal, da Coisa, do elemento traumático que descarrila o circuito fechado da vida orgânica, com um Bem (secundário).

enquanto "máscara da Coisa (isto é, do Mal radical)" (Lacan) é, portanto, uma tentativa suplementar e ontologicamente secundária de restabelecer o equilíbrio perdido. Seu maior paradigma na esfera social é a tentativa corporativista de (re)construir a sociedade como um edifício harmonioso, orgânico, não antagônico.

A tese segundo a qual a possibilidade de escolher o Mal pertence à própria noção de subjetividade, portanto, tem de ser radicalizada por um tipo de inversão autorreflexiva: *o status do sujeito como tal é mau.* Ou seja, uma vez que somos "humanos", de certo modo *desde sempre* escolhemos o Mal. Muito mais do que por suas referências diretas a Hegel, a posição hegeliana do primeiro Lacan é atestada pelas figuras retóricas que dão corpo a essa lógica da "negação da negação". A resposta de Lacan à noção egopsicológica da "maturidade" do Eu como capacidade de suportar frustrações, por exemplo, é que esse Eu "é frustração em sua essência"[8]: uma vez que o Eu surge no processo da identificação imaginária com seu duplo-espelho que, ao mesmo tempo, é seu rival, seu perseguidor paranoide potencial, a frustração por parte do duplo-espelho constitui o Eu. A lógica dessa reversão é estritamente hegeliana: o que primeiro aparece como obstáculo externo que frustra o esforço do Eu por satisfação é, em seguida, experimentado como suporte máximo de seu ser.[9]

Por que, então, Kant se abstém de apresentar todas as consequências da tese sobre o Mal radical? A resposta é clara, embora paradoxal: o que o impede de fazê-lo é a mesma lógica que o obrigou, em primeiro lugar, a articular a tese sobre o Mal radical, a saber, a lógica da "oposição real", que, como sugerido por Monique David-Menard, constitui um tipo de quadro fantasmático supremo do pensamento de Kant. Se a luta moral é concebida como o conflito entre duas formas positivas contrárias que lutam pela aniquilação mútua, torna-se inconcebível para uma das forças, o Mal, não só se opor à outra tentando aniquilá-la, mas também

---

[8] LACAN, Jacques. Função e campo da fala e da linguagem em psicanálise. In: *Escritos*, p. 251.

[9] Lacan costuma usar a mesma inversão retórica para delinear a relação do Eu com seus sintomas: não basta dizer que o Eu forma seus sintomas para manter seu equilíbrio precário com as forças do Isso. O próprio Eu é, quanto a sua essência, um sintoma, uma formação de compromisso, uma ferramenta que permite ao sujeito regular seu desejo. Em outras palavras, o sujeito deseja de acordo com o sintoma do Eu.

destruí-la a partir de dentro, assumindo a forma de seu oposto. Quando Kant trata dessa possibilidade (a propósito do "Mal diabólico" na filosofia prática; a propósito do julgamento contra o monarca na doutrina da lei), ele rapidamente a descarta como impensável, como objeto de máxima aversão. Esse passo só pode ser realizado com a lógica da autorrelação negativa de Hegel.

Essa coincidência dialética entre Bem e Mal radical, que constitui o "impensado" de Kant, pode ser esclarecida pela relação entre o Belo e o Sublime. Ou seja, Kant, como se sabe, concebe a beleza como símbolo do Bem. Ao mesmo tempo, na *Crítica da faculdade do juízo*, ele afirma que o que é verdadeiramente sublime não é o objeto que desperta o sentimento de sublimidade, mas a Lei moral que existe em nós, nossa natureza suprassensível.[10] Então o belo e o sublime devem simplesmente ser concebidos como dois símbolos diferentes do Bem? Não seria o contrário, que essa dualidade aponta para um abismo que deve pertencer à Lei moral em si? Lacan traça uma linha de demarcação entre as duas facetas da Lei. De um lado, existe a Lei como Ideal de Eu, ou seja, a Lei em sua função pacificadora, a Lei como garantia do pacto social, como Terceiro intermediário que dissolve o impasse da agressividade imaginária. De outro, existe a lei em sua dimensão de Supereu, ou seja, a lei como pressão "irracional", a força da culpa, totalmente incomensurável com nossa responsabilidade efetiva, a agência aos olhos da qual nós somos culpados *a priori* e que dá corpo ao imperativo impossível do gozo. É essa distinção entre Ideal de Eu e Supereu que nos permite especificar a diferença no modo como Beleza e Sublime estão relacionados ao domínio da ética. A beleza é o símbolo do Bem, ou seja, da Lei moral como agente pacificador que põe rédeas no nosso egoísmo e torna possível a coexistência social harmoniosa. O sublime dinâmico, ao contrário – erupções vulcânicas, mares tempestuosos, precipícios, etc. –, por seu próprio fracasso em simbolizar (representar simbolicamente) a Lei moral suprassensível, evoca sua dimensão de Supereu. A lógica em jogo na experiência do sublime dinâmico, portanto, é a seguinte: sim, posso ser impotente diante das forças ferozes da natureza, uma partícula minúscula de poeira carregada pelo vento e pelo mar; todavia, toda essa fúria da natureza se apaga quando comparada à pressão que o Supereu

---

[10] KANT, Immanuel. *Crítica da faculdade do juízo*. Tradução de Valério Rohden e Antônio Marques. 2. ed. Rio de Janeiro: Forense Universitária, 1995, p. 113-115.

exerce sobre mim, o Supereu que me humilha e me obriga a agir de maneira contrária aos meus interesses fundamentais!

(O que encontramos aqui é o paradoxo básico da autonomia kantiana: sou um sujeito livre e autônomo, liberto das limitações de minha natureza patológica precisamente e apenas na medida em que minha autoestima é esmagada pela pressão humilhante da Lei moral.) Nisso consiste também a dimensão de Superego do Deus judaico evocado pelo sumo-sacerdote Abner, em *Atália*, de Racine: "Temo a Deus e não tenho outro temor [*Je crains Dieu et n'ai point d'autre crainte*]".[11] O medo da natureza feroz e da dor que os outros podem me infligir se transforma em paz sublime não só ao me tornar consciente da natureza suprassensível em mim fora do alcance das forças da natureza, mas também ao tomar conhecimento de como a pressão da lei moral é mais forte que até mesmo o mais poderoso exercício das forças da natureza.

A conclusão inevitável que tiramos disso tudo é que se a beleza é o símbolo do Bem, o Sublime é o símbolo de... Já nesse ponto a homologia emperra. O problema com o objeto sublime (mais precisamente: com o objeto que desperta em nós o sentimento do sublime) é que ele *fracassa* como símbolo – evoca seu Além pelo próprio fracasso da representação simbólica. Então, se a Beleza é símbolo do Bem, o Sublime evoca – o quê? Só existe uma resposta possível: a dimensão não patológica, ética, suprassensível, mas *essa dimensão precisamente na medida em que escapa ao domínio do Bem* – em suma: o Mal radical, o Mal como atitude ética. Na ideologia popular da atualidade, esse paradoxo do Sublime kantiano é talvez o que nos permita identificar as raízes do fascínio do público por figuras como Hannibal Lecter, o assassino em série canibal dos romances de Thomas Harris: no fundo, esse fascínio atesta um anseio profundo por um psicanalista lacaniano. Quer dizer, Hannibal Lecter é uma figura sublime no sentido kantiano estrito: uma tentativa desesperada, e, em última instância, fracassada, da imaginação popular de representar para si mesma a ideia de um analista lacaniano. A relação entre Lecter e o analista lacaniano corresponde perfeitamente à relação que, segundo Kant, define a experiência do "sublime dinâmico": a relação entre a natureza selvagem, caótica, indomada e furiosa e a Ideia da Razão suprassensível além de quaisquer

---

[11] Citado em LACAN, Jaques. *O seminário, livro 3: As psicoses*. Tradução de Aluísio Menezes. 2. ed. Rio de Janeiro: Jorge Zahar, 1997, p. 300. (N.O.)

restrições naturais. Sim, o mal de Lecter – além de matar suas vítimas, ele come parte de suas entranhas – leva ao limite nossa capacidade de imaginar os horrores que podemos infligir nos outros seres humanos; todavia, até mesmo o maior esforço de representar a crueldade de Lecter para nós mesmos não captura a verdadeira dimensão do ato do analista: ao produzir *la traversée du fantasme* [a travessia da nossa fantasia fundamental], ele literalmente "rouba o núcleo do nosso ser", o *objeto a*, o tesouro secreto, o *agalma*, o que consideramos mais precioso em nós mesmos, e o revela como mero semblante. Lacan define o *objeto a* como "estofo" fantasmático do Eu,[12] como aquilo que confere ao $, à fissura da ordem simbólica, ao vazio ontológico do que chamamos "sujeito", a consistência ontológica de uma "pessoa", o semblante de uma plenitude do ser. E é justamente esse "estofo" que o analista "engole", pulveriza.[13] Essa é a razão para o inesperado elemento "eucarístico" presente na definição lacaniana de analista, a saber, sua repetida alusão irônica a Heidegger: "*Mange ton Dasein!*" ("Come teu *Dasein!*").[14] Nisso consiste o poder do fascínio que temos pela figura de Hannibal Lecter: por seu próprio fracasso em atingir o limite absoluto do que Lacan chama de "destituição subjetiva", ele nos permite pressagiar a Ideia do analista. Então, em *O silêncio dos inocentes*, Lecter é verdadeiramente canibalesco não apenas em relação a suas vítimas, mas também em relação a Clarice Starling: a relação entre eles é uma imitação trocista da situação analítica, uma vez que, em troca da ajuda que ele dá a ela para capturar "Buffalo Bill", ele quer que ela lhe confidencie algo – o quê? Precisamente o que o analisando confidencia ao analista, o núcleo de seu ser, sua fantasia fundamental (o grito dos carneiros).[15] A troca

---

[12] LACAN, Jacques. Subversão do sujeito e dialética do desejo no inconsciente freudiano. In: *Escritos*, p. 831. (N.O.)

[13] A palavra usada por Lacan na referida passagem é "*étoffe*", traduzida por "*stuff*" em inglês. A tradução brasileira dos *Escritos* traz "estojo", claramente um deslize de digitação, quando deveria ser "estofo". Ainda assim, o termo "estofo" perde uma conotação importante de "*étoffe*", preservada em "*stuff*": além do sentido de "tecido" e "enchimento", quer também dizer "assunto", "matéria", ou ainda "qualidade ou natureza intrínseca" de alguma coisa. (N.T.)

[14] LACAN, Jacques. *O seminário, livro 2: O Eu na teoria de Freud e na técnica da psicanálise (1954-1955)*. Tradução de Marie Christine LaznikPenot e Antonio Luiz Quinet de Andrade. Rio de Janeiro: Jorge Zahar, 1985, p. 258.

[15] O título original do livro de Thomas Harris (e do filme homônimo) é *The Silence of the Lambs* [O silêncio dos carneiros]. (N.T.)

de favores proposta por Lecter a Clarice, portanto, é a seguinte: "Eu te ajudo se você me deixar comer teu *Dasein!*". A inversão da relação analítica propriamente dita consiste no fato de Lecter a compensar por isso ajudando-a a encontrar "Buffalo Bill". Como tal, ele não é cruel o suficiente para ser analista lacaniano, uma vez que, na psicanálise, precisamos pagar ao analista pela permissão de oferecer a ele nosso *Dasein* dentro de um prato.

O que abre espaço para essas aparições monstruosas sublimes é o colapso da lógica da representação, ou seja, a incomensurabilidade radical entre o campo de representação e a Coisa irrepresentável, que surge com Kant. As páginas que descrevem o primeiro encontro de Madame Bovary e seu amante[16] resumem toda a problemática que, segundo Foucault, determina a episteme pós-kantiana do século XIX: a nova configuração do eixo de poder e saber causada pela incomensurabilidade entre o campo da representação e a Coisa, bem como a elevação da sexualidade à dignidade de Coisa irrepresentável. Depois que os dois amantes entram no coche e pedem para o condutor dar uma volta pela cidade, não ouvimos nada do que acontece por trás da segurança de suas cortinas fechadas: com uma atenção aos detalhes que lembra o movimento *nouveau roman* posterior, Flaubert se limita a descrições prolongadas do ambiente da cidade pela qual o coche passa sem rumo – as ruas pavimentadas de pedras, os arcos da igreja, etc.; apenas numa única frase ele menciona que, por um breve momento, uma mão nua atravessa a cortina. É como se essa cena ilustrasse a tese de Foucault, apresentada no primeiro volume de *História da sexualidade*, de que a própria fala, cuja função "oficial" é esconder a sexualidade, engendra a aparência de seu segredo, ou seja, que o conteúdo "reprimido" (para usar os mesmos termos da psicanálise contra a qual se dirige a tese de Foucault) fosse um efeito da repressão.[17] Quanto mais o olhar do escritor é restrito a detalhes arquitetônicos entediantes, mais nós, leitores, nos atormentamos, loucos para saber o que acontece no espaço fechado atrás das cortinas do coche. O promotor público caiu nessa armadilha no julgamento contra *Madame Bovary*, no qual justamente essa passagem foi citada como uma das provas do caráter obsceno do livro: foi

---

[16] Ver a análise de Alain Abelhauser, em "D'un manque à saisir". *Razpol*, n. 3, 1987.

[17] FOUCAULT, Michel. *História da sexualidade I: a vontade de saber*. Tradução de Maria Thereza da Costa Albuquerque e J. A. Guilhon Albuquerque. 13. ed. Rio de Janeiro, Graal, 1999. (N.O.)

fácil para o advogado de defesa de Flaubert afirmar que não havia nada de obsceno nas descrições neutras de ruas pavimentadas e casas antigas – a obscenidade é totalmente restrita à imaginação do leitor (nesse caso, do promotor) obcecado pela "coisa real" atrás da cortina. Talvez não seja mero acidente que, hoje em dia, esse procedimento de Flaubert só tenha a nos atingir como eminentemente *cinemático*: é como se ele tocasse no que a teoria cinematográfica chama de *hors-champ*, a exterioridade do campo de visão, que, em sua própria ausência, organiza a economia do que pode ser visto: se Dickens introduziu no discurso literário os correlatos do que depois de tornaram procedimentos cinemáticos elementares (o que já foi provado há muito tempo pelas análises clássicas de Eisenstein) – a tríade entre plano de ambientação, panorâmicas e *close-ups*, montagem paralela, etc. –, Flaubert deu mais um passo rumo à exterioridade que escapa à troca clássica entre plano e contraplano, ou seja, que tem de permanecer excluída se quisermos manter a consistência do plano do que pode ser representado.[18]

O ponto crucial, no entanto, é não confundir *essa* incomensurabilidade entre o plano de representação e a sexualidade com a censura na descrição da sexualidade já em ação em épocas anteriores. Se *Madame Bovary* tivesse sido escrito um século antes, decerto os detalhes do ato sexual também não seriam mencionados, mas o que teríamos depois que os dois amantes entrassem no espaço fechado do coche seria apenas uma declaração simples e curta, como: "Finalmente a sós e escondidos atrás das cortinas do coche, os amantes puderam satisfazer sua paixão". A descrição prolongada das ruas e dos prédios teria sido totalmente inadequada; ela seria vista como algo sem nenhuma função, pois, nesse universo pré-kantiano das representações, não poderia surgir uma tensão radical entre o conteúdo representado e a Coisa traumática atrás da cortina. Contra esse pano de fundo, somos tentados a propor uma das definições possíveis de "realismo": a crença estranha de que, por trás da cortina das representações, na verdade existe uma realidade plena e substancial (no caso de *Madame Bovary*, a realidade da superfluidade

---

[18] Podemos imaginar como a versão cinematográfica dessa cena conseguiria se basear apenas no uso do som sobreposto: a câmera mostraria o coche passando pelas ruas vazias, a fachada dos antigos palácios e igrejas, enquanto a trilha poderia manter a proximidade absoluta da Coisa e transmitir o real do que acontece no coche: a respiração ofegante e os gemidos que atestam a intensidade do encontro sexual.

sexual). O "pós-realismo" começa quando surge uma dúvida a respeito dessa realidade "por trás da cortina", ou seja, quando surge o presságio de que o próprio gesto de ocultamento cria o que pretende ocultar.

Encontramos um ótimo exemplo desse jogo "pós-realista", obviamente, nas pinturas de René Magritte. Seu famoso quadro *Ceçi n'est pas une pipe* hoje faz parte do conhecimento comum: o desenho de um cachimbo com uma frase embaixo: "Isto não é um cachimbo". Tomando como ponto de partida os paradoxos que essa pintura implica, Michel Foucault escreveu um livrinho perspicaz com o mesmo título.[19] No entanto, talvez outra pintura de Magritte seja ainda mais apropriada para estabelecer a matriz elementar que gera os efeitos de estranhamento pertencentes à sua obra: *La lunette d'approche*, de 1963, a pintura de uma janela semiaberta em que, através da vidraça, vemos a realidade exterior (o céu azul com algumas nuvens espalhadas). No entanto, não vemos nada na estreita abertura que dá acesso direto à realidade além dos vidros, apenas uma massa negra indefinível. A tradução dessa pintura em lacanês se faz por si só: a moldura da vidraça é a janela da fantasia que constitui a realidade, ao passo que, pela fenda, temos uma ideia do real "impossível", a Coisa-em-si.[20]

Essa pintura representa a matriz elementar dos paradoxos de Magritte declarando a cisão "kantiana" entre a realidade (simbolizada, categorizada e transcendentalmente constituída) e o vazio da Coisa-em-si, do Real, que se abre no meio da realidade e confere a ela um caráter fantasmático. A primeira variação que pode ser gerada a partir dessa matriz é a presença de algum elemento estranho, inconsistente, que é "extrínseco" à realidade retratada, ou seja, que, estranhamente, tem seu lugar nela, embora não se "encaixe" nela: a rocha gigante que flutua no ar perto de uma nuvem como contraponto pesado, seu duplo, em *La Bataille de l'Argonne* (1959); ou o botão de rosa extraordinariamente grande que ocupa um cômodo inteiro em *Tombeau des lutteurs* (1960).

---

[19] Ver FOUCAULT, Michael. *Isto não é um cachimbo*. Tradução de Jorge Coli. Rio de Janeiro: Paz e Terra, 1988, p. 11-15.

[20] Encontramos o mesmo paradoxo no romance de ficção científica *The Unpleasant Profession of Jonathan Hoag*, de Robert Heinlein: ao abrir a janela, a realidade antes vista através dela se dissolve, e tudo que vemos é o lodo denso e não transparente do Real. Para uma leitura lacaniana mais detalhada dessa cena, ver ŽIŽEK, Sjavoj. *Looking Awry: An Introduction to Jacques Lacan through Popular Culture*. Cambridge, MA: MIT Press, 1991, p. 13-15.

Esse estranho elemento "desconjuntado" é precisamente o objeto da fantasia que preenche a escuridão do real que percebemos na fenda da janela aberta em *La lunette d'approche*. O efeito de estranheza é ainda mais forte quando o "mesmo" objeto é dobrado, como em *Les deux mystères*, versão posterior (de 1966) do famoso *Ceci n'est pas une pipe*: o cachimbo e a inscrição sob ele, *"Ceci n'est pas une pipe"*, são retratados como desenhos dentro de um quadro negro; no entanto, à esquerda desse quadro, a imagem de outro cachimbo gigantesco e volumoso flutua livremente num espaço sem especificação. O título dessa pintura também poderia ter sido "Um cachimbo é um cachimbo", pois o que ela é senão a perfeita ilustração da tese hegeliana sobre a tautologia como contradição definitiva: a coincidência entre o cachimbo localizado numa realidade simbólica definida claramente e seu duplo fantasmático, estranho e sombrio? A inscrição sob o cachimbo no quadro negro atesta o fato de que a cisão entre os dois cachimbos, o cachimbo que faz parte da realidade e o cachimbo como real – isto é, aparição da fantasia –, resulta da intervenção da ordem simbólica: é o surgimento da ordem simbólica que divide a realidade em si mesma e no excesso enigmático do real, e cada uma dessas partes "desrealiza" seu contraponto. (A versão dessa pintura nos termos dos irmãos Marx seria algo desse tipo: "isso parece um cachimbo e funciona como cachimbo, mas não se engane – isto *é* um cachimbo!".[21]) A presença maciça do cachimbo flutuante, é claro, transforma o cachimbo retratado numa "mera pintura", ao mesmo tempo que o cachimbo flutuante se opõe à realidade simbólica "domesticada" do cachimbo no quadro negro e, como tal, adquire uma presença fantasmagórica "surreal", de modo semelhante ao surgimento da Laura "real" no filme *Laura*, de Otto Preminger: o detetive (Dana Andrews) dorme olhando o retrato de Laura, que supostamente estava morta; quando acorda, ele se depara com a Laura "real", viva e sã, ao lado do retrato. Essa presença da Laura "real" acentua o fato de que o retrato é

---

[21] Nos filmes dos irmãos Marx, encontramos três variações desse paradoxo da identidade, ou seja, da relação de estranhamento entre existência e atributo. (1) Groucho Marx, ao ser apresentado para um estranho: "Ei, você me lembra Emmanuel Ravelli". "Mas *eu sou* Emmanuel Ravelli", é a resposta. "Então não surpreende que você se pareça com ele!" (2) Groucho, defendendo um cliente no tribunal: "Esse sujeito pode parecer idiota e agir como idiota, mas não se enganem – ele *é mesmo* um idiota!". (3) Groucho, cortejando uma dama: "Tudo em você me lembra você, seu nariz, seus olhos, seus lábios, suas mãos – tudo, exceto você!".

uma mera "imitação"; por outro lado, a própria Laura "real" surge como excesso fantasmático não simbolizado, um fantasma – como a inscrição "Esta não é Laura". Um efeito do real um pouco homólogo ocorre no início do filme *Era uma vez na América*, de Sergio Leone: um telefone toca sem parar; quando finalmente uma mão o retira do gancho, ele continua tocando. O primeiro som pertence à "realidade", enquanto o toque que continua mesmo depois que o telefone é atendido surge do vazio não especificado do Real.[22]

Essa cisão entre a realidade simbolizada e o excesso do Real, no entanto, representa apenas a matriz mais elementar de como o Simbólico e o Real estão interligados; uma nova "volta dialética no torniquete" é dada pelo que Freud chamou de *Vorstellungs-Repräesentanz*, o representante simbólico de uma representação originalmente ausente, excluída ("primordialmente reprimida"). Esse paradoxo do *Vorstellungs-Repräesentanz* é perfeitamente representado por *Personnage marchant vers l'horizon* (1928-1929), de Magritte: o retrato do velho senhor de costume, com chapéu de feltro na cabeça, visto de costas perto de cinco bolhas disformes, com algumas palavras em itálico: "*nuage*", "*cheval*", "*fusil*", etc. Aqui, as palavras são os representantes dos significantes que ocupam o lugar da representação ausente das coisas. Foucault está certíssimo ao dizer que essa pintura funciona como um tipo de rébus invertido: no rébus, as representações pictóricas das coisas substituem as palavras que designam essas coisas, ao passo que as próprias palavras preenchem o vazio das coisas ausentes. Seria possível para nós continuar *ad infinitum* com as variações geradas pela matriz elementar (como em *The Fall of the Evening*, por exemplo, em que a noite literalmente cai pela janela e quebra a vidraça – um caso de metáfora realizada, isto é, da intrusão do Simbólico no Real). Contudo, basta determinar como a mesma matriz pode ser percebida por trás desses paradoxos, a mesma fissura básica cuja natureza é, em última instância, kantiana: a realidade nunca é cada em sua totalidade; sempre há um vazio que se abre no meio, preenchido por aparições monstruosas.

---

[22] O que temos nessa cena, é claro, é um tipo de duplicação reflexiva do estímulo externo (som, necessidade orgânica, etc.) que desencadeia a atividade onírica: inventamos um sonho integrando esse elemento para prolongar o sono; no entanto, o conteúdo encontrado no sonho é tão traumático que, no fim, escapamos para a realidade e acordamos. O telefone que toca enquanto estamos dormindo é esse estímulo por excelência: a duração do som mesmo depois que a fonte na realidade para de emiti-lo exemplifica o que Lacan chama de insistência do Real.

A escuridão impenetrável que vemos pela fenda da janela semiaberta abre o espaço para as aparições estranhas de um Outro que precede o Outro da intersubjetividade "normal". Recordemos aqui um detalhe de *Frenesi*, de Hitchcock, que atesta sua genialidade. Numa cena que leva ao segundo assassinato, Babs, sua vítima, uma jovem que trabalha num pub de Covent Garden, deixa o trabalho depois de discutir com o patrão e sai para a rua movimentada. O barulho da rua que a atinge por um breve momento é rapidamente suspenso (de uma maneira totalmente "não realista") quando a câmera se aproxima de Babs para um *close-up*, e o misterioso silêncio é então rompido por uma voz estranha vinda de algum lugar indefinido, mas bem perto dela, como viesse de trás dela e ao mesmo tempo de dentro dela, a voz suave de um homem dizendo: "Precisa de um lugar para ficar?". Babs se afasta e olha para trás. Atrás dela está seu velho conhecido que, sem que ela saiba, é o "assassino da gravata". Depois de alguns segundos, a magia se esvai, e ouvimos a tapeçaria sonora da "realidade", do comércio cheio de vida. Essa voz que surge na suspensão da realidade não é nada mais que o *objeto pequeno a*, e a figura que aparece atrás de Babs é vivenciada pelo espectador como suplementar em relação a essa voz: ela dá corpo à voz e, ao mesmo tempo, está estranhamente entrelaçada ao corpo de Babs, como uma protuberância sombria (nada diferente do estranho corpo duplo da Madonna de Leonardo, analisado por Freud; ou, em *O vingador do futuro*, o corpo do líder do movimento de resistência no subsolo de Marte, um tipo de protuberância parasita na barriga de outra pessoa). Seria fácil fazer uma lista longa de efeitos homólogos. Por exemplo, em uma das cenas-chave de *O silêncio dos inocentes*, Clarice e Lecter ocupam a mesma posição enquanto conversam na prisão de Lecter: em primeiro plano, o *close-up* de Clarice olhando para a câmera, e na parede de vidro atrás dela, o reflexo da cabeça de Lecter aparecendo atrás – saindo dela – como seu duplo sombrio, ao mesmo tempo menos e mais real do que ela. Encontramos o caso supremo desse efeito, no entanto, em uma das mais misteriosas tomadas de *Um corpo que cai*, de Hitchcock, quando Scottie espia Madeleine através de uma fenda na porta entreaberta dos fundos da floricultura. Por um breve momento, Madeleine se vê num espelho perto dessa porta, de modo que a tela é dividida na vertical: a metade da esquerda é ocupada pelo espelho onde vemos o reflexo de Madeleine, enquanto a metade esquerda é esculpida por uma série de linhas verticais (as portas); na parte escura vertical (a fenda da porta entreaberta), vemos um fragmento de Scottie, seu olhar petrificado no "original" cujo reflexo nós vemos pelo espelho na metade esquerda da tela. Há uma qualidade verdadeiramente "magritteana" nessa única tomada. No entanto, quanto à disposição do espaço diegético – Scottie está aqui "na realidade", enquanto o que vemos de Madeleine é apenas sua imagem refletida –, o efeito da tomada é exatamente o oposto: Madeleine é vista como parte da realidade, e Scottie, como uma protuberância fantasmagórica que (como o legendário anão em *Branca de Neve*, dos irmãos Grimm) espreita atrás do espelho. Essa tomada é magritteana em um sentido muito preciso: a miragem anânica de Scottie espia a partir da própria escuridão impenetrável que se abre na fenda da janela semiaberta em *La lunette d'approche* (o espelho em *Um corpo que cai*, é claro, corresponde à vidraça na pintura de Magritte). Nos dois casos, o espaço enquadrado da realidade espelhada é atravessado por uma brecha negra vertical.[23] Como afirma Kant, não existe conhecimento positivo da Coisa-em-si: só podemos designar seu lugar, "abrir espaço" para ela. Isso é o que faz Magritte num nível bem literal: a fenda na porta entreaberta, sua escuridão impenetrável, cria espaço para a coisa. E ao colocar nessa fenda um olhar, Hitchcock suplementa Magritte de maneira hegeliana-lacaniana: a Coisa-em-si além da aparência é, em última instância, o próprio olhar, como diz Lacan em *O seminário, livro 11*.[24]

Na montagem de *Tristão e Isolda* feita em Bayreuth, na Alemanha, Jean-Pierre Ponnelle mudou o enredo original de Wagner, interpretando tudo que acontece depois da morte de Tristão – a chegada de Isolda e do rei Marcos, a morte de Isolda – como um delírio de morte de Tristão: a aparição final de Isolda é representada de modo que Isolda, sob uma luz ofuscante, surge exuberante *atrás* dele, enquanto Tristão olha para nós, os espectadores, capazes de perceber seu duplo sublime, a protuberância de seu gozo letal. É também assim que Bergman, em sua versão de *A flauta mágica*, geralmente filma Pamina e Monostatos: um *close-up* de Pamina, que olha diretamente para a câmera, enquanto Monostatos aparece atrás dela como seu duplo sombrio, como se pertencesse a um nível diferente de realidade (iluminado por tons de violeta nitidamente

---

[23] Encontramos uma tomada semelhante em *A gardênia azul*, de Fritz Lang, quando Anne Baxter espia pela fenda da porta semiaberta.

[24] LACAN, Jacques. *O seminário, livro 11: Os quatro conceitos fundamentais da psicanálise*. Tradução de M. D. Magno. 2. ed. Rio de Janeiro: Zahar, 1985, p. 76-78.

"não naturais"), com seu olhar também voltado para a câmera. Essa disposição, em que o sujeito e seu duplo sombrio e êxtimo olham para um terceiro ponto comum (materializado em nós, espectadores), resume a relação do sujeito com uma Alteridade anterior à intersubjetividade. O campo da intersubjetividade em que os sujeitos, dentro de sua *realidade* compartilhada, "olham-se nos olhos" é sustentado pela metáfora paternal, em que a referência ao terceiro ponto ausente que atrai os dois olhares transforma o status de uma das duas partes – a que está no fundo – na incorporação sublime do *Real* do gozo.

No nível do procedimento puramente cinemático, todas essas cenas têm em comum um tipo de correlato formal da reversão da intersubjetividade face a face na relação do sujeito com seu duplo sombrio que surge por trás dele como um tipo de protuberância sublime: a condensação do plano e do contraplano dentro da mesma tomada. O que temos aqui é uma comunicação paradoxal: não uma comunicação "direta" do sujeito com o seu próximo *diante* dele, mas uma comunicação com a excrescência *atrás* dele, mediada pelo olhar de um terceiro, como se o contraplano fosse refletido de volta no próprio plano. É esse olhar de um terceiro que confere à cena sua dimensão hipnótica: o sujeito é fascinado pelo olhar que vê "o que há nele mais do que ele mesmo". E a própria situação analítica – a relação entre analista e analisando – no fundo também não designa um tipo de retorno a essa relação pré-intersubjetiva do sujeito (analisando) com seu outro sombrio, com o objeto exteriorizado nele mesmo? Depois dos chamados encontros preliminares, ou seja, com o início da análise propriamente dita, o analista e o analisando *não* se enfrentam face a face, mas o analista se senta *atrás* do analisando, que, esticado no divã, olha para o vazio diante de si – não seria esse todo o propósito da disposição espacial? Essa mesma disposição não coloca o analista como *objeto a* do analisando, não como seu parceiro dialógico, não como outro sujeito?

Nesse ponto, é preciso voltar a Kant: em sua filosofia, essa fenda, esse espaço em que podem surgir essas aparições monstruosas, é aberta pela distinção entre juízo negativo e juízo infinito. O exemplo usado por Kant para ilustrar essa distinção é marcante: o juízo positivo pelo qual um predicado é atribuído ao sujeito (lógico) – "A alma é mortal"; o juízo negativo pelo qual um predicado é negado ao sujeito – "A alma não é mortal"; o juízo infinito pelo qual, em vez de negar o predicado (isto é, a cópula que o atribui ao sujeito), afirmamos certo não predicado – "A alma é não mortal".[25] (Em alemão, a diferença é apenas uma questão de espaçamento: *"Die Seele ist nicht sterbliche" versus "Die Seele ist nichtersterblich"*; de modo enigmático, Kant não usa o padrão *"unsterbliche".*)

Nessa linha de raciocínio, Kant introduz, na segunda edição de *Crítica da razão pura*, a distinção entre o significado positivo e o negativo de "númeno": no significado positivo do termo, "númeno" é um "objeto de uma intuição não sensível", enquanto, no significado negativo, é "uma coisa, na medida em que não é objeto da nossa intuição sensível".[26] Não nos deixemos enganar aqui pela forma gramatical: o significado positivo é expresso pelo juízo negativo, e o significado positivo, pelo juízo infinito. Em outras palavras, quando determinamos a Coisa como "objeto de uma intuição não sensível", negamos imediatamente o juízo positivo que determina a Coisa como "objeto de uma intuição sensível": aceitamos a intuição como a base incontestada ou gênero; nesse contexto, contrapomos suas duas espécies, a intuição sensível e a não sensível. O juízo negativo, portanto, não é apenas limitador; ele também delineia um domínio além do fenômeno onde localiza a Coisa – o domínio da intuição não sensível –, ao passo que, no caso da determinação negativa, a Coisa é excluída do domínio da nossa intuição sensível sem ser posta, de maneira implícita, como objeto de uma intuição não sensível; ao deixar em suspenso o status positivo da Coisa, a determinação negativa solapa o próprio gênero comum à afirmação e à negação do predicado.

Nisso também consiste a diferença entre "não é mortal" e "é não mortal": no primeiro caso, temos uma negação simples; no segundo caso, um *não predicado é afirmado*. A única definição "legítima" do númeno é que ele "não é objeto da nossa intuição sensível", ou seja, uma definição totalmente negativa que o exclui do domínio fenomenal; esse juízo é "infinito", porque não implica quaisquer conclusões quanto ao lugar, no espaço infinito do que permanece fora do domínio fenomenal, em que o númeno está localizado. O que Kant chama de "ilusão transcendental", em última instância, consiste na própria interpretação (equivocada) do juízo infinito como juízo negativo: quando concebemos o númeno como "objeto de uma intuição sensível", o sujeito do juízo permanece

---

[25] KANT, Immanuel. *Crítica da razão pura.* Tradução de Manuela Pinto dos Santos e Alexandre Fradique Morujão. 4. ed. Lisboa: Calouste Gulbenkian, 1994, p. 105. (§ B97, A72). (N.O.)

[26] KANT. *Crítica da razão pura,* p. 268 (B307).

o mesmo (o "objeto de uma intuição"); o que muda é apenas o caráter (não sensível em vez de sensível) dessa intuição, de modo que uma "comensurabilidade" mínima entre o sujeito e o predicado (isto é, nesse caso, entre o númeno e suas determinações fenomenais) ainda é mantida.

Nesse aspecto, um corolário hegeliano a Kant é que a limitação deve ser concebida como anterior ao que está "além" dela, de modo que, em última análise, a própria noção kantiana da Coisa-em-si permanece "reificada" demais. A posição de Hegel nesse aspecto é sutil: o que ele afirma ao dizer que o Suprassensível é "aparência enquanto aparência" é justamente que a Coisa-em-si é *a limitação dos fenômenos como tais*. Os "objetos suprassensíveis (objetos da intuição suprassensível)" pertencem ao quimérico "mundo às avessas". Não passam de uma apresentação invertida, de uma projeção, do próprio conteúdo da intuição sensível na forma de outra intuição não sensível. Ou, para lembrar a irônica crítica que Marx faz de Proudhon em *A miséria da filosofia*: "em lugar do indivíduo comum, com a sua maneira comum de falar e pensar, o que temos é esta maneira comum inteiramente pura, sem o indivíduo".[27] (A dupla ironia disso, é claro, é que o objetivo de Marx com essas linhas era fazer uma crítica trocista do hegelianismo de Proudhon, isto é, de sua tentativa de suprir a teoria econômica com a forma da dialética especulativa!) Nisso consiste a quimera da "intuição não sensível": o que temos não são os objetos ordinários da intuição sensível, mas os mesmos objetos ordinários da intuição, sem seu caráter sensível.

A diferença sutil entre o juízo negativo e o infinito está presente em certo tipo de observação espirituosa, em que a segunda parte não inverte imediatamente a primeira negando seu predicado, mas repetindo-o com a negação deslocada para o sujeito. O juízo "Ele é um indivíduo cheio de características idiotas", por exemplo, pode ser negado de maneira invertida, ou seja, substituído por seu contrário: "Ele é um indivíduo que não tem nenhuma característica idiota"; no entanto, sua negação também pode ser dada da seguinte forma: "Ele é cheio de características idiotas sem ser um indivíduo". Esse deslocamento da negação, do predicado para o sujeito, fornece a matriz lógica do que costuma ser o resultado imprevisto de nossos esforços educacionais para libertar os alunos da restrição dos preconceitos e clichês: não uma pessoa capaz de se expressar de maneira relaxada e sem

---

[27] MARX, Karl. *A miséria da filosofia*. Tradução de José Paulo Netto. São Paulo: Global, 1985, p. 103. (N.O.)

restrições, mas sim um monte automatizado de (novos) clichês, e por trás deles não percebemos mais a presença de uma "pessoa real". Recordemos o resultado comum do treinamento psicológico que visa libertar o indivíduo das restrições de sua mentalidade cotidiana e liberar seu "verdadeiro eu", seus potenciais criativos autênticos (meditação transcendental, etc.): uma vez que se livra dos antigos clichês que ainda sustentavam a tensão dialética entre ele mesmo e a "personalidade" por trás dele, o que toma seu lugar são novos clichês que ab-rogam a própria "profundidade" da personalidade por trás deles. Em suma, o indivíduo se torna um verdadeiro monstro, um tipo de "morto-vivo". Samuel Goldwyn, o velho figurão de Hollywood, estava certo: precisamos de clichês novos e originais.

A menção ao "morto-vivo" não é acidental: na nossa linguagem comum, recorremos a juízos infinitos precisamente quando queremos compreender aqueles fenômenos limítrofes que solapam as diferenças correntes, como entre viver e estar morto. Nos textos da cultura popular, os seres estranhos que não estão nem vivos nem mortos, os "mortos- vivos" (vampiros, etc.), são chamados de "não-mortos": embora não estejam mortos, claramente não estão vivos como nós, mortais comuns. O juízo "ele está não-morto" é, portanto, um juízo infinito limitador no sentido preciso de um gesto puramente negativo de excluir os vampiros do domínio dos mortos, sem, por essa razão, localizá-los no domínio dos vivos (como no caso da negação simples, "ele não está morto"). O fato de vampiros e outros "mortos-vivos" serem geralmente tratados como "coisas" deve ser representado com seu sentido kantiano pleno: um vampiro é uma Coisa que se parece conosco e age como nós, no entanto, não é um de nós. Em suma, a diferença entre o vampiro e uma pessoa viva é a diferença entre juízo infinito e negativo: uma pessoa morta perde os predicados de um ser vivo, contudo continua sendo a mesma pessoa. Um não-morto, ao contrário, mantém os predicados de um vivo sem ser um vivo. Como na piada marxiana já citada, o que temos com o vampiro é essa "maneira comum inteiramente pura, sem o indivíduo".

O espaço intermediário da Coisa irrepresentável, preenchido pelo "não-morto", é o que Lacan tem em mente quando fala dos "*l'entre-deux-morts*".[28] Para traçar de maneira mais precisa os contornos desse espaço de estranhamento, tomemos como ponto de partida um livro recente sobre

---

[28] LACAN, Jacques. Antígona no entre-duas-mortes. In: *O seminário, livro 7: A ética da psicanalise, 1959-1960*. Tradução de Antônio Quinet. Rio de Janeiro: Jorge Zahar, 2008, p. 319-338. (N.O.)

Lacan, *Death and Desire*, de Richard Boothby.[29] Sua tese central, embora falsa em última análise, é muito complicada e, ao mesmo tempo, profundamente satisfatória no sentido de preencher uma demanda por simetria: é como se fornecesse o elemento ausente de um quebra-cabeça. A tríade Real-Simbólico-Imaginário exprime as coordenadas fundamentais do espaço teórico lacaniano. Mas essas três dimensões só podem ser concebidas simultaneamente, em pura sincronicidade. Sempre somos forçados a escolher entre duas delas (como na tríade de Kierkegaard ente estético-ético-religioso): Simbólico *versus* Imaginário, Real *versus* Simbólico. Até agora, as interpretações predominantes de Lacan enfatizam um desses eixos: a simbolização (realização simbólica) contra a autoilusão do Imaginário, no Lacan dos anos 1950; o encontro traumático do Real como ponto em que a simbolização falha, no último Lacan. Ou seja, segundo Boothby, a teoria do estádio do espelho não só é, cronologicamente, a primeira contribuição de Lacan à psicanálise, mas também designa o fato original que define o status do homem. A alienação na imagem refletida devido ao nascimento prematuro do humano e sua decorrente impotência nos primeiros anos de vida, essa fixação por uma imago, interrompe o leve fluxo da vida, introduzindo uma *béance*, uma lacuna que separa para sempre o Eu Imaginário – a imagem refletida íntegra, embora imóvel, um tipo de enquadramento cinematográfico congelado – do broto caótico e polimorfo das pulsões corporais, o Isso Real. Nessa perspectiva, a natureza do Simbólico é estritamente secundária com respeito à tensão original entre Imaginário e Real: seu lugar é o vazio aberto pela exclusão da riqueza polimorfa das pulsões corporais. A simbolização designa a tentativa do sujeito – sempre fragmentada e, no fim, fadada ao fracasso – de trazer à luz, pelos representantes do Simbólico, o Real das pulsões corporais excluídas pela identificação do Imaginário; portanto, é um tipo de formação de compromisso pela qual o sujeito integra fragmentos do Real marginalizado. Nesse sentido, Boothby interpreta a pulsão de morte como o ressurgimento do que foi marginalizado quando o Eu se constituiu por meio da identificação imaginária: o retorno dos impulsos polimorfos é experimentado pelo Eu como ameaça mortal, visto que, na verdade, ele implica a dissolução da identidade imaginária. O Real forcluído, portanto, retorna em dois modos: ou como fúria selvagem, destrutiva e não simbolizada, ou na forma da mediação simbólica, ou seja,

---

[29] BOOTHBY, Richard. *Death and Desire: Psychoanalytic Theory in Lacan's Return to Freud*. New York; London: Routledge, 1991.

"suprassumido" [*aufgehoben*] no meio simbólico. A elegância de Boothby, nesse ponto, é interpretar a pulsão de morte como seu exato oposto: como retorno da força vital, de sua parte excluída pela imposição da máscara petrificada do Eu. O que ressurge na "pulsão de morte", em última instância, é *a própria vida*, e o fato de o Eu perceber seu retorno como uma ameaça de morte confirma precisamente seu caráter "repressivo" pervertido. A "pulsão de morte" significa que a própria vida se rebela contra o Eu: o verdadeiro representante da morte é o próprio Eu, como uma imago petrificada que interrompe o fluxo de vida. Boothby também reinterpreta, nesse contexto, a distinção de Lacan entre as duas mortes: a primeira é a morte do Eu, a dissolução de suas identificações imaginárias, enquanto a segunda morte designa a interrupção do próprio fluxo de vida pré-simbólico. Aqui, no entanto, começam os problemas com esse construto simples e elegante: o preço que se paga por ele é o fato de o edifício teórico de Lacan no fundo ser reduzido, no fim, à oposição entre uma força de vida original polimorfa e sua coagulação posterior, confinando ao leito procustiano de imagos a oposição que caracteriza o campo da *Lebensphilosophie*. Por essa razão, não há lugar no esquema de Boothby para a ideia lacaniana fundamental de que a ordem do Simbólico "representa a morte" no sentido preciso de "mortificar" o Real do corpo, de subordiná-lo a um automatismo estranho, de perturbar seu ritmo instintivo "natural", produzindo assim o excesso de desejo, ou seja, o desejo *como* excedente: a própria máquina do Simbólico que "mortifica" o corpo vivo produz similarmente o seu oposto, o desejo imortal, o Real da "vida pura" que escapa à simbolização. Para esclarecer esse ponto, pensemos num exemplo que, numa primeira abordagem, parece confirmar a tese de Boothby: *Tristão e Isolda*, de Wagner. Em que consiste precisamente o efeito sobre os amantes (futuros) da poção fornecida a Isolda por Brangien, sua aia fiel?

> A intenção de Wagner não é indicar que o amor de Tristão e Isolda seja uma *consequência física* da poção, mas apenas que o casal, depois de beber o que imaginam ser o gole da morte e de acreditar que haviam olhado para a terra, o mar e o céu pela última vez, sentem-se livres para confessar, quando a poção começa a fazer efeito, o amor que sentem há tanto tempo, mas que esconderam um do outro e quase de si mesmos.[30]

---

[30] NEWMAN, Ernest. *Wagner Nights*. London: Bodley Head, 1988, p. 221.

A questão, portanto, é que depois de tomar a poção, Tristão e Isolda se encontram no domínio "entre duas mortes" – vivos, porém libertos de todos os laços simbólicos. *Nesse domínio*, eles são capazes de confessar seu amor. Em outras palavras, o "efeito mágico" da poção é simplesmente suspender o "grande Outro", a realidade simbólica das obrigações sociais (honras, votos). Não estaria isso em plena consonância com a tese de Boothby sobre o domínio "entre as duas mortes" como espaço em que a identificação imaginária, bem como as identidades simbólicas ligadas a ela, são todas invalidadas, de modo que o Real excluído (pura pulsão de vida) pode surgir com toda força, embora na forma de seu oposto, a pulsão de morte? De acordo com o próprio Wagner, a paixão de Tristão e Isolda expressa o anseio pela "paz eterna" da morte. No entanto, aqui devemos evitar a armadilha de conceber essa pura pulsão de vida como entidade substancial que subsiste antes de ser capturada na rede simbólica: essa "ilusão ótica" torna invisível como a própria mediação da ordem simbólica transforma o "instinto" orgânico num anseio inextinguível que só encontra conforto na morte. Em outras palavras, não seria essa "vida pura" além da morte, esse anseio que vai além do circuito de geração e corrupção, o *produto* da simbolização, de modo que a própria simbolização gera o excesso que lhe escapa? Ao conceber a ordem simbólica como uma instância que preenche a lacuna entre Imaginário e Real aberta pela identificação espelhada, Boothby evita seu paradoxo constitutivo: o Simbólico em si abre a ferida que diz curar. Em vez de uma elaboração teórica mais detalhada, cabe nesse momento abordar a relação de Lacan com Heidegger de uma nova maneira. Nos anos 1950, Lacan interpretou a "pulsão de morte" no contexto do "ser-para-a-morte" [*Sein-zum-Tode*] de Heidegger, concebendo a morte como limite inerente e final da simbolização que determina seu caráter temporal irredutível. Com a mudança de ênfase para o Real a partir dos anos 1960, no entanto, é antes a lamela "não-morta", a vida indestrutível e imortal que habita no domínio "entre as duas mortes", que surge como objeto supremo de terror. Lacan traça os contornos desse objeto "não-morto" no final do capítulo 15 de *O seminário, livro 11*, em que apresenta seu próprio mito, construído com base no modelo da fábula de Aristófanes em *O banquete*, de Platão – o mito do *hommelette* [pequeno omelete macho-fêmea]:

> De cada vez que se rompem as membranas do ovo de onde vai sair o feto em passo de se tornar um neonato, imaginem por um instante que algo se volatiliza, que com um ovo se pode fazer tanto um homem quanto um *homelete*, ou a lâmina.

A lâmina é algo de extrachato que se desloca como a ameba. Simplesmente, é um pouco mais complicado. Mas isso passa por toda parte. E como é algo [...] que tem relação com o que o ser sexuado perde na sexualidade, é, como o é a ameba em relação aos seres sexuados, imortal. Porque sobrevive a qualquer divisão, porque sobrevive a qualquer intervenção cissípara. E corre.

Muito bem! Isso não é tranquilizador. Suponham apenas que isso lhes venha envolver o rosto enquanto vocês dormem tranquilamente...

Vejo mal como não entraríamos em luta com um ser capaz dessas propriedades. Mas não seria uma luta cômoda. Essa lâmina, esse órgão, que tem por característica não existir, mas que não é por isso menos um órgão – eu lhes poderia dar maior desenvolvimento sobre esse lugar zoológico – é a libido.

É a libido, enquanto puro instinto de vida, quer dizer, de vida imortal, de vida irrepreensível, de vida que não precisa, ela, de nenhum órgão, de vida simplificada e indestrutível. É o que é justamente subtraído ao ser vivo pelo fato de ele ser submetido ao ciclo da reprodução sexuada. E é disso aí que são os representantes, os equivalentes, todas as formas que se podem enumerar do objeto a. Os objetos a são apenas seus representantes, suas figurações. O seio – como equívoco, como elemento característico da organização mamífera, a placenta por exemplo – bem representa essa parte de si mesmo que o indivíduo perde ao nascer, e que pode servir para simbolizar o mais profundo objeto perdido.[31]

O que temos aqui, mais uma vez, é uma Alteridade anterior à subjetividade: a relação "impossível" do sujeito com essa criatura amebiana é o que Lacan visa, em última instância, com sua fórmula $ \slashed{S} \lozenge a $. A melhor maneira de esclarecer esse ponto talvez seja fazendo a rede de associações que a descrição de Lacan pode evocar se gostarmos de filmes de terror. O alienígena do filme *Alien, o oitavo passageiro*, de Ridley Scott, não seria a "lâmina" em sua forma mais pura? Todos os elementos fundamentais do mito lacaniano já não estão contidos na primeira cena verdadeiramente apavorante do filme, quando, na caverna em forma de útero, no planeta desconhecido, o "alienígena" salta para fora de uma forma oval e gruda no rosto de John Hurt? Essa criatura achatada e amebiana que envolve o rosto do sujeito representa a vida irreprimível além de todas as formas finitas que são apenas seus representantes, suas figuras (mais tarde, no filme, o "alienígena" é capaz de assumir uma multiplicidade de formas diferentes),

---

[31] LACAN. *O seminário, livro 11*, p. 186-187.

imortais e indestrutíveis. Basta recordarmos a desagradável sensação do momento quando um cientista faz uma incisão com o bisturi na perna da criatura que envolve o rosto de Hurt: o líquido que sai do corte cai no chão de metal e o corrói imediatamente; nada pode resistir a ele.[32]

A segunda associação aqui, é claro, é com um detalhe da versão cinematográfica de *Parsifal*, de Hans-Jürgen Syberberg, em que ele retrata a ferida de Amfortas – exteriorizada, carregada por seus servos sobre um travesseiro diante dele, um objeto parcial vaginiforme do qual pinga sangue num fluxo contínuo (como, *vulgari eloquentia*, uma vagina menstruada indefinidamente). A abertura palpitante – um órgão que, ao mesmo tempo, é todo o organismo (recordemos um tema homólogo numa série de histórias de ficção científica, como o olho gigante que tem vida própria) – resume a vida em sua indestrutibilidade: a dor de Amfortas consiste no próprio fato de que ele é incapaz de morrer, está condenado a uma vida de sofrimento eterno; quando, no fim, Parsifal cura sua ferida com "a espada que golpeou", Amfortas está finalmente pronto para repousar e morrer. A ferida de Amfortas, que persiste fora dele como uma coisa *não-morta*, é o "objeto da psicanálise".

Para concluir, é justamente a referência a esse objeto de libido mítico e indestrutível que nos permite lançar alguma luz sobre um dos pontos mais obscuros da teoria lacaniana: qual é, precisamente, o papel do *objeto pequeno a* numa pulsão – digamos, na pulsão escópica – em oposição ao desejo? A resposta é dada pelo esclarecimento de Lacan, feito em *O seminário, livro 11*, de que a característica essencial da pulsão escópica consiste em "*se fazer ver [se faire voir]*".[33] No entanto, como afirma Lacan imediatamente depois, não podemos confundir esse "se fazer ver" que caracteriza a circularidade, o circuito constitutivo da pulsão, com o "se ver através do outro", ou seja, pelos olhos do grande Outro, do ponto de vista do Ideal de Eu no outro, na forma em que apareço para mim como digno de amor: o que se perde quando "olho para mim através do outro" é a heterogeneidade radical do objeto enquanto olhar a que me exponho ao "me fazer ver". No espaço ideológico propriamente dito, um caso exemplar dessa satisfação narcísica dada pelo "se ver através do outro" (Ideal de Eu) são as descrições de um país a partir de como ele é visto pelo olhar estrangeiro (pensemos

---

[32] É precisamente esse impacto físico e tangível da "lâmina" que se perde em *Aliens, o resgate*, motivo que faz da sequência um filme infinitamente inferior a *Alien, o oitavo passageiro*.

[33] LACAN. *O seminário, livro 11*, p. 184.

na obsessão atual que os meios de comunicação de massa nos Estados Unidos têm em relação ao modo como o país é percebido – admirado ou detestado – pelo Outro: japoneses, russos, etc.). o primeiro caso exemplar disso, obviamente, é *Os persas*, de Ésquilo, em que a derrota persa é relatada como vista pelos olhos da corte real dos persas: o espanto que sente o rei Dário diante da magnificência do povo grego, etc. possibilita uma satisfação narcisista profunda aos espectadores gregos. No entanto, não é nisso que consiste o "se fazer ver". Em que consiste, então?

Recordemos o filme *Janela indiscreta*, de Hitchcock, que costuma ser citado como a representação perfeita da pulsão escópica. Durante a maior parte do filme, o que predomina é a lógica do desejo: esse desejo fascinado e impelido por seu objeto-causa, a janela escura do outro lado da rua que olha de volta para o sujeito. Quando, no decorrer do filme, "a flecha retorna para o sujeito"? No momento, é claro, em que o assassino na casa em frente à janela dos fundos de Stewart devolve o olhar e o flagra em seu ato de voyeurismo: nesse momento preciso em que James Steward não "se vê se vendo", mas *se faz visto para o objeto de sua visão*, ou seja, para a mancha que atraiu seu olhar no cômodo escuro do outro lado do pátio, nós passamos do registro do desejo para o registro da pulsão. Ou seja, continuamos no registro do desejo enquanto, ao assumir a atitude inquisitiva de um voyeur, estamos procurando no que vemos pelo X fascinante, por algum traço do que está oculto "atrás da cortina"; nós "mudamos a marcha" para a pulsão no momento em que nos fazemos vistos para essa mancha no quadro, para esse corpo estranho impermeável no quadro, para esse ponto que atraiu nosso olhar. Nisso consiste a reversão que define a pulsão: na medida em que não posso ver o ponto no outro a partir do qual sou olhado, a única coisa que me resta é me fazer visível para esse ponto. A diferença entre isso e o olhar narcisista que se lança a partir do ponto do Ideal de Eu é clara: o ponto para o qual o sujeito se faz visto conserva sua heterogeneidade traumática e sua não transparência; ele permanece um objeto no sentido lacaniano estrito, não uma característica simbólica. O ponto para o qual me faço visível na minha própria capacidade de olhar é o objeto da pulsão, e, desse modo, talvez possamos esclarecer um pouco a diferença entre o status do *objeto a* no desejo e na pulsão. (Como sabemos, quando Jacques-Alain Miller questiona Lacan sobre esse ponto em *O seminário, livro 11*, a resposta que ele tem é um claro-escuro em sua melhor forma.)

O que também pode esclarecer essa distinção crucial é outra característica da cena final de *Janela indiscreta*, que representa, em sua forma mais pura, essa transmutação do desejo em pulsão: a defesa desesperada de Jefferies, que tenta deter o avanço do assassino disparando um *flash*. Esse gesto aparentemente absurdo deve ser interpretado precisamente como uma *defesa contra a pulsão*, contra o "se fazer visto". Jefferies tenta, como um frenético, borrar o olhar do outro.[34] O que lhe sobrevém quando o assassino o joga pela janela é precisamente a inversão que define a pulsão: ao cair pela janela, Jefferies, em sentido radical, cai em seu próprio quadro, no quadro de sua própria visibilidade. Em termos lacanianos, ele se transforma numa mancha de seu próprio quadro, ele se faz visto nele, ou seja, no espaço definido como seu próprio campo de visão.[35]

Aquelas cenas magníficas no final de *Uma cilada para Roger Rabbit* são outra variação do mesmo tema, em que o detetive durão entra no universo dos desenhos animados: com isso, ele fica confinado ao domínio "entre as duas mortes", onde não há morte propriamente dita, apenas a incessante devoração e/ou destruição. Outra variação paranoica de esquerda pode ser encontrada em *A morte nos sonhos*, um filme de ficção científica sobre um presidente dos Estados Unidos assolado por pesadelos com uma catástrofe nuclear que ele mesmo pode desencadear: os conspiradores militares tentam impedir os planos desse pacifista usando um criminoso dotado do poder paranormal de se transpor para o sonho

---

[34] A mesma defesa contra a pulsão está presente na famosa tomada em *travelling* de *Jovem e inocente*, de Hitchcock: o nervoso piscar do baterista no fundo é uma reação de defesa ao fato de estar sendo visto, uma tentativa de evitar ser visto, uma resistência a ser arrastado para o quadro. O paradoxo, é claro, é que sua reação de defesa sem querer chama a atenção para si mesmo e o expõe, revela-o, ou seja, literalmente "torna pública pela batida da bateria" sua culpa. Ele não consegue suportar o olhar do outro (da câmera).

[35] Temos uma pista disso até na primeira cena do filme, em que vemos, por um breve momento, a última fotografia tirada por Jefferies antes de seu acidente, retratando a causa de sua perna quebrada. Essa foto é o verdadeiro contraponto hitchcockiano à pintura *Os embaixadores*, de Hans Holbein – a mancha oblíqua no centro é a roda de um carro de corrida voando na direção da câmera, capturada uma fração de segundo antes de Jefferies ser atingido por ela. O momento representado por essa cena é o momento exato em que Jefferies perdeu sua distância e, por assim dizer, foi capturado por seu próprio quadro; ver o artigo de Miran Božovič sobre *Janela indiscreta*, "The Man Behind His Own Retina", em ŽIŽEK, Slavoj (Ed.). *Everything You Always Wanted to Know about Lacan (But Were Afraid to Ask Hitchcock)*. London; New York: Verso, 1992, p. 161-177.

de outra pessoa e agir nele. A ideia é amedrontar o presidente no sonho até que ele morra de infarto.

Não nos deixemos enganar pela aparente simplicidade melodramática da cena final de *Luzes da ribalta*, de Chaplin: nela também vemos a reversão do desejo em pulsão. A cena é centrada num magnífico movimento de *travelling* para trás, que parte do *close-up* de Calvero, o palhaço morto atrás do palco, para o plano de ambientação de todo o palco, onde a moça, seu grande amor e agora uma bailarina de sucesso, está se apresentando. Antes dessa cena, o moribundo Calvero declara para o médico seu desejo de vê-la dançar; o médico bate gentilmente nos ombros dele e o consola: "Você vai vê-la!". Em seguida Calvero morre, seu corpo é coberto com um lençol branco e a câmera recua para incluir na cena a moça dançando no palco, enquanto Calvero é reduzido a uma mancha branca minúscula e quase invisível ao fundo. Aqui é especialmente importante o modo como a bailarina entra no quadro: por trás da câmera, como os pássaros na famosa tomada aérea da Bodega Bay em *Os pássaros*, de Hitchcock – mais uma mancha branca que se materializa a partir do espaço misterioso intermediário que separa o espectador da realidade diegética na tela. Aqui temos a função do olhar enquanto objeto-mancha na sua forma mais pura: a previsão do médico é cumprida precisamente quando o Calvero morto – ou seja, na medida em que ele não pode mais *vê-la* – olha para ela. Por essa razão, a lógica desse *travelling* para trás é totalmente hitchcockiano: com ele, um pedaço da realidade se transforma numa mancha amorfa (um borrão branco ao fundo), porém uma mancha em volta da qual gira todo o campo de visão, uma mancha que "suja" todo o campo (como no *travelling* para trás em *Frenesi*). Em outras palavras, o que confere a essa cena sua beleza melodramática é a nossa percepção – a percepção do espectador – de que, sem saber que ele já está morto, a bailarina dança para aquela mancha (o efeito melodramático sempre depende da ignorância do agente). É essa mancha, esse borrão branco ao fundo, que garante o sentido da cena. Aqui, onde está exatamente a transmutação do desejo em pulsão? Nós permanecemos no registro do desejo enquanto o campo de visão é organizado e apoiado pelo desejo de Calvero de ver, pela última vez, sua amada dançando; nós entramos no registro da pulsão no momento em que Calvero é reduzido a um objeto-mancha em seu próprio quadro. Por essa razão precisa, não basta dizer que é simplesmente ela, a bailarina, o amor dele, que se faz vista para ele; antes, a questão é que, ao mesmo tempo, ele adquire a presença de uma mancha, de modo que os dois aparecem no mesmo campo de visão.[36]

A pulsão escópica sempre designa esse fechamento do circuito que me prende no quadro que vejo, do qual perco distância; como tal, ver em modo passivo nunca é uma simples reversão do desejo. "Se fazer ver" é inerente ao próprio ato de ver: a pulsão é o circuito que os conecta. Os exemplos definitivos da pulsão, portanto, são os paradoxos visuais e temporais que materializam o círculo vicioso "impossível" e sem sentido: as duas mãos de Escher desenhando uma à outra, ou a catarata que cai em movimento perpétuo, ou ainda o circuito de viagem no tempo em que visito o passado para criar a mim mesmo (para unir meus pais).

Talvez de modo ainda melhor do que a flecha mencionada por Lacan, esse circuito formado pelo movimento para fora e de retorno da pulsão[37] pode ser exemplificado pela primeira livre associação que essa fórmula ressuscita, a saber, o bumerangue, em que "atingir o animal" muda para "se fazer atingido". Ou seja, quando jogo o bumerangue, seu "alvo" [*goal*], é claro, é o animal; no entanto, o verdadeiro ardil está no fato de eu conseguir apanhá-lo quando, ao errar o alvo, o bumerangue voar de volta – o verdadeiro objetivo [*aim*] é perder o alvo [*goal*],[38] para que o bumerangue retorne para mim (a parte mais difícil de aprender a jogar bumerangue, portanto, é dominar a arte de apanhá-lo apropriadamente, ou seja, de evitar ser atingido por ele, de bloquear a dimensão potencialmente suicida de atirá-lo). O bumerangue, por conseguinte, designa o momento próprio do surgimento da "cultura", o momento em que o instinto se transforma em pulsão: o momento da cisão entre alvo e objetivo, o momento em que o verdadeiro objetivo não é atingir o alvo, mas manter o próprio movimento circular de errá-lo repetidamente.

---

[36] O que encontramos aqui, mais uma vez, é a condensação do plano e do contraplano dentro da mesma tomada. O desejo delineia o plano da intersubjetividade ordinária, em que nos olhamos de frente, enquanto entramos no registro da pulsão quando, junto com nosso duplo sombrio, encontramo-nos do mesmo lado, ambos olhando para o mesmo terceiro ponto. Onde está aqui o "se fazer visto" constitutivo da pulsão? Em me faço visto precisamente para esse terceiro ponto, para o olhar capaz de abarcar o plano no contraplano, ou seja, capaz de perceber em mim também meu duplo sombrio, o que é em mim mais do que eu mesmo, o *objeto a*.

[37] LACAN, Jacques. *O seminário, livro 11*, 168-169. (N.O.)

[38] Sobre a diferença "*goal*" e "*aim*" apontada por Lacan, ver o capítulo 3 deste livro, p. 55. (N.T.)

Capítulo 8

Hegel, Lacan, Deleuze: três companheiros estranhos[1]

1. A superfície pura do sentido-acontecimento

Em *Lógica do sentido*, Deleuze visa substituir a oposição que define o espaço platônico, a oposição entre as Ideias suprassensíveis e suas cópias materiais-sensíveis, com a oposição entre a profundidade opaca e substancial do Corpo e a superfície pura do Sentido-Acontecimento.[2] Essa superfície depende do aparecimento da linguagem: é o vazio não substancial que separa as Coisas das Palavras. Como tal, tem duas faces: uma está virada para as Coisas, ou seja, ela é a substância pura e não substancial do Devir, dos Acontecimentos heterogêneos com respeito às Coisas substanciais para as quais se dão esses Acontecimentos; a outra está virada para a Linguagem, ou seja, ela é o fluxo puro do Sentido em contraste à Significação representacional, à referência de um sinal aos objetos corporais. Deleuze, é claro, continua materialista: a superfície do Sentido é um efeito da interação de causas corporais – é, no entanto, um efeito heterogêneo, efeito de uma ordem radicalmente diferente do Ser (corporal). Por conseguinte,

---

[1] Publicado originalmente em BABICH, Babette E. (Org.). *From Phenomenology to Thought, Errancy and Desire: Essays in Honor of William J. Richardson, SJ.* Dordrecht: Kluwer Academic Publishers, 1995, p. 483-499.

[2] Ver DELEUZE, Gilles. *Lógica do sentido.* Tradução de Luiz Roberto Salinas Fortes. São Paulo: Perspectiva; EDUSP, 1974.

temos, de um lado, a mistura corporal gerativa de causas e efeitos e, de outro, a superfície incorporal dos efeitos puros: acontecimentos que são "estéreis", "assexuais", nem ativos nem passivos.

Essa outra linha antiplatônica apareceu pela primeira vez no estoicismo, com a perversão (e não subversão) estoica do platonismo através da teoria do Sentido enquanto Acontecimento incorporal (nossa principal fonte, embora escassa, são os fragmentos de Crisipo sobre lógica); depois, reapareceu triunfante na reviravolta "antiontológica" da filosofia na virada para o século XXI. A oposição deleuziana entre os corpos e o efeito de sentido, portanto, abre uma nova abordagem não só à fenomenologia de Husserl, mas também a seu duplo menos conhecido, a "teoria dos objetos" de Alexius Meinong (*Gegenstandstheorie*). As duas visam *libertar os fenômenos dos limites do ser substancial*. A "redução fenomenológica" de Husserl põe entre colchetes a profundidade corporal substancial – o que permanece são os "fenômenos" enquanto superfície pura do Sentido. De maneira semelhante, a filosofia de Meinong lida com os "objetos em geral". Segundo Meinong, um objeto é tudo que pode ser concebido intelectualmente, independentemente de sua existência ou inexistência. Meinong, portanto, admite não só objetos como o famoso "rei atual da França, que é careca", de Bertrand Russell, mas também objetos como "ferro de madeira" ou "quadrado redondo". A propósito de cada objeto, Meinong faz uma distinção entre seu *Sosei* [ser-assim] e seu *Sein* [ser]: um quadrado redondo tem seu *Sosein*, pois é definido pelas propriedades de ser redondo e quadrado, embora não tenha *Sein*, pois, devido a sua natureza autocontraditória, tal objeto não existe. Meinong nomeia esses objetos de "sem pátria": não há lugar para eles, nem na realidade, tampouco no domínio do possível. Mais precisamente, Meinong classifica os objetos como: aqueles que têm ser, que existem na realidade; aqueles que são formalmente possíveis (que não são autocontraditórios), embora não existam na realidade, como a "montanha de ouro" – nesse caso, é seu não-ser que existe; e, por fim, os objetos "sem pátria", que não existem *tout court*. Além disso, Meinong afirma que a atitude de cada objeto, e não só a atitude assertórica do conhecimento, possui seu correlato objetivo. O correlato da representação é o objeto [*Gegenstand*]; do pensamento, o "objetivo" [*Objektiv*]; do sentimento, o "dignitativo"; do desejo, o "desiderativo". Por conseguinte, abre-se um novo campo de objetos que não é apenas mais "amplo" que a realidade, mas que também constitui um nível separado próprio: os objetos são determinados apenas por sua qualidade, *Sosein*, independentemente de sua existência real ou de sua mera possibilidade – em certo sentido, eles são "retirados" da realidade.

O *Tractatus*, de Wittgenstein, não pertence também à mesma linha "estoicista"? em sua primeira proposição, Wittgenstein estabelece uma distinção entre as coisas [*Dinge*] e o mundo [*die Welt*] como a totalidade dos fatos [*Tatsachen*], de tudo que é o caso [*der Fall*], que pode ocorrer: "O mundo é a totalidade dos fatos, não das coisas [*Die Welt ist die Gesamtheit der Tatsachen, nicht der Dinge*]".[3] Na introdução escrita por Bertrand Russell, que costuma ser impressa junto com o *Tractatus*, Russell tenta precisamente domesticar essa "falta de pátria" do acontecimento ao reinscrevê-lo na ordem das coisas.[4] A primeira associação suscitada, no domínio da cultura popular, por essa tensão entre a profundidade pré-simbólica e a superfície dos acontecimentos é, sem dúvida, o "alienígena" do filme *Alien*. Nossa primeira reação é concebê-lo como uma criatura da profundidade caótica do corpo material, como uma Coisa primordial. No entanto, a incessante mudança na forma do alienígena, a "plasticidade" total de seu ser, também não aponta para a direção oposta? Não estaríamos lidando com um ser cuja consistência inteira reside na superfície fantasmática, com uma série de puros acontecimentos-efeitos destituídos de qualquer suporte substancial?

Talvez essa diferença entre os dois níveis também nos ajude a compreender a *Così fan tutte*, de Mozart. Um dos lugares-comuns que se diz dessa ópera é que ela, do início ao fim, subverte a linha que separa as emoções sinceras das simuladas: não se trata apenas do heroísmo patético (o de Fiordiligi, que quer se encontrar de novo com a noiva no campo de batalha, por exemplo) que é criticado uma vez após a outra como uma postura vazia; a subversão também segue na direção oposta – o filósofo Alfonso, esse cínico supremo, torna-se, de tempos em tempos, o incauto de sua própria manipulação, e se deixa levar por suas emoções simuladas que, inesperadamente, mostram-se sinceras (no trio "Soave sia il vento", por exemplo). A pseudodialética entre as emoções sinceras e as fingidas, embora não totalmente deslocada, não leva em conta a lacuna que separa a máquina corporal da superfície de seus acontecimentos-efeitos. O

---

[3] WITTGENSTEIN, Ludwig. *Tractatus logico-philosophicus*. Tradução de Luiz Henrique Lopes dos Santos. 2. ed. São Paulo: Edusp, 1994, p. 281. (N.O.)

[4] RUSSELL, Bertrand. Introdução. In: WITTGENSTEIN. *Tractatus*, p. 113-128.

ponto de vista do filósofo Alfonso é o do materialista mecânico: o ser humano é uma máquina, uma marionete: suas emoções – o amor, nesse caso – não expressam uma liberdade autêntica espontânea, mas podem ser provocadas automaticamente, submetendo-as às devidas causas. A resposta de Mozart a esse cinismo do filósofo é a autonomia do "efeito" enquanto acontecimento puro: as emoções são efeitos da máquina corporal, mas também são efeitos no sentido de um efeito-de-emoção (como quando falamos de um "efeito-de-beleza"), e essa superfície do efeito enquanto acontecimento tem sua própria autenticidade e autonomia. Ou, colocando em termos contemporâneos: mesmo que a bioquímica consiga isolar os hormônios que regulam o advento, a intensidade e a duração do amor sexual, a experiência verdadeira do amor enquanto acontecimento conservará sua autonomia, sua heterogeneidade radical com respeito a essa causa corporal.

Essa oposição entre máquina corporal e acontecimento de superfície é personificada no par Alfonso e Despina. Alfonso é um cínico mecanicista-materialista que acredita apenas na máquina corporal, enquanto Despina representa o amor enquanto puro acontecimento de superfície. A lição do filósofo Alfonso é – como de costume – "Abdique de seu desejo, reconheça que ele é vão!". Se fosse possível, por meio de um experimento realizado com cuidado, induzir as duas irmãs a se esquecerem de seus noivos e se apaixonarem de novo, com uma paixão inigualável, no intervalo de um dia, então é inútil perguntar qual amor é verdadeiro e qual amor é falso – um amor é igual ao outro, todos eles resultam do mecanismo corporal ao qual o homem está subjugado. Despina, por outro lado, sustenta que, apesar de tudo isso, ainda vale continuar fiel ao próprio desejo – é dela a ética representada por Sam Spade, que, numa conhecida passagem de *O falcão maltês*, de Dashiell Hammett, diz de como foi contratado para encontrar um homem que havia de repente abandonado o emprego fixo e a família, e desaparecido. Spade não consegue encontrá-lo, mas, alguns anos depois, dentro de um bar de uma outra cidade, ele se depara com um homem que mora lá, usa um nome fictício e tem uma vida notavelmente semelhante à outra que abandonou. Não obstante, o homem está convencido de que a mudança não foi em vão... Uma das principais árias de toda a ópera, "Una donna a quindici anni", de Despina, no início do Segundo Ato – se dermos a ela a devida atenção, como o fez Peter Sellars em sua montagem de merecida fama –, atesta uma ambiguidade surpreendente da personalidade de Despina: o que espreita por trás da máscara de uma intriguista jovial é a ética melancólica de se persistir no próprio desejo, apesar de sua fragilidade e inconstância.

2. Materialismo de Deleuze

Talvez a experiência mais incisiva da lacuna que separa a superfície da profundidade corporal diga respeito à relação que temos com o corpo nu da outra pessoa: podemos tomar esse corpo como puro objeto de conhecimento (e nos concentrarmos na carne, nos ossos, nas glândulas por baixo da pele), como objeto de prazer estético desinteressado, como objeto do desejo sexual... em termos mais simples, a "aposta" da fenomenologia é que cada uma dessas atitudes e/ou seu correlato objetivo possua uma autonomia própria: não é possível "traduzir" a experiência que temos do corpo do outro como objeto de desejo sexual em termos de um processo bioquímico. A superfície, é claro, é um efeito de causas corporais – mas um efeito irredutível à sua causa, uma vez que pertence a uma ordem radicalmente heterogênea. O problema fundamental de Deleuze em *Lógica do sentido*, mas também de Lacan, é como devemos conceber teoricamente a passagem da profundidade corporal para o acontecimento de superfície, a ruptura que precisa acontecer no nível da profundidade corporal caso o efeito-de-sentido surja. Em suma: *como vamos articular a gênese "materialista" do Sentido*? O "idealismo" nega que o efeito de sentido seja um efeito da profundidade corporal, ele fetichiza o efeito de sentido numa entidade autogerada; o preço que ele paga por essa negação é a *substancialização* do efeito de sentido: o idealismo qualifica secretamente o efeito de sentido como um Corpo novo (o corpo imaterial das Formas Platônicas, por exemplo). Por mais paradoxal que pareça, a tese de Deleuze é que apenas o materialismo pode pensar o efeito do Sentido, considerado como acontecimento, em sua autonomia específica, sem uma redução substancialista.

O universo do Sentido enquanto formas "autônomas" forma um círculo vicioso: fazemos sempre-já parte dele, pois no momento em que assumimos a atitude de distância externa em relação a ele e voltamos nosso olhar do efeito para sua causa, perdemos o efeito. Portanto, o problema fundamental do materialismo é: como surge esse círculo do Sentido, que não permite exterioridade? Como a mistura de corpos dá origem ao pensamento "neutro", isto é, ao campo simbólico que é "livre" no sentido exato de não estar preso pela economia das pulsões corporais, de não funcionar como prolongamento da ânsia da pulsão por satisfação? A hipótese freudiana é: pelo impasse inerente da sexualidade. Não é possível inferir o surgimento do pensamento "desinteressado" a partir de outras pulsões corporais (fome, autopreservação...) – e por que não? A sexualidade é a única pulsão que, em si, é tolhida, pervertida: ao mesmo tempo insuficiente e excessiva, tendo o excesso como a forma de aparição da falta. Por outro lado, a sexualidade é caracterizada pela capacidade universal de fornecer o *significado* metafórico ou insinuação de qualquer atividade ou objeto – qualquer elemento, incluindo a reflexão mais abstrata, pode ser experimentado como "aludindo *àquilo*" (basta recordarmos o exemplo clássico do adolescente que, para esquecer suas obsessões sexuais, busca refúgio na matemática pura e na física – o que quer que ele faça nesses domínios o lembra "daquilo": qual o volume necessário para preencher um cilindro vazio? Quanta energia é gasta quando dois corpos colidem?...). Esse excedente universal – essa capacidade da sexualidade de transbordar todo o campo da experiência humana, de modo que tudo, de comer a defecar, de bater em alguém (ou apanhar dele) ao exercício do poder, pode adquirir conotação sexual – não é o sinal de sua preponderância. Antes, é o sinal de uma certa imperfeição estrutural: a sexualidade se volta para fora e transborda os domínios adjacentes precisamente por não encontrar satisfação em si mesma, por nunca atingir seu objetivo. Então como uma atividade que é em si definitivamente assexual adquire conotação sexual? Ela é "sexualizada" quando não atinge seu objetivo assexual e é capturada pelo círculo vicioso da repetição fútil. Nós entramos na sexualidade quando um gesto que "oficialmente" serve a algum objetivo instrumental torna-se um fim em si mesmo, quando começamos a gozar da própria repetição "disfuncional" desse gesto e com isso colocamos em suspenso seu caráter propositado.

A sexualidade pode funcionar como um cossentido que suplementa o significado natural-literal "dessexualizado" precisamente na medida em que esse significado neutro *já está aqui*. Como demonstra Deleuze, a perversão entra na história como reversão inerente dessa relação "normal" entre o sentido assexual literal e o cossentido sexual: na perversão, a sexualidade é transformada num objeto direto da nossa fala, mas o preço que pagamos por isso é a dessexualização da nossa atitude para com a sexualidade: a sexualidade se torna um objeto dessexualizado entre os outros. O caso exemplar de tal atitude é a desinteressada abordagem "científica" à sexualidade, ou a abordagem sadeana que trata a sexualidade como objeto de uma atividade instrumental. Basta recordarmos o papel de Jeniffer Jason Leigh em *Short Cuts, cenas da vida*, de Robert Altman: uma dona de casa que ganha dinheiro extra com telessexo, entretendo clientes com estímulos verbais. De tão acostumada com o trabalho, e com o telefone preso pelo ombro, ela improvisa e fala de como está molhada entre as pernas, etc., enquanto troca a fralda do bebê ou prepara o almoço. Mantém uma atitude totalmente exterior e instrumental para com as fantasias sexuais dos clientes – tais fantasias simplesmente não lhe dizem respeito.[5] O que Lacan visa com a noção de "castração simbólica" é justamente esse *vel*, essa escolha: *ou* aceitamos a dessexualização do sentido literal que implica o deslocamento da sexualidade para um "cossentido", para a dimensão suplementar da insinuação-conotação sexual, *ou* abordamos a sexualidade "diretamente", fazemos da sexualidade o assunto da fala literal, o que pagamos com a "dessexualização" de nossa atitude subjetiva para com ela. O que perdemos em ambos os casos é uma abordagem direta, um discurso literal sobre a sexualidade que permanecesse "sexualizado".

Nesse sentido preciso, o falo é o significante da castração: longe de funcionar como um símbolo-órgão potente da sexualidade enquanto poder criativo universal, ele é o *significante e/ou órgão da própria dessexualização*, da passagem "impossível" do "corpo" para o "pensamento" simbólico, o significante que sustenta a superfície neutra do sentido "assexual". Deleuze conceitua essa passagem como a inversão do "falo de concordância" para o "falo de castração": o "falo de concordância" é uma imago, uma figura a que o sujeito se refere para concordar as zonas erógenas dispersas à totalidade de um corpo unificado, enquanto o "falo de castração" é um significante. Quem concebe o significante fálico com referência ao modelo do estádio de espelho, como uma imagem privilegiada ou uma parte corporal que estabelece o ponto central de referência que permite ao sujeito totalizar, numa única totalidade hierarquicamente ordenada, a multiplicidade dispersa de zonas erógenas, continua no nível do "falo de concordância" e critica Lacan com o que na verdade é seu *insight* fundamental: essa concordância pela imagem fálica central necessariamente fracassa. O resultado desse

---

[5] Aqui se abre a possibilidade da "ressexualização perversa secundária" (Deleuze). Em um metanível, Essa relação instrumental e não sexualizada com a sexualidade pode nos "excitar". Desse modo, uma das formas de estimular nossa prática sexual é fingir que estamos lidando com uma atividade instrumental comum: com o parceiro ou a parceira, abordamos o ato sexual como uma tarefa técnica difícil, discutimos cada passo em detalhes e fazemos um planejamento exato de como proceder.

fracasso, no entanto, não é um retorno à pluralidade não coordenada das zonas erógenas, mas precisamente a "castração simbólica": a sexualidade mantém sua dimensão universal e continua a funcionar como coordenação (potencial) de cada ato, objeto, etc., apenas se "sacrificar" o significado literal, isto é, apenas se o significado literal for "dessexualizado" – o passo do "falo de concordância" para o "falo de castração" é o passo da sexualização total impossível e fracassada, do estado em que "tudo tem significado sexual" para o estado em que esse significado sexual se torna secundário, muda para a "insinuação universal", para o cossentido que potencialmente suplementa cada sentido literal e assexual neutro.[6]

Como, então, passamos do estado em que "o significado de tudo é sexual", em que a sexualidade funciona como *significado* universal, para a superfície do sentido literal dessexualizado neutro? A dessexualização do *significado* ocorre quando o próprio elemento que (não) coordena (ou que não coordenou) o significado sexual universal (isto é, o falo) é reduzido a um *significante*. O falo é o "órgão da dessexualização" precisamente na sua capacidade de significante sem significado: é o operador da evacuação do significado sexual, isto é, da redução da sexualidade enquanto conteúdo significado para um significante vazio. Em suma, o falo designa o seguinte paradoxo: a sexualidade só pode se universalizar pela dessexualização, apenas passando por um tipo de transubstanciação e se transformando em conotação-suplemento do sentido assexual literal neutro.

3. Os problemas da "gênese real"

A diferença entre Lacan e alguém que, como Habermas, aceita o meio universal da comunicação intersubjetiva como horizonte final da subjetividade, portanto, não está onde costuma ser buscada: ela não reside no fato de que Lacan, à maneira pós-moderna, enfatiza o resto

---

[6] Para exemplificar essa lógica da conotação sexual, tomemos o significante "comércio", cujo significado predominante é "troca, compra e venda", mas que também é um termo (arcaico) para o ato sexual. O termo é "sexualizado" quando os dois níveis de seu significado se entremeiam. Digamos que "comércio" evoca na nossa mente a figura de um mercador velhinho que dá aulas entediantes sobre como conduzir o comércio, sobre como sermos cuidadosos nas negociações, pensar no lucro, não correr riscos excessivos, etc.; agora, vamos imaginar que o mercador esteja falando sobre comércio *sexual* – de repente, tudo adquire uma dimensão superegoica obscena, o pobre mercador se transforma num velho indecente que dá conselhos codificados sobre gozo sexual, acompanhados de sorrisos obscenos...

de alguma particularidade que impede eternamente nosso pleno acesso à universalidade e nos condena à textura múltipla de jogos particulares de linguagem. A censura básica que Lacan faz contra alguém como Habermas é, ao contrário, que ele não reconhece e não tematiza *o preço que o sujeito tem de pagar por seu acesso à universalidade*, ao meio "neutro" da linguagem: esse preço, é claro, não é outro senão o traumatismo da "castração", o sacrifício do objeto que "é" o sujeito, a passagem de S (o sujeito "patológico" pleno) para $ (o sujeito "barrado"). Nisso consiste também a diferença entre Heidegger e Gadamer: Gadamer continua sendo um "idealista" na medida em que, para ele, o horizonte da linguagem está "sempre-já aqui", ao passo que a problemática heideggeriana da diferença [*Unter-Schied*] como dor [*Schmerz*] pertencente à própria essência da nossa morada na linguagem, por mais "obscurantista" que pareça, aponta para a problemática materialista do corte traumático, da "castração", que marca nossa entrada na linguagem.

O primeiro a formular essa problemática materialista da "gênese real" como anverso da gênese transcendental foi Schelling: em seus fragmentos *Die Weltalter*, de 1811 a 1815, ele desdobra a derivação do surgimento do Verbo, *lógos*, a partir do abismo do "real em Deus", do vértice das pulsões [*Trieve*] que é Deus antes da criação do mundo. Schelling faz uma distinção entre a existência de Deus e o obscuro e impenetrável Fundamento da Existência, a Coisa horrenda pré-simbólica como "aquilo em Deus que ainda não é Deus". O Fundamento consiste na tensão antagônica entre "contração" [*Zusammenziehung, contractio*] – recolhimento para dentro de si, ódio egoísta, loucura autodestrutiva – e "extensão" – o Amor de Deus, entregue e distribuído. (Como não reconhecer nesse antagonismo a dualidade freudiana entre as pulsões do Eu e as pulsões do amor, que precede sua dualidade entre libido e pulsão de morte?) Esse antagonismo insuportável é eternamente passado – um passado que nunca esteve "presente", uma vez que o presente já implica o *lógos*, a clareira do Verbo falado que transpõe a pulsação antagônica das pulsões em diferença simbólica.

Deus, portanto, é o abismo da "indiferença absoluta", a volição que não quer nada, o reino da paz e da beatitude: em termos lacanianos, o puro gozo feminino, a pura expansão no vazio que carece de consistência, a "entrega" que nada mantém coesa. A "pré-história" de Deus começa com um ato de contração primordial, pelo qual Deus adquire um firme Fundamento, constitui-se como Um, sujeito, entidade positiva. Ao "contrair" o ser como uma doença, Deus é capturado na alternância louca e "psicótica" entre contração e expansão. Ele então cria o mundo, diz o Verbo, dá à luz o Filho, para escapar dessa loucura. Antes do surgimento do Verbo, Deus é "maníaco-depressivo", e isso fornece a resposta mais perspicaz para o enigma do motivo que levou Deus a criar o universo – como um tipo de terapia criativa que lhe permitiu se retirar da loucura...[7] O último Schelling, da "filosofia da revelação", afastou-se dessa radicalidade anterior reconhecendo que Deus possui sua existência de antemão: a contração agora não diz respeito a Deus, ela designa apenas o ato pelo qual Deus cria a matéria que depois é transformada no universo das criaturas. Desse modo, o próprio Deus não está mais envolvido no processo de "gênese". A gênese diz respeito apenas à criação, ao passo que Deus supervisiona o processo histórico a partir de um lugar seguro fora da história e garante seu resultado feliz. Nesse recolhimento, nessa passagem do *Die Weltalter* para a "filosofia da revelação", a problemática da *Die Weltalter* é traduzida em termos ontológicos aristotélicos tradicionais: a oposição entre Existência e seu Fundamento torna-se agora a oposição entre Essência e Existência, isto é, o *lógos* é concebido como a Essência divina que precisa de uma Existência positiva para atingir sua efetuação, etc.[8]

Nisso reside a "aposta" materialista de Deleuze e Lacan: a "dessexualização", o milagre do advento da superfície dessexualizada neutra do Sentido-Acontecimento, não se baseia na intervenção de alguma força transcendente e extracorporal; ela pode ser derivada a partir do impasse

---

[7] Para uma apresentação insuperável dessa problemática, ver MARQUET, Jean-François. *Liberté et existence: étude sur la formation de la philosophie de Schelling*. Paris: Gallimard, 1973.

[8] Esse recolhimento também implica uma mudança radical na atitude política: nos fragmentos de *Die Weltalter*, o Estado é denunciado como Mal encarnado, como a tirania da máquina externa de Poder sobre os indivíduos (como tal, tem de ser abolido), enquanto o último Schelling concebe o Estado como a encarnação do Pecado humano – precisamente na medida em que nunca nos reconhecemos plenamente nele, ou seja, na medida em que o Estado continua sendo uma força externa e alienada que esmaga os indivíduos, ele é a punição divina para a vaidade humana, um lembrete de nossas origens pecaminosas (como tal, tem de ser obedecido incondicionalmente). Ver HABERMAS, Jürgen. A passagem do idealismo dialético ao materialismo: a ideia de Schelling de uma contração de Deus e suas consequências para a filosofia da história. In: *Teoria e práxis: estudos de filosofia social*. Tradução de Rúrion Melo. São Paulo: Editora Unesp, 2011, p. 267-350.

inerente ao próprio corpo sexualizado. O falo enquanto significante da "castração" medeia o surgimento da superfície pura do Sentido-Acontecimento; como tal, ele é o "significante transcendental" – o não sentido dentro do campo do sentido, que distribui e regula a série do Sentido. Seu status "transcendental" significa que não há nada de "substancial" nele: o falo é o semblante por excelência. O que o "falo" causa é a lacuna que separa o acontecimento de superfície da densidade corporal: é a pseudocausa que sustenta a autonomia do campo do Sentido com respeito a sua causa corporal verdadeira e efetiva. Devemos nos lembrar aqui da observação de Adorno sobre como a ideia de constituição transcendental resulta de um tipo de inversão de perspectiva: o que o sujeito percebe (mal) como seu poder constitutivo é na verdade sua impotência, sua incapacidade de ir além das limitações impostas de seu horizonte – o poder constitutivo transcendental é um pseudopoder que é o anverso da cegueira do sujeito quanto às verdadeiras causas corporais. O falo enquanto causa é o puro semblante de uma causa.[9]

Não existe estrutura sem o momento "fálico" enquanto ponto de cruzamento de duas séries (do significante e do significado), como ponto de curto-circuito em que – como diz Lacan de maneira muito precisa – "o significante entra no significado". O ponto de não sentido dentro do campo do Sentido é o ponto em que a causa do significante se inscreve no campo do Sentido. Sem esse curto-circuito, a estrutura do significante funcionaria como causa corporal exterior e não produziria o efeito de Sentido. Por essa razão, as duas séries (do significante e do significado) sempre contêm uma entidade paradoxal que é "duplamente inscrita", isto é, que é ao mesmo tempo excesso e falta – excesso do significante sobre o significado (o significante vazio sem significado) *e* a falta do significado (o ponto de não sentido dentro do campo do Sentido). Ou seja, no momento em que surge a ordem simbólica, passamos a lidar com a diferença mínima entre um lugar estrutural e o elemento que ocupa e preenche esse espaço: um elemento é sempre precedido pelo lugar na estrutura que preenche. Portanto, as duas séries também podem

---

[9] A tentativa de formular essa intercessão "impossível" entre a negatividade (simbólica) e o corpo também parece ser a força motriz do "retorno a Melanie Klein" de Jacqueline Rose. Ver ROSE, Jacqueline. *Why War?*. Oxford: Blackwell, 1993. Por essa razão, embora o autor destas linhas se considere um lacaniano "dogmático" puro, ele sente uma solidariedade profunda para com o projeto de Rose.

ser descritas como a estrutura formal "vazia" (o significante) e a série de elementos que preenche os espaços vazios na estrutura (significado). Dessa perspectiva, o paradoxo consiste no fato de as duas séries nunca se sobreporem: sempre encontramos uma entidade que é ao mesmo tempo (com respeito à estrutura) um *lugar vazio e desocupado* e (com respeito aos elementos) um objeto esquivo, que se move rapidamente, o *ocupante sem lugar*.[10] Com isso produzimos a fórmula da fantasia de Lacan, $ \$ \lozenge a $, uma vez que o matema para o sujeito é $\$$, um lugar vazio na estrutura, um significante elidido, enquanto o *objeto a* é, por definição, um objeto excessivo, um objeto que carece de seu lugar na estrutura. Consequentemente, a questão não é simplesmente haver o excesso de um elemento sobre os lugares disponíveis na estrutura, ou o excedente de um lugar que não tem nenhum elemento para preenchê-lo: um lugar vazio na estrutura ainda sustentaria a fantasia de um elemento que vai surgir e preencher esse lugar; um elemento excessivo sem lugar continuaria sustentando a fantasia de um lugar ainda desconhecido que espera por ele. A questão é que o lugar vazio na estrutura é estritamente correlativo ao elemento errante que carece de um lugar: eles não são duas entidades diferentes, mas a frente e o verso de uma e mesma entidade, isto é, uma e mesma entidade talhada nas duas superfícies de uma fita de Möbius. Em suma, o sujeito enquanto $\$$ não pertence ao profundo: ele surge de uma virada topológica da própria superfície.

No entanto, o problema de Deleuze é que ele não distingue a profundidade corporal da pseudoprofundidade simbólica. Ou seja, há duas profundidades: a impenetrabilidade opaca do corpo e a pseudoprofundidade gerada pela "dobra" da própria ordem simbólica (o abismo da "alma", o que experimentamos quando olhamos nos olhos de outra pessoa...). O sujeito é essa pseudoprofundidade que resulta da dobra da superfície. Recordemos a última cena de *Vestígios do dia*, de James Ivory: o *fade-out* lento da janela do castelo de lorde Darlington, que se dissolve e passa para uma tomada de helicóptero de todo o castelo, distanciando-se. Esse *fade-out* dura um pouco demais, de modo que, por um breve momento, o espectador tem a impressão de que uma terceira realidade surgiu, acima e além da realidade comum da janela e do castelo: é como se, em vez de a janela ser apenas uma parte simples do castelo, o próprio castelo, em sua inteireza, fosse reduzido a um reflexo no vidro da janela,

---

[10] DELEUZE. *Lógica do sentido*, p. 44.

a uma entidade frágil que é puro semblante, nem ser nem não ser. O sujeito é essa entidade paradoxal que surge quando o próprio Todo (o castelo inteiro) aparece encerrado em sua própria parte (uma janela).

Deleuze é obrigado a ignorar essa pseudoprofundidade simbólica: não há lugar para ela na sua dicotomia entre corpo e Sentido. O que se abre aqui, é claro, é a possibilidade de uma crítica lacaniana de Deleuze: não será o significante enquanto estrutura diferencial uma entidade que, precisamente, não pertence nem à profundidade corporal nem à superfície do Sentido-Acontecimento? Concretamente, com respeito a *Così fan tutte*, de Mozart: a "máquina", o automatismo em que se baseia o filósofo Alfonso, não é a máquina *simbólica*, o "automatismo" do "costume" simbólico, esse grande tema de *Pensamentos*, de Pascal? Deleuze faz uma distinção entre a causalidade corporal "propriamente dita" e o momento "fálico" paradoxal, a encruzilhada entre a série do significante e a série do significado, o não sentido enquanto pseudocausa, isto é, a causa descentrada de sentido inerente ao fluxo de superfície do sentido em si. O que ele não leva em conta aqui é a natureza radicalmente heterogênea da série do significante com respeito à série do significado, da sincronia de uma estrutura diferencial com respeito à diacronia do fluxo do Sentido-Acontecimento. O que talvez fique visível nesse ponto é a limitação de Deleuze, que, no fim, continua sendo um *fenomenologista* – foi essa limitação que, em última instância, provocou sua "regressão" teórica ao "anti-Édipo", a rebelião contra o Simbólico. Nesse sentido preciso, poderíamos dizer que os estoicos, Husserl, etc. são psicóticos, e não perversos: é a forclusão psicótica do nível simbólico propriamente dito que suscita os curtos-circuitos paradoxais entre sentido e realidade (a lógica estoica que sugere que "quando você diz 'carruagem', uma carruagem passa correndo pela sua boca", etc.).[11]

---

[11] Esse lapso de Deleuze não seria correlato ao de Althusser? Deleuze se limita ao eixo Imaginário-Real e forclui o Simbólico, ao passo que a dualidade althusseriana entre o "objeto real" (isto é, a realidade experimentada, objeto da experiência imaginária) e o "objeto do conhecimento" (a estrutura simbólica produzida pelo processo de conhecimento) se encaixa no eixo Imaginário-Simbólico. Lacan é o único que tematiza o eixo Simbólico-Real que funda os outros dois eixos. Além disso, essa oposição entre Deleuze e Althusser não explica a proximidade estranha e a diferença fundamental de suas respectivas leituras de Espinosa? O Espinosa de Althusser é o Espinosa da estrutura simbólica, do conhecimento sem sujeito, livre dos afetos imaginários, enquanto o Espinosa de Deleuze é o Espinosa do real, das misturas corporais "anárquicas".

4. O enigma da "memória mecânica"

É essa limitação de Deleuze que talvez explique seu fanático anti-hegelianismo. Contra Deleuze, talvez seja possível provar que o próprio Hegel foi, numa virada crucial de seu sistema, "deleuziano". Aqui temos em mente o súbito e inesperado aparecimento da tão chamada "Memória Mecânica" *depois* da "suprassunção" plenamente realizada do signo de linguagem em seu conteúdo espiritual (nos parágrafos sobre a linguagem na *Enciclopédia* de Hegel).[12]

Hegel desenvolve sua teoria da linguagem em "A representação", segunda seção da parte de "Psicologia", que delineia os contornos da transição da "Intuição" ao "Pensamento", ou seja, o processo pelo qual o sujeito se liberta pouco a pouco do conteúdo encontrado e imposto externamente, como dado pelos sentidos, através de sua interiorização e universalização. Como é comum com Hegel, o processo ocorre em três momentos. Primeiro, na "rememoração", a intuição é arrancada do contexto espaçotemporal causal externo e introduzida no próprio espaço e tempo interno do sujeito; desse modo, ele está ao dispor do sujeito como elemento contingente que pode ser, a qualquer hora, rememorado livremente. Uma vez que a intuição é transposta dentro da Inteligência, ela está sujeita a seu poder. A Inteligência pode fazer o que quiser com ela; pode decompor uma intuição em seus elementos e depois recombiná-los como um Todo diferente e "não natural", ou pode compará-la com outras intuições e estabelecer marcas comuns. Tudo isso é trabalho da "Imaginação", que, pouco a pouco, leva ao Símbolo. Primeiro, uma imagem designa alguma rede mais complexa de representações ou alguma característica universal (a imagem de uma barba, por exemplo, pode lembrar masculinidade viril, autoridade, etc.). Essa característica universal, no entanto, continua maculada pela imagem sensível específica que a representa – só atingimos a verdadeira universalidade quando cada semelhança entre a característica universal e a imagem que a representa é abolida. Dessa forma, chegamos ao *Verbo*: como signo arbitrário e externo cuja ligação com seu significado é totalmente arbitrária. É apenas essa degradação do signo a uma exterioridade indiferente pura que permite

---

[12] Ver HEGEL, G. W. F. *Enciclopédia das ciências filosóficas em compêndio: A filosofia do espírito*. Tradução de Paulo Meneses. 2. ed. São Paulo: Loyola, 2011, v. 3, § 451-464, p. 238-258. (Doravante *Filosofia do espírito*.)

que o significado se liberte da intuição sensível e, com isso, purifique-se na verdadeira universalidade. Desse modo, o signo (palavra) é posto em sua verdade: como puro movimento de autossuprassunção, como entidade que atinge sua verdade obliterando-se diante de seu significado.

A "Memória Verbal", então, interioriza e universaliza o mesmo signo externo que significa uma característica universal. O resultado a que chegamos, portanto, é uma "linguagem representacional" composta de signos que são a unidade de dois elementos. De um lado, o nome universalizado, o som mental, um tipo reconhecido como o mesmo em diferentes elocuções; por outro lado, seu significado, alguma representação universal. Nomes na "linguagem representacional" possuem um conteúdo universal fixo, determinado não por sua relação com outros nomes, mas por sua relação com a realidade representada. Aqui estamos lidando com a noção padrão de linguagem como coleção de signos com um significado universal fixo que reflete a realidade, a noção que envolve a tríade do signo em si enquanto corpo, o conteúdo significado na mente do sujeito e a realidade a que os signos se referem. Uma simples sensibilidade pré-teórica nos diz que algo está faltando aqui: que isso ainda não é uma linguagem viva e verdadeira. Basicamente, o que está faltando tem dois lados: de um lado, a *circularidade autorreferente* por conta da qual podemos sempre dizer que o significado de uma palavra é uma série de outras palavras (quando ouvimos a pergunta "O que é um camelo?", geralmente respondemos com uma série de palavras: "um mamífero quadrúpede que lembra um cavalo, mas com uma corcova alta nas costas", etc.); de outro, a *relação com o sujeito que fala*. Não está claro como o próprio sujeito está inscrito na "linguagem representacional" como reflexo dos três níveis de signos, ideias mentais e realidade. Em hegelês, a falha fatal da linguagem representacional reside em seu próprio caráter representacional, no fato de que ela permanece presa no nível da *Vorstellung*, da representação finita e externa que se refere a um conteúdo externo e transcendente. Em termos contemporâneos: a linguagem representacional é o meio modesto de representar e transmitir um Conteúdo nocional universal que continua externo a esse meio: o meio em si funciona como forma indiferente de transmitir um conteúdo independente. O que falta aqui é uma palavra que não represente meramente seu conteúdo externo, mas que também o constitua, produza-o, uma palavra pela qual esse conteúdo significado se torne o que é – em suma, um "performativo".

Partindo desse pressuposto, como chegamos a uma fala que aja como meio adequado do pensamento infinito? Nesse ponto, surpreendemos-nos com algo que deixa muitos intérpretes de Hegel envergonhados. Entre a "Memória Verbal" que garante a unidade concreta entre significado e expressão e o "Pensamento" propriamente dito, Hegel, de algum modo, interpõe a "Memória Mecânica", uma recitação de cor de séries de palavras na qual não atribuímos sentido às palavras – em suma, um "abandono do espírito" (*Geistesverlassen*) como a própria transição à atividade do pensar. Depois de expor como os signos permanecem limitados à representação, isto é, à síntese externa entre significado e expressão, Hegel não desmonta a "falsa" unidade do signo abandonando seu lado externo – a expressão como meio externo do conteúdo designado. Ao contrário, ele descarta ou sacrifica o próprio conteúdo interno. O resultado dessa redução tão radical é que, dentro do espaço da linguagem, nós "regredimos" ao nível do Ser, a categoria mais pobre. Hegel se refere à Inteligência na Memória Mecânica como "o ser, o espaço universal dos nomes como tais, isto é, de palavras carentes-de-sentido",[13] que de certa forma desaparecem antes mesmo de surgirem plenamente, como a "elocução" enquanto "essa fugaz realização evanescente, que se produz em um elemento sem resistência, [e é] totalmente ideal".[14] O que temos aqui não são mais palavras representacionais como tipos universais da conexão fixa de uma expressão com seu significado (a palavra "cavalo" sempre significa...), mas *um puro devir*, um fluxo da individualidade sem sentido das elocuções – a única coisa que as une é um "elo conectivo vazio" da própria Inteligência. Nesse nível, o significado de um nome só pode residir no fato de ele resultar de outros nomes ou desencadeá-los. *É apenas aqui que surge a negatividade verdadeira e concreta do signo linguístico.* Para que essa negatividade surja, não basta que a palavra seja reduzida ao puro fluxo da autodestruição: seu além de si, o significado, tem de ser "aplainado", tem de perder todo seu conteúdo positivo, para que permaneça apenas a negatividade vazia que "é" o sujeito. A conotação cristológica desse sacrifício do significado representacional-objetivo é inconfundível: a redução da palavra ao puro fluxo do devir não é a autodestruição da palavra diante de seu Significado, mas a morte do próprio Significado, o mesmo que acontece com Cristo cuja morte na cruz não é a passagem do representante terrestre de Deus, mas a morte do

---

[13] HEGEL. *Filosofia do espírito*, § 463, p. 256.

[14] HEGEL. *Filosofia do espírito*, § 444 (Adendo), p. 219.

Deus além de si. Nisso consiste o *insight* propriamente dialético de Hegel: o obstáculo à atividade infinita verdadeira do Pensamento no nome representacional não é sua aparência externa, mas a própria universalidade fixa de seu significado interno.

A vacância que acontece aqui é dupla. Primeiro, todo o conteúdo representacional objetivo é esvaziado, de modo que a única coisa que permanece é o vazio da Inteligência (o sujeito) em si – em lacanês, do signo que representa algo para alguém (um conteúdo positivo), nós passamos para o significante que representa o próprio sujeito para outros significantes. No entanto, com o mesmo gesto, o sujeito (S) em si deixa de ser a plenitude do conteúdo interno experimentado, do significado, e é "barrado", escavado, reduzido a $ – ou, como diz Hegel, a tarefa da Memória Mecânica é "aplainar o solo de sua interioridade [para que se transforme] em puro ser, em puro espaço [...], sem a oposição contra uma interioridade subjetiva".[15] É somente esse "aplainar", essa redução ao Ser, à nova imediatez da palavra, que abre a dimensão performativa – por quê? Tratemos desse ponto crucial usando uma passagem de *Jenaer Realphilosophie* em que Hegel descreve como "costumamos responder a pergunta 'O que é isso?' com 'É um leão, um asno', etc. Trata-se – significa que não é uma coisa amarela que tem pés, etc., algo independente por si só, mas um nome, um tom de minha

---

[15] HEGEL. Filosofia do espírito, § 464, p. 258. Isso é o que parece escapar à leitura derridiana que concebe a "Memória Mecânica" como um tipo de "mediador evanescente", uma exteriorização subsequentemente autossuprassumida na Interioridade do Espírito: ao obliterar todo o conteúdo representacional interior, a "Memória Mecânica" abre o Vazio absoluto e o mantém como meio do Espírito, como espaço preenchido pelo conteúdo espiritual. Em suma, ao realizar a obliteração radical de todo o conteúdo representacional *enunciado*, a "Memória Mecânica" abre espaço para o *sujeito da enunciação*. Crucial aqui é a codependência entre a redução do signo à exterioridade sem sentido do significante e o surgimento do sujeito "barrado" enquanto puro vazio ($): nesse aspecto, Hegel é surpreendentemente próximo de Althusser, que também articula a codependência entre os aparelhos ideológicos de Estado (a prática ideológica enquanto pura exterioridade de um ritual "mecânico") e o processo de subjetivação. O problema com Althusser, no entanto, é que em seu pensamento não há o conceito do sujeito do significante ($): como ele reduz o sujeito ao reconhecimento imaginário no sentido ideológico, não percebe a correlação do surgimento do sujeito com a perda radical de sentido no ritual sem sentido. Em um nível um pouco diferente, o mesmo paradoxo define o status da mulher em Weininger: a mulher é o sujeito por excelência precisamente na medida em que a posição feminina envolve o esvaziamento de todo o conteúdo espiritual – essa vacância nos confronta com o sujeito enquanto contentor vazio de sentido...

voz – de algo completamente diferente do que é na intuição. E isso é o (seu) verdadeiro Ser".[16]

Hegel chama nossa atenção para o paradoxo do dizer, tão óbvio que costuma ser ignorado em silêncio: quando eu digo "Isto é um elefante", o que afirmo literalmente, no nível mais elementar e imediato, é que essa criatura gigantesca com uma tromba, etc. realmente é um som na minha boca, as oito letras que acabo de pronunciar. Em *O seminário, livro 1*, sobre os escritos técnicos de Freud, Lacan brinca com o mesmo paradoxo: quando a palavra "elefante" é pronunciada, o elefante está aqui, com toda sua presença maciça – embora não esteja em lugar nenhum na realidade, sua noção se faz presente.[17] Encontramos aqui o imprevisível aspecto estoico de Hegel (e Lacan). O que Hegel tem em mente, no entanto, é outra coisa: a inversão simples e aparentemente simétrica de "elefante é (um mamífero quadrúpede com uma tromba)" para "isto é um elefante" envolve a reversão de um constativo representacional em um performativo. Ou seja, quando digo "elefante é... (um mamífero quadrúpede com uma tromba)", eu trato "elefante" como um nome representacional e aponto o conteúdo externo que ele designa. No entanto, quando digo "isto é um elefante", confiro a um objeto sua identidade simbólica; acrescento ao pacote de propriedades reais uma característica simbólica unificadora que transforma esse pacote em Um, um objeto idêntico a si mesmo. O paradoxo da simbolização reside no fato de que o objeto é constituído como Um através de uma característica que é radicalmente exterior ao objeto em si, a sua realidade; através de um nome que não tem nenhuma semelhança com o objeto. O objeto torna-se Um pelo apêndice de um Ser completamente nulo e autodestrutivo, *le peu de réalité* de um par de sons – uma mosca que constitui o elefante, assim como acontece com o Monarca, esse corpo contingente imbecil de um indivíduo que não "representa" meramente o Estado enquanto totalidade racional, mas a constitui, efetiva-a. Essa dimensão performativa, por meio da qual o significante se inscreve no próprio conteúdo significado como seu constituinte (ou, como afirma Lacan, por meio do qual o significante "entra no significado"), é o que falta no nome representacional.

---

[16] HEGEL, G. W. F. *Jenaer Realphilosophie*. Hamburg: Meiner, 1931, p. 183.

[17] LACAN, Jacques. *O seminário, livro 1: Os escritos técnicos de Freud*. Tradução de Betty Milan. Rio de Janeiro: Jorge Zahar, 1996, p. 275-276. (N.O.)

5. A lógica hegeliana do significante

Partindo do que dissemos, não é difícil ver como a dualidade hegeliana entre os "nomes representacionais" e os "nomes como tais", que surge na Memória Mecânica, corresponde à oposição lacaniana de signo e significante. O signo é definido por uma relação fixa do significante com o significado representado pelo significante – sua *significação* –, ao passo que o significante, por seu constante deslizar, referindo-se a outros significantes na cadeia, provoca o efeito-de-sentido. O signo é um corpo relacionado a outros corpos, o significante é um puro fluxo, "acontecimento". O signo se refere à plenitude substancial das coisas, o significante se refere ao sujeito enquanto vazio da negatividade que medeia a autorrelação da cadeia significante ("um significante representa o sujeito para outros significantes"). Embora pareça impossível pensar num contraste mais forte do que o de Hegel como deleuziano, encontramos de fato na "Memória Mecânica" de Hegel a noção de Sentido enquanto puro Acontecimento, noção articulada posteriormente por Deleuze em *Lógica do sentido*. A prova de que a dialética de Hegel é verdadeiramente a lógica do significante *avant la lettre* é dada por John McCumber, que, em seu *The Company of Words*,[18] propõe uma leitura provocante e perspicaz do processo dialético hegeliano como uma operação autorrelativa com "marcas" simbólicas (o termo alemão usado por Hegel é "*Merkmal*"; seu equivalente francês seria "*le trait signifiant*", a característica significante). Chegamos ao ponto de partida do processo, a "tese", pela operação da "abreviação-imediação": uma série de marcas, $M_1 \dots M_J$, é abreviada na marca M_K, cujo conteúdo (isto é, o que essa marca designa) é esta mesma série:

$$(M_1 \dots M_J) - M_K \tag{1}$$

O que se segue é a operação inversa da "explicação", em que a série $M_1 \dots M_J$ explica M_K

$$M_K - (M_1 \dots M_J) \tag{2}$$

O que ocorre agora é mais uma reversão – e não podemos aqui desconsiderar o ponto crucial de que essa reversão adicional não nos leva

---

[18] Ver MCCUMBER, John. *The Company of Words: Hegel, Language, and Systematic Philosophy*. Evanston: Northwestern University Press, 1993. p. 130-143.

de volta o ponto de partida, para o (1) – ou, em hegelês, que a "negação da negação" não implica um retorno à posição inicial:

$$(M_1 \ldots M_J) \,/\, M_K \tag{3}$$

Para indicar essa passagem de (1), McCumber usa um símbolo diferente, / em vez de –; ele determina / como a "síntese" em que a explicação e a abreviação ocorrem simultaneamente. O que isso significa? Em (3), a marca M_K é, *stricto sensu*, "reflexiva": ela não mais representa a imediação que é abstratamente oposta à explicação, uma vez que *explica a mesma série explicada por M_K* em (2). Para explicar essa "reflexão", vamos recorrer à lógica do antissemitismo. Primeiro, a série de marcas que designam propriedades reais são abreviadas–imediadas na marca "judeu":

$$(\text{avarento, explorador, conspirador, sujo \ldots}) - \text{judeu} \tag{1}$$

Assim, invertemos a ordem e "explicamos" a marca "judeu" com a série (avarento, explorador, conspirador, sujo ...), isto é, essa série agora dá a resposta para a pergunta "O que significa 'judeu'?":

$$\text{judeu} - (\text{avarento, explorador, conspirador, sujo \ldots}) \tag{2}$$

Por fim, invertemos a ordem de novo e colocamos "judeu" como abreviação reflexiva da série:

$$(\text{avarento, explorador, conspirador, sujo \ldots}) \,/\, \text{judeu} \tag{3}$$

Em que consiste precisamente a diferença entre (1) e (3)? Em (3), "judeu" *explica a própria série precedente que imediata/abrevia:* nela, abreviação e explicação coincidem em termos dialéticos. Ou seja, no espaço discursivo do antissemitismo, os indivíduos considerados em conjunto não só passam por judeus por exibirem a série de propriedades (avarento, explorador, conspirador, sujo ...), *eles têm essa série de propriedades PORQUE SÃO JUDEUS.* Isso fica claro se traduzimos a abreviação em (1) como

$$(\text{avarento, explorador \ldots}) \; \textit{é chamado } \text{judeu} \tag{1}$$

e a explicação em (2) como

$$\text{X é judeu } \textit{porque é } (\text{avarento, explorador \ldots}) \tag{2}$$

Nessa perspectiva, a singularidade de (3) é o fato de retornar a (1) *enquanto mantém o copulativo de (2):*

X é (avarento, explorador ...) *porque é judeu* (3)

Em suma, "judeu" designa aqui o fundamento oculto da série fenomenal de propriedades efetivas (avarento, explorador, conspirador, sujo ...). O que ocorre, por conseguinte, é um tipo de "transubstanciação": "judeu" começa a funcionar como a marca do fundamento oculto, o misterioso *je ne sais quoi*, que explica a "judaicidade" dos judeus. (Os *cognoscenti* de Marx, é claro, perceberão de imediato como essas inversões são homólogas ao desenvolvimento da forma da mercadoria em O *capital*[19]: a simples inversão da forma "desenvolvida" para a forma do "equivalente universal" gera uma nova entidade, o próprio equivalente universal como exceção constitutiva da totalidade.)

Nosso último argumento, portanto, é bastante técnico: as fórmulas de McCumber ganham consideravelmente em clareza e compreensão se substituirmos a série de marcas M_1 ... M_J pelo matema S_2 de Lacan, o significante da cadeia de conhecimento, e M_K, a abreviação da série M_1 ... M_J, por S_1, o Significante-Mestre. Vamos elucidar esse ponto por meio de um exemplo estruturalmente homólogo ao do antissemitismo – o gracejo cínico e antissocialista da Polônia: "É verdade, nós não temos comida, eletricidade, moradia, livros e liberdade o suficiente, mas no fundo nada disso importa, porque temos o Socialismo". A lógica hegeliana aqui subjacente é esta: primeiro, o socialismo é posto como a simples abreviação de uma série de marcas que designam qualidades efetivas ("Quando temos comida, eletricidade, moradia, livros e liberdade o suficiente, vivemos no socialismo"); invertemos em seguida a relação e nos referimos à série de marcas para "explicar" o socialismo ("socialismo significa comida, eletricidade, moradia, livros, liberdade..."); no entanto, quando realizamos mais uma inversão, não voltamos ao ponto de partida, uma vez que o "socialismo" agora se transforma em "Socialismo", o Significante-Mestre, isto é, não mais uma simples abreviação que designa uma série de marcas, mas o nome do fundamento oculto dessa série de marcas que agem como muitos efeitos-expressões desse fundamento. E, como o "Socialismo" é agora a Causa expressa na série de marcas fenomenais, podemos no fim dizer "Não importa se todas essas marcas desaparecerem – nossa luta não tem nada a ver com elas! O que importa é que ainda temos o Socialismo!".

---

[19] MARX, Karl. O *capital: crítica da economia política, livro I.* Tradução de Rubens Enderle. São Paulo: Boitempo, 2013, p. 144-145.

Para resumir: em (1), a marca da abreviação-imediação é um simples *signo*, uma designação externa da série dada, ao passo que em (3), essa marca é um *significante* que estabelece performativamente a série em sua totalidade. Em (1), somos vítimas da ilusão de que a série completa é um Em-si que persiste independentemente de seu signo, ao passo que em (3) fica claro que a série só se completa e se constitui pela marca reflexiva que a suplementa, isto é, em (3) o signo *está contido na "própria coisa" como seu constituinte inerente*, a distância que separa o signo do conteúdo designado desaparece.

Capítulo 9

O eclipse do significado: sobre Lacan e a desconstrução[1]

Parece-me que as ponderadas questões propostas pelo círculo da revista *Agenda*, repletas de observações precisas e perspicazes, concentram-se num ponto central: *"Quais são as diferenças reais entre a sua abordagem e a desconstrução?"*. Quando comecei a pensar nessas questões, vi-me imediatamente imerso no problema da relação complexa entre a psicanálise lacaniana e a desconstrução derridiana. Este artigo reproduz os resultados iniciais da minha tentativa de esclarecer essa relação.

I

Meu primeiro argumento é puramente "transcendental". Diz respeito às "condições de possibilidade" da leitura desconstrutivista derridiana de Lacan: a *qual* Lacan essa leitura se refere? Minha hipótese é que a leitura desconstrutivista derridiana de Lacan reduz o *corpus* dos

---

[1] Publicado originalmente como "Prolegomena to a Future Answer to Dr. Butler", em *Agenda: Australian Contemporary Art*, n. 44, p. 45-67, 1995. Este artigo foi escrito como resposta a uma série de questões feitas por Rex Butler a Žižek depois de uma série de conferências ministradas na Oitava Conferência Anual do Centro Australiano de Psicanálise no Campo Freudiano, em Melbourne, em 13 de agosto de 1994 (a segunda conferência de Žižek foi publicada como capítulo 4 deste livro, "Conexões do campo freudiano com a filosofia e a cultura popular"). As questões de Rex Butler foram publicadas em *Agenda*, n. 44, p. 68-70.

textos de Lacan[2] a uma *doxa* sobre ele que restringe seus ensinamentos a um quadro da filosofia tradicional. Longe de ser um simples caso de falsa leitura, essa *doxa* tem, definitivamente, um suporte em Lacan: ele mesmo muitas vezes cede a essa tentação, uma vez que essa *doxa* é um tipo de "filosofia espontânea da psicanálise (lacaniana)". Então quais são seus contornos básicos? No momento em que entramos na ordem simbólica, a imediatez do Real pré-simbólico se perde para sempre: o verdadeiro objeto do desejo ("mãe") se torna impossível-inatingível. Cada objeto positivo que encontramos na realidade já é um substituto para essa perda original, a *Ding* incestuosa tornada inacessível pelo próprio fato da linguagem – nisso consiste a "castração simbólica". Por conseguinte, a própria existência do ser humano enquanto ser-de-linguagem encontra-se sob o signo de uma falta irredutível e constitutiva. Estamos submersos no universo de signos que nos impede eternamente de atingir a Coisa. A tão chamada "realidade externa" já é "estruturada como linguagem", ou seja, seu significado está sempre-já sobredeterminado pelo quadro simbólico que estrutura nossa percepção da realidade. A instância simbólica da proibição paternal (o "Nome-do-Pai") simplesmente personifica a impossibilidade (dá corpo a ela) que é tão importante quanto o próprio fato da ordem simbólica – "o gozo está vedado a quem fala como tal".[3]

Essa lacuna que faz uma separação entre a Coisa perdida e os semblantes simbólicos que nunca são *"aquilo"* define os contornos da ética do desejo: "não ceder de seu desejo" só pode significar "não se sujeite a nenhum dos substitutos da Coisa, mantenha aberta a lacuna do desejo". Na nossa vida cotidiana, tornamo-nos vítimas o tempo todo de engodos imaginários que prometem a cura da ferida original/constitutiva da simbolização, da Mulher com quem a relação sexual plena será possível, até o ideal político totalitário de uma comunidade plenamente realizada. Em contrapartida, a máxima fundamental da ética do desejo é simplesmente o desejo como tal: temos de manter o desejo em sua insatisfação. Temos aqui um tipo de heroísmo da falta: o objetivo da

---

[2] DERRIDA, Jacques. Le facteur de la vérité. In: *The Post Card: From Socrates to Freud and Beyond*. Tradução para o inglês de Alan Bass. Chicago: University of Chicago Press, 1987, p. 413-496. (N.O.)

[3] Ver LACAN, Jacques. Subversão do sujeito e dialética do desejo no inconsciente freudiano. In: *Escritos*. Tradução de Vera Ribeiro. Rio de Janeiro: Jorge Zahar, 1998, p. 836. (N.T.)

cura psicanalítica é induzir o sujeito a assumir heroicamente sua falta constitutiva; a suportar a cisão que impele o desejo. A possibilidade da *sublimação* nos dá uma saída produtiva desse impasse, quando escolhemos um objeto empírico e positivo e o "elevamos à dignidade da Coisa", isto é, o transformamos num tipo de substituto para a Coisa impossível. Desse modo, permanecemos fiéis ao desejo sem sermos arrastados para dentro do vórtice mortal da Coisa. Essa leitura (equivocada) das ideias de Lacan levou alguns filósofos alemães a interpretarem o apego de Antígona ao desejo como uma atitude *negativa*, isto é, como o caso exemplar da obsessão letal pela Coisa que não pode atingir sua sublimação e, com isso, perde-se num abismo suicida – como se todo o propósito da leitura lacaniana de *Antígona* não fosse apresentá-la como um caso exemplar da ética psicanalítica do "não abrir mão de seu desejo"!

As consequências políticas dessa leitura de Lacan são claras: o campo do político é caracterizado pela relação radicalmente ambígua dos sujeitos para com a Coisa pública (*res publica*), o núcleo do Real em torno do qual gira a vida de uma comunidade. O sujeito, na qualidade de membro de uma comunidade, é dividido não só entre seus ímpetos "patológicos" e sua relação com a Coisa – sua relação com a Coisa também é dividida: por um lado, a lei do desejo nos obriga a negligenciar nossos interesses patológicos e seguir nossa Coisa; por outro, uma lei ainda mais superior (Bernard Baas a representa com "L" maiúsculo[4]) nos incita a manter uma distância mínima da nossa Coisa, isto é, incita-nos a ter em mente que, a propósito de cada ação política que pretende realizar nossa Causa, "isto não é aquilo" [*ce n'est pas ça*]. A Coisa só pode aparecer em sua retirada, como o Fundamento obscuro que motiva nossa atividade, mas que se dissipa no momento em que tentamos apreendê-lo em sua consistência ontológica positiva. Se negligenciamos essa Lei, mais cedo ou mais tarde nos vemos presos num círculo vicioso "totalitário" e autodestrutivo. O que espreita ao fundo, obviamente, é a distinção kantiana entre o aspecto constitutivo e o regulador: a Coisa (liberdade, por exemplo) tem de permanecer um ideal regulador – qualquer tentativa de plena realização só leva à mais terrível das tiranias. (É fácil perceber aqui os contornos da crítica kantiana da perversão da Revolução Francesa no terror revolucionário

---

[4] Žižek se refere a BAAS, Bernard. Das öffentliche Ding. In: *Ethik und psychoanalyse*. Organização de Hans-Dieter Gondek e Peter Widmer. Frankfurt: Fisher, 1994. (N.O.)

dos jacobinos.) Como não reconhecer aqui a referência à paisagem política contemporânea, com seus dois extremos: o pragmatismo liberal que não tem princípios e o fanatismo fundamentalista?

Numa primeira abordagem, essa leitura de Lacan parece, sim, convincente, quase óbvia – contudo, o que torna suspeita essa tradução dos conceitos lacanianos em filosofemas estruturalistas modernos e/ou existencialistas da falta constitutiva, etc. é sua própria facilidade. Trocando em miúdos, estamos lidando aqui com uma distorção "idealista" de Lacan. A essa problemática "idealista" do desejo, sua falta constitutiva, etc., temos de contrapor a problemática "materialista" do Real das pulsões. Ou seja, para Lacan, o "Real" não é, no modo kantiano, uma categoria puramente negativa, a designação de um limite sem nenhuma especificação do que há além dele. O Real enquanto pulsão é, ao contrário, o *agens*, a "força motora", do desejar. Esse status "ativo" (e não puramente negativo) das pulsões, da "libido" pré-simbólica, leva Lacan a elaborar o mito da "lamela". Nele, ele desenvolve – na forma de uma narrativa mítica, não de uma articulação conceitual – a "gênese real", isto é, o que teve de ocorrer *antes* da simbolização, *antes* do surgimento da ordem simbólica.

A propósito, o que acabo de dizer não implica, de modo nenhum, que o Real da pulsão seja, quanto a seu status ontológico, um tipo de substancialidade plena, o "estofo" positivo das estruturações simbólico-formais. O que Lacan fez com a noção de pulsão é estranhamente similar ao que Einstein fez, em sua teoria da relatividade geral, com a noção de gravidade. Einstein "dessubstanciou" a gravidade, reduzindo-a à geometria: a gravidade não é uma força substancial que "curva" o espaço, mas sim o nome da curvatura do próprio espaço. De maneira homóloga, Lacan "dessubstanciou" as pulsões: uma pulsão não é uma força positiva primordial, mas um fenômeno topológico puramente geométrico, o nome da curvatura do espaço do desejo, isto é, o nome do seguinte paradoxo: dentro desse espaço, atinge-se o objeto (*a*) não indo diretamente a ele (o modo mais seguro de perdê-lo), mas circulando-o, "dando voltas". A pulsão é essa "distorção" puramente topológica do instinto natural que encontra satisfação no consumo direto de seu objeto.

Em suma, o argumento de Lacan aqui é que a passagem do Real radicalmente "impossível" (o Corpo-Coisa maternal que só pode ser apreendido de maneira negativa) para o reino da lei simbólica, para o desejo regulado pela Lei e sustentado pela Proibição fundamental, não é direta: algo acontece *entre* a natureza "pura", "pré-humana", e a ordem das trocas simbólicas, e esse "algo" é justamente o Real das pulsões – *não mais* o "circuito fechado" dos instintos e de seu ritmo de satisfação inato (as pulsões já são "natureza descarrilada"), mas *não ainda* o desejo simbólico sustentado pela Proibição. A Coisa lacaniana não é simplesmente o Real "impossível" que recua para os nichos escuros do Inatingível com a entrada da ordem simbólica, ela é o próprio universo das pulsões. Aqui, a referência a Schelling é de importância crucial, uma vez que Schelling foi o primeiro a dar um passo homólogo no domínio da filosofia. Sua narrativa mítica sobre as "idades do mundo" centra-se num processo em Deus que precede a efetividade do Logos divino e, como já vimos, esse processo é descrito em termos que claramente preparam o caminho para a noção lacaniana do Real das pulsões.

II

Então em que consiste, exatamente, essa diferença entre Lacan e a desconstrução? Vou elaborar esse argumento crucial a propósito do par derridiano "suplemento/centro". De uma maneira que lembra as variações foucaultianas infindáveis sobre a heterogeneidade complexa das relações de poder (elas vão para cima, para baixo, para os lados), Derrida também gosta de se entregar fortemente a variações exuberantes sobre o caráter paradoxal do suplemento (o elemento excessivo que não está nem dentro nem fora; ele se projeta para fora da série a que pertence e ao mesmo tempo a completa, etc.). Lacan, ao contrário – por meio de um gesto que, é claro, sem dúvida sinalizaria para Derrida a reinscrição no discurso filosófico tradicional –, *oferece sem ambiguidades um conceito desse elemento*, a saber, o conceito do Significante-Mestre, S_1, em relação a S_2, a cadeia "ordinária" do conhecimento. Esse conceito não é um conceito simples e inequívoco, mas sim o conceito da própria ambiguidade estrutural. Ou seja, Lacan reúne no mesmo conceito o que Derrida separa. Em Lacan, S_1 representa o suplemento – a característica que se projeta mas que, como tal, em seu próprio excesso, é inevitável – e, ao mesmo tempo, o Significante-Mestre. Nisso, nessa "identidade especulativa" entre o suplemento e o Centro, consiste a atitude "hegeliana" implícita de Lacan: o Centro que Derrida tenta "desconstruir" é, em última análise, o próprio suplemento que ameaça perturbar seu poder totalizante, ou, em kierkegaardês, o suplemento é o próprio Centro "em seu devir".

Nesse sentido preciso, o suplemento é a condição de possibilidade *e* a condição de impossibilidade do Centro.

Mutatis mutandis, o mesmo vale para o par "voz/escrita". Na sua desconstrução do fonologocentrismo ocidental, Derrida propôs a ideia de que a metafísica da presença é, no final das contas, fundada na ilusão do "ouvir-se falar [*s'entendre-parler*]", na experiência ilusória da Voz como meio transparente que permite e garante a autopresença imediata do falante. Em sua teoria da voz como objeto parcial (no mesmo nível de outros objetos: seios, fezes), Lacan suplementa Derrida com a identidade hegeliana como coincidência de opostos. Sim, a experiência do *s'entendre-parler* serve para fundamentar a ilusão da autopresença transparente do sujeito que fala. No entanto, não é a voz que *ao mesmo tempo* destrói mais radicalmente a autopresença e a autotransparência do sujeito? Não a escrita, que destrói a voz como se ela viesse de fora, de uma distância mínima, mas sim a voz em si, somos tentados a dizer: a voz *como tal* em sua presença estranha – ouço-me falar, contudo o que ouço nunca é eu mesmo, mas um parasita, um corpo estranho em meu cerne. Em suma, a voz é aquilo que me faz "não poder me ouvir pensar", de modo que o apelo básico do sujeito à sua voz é: "Poderia, por favor, se calar, não consigo me ouvir pensar!". Esse estranho *em mim* adquire existência positiva em diferentes disfarces, desde a voz da consciência até a voz do perseguidor na paranoia. A "autoidentidade" da voz reside no fato de que a voz, enquanto meio de autopresença transparente, *coincide* com a voz enquanto corpo estranho que solapa minha autopresença "por dentro". Com respeito a essa fricção interna da voz, a tensão entre voz e escrita já é secundária: nela, essa fricção interna está, por assim dizer, deslocada na relação da voz com a escrita enquanto seu *Outro* externo.

Consequentemente, o status da voz em Lacan não resulta numa simples reversão simétrica da noção derridiana da escrita como suplemento, ou seja, não é que em vez de a escrita suplementar a voz, agora seja a vez de a voz suplementar a escrita: a própria lógica da relação é diferente em cada caso. Em Lacan, a voz anterior à escrita (e ao movimento da *différance*) é uma pulsão e, como tal, está presa no antagonismo de um movimento circular fechado. Ao expulsar sua própria materialidade opaca para a "exterioridade" da escrita, a voz se estabelece como meio ideal de autotransparência. Talvez nisso consista o abismo que separa para sempre o Real de um antagonismo, de um lado, da *différance* de Derrida, de outro: a *différance* aponta para o adiamento constante e constitutivo da autoidentidade impossível, ao passo que, em Lacan, o que o movimento da substituição-adiamento simbólico nunca consegue atingir não é a Identidade, mas o Real de um antagonismo. Na vida social, por exemplo, o que a multiplicidade de simbolizações-narrativizações (ideológicas) não exprime não é a *autoidentidade* da sociedade, mas o *antagonismo*, a cisão constitutiva do "corpo político".

Recapitulando: em Derrida, a voz é o meio da autotransparência ilusória. Consequentemente, o fato de que a voz, por motivos estruturais, nunca transmite essa autotransparência significa que ela está sempre-já manchada com a escrita, que sempre-já contém o mínimo da materialidade de um traço que introduz um intervalo, uma lacuna, na pura autopresença da voz. No "grafo do desejo" de Lacan, no entanto, a voz é o resto da operação significante, isto é, o pedaço sem sentido do real que fica para trás quando acontece a operação de estofamento [*capitonnage*] responsável pela estabilização do significado – em suma, *é a voz que, no significante, resiste ao significado*: ela representa a inércia opaca que não pode ser recuperada pelo significado. É apenas a dimensão da escrita que explica a estabilidade do significado, ou, para citar as palavras imortais de Samuel Goldwyn: "Um contrato verbal não vale o papel em que é escrito". Como tal, a voz não está nem viva nem morta: seu status é, antes, o de um "morto-vivo", de uma aparição espectral que, de algum modo, sobrevive à própria morte, isto é, o eclipse do significado. Em outras palavras, é verdade que a vida de uma voz pode ser oposta à letra morta de uma escrita, mas essa vida é a vida estranha de um monstro "não-vivo", não uma autopresença viva e "saudável" do Significado.

Como já sugeri, também é possível formular esse status paradoxal da voz nos termos da noção hegeliana de tautologia como a contradição mais elevada. "Voz é voz" em *s'entendre parler* é uma tautologia homóloga a "Deus é... Deus": a primeira voz ("Voz é...") é o meio da presença autotransparente, ao passo que a segunda voz (... voz") é a mancha opaca que me descentra por dentro, um corpo estranho no meio de mim mesmo: a forma da identidade contém a heterogeneidade total. Minha autoidentidade é sustentada por sua "condição de impossibilidade", por um corpo estranho "espectral" em meu cerne. "O Suplemento é o Centro", ao contrário, tem de ser lido como um "juízo infinito" no sentido hegeliano do termo. Em vez de a tautologia dar forma ao antagonismo radical entre as duas aparências do mesmo termo, a própria justaposição dos dois termos, que parecem incompatíveis, torna visível sua "identidade especulativa" – "o Espírito é um osso", por exemplo. O "juízo infinito" lacaniano supremo, é claro, é sua fórmula da fantasia, $\$ \lozenge a$, que postula a codependência do puro vazio da subjetividade e o resto informe do Real que, precisamente, resiste à subjetivação: o *objeto a* não é meramente o correlato objetal do sujeito, ele é o próprio sujeito na sua existência objetal "impossível", um tipo de substituto objetal para o sujeito. O mesmo acontece com "o Suplemento é o Centro". A questão não é simplesmente que não haja Centro sem suplemento, que seja apenas o suplemento que, retroativamente, constitua o Centro; o próprio Centro não é nada além do suplemento percebido a partir de determinada perspectiva – a passagem do Centro para seu suplemento diz respeito ao ponto de vista, não à "coisa". Aqui estamos lidando com uma passagem puramente topológica, homóloga à mudança no status da alimentação popular consumida pelas classes baixas ocasionada pelo desenvolvimento dos alimentos industrializados. Os alimentos mais baratos e os mais elementares (pães integrais, por exemplo) pouco a pouco desaparecem do mercado, expulsos pelos pães industriais de forma brancos ou de hambúrguer, apenas para retornar depois, de maneira triunfante, como especialidades mais caras, "naturais" e "caseiras". A luta contra a Voz opaca, portanto, é a luta contra a própria autoidentidade transparente: em seu esforço de conter o suplemento, o Centro destrói suas próprias fundações.

Dito de outra maneira, Lacan subverte a metafísica da presença no ponto exato em que, para equiparar a voz com a subjetividade, ele parece sucumbir a uma de suas premissas básicas. Para o horror e/ou o deleite dos desconstrucionistas, Lacan diz que uma cadeia significante se subjetiva pela voz – não há sujeito antes da voz. A escrita é em si não subjetiva, ela não envolve nenhuma posição subjetiva de enunciação, nenhuma diferença entre o conteúdo enunciado e seu processo de enunciação. No entanto, a voz pela qual a cadeia significante se subjetiva não é a voz enquanto meio da autopresença transparente do Significado, mas a voz enquanto mancha escura do resto não subjetivável, o ponto do eclipse do significado, o ponto em que o significado se transforma em *jouis-sense*. Ou, colocando em termos ainda mais incisivos: temos uma cadeia de signos (escritos) que designam transparentemente seus significados: quando essa cadeia se subjetiva? Como seu significado "achatado" (denotação em que não reverbera nenhuma subjetividade) se transforma em Sentido? Só quando é acrescentada a ele uma mancha vocal escura e sem sentido que, em sua própria opacidade, funciona como substituto para o sujeito. O paradoxo lacaniano, portanto, é que para transformar o Significado (objetivo-denotativo) em Sentido (subjetivo-expressivo) basta suplementá-lo com uma mancha vocal sem sentido: *Sentido = significado + não sentido.* A presença desse suplemento vocal impenetrável efetua a mágica da transmutação de uma cadeia escrita de significantes em fala "subjetivada" na qual podemos discernir, além de seu significado denotativo, a reverberação de uma posição de enunciação subjetiva. Nesse sentido preciso, Lacan pode dizer que a voz explica o mínimo da *passage à l'acte* da cadeia significante. Basta lembrarmos o exemplo do "discurso de ódio", isto é, de atos de fala em que a própria intenção-de-significar, a intenção de "dizer algo", é eclipsada pela intenção de atingir e destruir o núcleo do Real, o *objeto a*, no Outro (vítima). É crucial que o termo usado seja "discurso de ódio", e não "escrita de ódio".

III

A questão central, portanto, é o status da voz excessiva que representa o eclipse do significado. Para exprimir essa voz estranha, basta darmos uma rápida olhada na história da música, que se apresenta como um tipo de contra-história da história derridiana da metafísica ocidental, como um domínio da voz sobre a escrita. O que encontramos nela repetidas vezes é uma voz que ameaça a ordem estabelecida e, por essa razão, tem de ser controlada, subordinada à articulação racional da palavra escrita e falada, solidificada na escrita. Para mostrar o perigo que aqui espreita, Lacan cunhou o neologismo "*jouis-sense*" – gozo-no-sentido –, o momento em que a voz que canta "sai do controle", desliga-se de sua ancoragem no significado e se precipita em um gozo de si desgastante. Os dois casos exemplares desse eclipse do significado no gozo de si desgastante são, é claro, o clímax (feminino) das árias operísticas e a experiência mítica. O esforço para dominar e regular esse excesso vai da antiga China, onde o próprio imperador legislava a música, ao medo de Elvis Presley que uniu a maioria moral conservadora nos Estados Unidos e os linhas-duras comunistas na União Soviética. Em *A república*, Platão só tolera a música enquanto estritamente subordinada à ordem da Palavra. A música está localizada nos cruzamentos entre Natureza e Cultura. Ela nos captura, por assim dizer, "no real", de uma maneira muito mais direta que o significado das palavras. Por essa razão, ela pode servir como a mais poderosa arma de educação e disciplina; no entanto, no momento em que perde sua base e se vê presa no círculo vicioso e autopropulsivo do gozo, pode destruir as fundações não só do Estado, mas também da ordem social como tal. Na Idade Média, o poder da Igreja enfrentou esse mesmo dilema: é impressionante notar quanta energia e atenção as mais altas autoridades eclesiásticas (os papas) dedicaram à questão aparentemente leviana da regulação da música (o problema da polifonia, o "tritão do demônio", etc.). A figura que personifica a atitude ambígua do Poder para com o excesso da Voz é, é claro, Hildegarda de Bingen, que atribuiu o gozo místico à música e por isso correu o risco constante de ser excomungada, embora estivesse integrada ao mais alto nível da hierarquia do poder, aconselhando o imperador, etc. A mesma matriz entra em ação novamente na Revolução Francesa, cujos ideólogos tentaram impor como "normal" a diferença sexual sob o domínio da palavra falada masculina contra a decadente satisfação aristocrata encontrada nos prazeres de ouvir os *castrati*. Um dos últimos episódios dessa luta perpétua é a infame campanha soviética, fomentada pelo próprio Stalin, contra a ópera *Katarina Izmajlova*, do compositor Dmitri Shostakovich. De forma bastante curiosa, uma das principais críticas foi que a ópera era uma massa de gritos desarticulados... O problema, por conseguinte, é sempre o mesmo: como evitamos que a voz escorregue para um gozo de si desgastante que "afemina" a confiável Palavra masculina? Aqui a voz funciona como um "suplemento" no sentido derridiano. Tentamos contê-la, controlá-la, subordiná-la à Palavra articulada, e no entanto não podemos prescindir dela totalmente, pois uma dose apropriada é vital para o exercício do poder. (Basta recordarmos o papel das canções patrióticas militares na construção das comunidades totalitárias, ou, para citar uma obscenidade ainda mais flagrante, as "marchas" hipnóticas dos Fuzileiros Navais dos Estados Unidos. Seu ritmo debilitante e seu conteúdo sádico e sem sentido não são um exemplo do gozo de si desgastante a serviço do Poder?)

IV

Isso nos leva de volta ao problema de Hegel, da dialética hegeliana. Um dos lugares-comuns pós-modernos em relação a Hegel é a reprimenda à "economia contida": no processo dialético, a perda e a negatividade são contidas de antemão, são explicadas – o que se perde é meramente o aspecto inessencial (e o próprio fato de uma característica ter sido perdida conta como prova suprema de seu status inessencial), enquanto podemos ter certeza de que a dimensão essencial não vai apenas sobreviver, mas ainda ser fortalecida pela provação da negatividade. Todo o propósito (teleológico) do processo de perda e recuperação é permitir que o Absoluto se purifique, que torne manifesta sua dimensão essencial livrando-se do inessencial, como uma cobra que, de tempos em tempos, troca de pele para se rejuvenescer. Agora vemos onde essa reprimenda, que atribuí a Hegel a economia obsessiva do "posso lhe dar tudo *menos aquilo*", fracassa e erra o alvo. A premissa básica de Hegel é que cada tentativa de distinguir o Essencial do Inessencial sempre se prova falsa. Sempre que recorro à estratégia de renunciar ao Inessencial para salvar o Essencial, mais cedo ou mais tarde (mas sempre quando já é tarde demais) acabo descobrindo que cometi um erro fatal quanto ao que é essencial, e que a dimensão essencial já escapuliu por entre meus dedos. O aspecto crucial da reversão dialética é essa mudança na relação entre o Essencial e o Inessencial. Quando, por exemplo, eu defendo a adulação sem princípios que faço a meus superiores dizendo que ela equivale a uma mera acomodação externa, enquanto no fundo do meu coração eu estou preso a minhas verdadeiras convicções e na verdade eu os desprezo, estou me cegando para a realidade da situação: eu já cedi ao que realmente importa, uma vez que minha convicção interna, por mais sincera que seja, é o que é efetivamente "inessencial".

A "negação da negação" não é um tipo de prestidigitação existencial pela qual o sujeito finge colocar tudo em risco, quando na verdade sacrifica apenas o inessencial. Em vez disso, ela diz respeito à experiência terrível que ocorre quando, depois de sacrificar tudo que é considerado "inessencial", percebo de repente que a própria dimensão essencial, pela qual sacrifiquei o inessencial, já se perdeu. O sujeito salva sua pele, sobrevive à provação, mas o preço que paga por isso é a perda de sua própria substância, do núcleo mais precioso de sua individualidade. Mais precisamente, antes dessa "transubstanciação", o sujeito não é de modo nenhum um sujeito, uma vez que *"sujeito", em última instância, é o nome dessa mesma "transubstanciação" da substância* que, depois de sua disseminação, retorna para si mesmo, mas não como "o mesmo". Desse modo, é muito fácil nos deixar enganar pelas notórias proposições de Hegel a respeito do Espírito como poder de "demorar-se com o negativo", isto é, de ressuscitar depois de sua própria morte. Na provação da negatividade absoluta, o Espírito, em sua individualidade particular, *efetivamente morre*, está acabado, de modo que o Espírito que "ressuscita" *não é o Espírito que se foi anteriormente*. O mesmo vale para a Ressurreição. Hegel enfatiza repetidas vezes que Cristo morre na Cruz de verdade – ele retorna como Espírito da comunidade dos fiéis, não em pessoa. Repetindo, então, quando Hegel afirma, na passagem que talvez seja a mais famosa de sua *Fenomenologia*, que o Espírito é capaz de "demorar-se com o negativo", de aguentar o poder do negativo, ele não quer dizer que, na provação da negatividade, o sujeito simplesmente cerre os dentes e resista – sim, ele vai perder parte de sua plumagem, mas, magicamente, tudo vai acabar bem. A questão mesmo de Hegel é que o sujeito *não* sobrevive à provação da negatividade: ele *efetivamente* perde sua essência e se transfaz em seu Outro. Aqui somos tentados a evocar o tema recorrente nas ficções científicas da identidade mudada, quando o sujeito sobrevive biologicamente, mas deixa de ser a mesma pessoa. É disso que trata a transubstanciação hegeliana, e, é claro, é justamente essa transubstanciação que distingue Sujeito de Substância. "Sujeito" designa o X que sobrevive à perda de sua própria identidade substancial e continua a viver como a "casca vazia de seu antigo si-mesmo".

Também podemos dizer a mesma coisa concentrando-nos na dialética entre o Em-si e o Para-si. Nas lutas ecológicas atuais, a posição do "Em-si mudo" do Universal abstrato é mais bem resumida por um observador externo que entende a "ecologia" como a universalidade neutra de um gênero que depois se subdivide numa multiplicidade de espécies (ecologia feminista, ecologia socialista, ecologia da Nova Era, ecologia conservadora, etc.). No entanto, para um sujeito que é "de dentro", envolvido na luta ecológica, não existe essa universalidade neutra. Por exemplo, para uma ecologista feminista, a ameaça de iminente catástrofe ecológica *resulta* da atitude masculina de dominação e exploração, de modo que ela não é uma feminista *e* uma ecologista – o feminismo lhe fornece o conteúdo específico de sua identidade ecológica, isto é, uma "ecologista não feminista", para ela, não é mais um tipo de ecologista, mas simplesmente uma pessoa que *não é uma verdadeira ecologista*. O problema – propriamente hegeliano – do "Para-si" de um Universal, portanto, é este: como, e sob quais condições concretas, a dimensão universal pode se tornar "para si"? Como pode ser posta "como tal", em contraste explícito a suas qualificações particulares, de modo que eu experimente a qualificação feminista específica (ou conservadora ou socialista ou...) da minha atitude ecológica como algo contingente no que se refere à noção universal de ecologia? Voltando à relação entre Derrida e Lacan, a lacuna que os separa consiste nisto: para Derrida, o sujeito sempre permanece substância, enquanto, para Lacan (e para Hegel), o sujeito é precisamente aquilo que não é substância. A seguinte passagem de *Gramatologia* é típica:

> de qualquer maneira que ela [a categoria do sujeito] seja modificada, afetada de consciência ou inconsciência, esta remeterá, por todo o fio de sua história, à substancialidade de uma presença impassível sob os acidentes ou à identidade do próprio na presença da relação a si.[5]

Para Derrida, então, a noção de sujeito envolve uma autoidentidade substancial mínima, um núcleo de autopresença que continua o mesmo por trás do fluxo das mudanças acidentais. Para Hegel, ao contrário, o termo "sujeito" designa o próprio fato de que a substância, no núcleo de sua identidade, *é* perturbada por acidentes. O "tornar-se sujeito da substância" representa o gesto de *hybris* pelo qual um mero acidente ou predicado da substância, um momento subordinado de sua totalidade, instala-se como novo princípio totalizante e subordina a Substância prévia ao si-mesmo, transformando-a em seu próprio momento particular. Na paragem do feudalismo para o capitalismo, por exemplo, o dinheiro – em tempos medievais, um momento claramente subordinado da totalidade das relações econômicas – afirma-se como o princípio mesmo da totalidade (uma vez que o objetivo da produção capitalista é o lucro). O "tornar-se sujeito" da Substância envolve esse deslocamento contínuo do Centro. Repetidas vezes, o velho Centro se transforma num momento subordinado da nova totalidade dominada por um princípio estruturador diferente – longe de ser uma instância subjacente "mais profunda" que "controla nos bastidores" esse deslocamento do Centro (isto é, do princípio estruturador da totalidade), "sujeito" designa o vazio que serve como meio e/ou operador desse processo de deslocamento.

Deveríamos, portanto, renunciar às formulas comuns do "Universal concreto" hegeliano como Universal que é a unidade entre si e seu Outro (o Particular), ou seja, não abstratamente oposto à riqueza do conteúdo particular, mas o próprio momento de automediação e autossuprassunção

---

[5] DERRIDA, Jacques. *Gramatologia*. Tradução de Miriam Schnaiderman e Renato Janine Ribeiro. São Paulo: Perspectiva, 1973, p. 84.

do Particular. O problema com essa imagem "orgânica" clássica do "Universal concreto" como Totalidade substancial viva que se reproduz através do próprio momento de seu conteúdo particular é que, nela, o Universal ainda não é "para si", isto é, posto como tal. Nesse sentido preciso, o surgimento do sujeito é correlato à posição do Universal "como tal", em sua oposição ao conteúdo particular. Retornemos a nosso exemplo da ecologia: toda tentativa de definir um núcleo substancial da ecologia, um mínimo de conteúdo com o qual todo ecologista tem de concordar, está necessariamente fadada ao fracasso, pois esse núcleo muda na luta pela hegemonia ideológica. Para os socialistas, a causa suprema da crise ecológica deve ser procurada no modo de produção capitalista voltado para o lucro, e é por isso que, para eles, o capitalismo é o próprio núcleo de uma atitude ecológica verdadeira. Para os conservadores, a crise ecológica está enraizada no falso orgulho do homem em sua vontade de dominar o mundo, então o mero respeito pela tradição seria o núcleo de uma atitude ecológica verdadeira. Para as feministas, a crise ecológica resulta da dominação masculina, etc., etc. O que está em jogo na luta político-ideológica, é claro, é o conteúdo positivo que vai preencher o significante "vazio" da "ecologia": *o que significará* ser "ecologista" (ou "democrata", ou pertencer a uma "nação")? Meu argumento é que *o surgimento do "sujeito" é estritamente correlato à postulação desse significante central como "vazio"*. Eu me torno "sujeito" quando o significante universal ao qual me refiro ("ecologia", no nosso caso) não está mais conectado por um cordão umbilical a algum conteúdo particular, mas é experimentado como espaço vazio a ser preenchido pelo conteúdo (feminista, conservador, estatal, pró-mercado, socialista) particular. Esse significante "vazio", cujo conteúdo positivo é o "risco" da luta político-ideológica, "representa o sujeito para outros significantes", para os significantes que representam seu conteúdo positivo.

V

Lacan desenvolve os contornos dessa "dessubstanciação", que dá à luz o sujeito, em seu comentário detalhado sobre a trilogia dos Coûfontaine, de Paul Claudel, elevada por ele à condição de equivalente contemporânea de *Antígona*.[6] A referência à Antígona de Lacan como caso exemplar da

---

[6] LACAN, Jacques. *O seminário, livro 8: A transferência*. Tradução de Duque Estrada. Rio de Janeiro: Jorge Zahar, 1992, p. 261-316.

ética do desejo tornou-se lugar-comum nos últimos anos – em contraste significativo à falta de reação aos comentários de Lacan sobre a peça de Claudel. Essa falta de reação, no entanto, não é nada surpreendente, pois, em Claudel, as coisas são muito mais perturbadoras: não há brilhos de beleza gerados pelo sublime *páthos* dos acontecimentos trágicos no palco, mas apenas um tique repulsivo.

Vou me limitar à primeira parte da trilogia, *Refém*. A peça acontece no final do império napoleônico, na propriedade da nobre e empobrecida família dos Coûfontaine, na zona rural da França. Depois de muitos anos de dedicado empenho, Sygne de Coûfontaine, beleza um tanto apagada, já quase com 30 anos, e último membro da família a permanecer na propriedade, consegue reunir o que havia restado da propriedade no tumulto da revolução. Numa noite tempestuosa, ela recebe a visita secreta e inesperada de seu primo Georges, herdeiro da família e fervoroso realista, que havia emigrado para a Inglaterra. Capturada num transe místico comparável ao de *Tristão*, de Wagner, Sygne e Georges fazem juras de amor eterno, que expressam ao mesmo tempo seu apego profundo às terras e ao título da família. Os dois amantes se unem na perspectiva de casamento e dão continuidade à tradição familiar: são dedicados e sacrificam tudo, juventude e felicidade, a isso – o título da família e o pequeno pedaço de terra é tudo que têm. No entanto, novos problemas surgem no horizonte. O primo volta para a França numa missão política secreta muito delicada – ele tinha levado o papa, que fugia de Napoleão, para o solar. Na manhã seguinte, Sygne recebe a visita de Toussaint Turelure, barão e *nouveau riche*, uma pessoa que ela desprezava completamente. Turelure, filho de um empregado e de sua ama de leite, havia usado a revolução para promover sua carreira: como potentado jacobino local, ele ordenara a execução dos pais de Sygne na presença dos filhos. Esse mesmo Turelure, arqui-inimigo da família, agora aborda Sygne com a seguinte proposta: seus espiões lhe informaram da presença de Georges e do papa no solar, e, é claro, ele tem ordens estritas de Paris para prender os dois imediatamente. No entanto, está preparado para deixá-los fugir somente se Sygne se casar com ele e lhe transferir o título da família Coûfontaine. Embora Sygne recuse orgulhosamente a oferta e rejeite Turelure, a longa conversa que decorre com o padre local, confidente da família, a faz mudar de ideia. Em sua estratégia paradigmaticamente moderna de induzi-la a aceitar o pedido de casamento feito por Turelure e assim salvar o papa, o padre renuncia ao apelo direto ao dever e à obrigação dela. Ele repete repetidas vezes que ninguém, nem mesmo Deus, tem o direito de pedir a ela esse sacrifício horrendo. A decisão é inteiramente dela, que tem direito de dizer "não" sem nenhuma vergonha. Um ano depois, Turelure, seu marido e agora barão de Seine, conduz as negociações para a rendição de Paris aos realistas. Com suas habilidades de negociação, ele garante para si mesmo uma das posições de mais poder na França pós-napoleônica. O negociador-chefe para o retorno do rei é ninguém menos que George, e, além disso, as negociações acontecem no mesmo dia em que nasce o filho de Sygne e Turelure. Incapaz de suportar que o corrupto e oportunista Turelure tenha usurpado o título de sua família, Georges trava uma luta violenta com ele. Há um tiroteio entre os dois homens na presença de Sygne. George é atingido mortalmente, enquanto Sygne usa o próprio corpo como escudo para proteger Turelure, e é atingida pelo tiro dado por George. Numa versão alternativa da cena que se segue ao tiroteio, Turelure, ao pé da cama de Sygne, mortalmente ferida, pede desesperadamente que ela lhe dê um signo que atribua algum significado a seu inesperado gesto suicida para salvar a vida de seu repugnante marido – qualquer coisa, mesmo que ela não tenha cometido tal ato por amor a ele, mas simplesmente para salvar da desgraça o nome da família. A moribunda Sygne não diz nada: simplesmente assinala que rejeita a reconciliação final com o marido por meio de um tique compulsivo, um tipo de espasmo convulsivo que distorce seu rosto gentil repetidas vezes. Aqui, Lacan está plenamente justificado em ler o próprio nome "Sygne" como uma distorção de *"signe"* (francês para "signo").[7] O que Sygne se recusa a fazer é dar um signo, um sinal que integre seu ato absurdo de se sacrificar pelo marido detestável no universo simbólico da honra e do dever, atenuando assim seu impacto traumático. Na última cena da peça, enquanto Sygne está morrendo, ferida, Turelure oferece patéticas boas-vindas ao rei em nome da fiel França.

Na peça de Claudel, o papa é retratado como um velho quase senil, impotente e sentimental, definitivamente fora de sintonia com sua época, personificando o ritual vazio e a sabedoria sem vida de uma instituição decadente. A restauração do *ancien régime* depois da queda de Napoleão é uma paródia obscena em que os novos-ricos mais corruptos da revolução, disfarçados de realistas, controlam o espetáculo. Claudel,

---

[7] LACAN. *O seminário, livro 8*, p. 267.

portanto, sinaliza claramente que a ordem pela qual Sygne faz seu último sacrifício não é a antiga ordem autêntica, mas seu semblante superficial e impotente, uma máscara sob cujo disfarce as novas forças da corrupção e da degeneração fortalecem seu domínio. Apesar disso, no entanto, sua palavra a tolhe, ou, como diz Lacan, ela é refém do Verbo,[8] então ela passa pelos gestos vazios de se sacrificar pelo marido a quem supostamente deveria não só obedecer, mas também respeitar e amar de todo coração. Nisso consiste a insensibilidade terrível de seu gesto suicida: um gesto que é vazio, não há Destino substancial que predetermine as coordenadas simbólicas da existência do herói, não há culpa que se assuma num gesto pateticamente heroico de autossacrifício. "Deus está morto", o Universal substancial pelo qual o sujeito está pronto para sacrificar o núcleo de seu ser não passa de uma forma vazia, um ritual ridículo destituído de qualquer conteúdo substancial, mas que, no entanto, mantém o sujeito como seu refém.

Os sujeitos modernos se constituem por meio desse gesto de renúncia dobrada, isto é, de sacrificar o próprio núcleo de seu ser, a substância particular pela qual estão prontos para sacrificar qualquer coisa. Em outras palavras, eles sacrificam o núcleo substancial de seu ser em nome da ordem universal que, no entanto, como "Deus está morto", revela-se como uma casta vazia impotente. Os sujeitos, desse modo, encontram-se no vazio da alienação absoluta, destituídos até mesmo da beleza do *páthos* trágico. Reduzidos a um estado de humilhação radical, transformados numa casca vazia de si mesmos, eles são obrigados a obedecer ao ritual e a fingir uma forte lealdade a uma Coisa na qual não acreditam mais, ou que até mesmo desprezam completamente. O fato mais que óbvio de que *Refém* em muitos momentos se aproxima do melodrama excessivo e ridículo não é, portanto, um ponto fraco da peça. Pelo contrário, funciona como o indicador de um impasse subjetivo que não pode mais se expressar no *páthos* trágico. O sujeito é destituído até mesmo do mínimo de sua dignidade trágica. A lacuna que separa a peça de Claudel de *Antígona* é claramente perceptível aqui. Se tivéssemos de reescrever *Antígona* como uma tragédia moderna, teríamos de mudar a história para despojar o gesto suicida de Antígona de sua dignidade sublime e transformá-lo num caso totalmente inadequado de perseverança obstinada, muito provavelmente idealizado pelo próprio poder estatal que pretende pôr em questão. A formulação precisa de Lacan

---

[8] LACAN. *O seminário, livro 8*, p. 296.

desse ponto-chave cai como uma luva na posição do acusado nos monstruosos julgamentos stalinistas. Na tragédia moderna, o sujeito é exigido a "assumir como um gozo a própria injustiça que lhe causa horror",[9] Não seria essa uma qualificação perfeita do impasse do sujeito stalinista? Ele não só é obrigado a sacrificar pelo partido tudo que realmente lhe é importante – tradição, lealdade aos amigos, etc. –; além disso, pede-se que ele o faça com fidelidade e entusiasmo. Por conseguinte, somos tentados a arriscar a hipótese de que os monstruosos julgamentos stalinistas, com sua humilhação (autorrelativa) absoluta dos acusados (que são obrigados a pedir pena de morte para si mesmos, etc.), fornecem a efetivação mais clara, na própria realidade social, da estrutura fundamental da tragédia moderna articulada por Lacan a propósito de Claudel.

Na medida em que o sujeito abandona o núcleo de seu ser, ele corta, por assim dizer, a possibilidade de uma retirada digna para a autenticidade trágica. O que lhe resta, então, além de um "Não!", um gesto de negação que, em Claudel, aparece na forma das contrações convulsivas da moribunda Sygne? Essa careta, um tique que desfigura a harmonia de um belo rosto feminino, registra a dimensão do Real, do sujeito enquanto "resposta do Real". Esse tique minúsculo e quase imperceptível – "uma recusa, um não, esse tique, esse esgar, em suma, essa curvatura do corpo, essa psicossomática"[10] –, incomparavelmente mais apavorante do que o vórtice ciclópico do Real celebrado por Schelling, é o gesto elementar da histeria. Por meio de seus sintomas, a histérica diz "Não" para as demandas do grande Outro (social) para "assumir como um gozo a própria injustiça que lhe causa horror" – digamos, para fingir que encontra satisfação pessoal respondendo ao seu "chamado" da maneira como é definido pela ordem patriarcal dominante.

Aqui devemos nos lembrar da reversão lacaniana da famosa proposição de Dostoiévski em *Os irmãos Karamázov*: "*Se Deus não existir, diz o pai, então tudo é permitido*. Noção evidentemente ingênua, pois nós, analistas, sabemos muito bem que se Deus não existir então absolutamente nada mais é permitido. Os neuróticos nos demonstram isto todos os dias".[11] (Uma corroboração algo patética dessa reversão

---

[9] LACAN. *O seminário, livro 8*, p. 296.

[10] LACAN. *O seminário, livro 8*, p. 296.

[11] LACAN, Jacques. *O seminário, livro 2: O Eu na teoria de Freud e na técnica da psicanálise (1954-1955)*. Tradução de Marie Christine LaznikPenot e Antonio Luiz Quinet de Andrade. Rio de Janeiro: Jorge Zahar, 1985, p. 165.

de Dostoiévski é o empenho dos intelectuais ex-dissidentes nos países pós-comunistas do Leste Europeu. Embora a censura comunista ainda fosse operante, era possível passar a mensagem subversiva entre as linhas – a própria existência da censura chamava a atenção dos leitores para a mensagem oculta, de modo que todos entendiam do que tratavam os textos. Agora que não existe censura e tudo é permitido, a proibição é universalizada. É impossível passar a mensagem subversiva: os leitores simplesmente a deixam passar; a fala dos intelectuais críticos não encontra nenhuma reverberação...) Em outras palavras, o fato de não existir mais um Destino que pré-ordene os contornos de minha culpa de modo nenhum me permite apreciar a inocência do sujeito autônomo livre de qualquer padrão de culpa imposto externamente – ao contrário: a ausência do Destino me torna *absolutamente culpado*: sinto culpa sem saber do que efetivamente sou culpado, e essa ignorância me torna ainda mais culpado. É essa "culpa abstrata" que me torna um sujeito vulnerável à armadilha "totalitária". Então existe um aspecto de verdade na afirmação conservadora de que a liberdade do sujeito moderno é "falsa". A inquietação histérica pertence à própria existência do sujeito moderno por ser ele carente de uma identidade social firme, que só pode advir de um senso substancial de Tradição. Essa culpa abstrata, indefinida e, justamente por isso, absoluta, que pesa no sujeito livre do domínio do Destino, é o objeto supremo da psicanálise, pois está na raiz de todas as formas de "psicopatologia". Nesse sentido preciso, Lacan sustenta que o sujeito da psicanálise é o sujeito cartesiano da ciência moderna, isto é, o sujeito descontente e caracterizado por uma permanente mancha de nervosismo, que vem da falta de apoio no grande Outro do Destino. A maior prova da pertinência da reversão lacaniana de Dostoiévski não seria a passagem da Lei enquanto Proibição para o domínio das "normas" ou "ideais" que hoje testemunhamos? Em todos os domínios da vida cotidiana, dos hábitos de alimentação ao comportamento sexual e o sucesso profissional, há cada vez menos proibições e mais normas e ideais a seguir. A Lei-Proibição suspensa ressurge na forma do Supereu feroz que preenche o sujeito com a culpa no momento em que sua performance se vê faltosa com respeito à norma ou ao ideal. Nisso consiste a lição do catolicismo muito apreciada por Lacan: a função de uma proibição externa clara e explícita não é nos fazer culpados, mas, ao contrário, aliviar a pressão insuportável da culpa que pesa sobre nós quando a

Proibição não consegue intervir. No nosso universo capitalista tardio, o sujeito não é culpado quando infringe uma proibição. É muito mais provável que ele se sinta culpado quando (aliás, porque) não está feliz – a obrigação de ser feliz talvez seja a maior injunção do Supereu.

Essa história sobre a felicidade começa com a Revolução Francesa. O que significa precisamente a afirmação de Saint-Just de que a felicidade é um fator político? A questão não é apenas que agora que as pessoas escaparam das garras da tirania elas têm o direito de ser felizes, e que o novo Estado tem a obrigação de trabalhar para a felicidade de seus sujeitos. O que paira ali atrás é uma possível inversão "totalitária": ser feliz é seu *dever*. Se no meio da revolução em que se deram tais acontecimentos sem precedentes você é infeliz, significa que é um traidor contrarrevolucionário. Robespierre foi um especialista sem igual em manipular a culpa de se sentir infeliz e doente à vontade. Em uma de suas grandes falas, depois de matar de susto os membros da Assembleia Nacional dizendo que havia diversos traidores entre eles (ninguém podia ter certeza de não estar na lista), Robespierre prosseguiu: "se alguém neste momento está assustado, eis a prova irrefutável de que é um traidor!". Estamos lidando não apenas com a mera variação do conhecido tema "se você não é culpado, não tem o que temer!", mas também com uma manipulação magistral do *desejo* da audiência: a culpa a que se refere Robespierre é, em última instância, a culpa de nutrir um desejo perverso que nos faz resistir à nossa própria felicidade – em suma, a culpa por termos um desejo *tout court*.

O raciocínio implícito de Robespierre poderia também ser formulado da seguinte maneira: o sujeito que reage com medo à sua acusação de que existem traidores na sala dá preferência a sua segurança e a seu bem-estar individuais sobre o bem-estar e a liberdade do povo francês, isto é, sobre a Causa revolucionária. E essa atitude em si já é traiçoeira: é a traição em sua forma mais pura, uma forma de traição anterior a qualquer ato traiçoeiro específico. A mesma lógica funciona na insistência dos stalinistas de que, no julgamento político, o acusado que se afirma inocente é culpado mesmo que suas alegações de inocência sejam verdadeiras no nível dos fatos. Ao se concentrar em seu destino individual, eles demonstram uma indiferença total pela Causa proletária e pelo fato de que suas alegações de inocência enfraquecem seriamente a autoridade do Partido e, com isso, sua unidade: nessa atitude individualista burguesa está a verdadeira culpa deles.

VI

A propósito, a literatura eslovena oferece um exemplo que não deixa nada a desejar se comparado a Claudel. *Baptism at Savica*, de France Prešeren, é um poema épico da década de 1840 sobre a cristianização violenta dos eslovenos no século IX. Segundo a narrativa mítica das origens, esse poema "fundou" a nação eslovena. A verdade é que, até hoje, pelo menos, todo estudante esloveno tem de aprendê-lo de cor. Primeiro, um prólogo descreve a luta heroica dos últimos eslovenos pagãos: o lugar de sua última parada é um castelo numa montanha cercado por cristãos. Numa batalha noturna sanguinária, todos são assassinados, com a única exceção de Črtomir, o jovem líder. Aproveitando a confusão da noite para fugir, ele se refugia num santuário pagão isolado e coordenado pela belíssima sacerdotisa Bogomila, seu grande amor. Ali, no entanto, uma péssima surpresa espera por Črtomir. Enquanto lutava nas batalhas, Bogomila se converteu ao cristianismo. Agora ela tenta fervorosamente convencê-lo a se batizar – os dois só podem se unir em Cristo. O amor dele por ela é tão forte que, por causa disso, ele se dispõe a renunciar aos costumes pagãos que formam a substância mesma de seu ser. No entanto, depois que Črtomir deixa claro seu consentimento, esperando com isso ganhar sua amada, ele descobre que a situação ganha mais uma virada. Bogomila agora pede que ele renuncie a seu amor carnal por ela: se ele a ama verdadeiramente, deve aceitar o que para ela é mais importante, uma vida casta a serviço de Cristo. Como Črtomir sucumbe pela segunda vez e renuncia à própria Bogomila? Em lacanês, como ele assume plenamente a castração simbólica? O que intervém nesse ponto preciso é a imagem fascinante: Črtomir olha para Bogomila e é tomado pela beatitude de sua imagem celestial. No momento em que essa imagem lança seu feitiço sobre ele, ele se perde. Essa imagem é a sedução *por excelência*, o lugar-tenente da falta, ou, em lacanês, o *objeto pequeno a* (objeto causa do desejo) sobre menos fi (castração). A "castração" é geralmente apresentada na forma de uma imagem fascinante. A cena final: Črtomir, totalmente desestruturado, passa pela cerimônia do batismo na cachoeira de Savica, no que hoje são os Alpes Eslovenos. Os últimos versos do poema dizem de modo sucinto que, logo depois do batismo, Črtomir foi até Áquila (uma cidade onde hoje é o norte da Itália), foi treinado como missionário e devotou seus últimos dias à conversão de pagãos ao cristianismo. Ele e Bogomila nunca mais se viram neste mundo.

Na teoria e crítica literária eslovena, esse poema deu origem a duas séries de interpretações opostas. As leituras "de esquerda" concentram-se no Prólogo e afirmam a resistência heroica à imposição violenta de uma religião estrangeira – Črtomir seria o precursor das lutas pela independência nacional. As leituras "de direita" tomam a cristianização acriticamente e dizem que a maior mensagem do poema é a esperança, não o desespero – no fim, Črtomir encontra a paz interior em Cristo. As duas séries deixam escapar a posição subjetiva de Črtomir no final do poema, que, é claro, é precisamente a da *Versagung*: depois de renunciar a tudo que lhe é importante – suas raízes étnicas, a própria substância de seu ser social –, em nome da amada, Črtomir é levado a renunciar à concretização do amor em si, de modo que se encontra "além da segunda morte", reduzido a uma casca de seu antigo si-mesmo e obrigado a propagar uma fé em que ele mesmo não crê. Um dos clichês psicológicos populares sobre o tão chamado "caráter nacional esloveno" é que essa posição subjetiva de Črtomir resume a famosa estrutura de caráter do esloveno típico – transigente, irresoluto e que tolhe a si mesmo. Em vez de fazer uma escolha clara e assumir todas as suas consequências (o que significa, nesse caso, agarrar-se a suas raízes étnicas particulares a qualquer custo ou adotar de coração aberto a nova ordem cristã universal), o esloveno típico prefere o estado intermediário indeterminado – cristianismo, sim, mas não exatamente; vamos cruzar os dedos e manter uma distância interna; melhor um dedo cruzado que um dedo queimado... O problema, no entanto, é que a interseção das duas séries, a particular (raízes étnicas) e a universal (cristianismo), é vazia, tanto que se não escolhemos a interseção, perdemos tudo – e o nome dessa perda radical, é claro, é "sujeito". Em outras palavras, o sujeito moderno é estritamente correlato da dimensão "além da segunda morte". A primeira morte é o sacrifício de nossa substância particular e "patológica" pela Causa universal; a segunda morte é o sacrifício, a "traição", dessa própria Causa, de modo que tudo que permanece é o vazio que é $, o sujeito "barrado". O sujeito só surge via esse sacrifício duplo e autorrelativo da própria Causa pela qual ele estava disposto a sacrificar tudo. Talvez a fantasia fundamental da Modernidade diga respeito à possibilidade de uma "síntese" entre Particular e Universal – o sonho de uma linguagem (universal) permeada por paixões (particulares), da Razão formal-universal permeada pela substância de um mundo vivido concreto, etc. Em suma, a fantasia *preenche o conjunto vazio da interseção*: sua aposta é que esse conjunto *não* é vazio. Uma das ironias da nossa vida intelectual é que, aos olhos da *doxa* filosófica, Hegel – o mesmo filósofo que articulou a lógica do "sacrifício do sacrifício" – é considerado o representante paradigmático dessa fantasia. Kierkegaard, contemporâneo de Prešeren e grande oponente de Hegel, é, a esse respeito, estranhamente próximo de Hegel. A noção kierkegaardiana do Religioso não envolve um gesto estritamente homólogo de duplo sacrifício autorrelativo? Primeiro, é preciso renunciar a esse conteúdo "estético" particular em nome da Lei ética universal; depois, a fé nos incita a suspender a própria Lei.

Essa é a armadilha na qual Sygne de Claudel e Črtomir de Prešeren são capturados: ambos opõem abstratamente a própria Coisa (para Sygne, a religião cristã; para Črtomir, seu amor por Bogomila) ao contexto de vida particular no qual apenas essa Coisa pode prosperar (o apego de Sygne à propriedade familiar e à tradição feudal; as raízes de Črtomir no antigo mundo vivido pagão). Ou seja, ambos não percebem como sua renúncia ao conteúdo particular em nome da própria Coisa resulta efetivamente na renúncia a essa própria Coisa.

(Nesse contexto, também podemos elucidar a estratégia dos esforços de um interrogador cruel e perspicaz para romper a resistência de sua vítima e arrancar dela uma confissão que comprometa seus princípios. Ele começa induzindo suas vítimas a cederem com respeito a algum ponto particular não parece comprometer seus princípios de jeito nenhum. Então, depois de extrair da vítima uma quantidade suficiente dessas concessões "inessenciais", o interrogador só tem de lembrar a vítima de que o jogo já acabou e que está na hora de abandonar as falsas desculpas. Os princípios elevados da vítima já foram comprometidos há muito tempo, então por que não dar nome aos bois? A armadilha na qual a vítima caiu consistia na sua crença ilusória de que a Essência universal, a Coisa pela qual ela realmente se importa, pode persistir fora da rede de circunstâncias concretas "inessenciais".)

Em termos hegelianos, Sygne e Črtomir se prenderam à crença ilusória de que a Coisa (o verdadeiro Universal) pode persistir de algum modo, manter sua consistência, fora de suas condições concretas de existência – que a religião cristã pode manter seu significado fora do *ancien régime*, em condições novas pós-revolucionárias... Nisso consiste o núcleo "existencial" da "negação da negação" hegeliana. O que o sujeito tem de experimentar como a negação (o sacrifício) do conteúdo particular em nome da Coisa já é o sacrifício-negação da Coisa, isto é, daquilo em nome de que o conteúdo particular é sacrificado. Em Claudel, a Coisa – o cristianismo – sobrevive, mas como mera e inanimada casca de si mesma, destituída de sua substância de vida. Em Prešeren, Črtomir sobrevive como casca de seu antigo si-mesmo, destituído de seu conteúdo substancial – em suma, como *sujeito*.

(Em um nível algo diferente, o mesmo vale para cada tentativa de "acomodar" a psicanálise a circunstâncias particulares. Basta recordarmos o infame conselho que Jung deu a Freud, no transatlântico já perto de Nova York, para evitar uma ênfase excessiva na sexualidade com o intuito de tornar a psicanálise mais aceitável aos norte-americanos puritanos, e a resposta amarga de Freud de que se deixassem fora tanto mais de seu conteúdo, a psicanálise se tornaria tanto mais aceitável. O destino da psicanálise nos Estados Unidos, onde sobreviveu como a casca inanimada de seu verdadeiro conteúdo, é claro, justificou totalmente o fato de Freud ter resistido a essas "concessões táticas".)

É somente por esse duplo movimento do "sacrifício do sacrifício", que priva o sujeito de todo seu conteúdo substancial, que surge o puro objeto enquanto $, ou seja, que passamos da Substância ao Sujeito.

Capítulo 10
A visão em paralaxe

Quando Jean Laplanche trata dos impasses do tópico freudiano da sedução, ele não reproduz efetivamente a estrutura precisa de uma antinomia kantiana? De um lado, há o realismo empírico brutal da sedução parental: a maior causa dos traumas e das patologias posteriores é o fato de as crianças terem sido seduzidas e molestadas pelos adultos; de outro, há a (mal-)afamada redução da cena de sedução à fantasia do paciente. Como afirma Laplanche, a maior ironia é que, hoje, rejeitar a sedução como fantasia passa por uma postura "realista", enquanto os que insistem na realidade da sedução acabam defendendo todo tipo de abuso, até ritos satânicos e assédios extraterrestres... A solução de Laplanche é precisamente a solução transcendental: embora a "sedução" *não possa* ser reduzida simplesmente à fantasia do sujeito, embora ela *realmente* se refira ao encontro traumático da "mensagem enigmática" do outro atestando o inconsciente do outro, ela *também* não pode ser reduzida a um acontecimento na realidade da interação efetiva entre a criança e os adultos. A sedução, na realidade, é um tipo de estrutura transcendental, a mínima constelação formal *a priori* da criança confrontada com os atos impenetráveis do Outro que atestam o inconsciente do Outro. Nesse aspecto, não estamos lidando com simples "fatos", mas sempre com fatos localizados no espaço indeterminado entre o "cedo demais" e o "tarde demais": originalmente, a criança é indefesa, lançada no mundo quando ainda é incapaz de cuidar de si mesma, ou seja, sua capacidade de sobrevivência se desenvolve tarde demais; ao mesmo tempo, o encontro com o Outro sexualizado, por uma necessidade estrutural, sempre acontece "cedo demais", como um choque inesperado que nunca pode ser simbolizado apropriadamente, traduzido para o universo do significado.[1] O fato da sedução, portanto, é o do X transcendental kantiano, uma ilusão transcendental estruturalmente necessária.

Em seu formidável *Transcritique: On Kant and Marx*,[2] Kojin Karatani procura afirmar o potencial crítico dessa postura algo intermédia que ele chama de "visão paraláctica": quando confrontados com uma antinomia, no sentido kantiano exato do termo, devemos renunciar a todas as tentativas de reduzir um aspecto a outro (ou, aliás, renunciar a todas as tentativas de realizar um tipo de "síntese dialética" entre os opostos). Em vez disso, devemos afirmar a antinomia como irredutível e conceber o ponto de crítica radical não como uma posição determinada em contraste com outra, mas como a própria lacuna irredutível entre as posições, o interstício puramente estrutural entre elas.[3] Portanto, a postura de Kant é "ver as coisas não de seu próprio ponto de vista, tampouco do ponto de vista dos outros, mas sim encarar a realidade exposta pela diferença (paralaxe)".[4] (Não é esse o modo de Karatani afirmar o Real lacaniano como puro antagonismo, como diferença impossível que precede seus termos?) Vejamos como Karatani interpreta o conceito kantiano de *Ding an sich* (a Coisa-em-si, para além dos fenômenos): essa Coisa não é simplesmente uma entidade transcendental além de nossa compreensão, mas sim algo discernível apenas por meio do caráter irredutivelmente antinômico da nossa experiência de realidade. (Como ressaltou René

---

[1] LAPLANCHE, Jean. *Vida e morte em psicanálise*. Tradução de Cleonice Paes Barreto Mourão e Consuelo Fortes Santiago. Porto Alegre: Artes Médicas, 1985, p. 43-53.

[2] Ver KARATANI, Kojin. *Transcritique: On Kant and Marx*. Cambridge, MA: MIT Press, 2003.

[3] Encontramos um exemplo linguístico interessante da paralaxe nos diferentes usos das palavras "*pork*" e "*pig*" no inglês moderno: "*pig*" se refere ao porco que os fazendeiros criam, enquanto "*pork*" se refere à carne de porco que comemos. A dimensão de classe está clara aqui: "*pig*" é uma palavra saxã antiga, uma vez que os saxões eram os agricultores desfavorecidos, ao passo que "*pork*" vem do francês "*porque*", usado pelos conquistadores normandos privilegiados que consumiam principalmente os "*pigs*" criados pelos fazendeiros.

[4] KARATANI. *Transcritique*, p. 3.

Girard, a primeira afirmação plena da paralaxe ética é o *Livro de Jó*,[5] em que as duas perspectivas – a ordem divina do mundo e a reclamação de Jó – se contrastam, e nenhuma das duas é a "verídica"; a verdade está na própria lacuna, na mudança de perspectiva.)

Tomemos o confronto de Kant com a antinomia epistemológica que caracterizou sua época: empirismo *versus* racionalismo. A solução de Kant não é escolher um desses termos nem realizar uma "síntese" mais elevada que "suprassumiria" os dois como unilaterais, como momentos parciais de uma verdade global (mas ele também não recua, é claro, para o puro ceticismo); o que está em jogo nessa "virada transcendental" é precisamente evitar a necessidade de formular sua própria solução "positiva". O que Kant faz é mudar os próprios termos do debate. Sua solução – a virada transcendental – é única porque rejeita o fechamento ontológico: ela reconhece a limitação fundamental e irredutível ("finitude") da condição humana, e é por isso que os dois polos – racional e sensorial, ativo e passivo – jamais podem ser totalmente mediados e reconciliados; a "síntese" entre as duas dimensões (isto é, o fato de a nossa Razão parecer se ajustar à estrutura de realidade externa que nos afeta) sempre se baseia em certo *salto mortale* ou "salto de fé". Longe de designar uma "síntese" entre as duas dimensões, o "transcendental" kantiano representa sua lacuna irredutível "como tal": o "transcendental" aponta para algo nessa lacuna, uma nova dimensão que não pode ser reduzida a nenhum dos dois termos positivos. Kant faz o mesmo em relação à antinomia entre o *cogito* cartesiano como *res cogitans* [a "substância pensante"], entidade positiva idêntica a si mesma, e a dissolução que Hume faz do sujeito na multiplicidade de impressões passageiras: contra as duas posições, ele afirma o sujeito da apercepção transcendental, que, embora demonstre uma unidade autorreflexiva irredutível à multiplicidade empírica, carece de um ser positivo substancial, ou seja, não é de jeito nenhum *res cogitans*. Aqui, contudo, devemos ser mais precisos que Karatani, que identifica claramente o sujeito transcendental com a ilusão transcendental:

> Sim, o Eu é apenas uma ilusão, mas ali funciona a apercepção transcendental X. O que conhecemos como metafísica é aquilo que

---

[5] GIRARD, René. *Job: The Victim of his People*. Tradução para o inglês de Yvonne Freccero. London: Athlone Press, 1987. (N.O.)

considera X algo substancial. Não obstante, não podemos realmente fugir da pulsão [*Trieb*] para tomá-la como substância empírica em vários contextos. Nesse caso, é possível dizer que o Eu é apenas uma ilusão, mas uma ilusão transcendental.[6]

No entanto, o status preciso do sujeito transcendental não é aquele que Kant chama de ilusão transcendental ou que Marx chama de forma de pensamento objetivamente necessária.[7] O eu transcendental da pura apercepção é uma função puramente formal que não é numenal nem fenomenal – é vazia, nenhuma intuição fenomenal corresponde a ela, visto que, se tivesse de aparecer para si mesma, sua autoaparência seria "a própria coisa", ou seja, a autotransparência direta de um número.[8] Nesse aspecto, o paralelo entre o vazio do sujeito transcendental ($) e o vazio do objeto transcendental – o X inacessível que causa nossas percepções – é enganoso: o objeto transcendental é o vazio *para além* das aparências fenomenais, enquanto o sujeito transcendental *já aparece como um vazio*.[9] Talvez a melhor maneira de demonstrar a ruptura kantiana relacionada a essa nova dimensão seja pelo status modificado da ideia de "inumano". Kant introduziu uma distinção fundamental entre juízo negativo e indefinido: o juízo positivo "a alma é mortal" pode ser negado quando o predicado é negado ao sujeito ("a alma não é mortal") e quando um não predicado é afirmado ("a alma é não-mortal") – a diferença é exatamente a mesma entre "ele não está morto" e "ele está não-morto", diferença conhecida por todos os leitores de Stephen King. O juízo indefinido, por outro lado, abre um terceiro domínio que solapa a distinção subjacente: os "não-mortos" não estão vivos nem mortos, eles são precisamente os monstruosos "mortos-vivos".[10] O mesmo vale

---

[6] KARATANI. *Transcritique,* p. 6.

[7] Ver, por exemplo, MARX, Karl. *O capital: crítica da economia política, livro I.* Tradução de Rubens Enderle. São Paulo: Boitempo, 2013, p. 135, 157-158.

[8] Ver ŽIŽEK, Slavoj. *Tarrying With the Negative: Kant, Hegel and the Critique of Ideology.* Durham: Duke University Press, 1993, p. 15-18.

[9] O paradoxo da *Ding an sich* de Kant não se dá nas mesmas linhas? Ao mesmo tempo, ela é o excesso da receptividade sobre o intelecto (fonte externa incognoscível de nossas percepções sensíveis passivas) *e* construto sem conteúdo puramente inteligível de um X sem nenhum suporte nos nossos sentidos.

[10] Para uma elaboração mais completa dessa distinção, ver ŽIŽEK. *Tarrying With the Negative,* p. 108-114.

para o "inumano": "ele não é humano" não é o mesmo que "ele é inumano" – "ele não é humano" significa simplesmente que ele é externo à humanidade, que é animal ou divino, ao passo que "ele é inumano" significa algo totalmente diferente, a saber, o fato de que não é humano nem inumano, mas marcado por um excesso apavorante que, embora negue o que entendemos como "humanidade", é inerente a ser-humano. Talvez devêssemos arriscar a hipótese de que *é essa* a ruptura assinalada pela revolução kantiana: no universo pré-kantiano, os humanos eram simplesmente humanos, seres de razão que combatiam os excessos da luxúria animal e da loucura divina; com Kant e o idealismo alemão, o excesso a ser combatido é absolutamente imanente, o próprio núcleo da subjetividade (é por isso que, no idealismo alemão, a metáfora do núcleo da subjetividade é a Noite – a "Noite do Mundo" –, em contraste com a noção do Esclarecimento da Luz da Razão que combate a escuridão circundante). No universo pré-kantiano, portanto, quando o herói enlouquece, significa que ele é privado de sua humanidade – ou seja, que as paixões animais ou a loucura divina assumiram o controle –, ao passo que, depois de Kant, a loucura indica a explosão irrestrita do próprio núcleo do ser humano. Qual é, então, essa nova dimensão que surge na lacuna em si? É a do próprio eu transcendental, sua irredutível "espontaneidade": a paralaxe suprema, o terceiro espaço entre o fenomenal e o numenal, é a liberdade/espontaneidade do sujeito, que – embora não seja propriedade de uma entidade fenomenal, e por isso não possa ser descartada como falsa aparência que esconde o fato numenal de que estamos totalmente presos numa necessidade inacessível – também não é simplesmente numenal. Num misterioso subcapítulo de sua *Crítica da razão prática* intitulado "Da proporção, sabiamente adequada à destinação prática do homem, de suas faculdades de conhecer", Kant procura responder à pergunta sobre o que nos aconteceria caso tivéssemos acesso ao domínio numenal, à *Ding an sich*:

> Em vez do conflito que agora a disposição moral tem de sustentar com as inclinações e no qual, depois de algumas derrotas, contudo pode conquistar-se aos poucos uma fortaleza moral de alma, Deus e a eternidade, com sua *terrível majestade*, encontrar-se-iam incessantemente *ante os olhos* [...] Assim a maioria das ações conforme à lei ocorreria por medo, poucas por esperança e nenhuma por dever, porém não existiria um valor moral das ações, do qual, aos olhos da suma sabedoria, depende unicamente o valor da pessoa e mesmo

o valor do mundo. Portanto a conduta do homem, enquanto a sua natureza continuasse sendo como atualmente é, seria convertida em um simples mecanismo, em que, como no jogo de bonecos, tudo *gesticularia* bem, mas nas figuras não se encontraria, contudo, *vida alguma*.[11]

Em suma, o acesso direto ao domínio numenal nos privaria da própria "espontaneidade" que forma o núcleo da liberdade transcendental: ele nos transformaria em autômatos sem vida, ou, para usar os termos de hoje, em "máquinas pensantes". O que essa citação implica é muito mais radical e paradoxal do que parece. Se ignorarmos sua inconsistência (como medo e gesticulação sem vida poderiam coexistir?), a conclusão que ela impõe é que, tanto no nível fenomenal quanto no nível numenal, nós, seres humanos, somos "meros mecanismos" sem autonomia e sem liberdade: como fenômenos, não somos livres, fazemos parte da natureza, somos totalmente submetidos a vínculos causais, uma parte do nexo de causas e efeitos; como númenos, também não somos livres, mas sim reduzidos a "meros mecanismos". (O que Kant descreve como uma pessoa que conhece sem equívocos o domínio numenal não é estritamente homólogo ao sujeito utilitarista cujos atos são totalmente determinados pelo cálculo dos prazeres e das dores?) *Nossa liberdade só persiste no espaço entre o fenomenal e o numenal.* Está claro, portanto, que Kant não limitou simplesmente a causalidade ao domínio fenomenal para poder afirmar que, no nível numenal, somos agentes autônomos livres; em vez disso, somos livres apenas na medida em que nosso horizonte é o do fenomenal, na medida em que o domínio numenal permanece inacessível para nós. Será que conseguimos escapar dessa situação complicada simplesmente afirmando que somos livres na medida em que *somos* numenalmente autônomos, *mas*, apesar disso, nossa perspectiva cognitiva continua limitada pelo fenomenal? Nesse caso, nossa liberdade numenal não teria sentido nenhum se também tivéssemos uma intuição cognitiva no domínio numenal, uma vez que essa intuição sempre determinaria nossas escolhas – afinal, quem *escolheria* o mal diante do fato de que o preço que se paga por fazer o mal é a punição divina? Consequentemente, será que esse caso não nos dá a única resposta legítima à pergunta "O que seria um ato verdadeiramente livre?", um ato de verdadeira liberdade *numenal*? Seria

---

[11] KANT, Immanuel. *Crítica da razão prática*. Tradução de Valerio Rohden. 4. ed. São Paulo: WMF Martins Fontes, 2016, p. 235.

conhecer todas as consequências inexoráveis de escolher o mal *e mesmo assim escolhê-lo*. Esse seria um ato verdadeiramente "não patológico". Nesse aspecto, as formulações do próprio Kant são enganosas, já que muitas vezes ele identifica o sujeito transcendental com o eu numenal cuja aparência fenomenal é a "pessoa" empírica, esquivando-se assim de sua radical constatação de que o sujeito transcendental é uma pura função formal-estrutural para além da oposição entre o numenal e o fenomenal.

Esse deslocamento da liberdade, que sai do numenal e passa para a própria lacuna entre o fenomenal e o numenal, leva-nos de volta à relação complexa entre Kant e Hegel: essa também não é a mesma passagem de Kant a Hegel, da tensão entre imanência e transcendência para a diferença/lacuna mínima na própria imanência? Hegel, desse modo, não está distante de Kant: o problema de Kant foi ele ter efetuado a mudança, mas, por razões estruturais, ter sido incapaz de formulá-la explicitamente; ele "sabia" que o lugar da liberdade é efetivamente não numenal, mas não conseguiu explicá-lo de maneira explícita, pois, se o fizesse, seu edifício transcendental teria desmoronado. No entanto, *sem* esse "conhecimento" implícito, também não haveria dimensão transcendental, de modo que somos forçados a concluir que, longe de ser uma posição consistente e estável, o "transcendental" kantiano só pode se sustentar num equilíbrio frágil entre o dito e o não dito, ao produzir algo cujas consequências totais nós nos recusamos a articular, a "pôr como tais". (O mesmo vale para a dialética kantiana do Sublime: não existe um "Além" positivo cujas representações fenomenais são um fiasco; não há nada "além"; o "Além" é apenas o vazio da impossibilidade/falha de sua própria representação – ou, como Hegel afirma no último capítulo sobre a consciência em *Fenomenologia do espírito*, além do véu dos fenômenos, a consciência encontra apenas o que ela mesma colocou lá.[12] Outra vez, Kant "sabia" disso, mas não foi capaz de formular a ideia de forma consistente.)

Segundo Karatani, Marx, em sua "crítica da economia política", ao se ver diante da oposição entre a economia política "clássica" (Ricardo e a teoria do valor-trabalho – contraponto do racionalismo filosófico) e a redução neoclássica do valor a uma entidade puramente relacional,

---

[12] HEGEL, G. W. F. *Fenomenologia do espírito*. Tradução de Paulo Meneses. 8. ed. Petrópolis: Vozes, 2013, p. 130.

sem substância (Bailey, contraponto do empirismo filosófico), realizou exatamente o mesmo progresso na direção da visão "paraláctica": tratou essa oposição como uma antinomia kantiana, ou seja, o valor tem de se originar fora da circulação, na produção, *e* na circulação. O "marxismo" pós-Marx – em ambas as versões, a social-democrata e a comunista – perdeu essa perspectiva "paraláctica" e regrediu para a elevação unilateral da produção como local da verdade contra a esfera "ilusória" da troca e do consumo. Como enfatiza ele, até as formulas mais sofisticadas do fetichismo da mercadoria – do jovem Lukács, passando por Adorno, até Fredric Jameson – caem nessa armadilha: explicam a falta de movimento revolucionário dizendo que a consciência dos trabalhadores é ofuscada pelas seduções da sociedade de consumo e/ou pela manipulação das forças ideológicas de hegemonia cultural, e é por isso que o foco da obra crítica deveria se deslocar para a "crítica cultural" (a chamada "virada cultural") – a revelação dos mecanismos ideológicos (ou libidinais[13]), mecanismos que mantêm os trabalhadores sob o feitiço da ideologia burguesa. Numa leitura atenta da análise da forma-mercadoria de Marx, Karatani fundamenta a persistência insuperável da lacuna paraláctica no *salto mortale* que o produto tem de dar para se afirmar como mercadoria:

> Enquanto, por um lado, esse preço [do ferro representado em ouro] é o expoente da quantidade de tempo de trabalho contida no ferro, ou seja, sua grandeza de valor, por outro lado, expressa simultaneamente o desejo piedoso do ferro de tornar-se ouro, ou seja, de dar ao tempo de trabalho contido nele a figura do tempo de trabalho social geral. Se não conseguir realizar essa transubstanciação, a tonelada de ferro deixa não somente de ser mercadoria como também produto, pois só é mercadoria por não ser valor de uso para seu possuidor; ou seu trabalho só é trabalho efetivo enquanto trabalho útil para outro, e para si só é útil como trabalho abstratamente geral. Por isso, é tarefa do ferro, ou de seu possuidor, descobrir o lugar no mundo das mercadorias, onde o ferro atraia ouro. Essa dificuldade, o *salto mortale* da mercadoria, é superada se a venda se realiza efetivamente, como se supôs aqui, na análise da circulação simples. Uma tonelada de ferro, ao se realizar como valor de uso por sua alienação, isto é, por sua passagem das mãos em que era um não-valor de uso para as

---

[13] É aqui, é claro, que se origina o papel-chave da psicanálise no marxismo ocidental.

mãos em que é valor de uso, realiza ao mesmo tempo o seu preço, e de ouro meramente representado torna-se ouro efetivo.[14]

Esse salto pelo qual uma mercadoria é vendida e depois efetivamente constituída como mercadoria não é resultado de um autodesenvolvimento imanente do (conceito de) Valor, mas sim um *salto mortale* comparável ao salto de fé kierkegaardiano, uma "síntese" frágil e temporária entre valor de uso e valor de troca comparável à síntese kantiana entre sensibilidade e entendimento: nos dois casos, os dois níveis irredutivelmente exteriores são reunidos. Por essa razão precisa, Marx abandonou seu projeto original (perceptível nos manuscritos dos *Grundrisse*) de "deduzir", de forma hegeliana, a cisão entre valor de troca e valor de uso a partir do próprio conceito de Valor: em *O capital*, a cisão dessas duas dimensões, o "duplo caráter da mercadoria", é o ponto de partida. A síntese tinha de se basear num elemento irredutivelmente externo, como em Kant, em que ser não é predicado (isto é, não pode ser reduzido ao predicado conceitual de uma entidade), ou como em *Naming and Necessity*, de Saul Kripke, em que a referência de um nome a um objeto não pode ser fundada no conteúdo desse nome, nas propriedades que ele designa.[15]

A mesma tensão entre os processos de produção e circulação é, portanto, a tensão de uma paralaxe: sim, o valor se cria no processo de produção, mas só potencialmente, por assim dizer, pois ele é *realizado* como valor quando a mercadoria produzida é vendida e o círculo M–D–M se completa. O que é fundamental é essa *lacuna* temporal entre a produção de valor e sua realização: ainda que o valor seja produzido na produção, sem a conclusão bem-sucedida do processo de circulação não há valor *stricto sensu*. Aqui, a temporalidade é a do *futur antérieur*, isto é, o valor não "é" de imediato, ele somente "terá sido", é concretizado retroativamente, encenado performativamente. Ou, em termos hegelianos, o valor é gerado "em si" na produção, mas só se torna "para si" quando o processo de circulação se completa. É assim que Karatani resolve a antinomia kantiana do valor que é *e* não é gerado no processo de produção – ele é gerado ali apenas "em si" –, e é por

---

[14] MARX, Karl. *Para a crítica da economia política*. Tradução de Edgar Malagodi. São Paulo: Abril Cultural, 1992, p. 70. (Coleção Os Economistas).

[15] Žižek desenvolve melhor esse argumento em *The Sublime Object of Ideology*. London; New York: Verso, 1989, p. 87-92.

causa dessa lacuna entre em-si e para-si que o capitalismo precisa da democracia e da igualdade formais:

> O capital diferencia-se da relação de dominação precisamente porque o *trabalhador* se defronta com ele como consumidor e ponente de valor de troca [*Tauschwerthsetzender*], na forma do *possuidor de dinheiro*, como simples centro da circulação – devém um dos seus infinitos centros, nos quais se extingue sua determinabilidade como trabalhador.[16]

Isso significa que, para completar o círculo de sua reprodução, o Capital tem de passar por esse ponto crítico em que os papéis se invertem: "o mais-valor só se realiza em princípio quando os trabalhadores *em totalidade* compram de volta o que produziram".[17] Essa questão é fundamental para Karatani, porque fornece a principal alavanca para hoje se opor ao Capital: não é natural que os proletários concentrem seu ataque naquele ponto único em que eles abordam o Capital na posição de compradores e, consequentemente, em que é o capital que é forçado a cortejá-los? "Se de algum modo os trabalhadores podem se tornar sujeitos, é somente como consumidores."[18] Talvez esse seja o maior exemplo da situação paraláctica: a posição de trabalhador-produtor e a de consumidor deveriam ser mantidas irredutíveis em sua divergência, sem que uma seja privilegiada como "verdade profunda" da outra. (A propósito, a economia planejada do socialismo de Estado não pagou um preço terrível ao privilegiar a produção à custa do consumo exatamente por não prover os consumidores de bens necessários, por produzir projetos de que ninguém precisava e que ninguém queria?) Isso nos leva ao tema principal de Karatani: deveríamos rejeitar totalmente a oposição (no mínimo protofascista) entre o capital locupletador financeiro-especulativo e a economia "substancial" de capitalistas envolvidos na atividade produtiva: no capitalismo, o processo de produção é somente um desvio no processo especulativo do dinheiro que gera mais dinheiro – isto é, a lógica de locupletação também é, em última instância, o que sustenta o esforço incessante de revolucionar e expandir a produção:

---

[16] MARX, Karl. *Grundrisse*. Tradução de Mario Duayer e Nélio Schneider. São Paulo: Boitempo; Rio de Janeiro: Editora UFRJ, 2011, p. 344.

[17] KARATANI. *Transcritique*, p. 20.

[18] KARATANI. *Transcritique*, p. 290.

> Hoje a maioria dos economistas alerta que a especulação do capital financeiro global está descolada da economia "substancial". No entanto, eles ignoram que a economia substancial como tal é também movida pela ilusão, e que essa é a natureza da economia capitalista.[19]

Consequentemente, há quatro posições básicas a respeito do dinheiro: (1) a mercantilista – crença fetichista e ingênua no dinheiro como "coisa especial"; (2) a "economia política burguesa clássica", personificada no pensamento de Ricardo, que rejeitava o fetichismo do dinheiro como mera ilusão e percebia o dinheiro como um mero sinal da quantidade de trabalho socialmente útil – aqui o valor era concebido como inerente à mercadoria; (3) a escola "neoclássica", que rejeitava a teoria do valor-trabalho e também toda noção "substancial" de valor – para ela, o preço da mercadoria não passa do resultado do jogo entre oferta e procura, isto é, da utilidade das mercadorias em relação a outras mercadorias. Por fim, Karatani está certo ao enfatizar como, paradoxalmente, Marx rompeu os limites da teoria "clássica" do valor-trabalho – item (2) supracitado – através de sua leitura de Bailey, primeiro economista "vulgar" que deu destaque ao status puramente *relacional* do valor: o valor não é inerente à mercadoria, ele expressa a maneira como essa mercadoria se relaciona com todas as outras mercadorias. Desse modo, Bailey abriu caminho para (4), a abordagem estrutural de Marx, que insiste na lacuna entre o objeto e o lugar formal que ele ocupa: do mesmo modo que um rei é rei não por suas propriedades inerentes, mas porque o povo o trata como rei (exemplo do próprio Marx), a mercadoria é dinheiro porque ocupa o lugar formal do equivalente geral de todas as mercadorias, não porque o ouro, digamos, seja "naturalmente" dinheiro.

Mas é fundamental observar que tanto os mercantilistas quanto seus críticos ricardianos continuam "substancialistas": é claro que Ricardo tinha consciência de que o objeto que serve como dinheiro não é "naturalmente" dinheiro, e ele ria das superstições ingênuas sobre o dinheiro e desprezava os mercantilistas dizendo-os crentes primitivos nas propriedades mágicas; contudo, ao reduzir o dinheiro a um sinal externo e secundário do valor inerente à mercadoria, ele naturalizou novamente o valor, concebendo-o como propriedade "substancial" direta da mercadoria. Essa ilusão abriu caminho para a proposta prática

---

[19] KARATANI. *Transcritique*, p. 241.

e ingênua dos proudhonianos e dos primeiros socialistas de superar o fetichismo do dinheiro introduzindo um "dinheiro-trabalho" direto, que simplesmente designaria com quanto cada indivíduo contribuiu para o trabalho social.

É por isso que, apesar de o *Darstellung* de Marx para o autodesdobramento do Capital ser cheio de referências hegelianas,[20] o automovimento do Capital está longe do automovimento circular do Conceito hegeliano (ou Espírito): a tese de Marx é que esse movimento nunca alcança a si mesmo, que nunca recupera o crédito, que a solução é adiada para sempre, que a crise é seu constituinte mais íntimo (sinal de que o Todo do Capital é a não-Verdade, como diria Adorno), e é por isso que o movimento é de "infinidade espúria", que se reproduz para sempre:

> Apesar do estilo descritivo hegeliano, o *Capital* se diferencia da filosofia de Hegel em sua motivação. O fim do *Capital* nunca é o "Espírito absoluto". O *Capital* revela o fato de que o capital, embora organize o mundo, nunca pode ir além de seu próprio limite. Trata-se de uma crítica kantiana do impulso desenfreado do capital/razão de realizar a si mesmo além de seu limite.[21]

É interessante notar que foi Adorno que, em *Três estudos sobre Hegel*, caracterizou criticamente o sistema de Hegel nos mesmos termos "financeiros" como sendo um sistema que vive do crédito que nunca pode pagar.[22] E a mesma metáfora "financeira" costuma ser usada para a própria linguagem; Brian Rotman, entre outros, determinou o significado como algo sempre "emprestado do futuro", que se vale de um pagamento-por-vir-sempre-adiado.[23] Mas, ainda sobre essa mesma questão da linguagem, como surge o significado compartilhado? A resposta é o que Alfred Schütz chamou de "idealização mútua": o sujeito faz um

---

[20] Ver, entre outros, Helmut Reichelt, *Zur logischen Struktur des Kapitalbegriffs*. Frankfurt: Fischer Verlag, 1969.

[21] KARATANI. *Transcritique*, p. 9.

[22] "Como se, num sistema de crédito gigantesco, cada peça individual tivesse uma dívida para com a outra – não idêntico – e, no entanto, o todo fosse liberto da dívida, idêntico." Theodor Adorno, "Skoteinos, or How to Read Hegel", em *Hegel: Three Studies*, tradução para o inglês de Shierry Weber Nicholsen. Cambridge: MA, MIT Press, 1993, p. 147. [Ed. bras.: *Três estudos sobre Hegel*. Tradução de Ulisses Razzante Vaccari. São Paulo: Unesp, 2013] [orgs]

[23] Brian Rotman, *Signifying Nothing*. Londres: MacMillan, 1975.

corte no impasse da sondagem interminável do "todos nós queremos dizer a mesma coisa quando dizemos 'pássaro'?" simplesmente dando tal fato como certo – ou seja, pressupondo e agindo *como se* quiséssemos dizer a mesma coisa. Não há linguagem sem esse "salto de fé". Esse pressuposto, esse "salto de fé", não deveria ser concebido, nos termos habermasianos, como a normatividade embutida no funcionamento da linguagem, como o ideal que os falantes buscam (ou deveriam buscar): longe de ser um ideal, esse pressuposto é a ficção, o *"como se"* que sustenta a linguagem – como tal, seria solapado repetidas vezes no progresso do conhecimento. Assim, em todo caso, esse pressuposto *"como se"* é profundamente antinormativo. A isso os habermasianos podem responder que o ideal, a norma inscrita na linguagem, é não obstante o estado em que essa ficção deixaria de ser ficção, isto é, o estado em que, numa comunicação desimpedida, os sujeitos de fato quereriam dizer a mesma coisa. No entanto, essa resposta não capta o principal; não é só que esse estado seja inacessível (e também indesejável), mas também que o próprio "salto de fé" pelo qual os sujeitos assumem que querem dizer a mesma coisa não só não tem conteúdo normativo como pode até impedir uma nova elaboração – para que se esforçar por algo que supostamente já temos? Em outras palavras, esse entendimento do *"como se"* enquanto normatividade desconsidera o fato de que o "salto de fé" é necessário e produtivo (permitindo a comunicação) precisamente na medida em que é uma ficção contrafatual: seu "efeito de verdade", seu papel positivo de permitir a comunicação, depende exatamente do fato de *não* ser verdade, de pular para a ficção – seu status não é normativo, porque ele faz um corte no impasse debilitante da linguagem, por causa da sua falta central de garantia, ao *apresentar aquilo pelo qual deveríamos lutar como algo já realizado.*

A mesma lógica de sobreviver com o crédito emprestado do futuro também vale para o stalinismo. A versão evolutiva comum é que, embora o socialismo stalinista tenha sido importantíssimo para permitir a rápida industrialização da Rússia, iniciada em meados da década de 1960, o sistema obviamente exauriu seus potenciais; no entanto, esse juízo não leva em consideração o fato de que toda a época do comunismo soviético, a partir de 1917 (ou, mais precisamente, desde que Stalin proclamou seu objetivo de "construir o socialismo em um só país", em 1924), viveu de um tempo emprestado, estava "em dívida com o próprio futuro", de modo que o fracasso final desqualificou retroativamente as épocas anteriores.

Não seria, no entanto, a principal paralaxe marxiana a paralaxe entre economia e política, entre a "crítica da economia política", com sua lógica das mercadorias, e a luta política, com sua lógica do antagonismo? Ambas as lógicas são "transcendentais", não meramente ôntico-empíricas, e as duas são irredutíveis uma à outra. É claro que apontam uma para a outra (a luta de classes está inscrita no cerne mesmo da economia, no entanto precisa permanecer ausente e não tematizada – recordemos como o manuscrito do terceiro volume de O capital termina abruptamente com a luta de classes, e no fundo a luta de classes está ligada às relações econômicas de poder),[24] mas essa mesma implicação mútua é distorcida de modo a evitar todo contato direto (toda tradução direta da luta política em um mero reflexo dos "interesses" econômicos está fadada ao fracasso, bem como toda redução da esfera da produção política a uma sedimentação secundária "reificada" de um processo político fundador subjacente).

Por conseguinte, a "política pura" de Badiou, Rancière e Balibar – mais jacobina que marxista – compartilha com seu grande adversário, os estudos culturais anglo-saxões e seu foco nas lutas por reconhecimento, a degradação da esfera da economia. Ou seja, o que todas as novas teorias francesas (ou de orientação francesa) sobre o campo político, desde Balibar, Rancière e Badiou até Laclau e Mouffe, têm como objetivo é – para colocar em termos filosóficos tradicionais – a redução da esfera da economia (da produção material) a uma esfera "ôntica" privada de dignidade "ontológica".

Nesse horizonte, simplesmente não há lugar para a "crítica da economia política" marxiana: a estrutura do universo das mercadorias e do capital em O capital, de Marx, não é apenas a estrutura de uma esfera empírica limitada, mas sim uma espécie de a priori sociotranscendental, uma matriz que gera a totalidade das relações sociais e políticas. A relação entre economia e política, em última instância, é a relação do conhecido paradoxo visual dos "dois rostos ou um vaso": ou vemos dois rostos, ou vemos um vaso, nunca os dois ao mesmo tempo – é preciso escolher. Do mesmo modo, ou nos concentramos no político e o campo da economia se reduz a um empírico "fornecimento de bens", ou nos concentramos na economia e a política se reduz a um teatro de aparências, a um fenômeno

---

[24] MARX, Karl. *Capital: A Critique of Political Economy, Vol. III*. Tradução para o inglês de David Fernbach. London: Penguin; New Left Books, 1981, p. 1025-1026. (N.O.)

passageiro que desaparecerá com a chegada de uma sociedade comunista (ou tecnocrata) desenvolvida, na qual, como afirmou Engels, o "governo do povo" desaparecerá no "governo das coisas".

A crítica "política" do marxismo (a afirmação de que, quando reduzimos a política a uma expressão "formal" de algum processo socioeconômico "objetivo" subjacente, perdemos a abertura e a contingência constitutivas do próprio campo político) deveria, portanto, ser suplementada por seu anverso: o campo da economia, *em sua própria forma*, é irredutível à política – esse nível *da forma* da economia (da economia como *forma* determinante do social) é o que os "pós-marxistas políticos" franceses não enxergam quando reduzem a economia a uma das esferas sociais positivas.

A ideia básica da visão em paralaxe é que o próprio ato de colocar entre parênteses produz seu objeto – a "democracia" como forma só surge quando colocamos entre parênteses a textura das relações econômicas, assim como a lógica inerente do aparelho político de Estado; ambas têm de ser abstraídas das pessoas que estão efetivamente incorporadas aos processos econômicos e sujeitas aos aparelhos estatais. O mesmo acontece com a "lógica da dominação", a maneira como o povo é controlado e manipulado pelos aparelhos de sujeição: para discernir com clareza esses mecanismos de poder, temos de fazer abstrações não só do imaginário democrático (como faz Foucault na análise da microfísica do poder, mas também como faz Lacan na análise do poder em *O seminário, livro 17*),[25] mas também do processo de (re)produção econômica. Por fim, a esfera específica da (re)produção econômica só surge se colocarmos metodologicamente entre parênteses a existência concreta da ideologia política e estatal – não admira que os críticos de Marx reclamem que a "crítica da economia política" de Marx carece de uma teoria do poder e do Estado. E, é claro, a armadilha a ser evitada aqui é exatamente a ideia ingênua de que devemos manter em vista a totalidade social (cujas partes são a ideologia democrática, o exercício do poder e o processo de (re)produção econômica): quando tentamos manter tudo em vista, acabamos não enxergando nada, pois os contornos desaparecem. Esse colocar entre parênteses não é apenas epistemológico; ele também diz respeito ao que Marx chamou de "abstração real": a abstração do poder e das relações econômicas que está inscrita na própria efetividade do processo democrático.

---

[25] Ver LACAN, Jacques. *O seminário, livro 17: O avesso da psicanálise, 1969-1970.* Tradução de Ary Roitman. Rio de Janeiro: Jorge Zahar, 1992, p. 135-184. (N.O.)

Terceira parte
A fantasia da ideologia

Capítulo 11

Entre a ficção simbólica e o espectro fantasmático: rumo a uma teoria lacaniana da ideologia[1]

Em sua versão cinematográfica de *O processo*, de Kafka, Orson Welles realizou uma operação antiobscurantista exemplar reinterpretando o lugar e a função da famosa parábola da "porta da lei". No filme, ouvimos a parábola duas vezes: no início, ela funciona como um prólogo, é lida e acompanhada de gravuras antigas (falsas) projetadas por *slides*; depois, pouco antes do fim, ela é contada a Josef K. não pelo padre (como no romance), mas pelo advogado de K. (interpretado pelo próprio Welles), que se encontra inesperadamente com o padre e K. na catedral. A ação sofre nesse ponto uma estranha virada e diverge do romance de Kafka – quando o advogado se empolga e começa a falar, K. o interrompe e diz: "Eu soube. Todos soubemos. A porta foi feita só para ele". O que se segue é um diálogo difícil entre K. e o advogado, em que o advogado aconselha K. a "declarar insanidade", afirmando-se perseguido pela ideia de ser vítima de um plano diabólico arquitetado por uma misteriosa agência estatal. K., no entanto, rejeita o papel de vítima que lhe é ofe-recido pelo advogado: "Não pretendo ser um mártir." "Nem a vítima da sociedade?" "Não sou vítima da sociedade, sou membro dela...". Em seu último acesso de fúria, K. afirma que a verdadeira conspiração (do Poder) consiste exatamente na tentativa de convencer os indivíduos de que eles são vítimas de forças irracionais impenetráveis, tudo é uma loucura, o

---

[1] Publicado originalmente em *Analysis*, n. 5, p. 49-62, 1994.

mundo é absurdo e sem sentido. Em seguida, quando K. sai da catedral, dois policiais à paisana já estão a sua espera; eles o levam para um terreno baldio e o dinamitam. Na versão de Welles, o motivo da morte de K., portanto, é o oposto do motivo implícito no romance – *ele representa uma ameaça ao poder no momento em que desmascara, ou "percebe claramente", a ficção sobre a qual se fundamenta o elo social da estrutura de poder existente.*

A leitura que Welles faz de *O processo* difere das duas abordagens predominantes de Kafka: a religiosa-obscurantista e a ingênua humanista esclarecida. De acordo com a primeira, K. é realmente culpado: o que o torna culpado é exatamente o protesto de sua inocência, sua arrogante confiança na argumentação racional ingênua. A mensagem conservadora dessa leitura, que vê K. como representante de um interrogatório de autoridade esclarecido, é inconfundível: o próprio K. é o verdadeiro niilista que age como o famoso elefante na loja de porcelanas – sua confiança na razão pública o torna totalmente cego para o Mistério do Poder, para a verdadeira natureza da burocracia. O Tribunal surge para K. como uma entidade misteriosa e obscena, que o bombardeia com demandas e acusações "irracionais" exclusivamente por causa da perspectiva subjetivista distorcida de K.: como lhe diz o padre na catedral, o Tribunal é indiferente, não quer nada dele... Na leitura contrária, Kafka é tido como um escritor profundamente ambíguo, que representou a base fantasmática da máquina burocrática totalitarista, embora ele mesmo tenha sido incapaz de resistir a sua atração fatal. Aqui reside a inquietude sentida por muitos leitores "esclarecidos" de Kafka: no fim, ele não participa da máquina infernal que ele mesmo descreve, assim fortalecendo o controle da máquina, em vez de quebrar seu feitiço?

Embora Welles pareça consonante com a segunda leitura, as coisas não são tão inequívocas assim: de certo modo, ele dá mais uma volta no torniquete e eleva a "conspiração" à segunda potência – como diz K. em seu acesso de fúria na versão de Welles, a verdadeira conspiração do Poder está na própria ideia de conspiração, na ideia de uma Instância misteriosa que "controla tudo nos bastidores" e de fato comanda o espetáculo, ou seja, na ideia de que, por trás do Poder público visível, há outra estrutura de poder, "louca", obscena, invisível. Essa outra Lei oculta age como parte do "Outro do Outro" no sentido lacaniano, a parte da metagarantia da consistência do grande Outro (a ordem simbólica que regula a vida social). A "teoria da conspiração" garante que o campo do grande Outro não seja uma bricolagem inconsistente: sua premissa básica é de que, por trás do Mestre público (que, é claro, é um impostor), existe um Mestre oculto que mantém efetivamente tudo sob controle. Os regimes "totalitários" eram especialmente hábeis em cultivar o mito de um poder paralelo secreto, invisível e, por isso mesmo, todo-poderoso, como se fosse uma "organização dentro da organização" – KGB, maçonaria ou outra qualquer – que compensava a flagrante ineficácia do Poder público legal e assim garantia o funcionamento harmonioso da máquina social: esse mito não só não é subversivo, como também serve de suporte definitivo para o Poder. O contraponto norte-americano perfeito disso é (o mito de) J. Edgar Hoover, personificação do "outro poder" obsceno por trás do presidente, o duplo sombrio do Poder legítimo. Ele manteve-se no poder por causa de arquivos secretos que lhe garantiam controle sobre toda a elite política e de poder, enquanto ele mesmo participava regularmente de orgias homossexuais vestido de mulher...

O advogado de K. lhe oferece, como último recurso, o papel de vítima-mártir de uma conspiração oculta; K., no entanto, recusa-o, pois tem plena ciência de que aceitá-lo seria entrar na mais pérfida armadilha do Poder. Essa miragem obscena do Poder do Outro põe em jogo o mesmo espaço fantasmático da famosa propaganda da Smirnoff, que também manipula com primor a lacuna entre a realidade e a "outra superfície" do espaço da fantasia: a câmera, colocada atrás de uma garrafa de vodca em cima de uma bandeja, perambula pelo convés de um luxuoso transatlântico levada pelo garçom; sempre que ela passa por um objeto, nós o vemos primeiro como ele é na realidade cotidiana e, depois, quando o vidro transparente da garrafa se interpõe por um breve momento entre o nosso olhar e o objeto, nós o vemos distorcido na dimensão da fantasia – dois homens de fraque preto viram dois pinguins, o colar no pescoço de uma dama vira uma cobra viva, os degraus de uma escada viram teclas de piano, etc. O Tribunal em *O processo*, de Kafka, tem a mesma existência puramente fantasmagórica; seu predecessor é o castelo de Klingsor em *Parsifal*, de Wagner. Como seu controle sobre o sujeito é totalmente fantasmático, basta quebrar seu feitiço por meio de um gesto de distanciamento e o Tribunal ou Castelo vira pó. Nisso consiste a lição política de *Parsifal* e de *O processo* de Welles: se tivermos de superar o poder social "efetivo", precisaremos primeiro romper o controle fantasmático que ele exerce sobre nós.

Para evitar a repreensão de cometer uma *petitio principii* por recorrer a um exemplo da literatura para mostrar que a violência surge quando a ficção está ameaçada, evoquemos outro caso exemplar do Mal que, embora tenha passado para a ficção, originou-se na "vida real": o desfortunado capitão Bligh, do *HMS Bounty*. Estamos lidando aqui com um verdadeiro enigma: por que esse oficial exemplar, obcecado com a segurança e a saúde de seus marinheiros, foi promovido a uma das figuras arquetípicas do Mal na nossa cultura popular? As mudanças sucessivas na influente imagem de Bligh servem como indicador perfeito para as alterações na ideologia hegemônica – cada época tem seu próprio Bligh. Basta mencionarmos os três principais retratos cinematográficos: o aristocrata decadente Charles Laughton nos anos 1930, o frio burocrata Trevor Howard nos anos 1960 e o mentalmente torturado Anthony Hopkins nos anos 1980.

Ainda mais interessante que essas vicissitudes, no entanto, é o enigma das origens: o que "aconteceu realmente" no *HMS Bounty*? Qual foi a "verdadeira causa" do motim?[2] Nossa primeira tentação, é claro, é propor um contramito ao mito oficial: Bligh era um capitão severo, fanático e pedante, embora profundamente leal e atencioso, e de uma integridade impecável. O motim contra ele foi resultado da coalizão entre, de um lado, jovens oficiais mimados, de descendência aristocrata, incomodados pelo fato de Bligh lhes ser superior, mas não ser um cavalheiro, não ser "um deles", mas ter descendência inferior e igualável ao trato com os marinheiros comuns, e, de outro, os marujos criminosos lumpemproletários, também incomodados com o senso de justiça de Bligh, que o levou a coibir esses criminosos de aterrorizarem os marinheiros comuns. Sua atitude "progressista", incomum para a época, foi atestada de novo quando, duas décadas depois do motim do *Bounty*, no único caso de golpe militar ocorrido em toda a história inglesa, ele foi deposto à força do cargo de governador de Nova Gales do Sul. Os oficiais corruptos de Nova Gales do Sul o derrocaram por causa de sua política: Bligh ameaçou acabar com o monopólio ilegal que eles exerciam sobre o comércio de bebidas; depois que os prisioneiros cumpriam sua pena, ele tentava integrá-los à vida social normal e chegava a lhes dar emprego em entidades governamentais, etc.

O contramito, no entanto, fornece uma imagem muito mais simplificada do caso. Seu elemento de verdade é o fato de Bligh ser percebido

---

[2] Baseio-me aqui no excelente livro de Greg Dening, *Mr Bligh's Bad Language: Passion, Power and Theatre on the Bounty*. Cambridge: Cambridge University Press, 1994, esp. p. 55-87.

"não como um verdadeiro cavalheiro", como alguém que tinha poder (como o comandante do navio, ele tinha direito de tomar decisões e dar ordens, direito que ele aproveitava), mas não manifestava a verdadeira autoridade (não tinha carisma, o *je ne sais quoi*, que inspiraria respeito e faria dele um líder natural). Todas as descrições convergem para esse ponto: Bligh, de algum modo, era "duro", faltava-lhe a sensibilidade que diz a um bom líder quando e como aplicar as regras, como levar em conta a rede "orgânica" e espontânea das relações entre seus subordinados, etc. No entanto, mesmo essa análise não é precisa o bastante: o erro de Bligh não foi apenas ser insensível à rede concreta de relações "orgânicas" entre os marinheiros; sua limitação crucial consistia no fato de ele ser totalmente "cego" para a função estrutural das relações de poder ritualizadas entre os marinheiros (o direito dos marinheiros mais velhos e experientes de humilhar os mais novos e inexperientes, de explorá-los sexualmente, de submetê-los a suplícios, etc.). Esses rituais forneciam um suplemento ambíguo às relações de poder públicas legais: agiam como duplo sombrio dessas relações, aparentemente transgredindo-as e subvertendo-as, mas na verdade servindo como seu suporte fundamental. Basta mencionarmos o famoso "cruzar a linha", um suplício extremamente cruel e humilhante a que eram submetidos os marinheiros que cruzavam o equador pela primeira vez (amarrados a uma corda, eles eram jogados ao mar e arrastados por horas, obrigados a beber água do mar, etc.):

> Refiro-me àquela linha que dividia [o mundo] em hemisférios, o equador. A linha que marcava a entrada num mundo às avessas – numa antípoda, lugar de opostos que se espelham, onde as estações se invertiam, onde até o céu imutável era diferente [...]
> As cerimônias diferiam de acordo com a época e as nacionalidades, mas suas expressões tinham características comuns. Primeiro, elas representavam um mundo invertido em que, durante certo tempo, a verdadeira autoridade do navio pertencia àqueles que já tinham cruzado a linha, e não aos outros pelo direito de seus cargos, suas garantias ou posições. [...] A segunda característica comum é que o teatro da cerimônia era sempre uma sátira grotesca às instituições e aos papéis de poder. A sátira podia ser sobre os sacramentos do Estado – a honra de um cavaleiro – ou sobre os sacramentos da Igreja – o batismo por um padre. Nos navios ingleses, no final do século XVIII, a sátira dizia respeito à realeza e ao poder sobre a vida e a morte [...]

O processo era cheio de insultos, humilhações, injustiças, juras eróticas e escolhas transigentes.[3]

Mais uma vez, precisamos prestar muita atenção ao caráter ambíguo desses rituais: eles são uma sátira sobre instituições legais, uma inversão do Poder público e ainda uma transgressão que consolida o que é transgredido. Em sua cegueira para o papel estabilizador desses rituais, Bligh os proibia, ou pelo menos os modificava, transformando-os num exercício folclórico inofensivo. Preso numa armadilha do Esclarecimento, Bligh percebeu apenas o aspecto brutal e inumano desse ritual ("de todos os costumes, é o mais brutal e inumano", escreveu ele), não a satisfação que ele provocava. Henningsen[4] fala de comentadores que usaram as seguintes palavras para descrever a cerimônia de "Cruzar a linha": ridícula, infantil, tola, estúpida, imbecil, absurda, bizarra, grotesca, louca, repulsiva, burlesca, profana, supersticiosa, vergonhosa, ultrajante, revoltante, desagradável, perigosa, bárbara, brutal, cruel, grosseira, rapace, vingativa, sediciosa, libertina, má – no fundo, todas essas palavras não são sinônimas para o gozo? O motim, a violência, eclodiu quando Bligh interviu no mundo obscuro de rituais obscenos que servia como pano de fundo fantasmático do Poder.

Nosso terceiro exemplo vem da "vida real" em sua forma mais brutal: os atos de violência (tortura e assassinato) nas comunidades de garimpo na bacia do rio Amazonas.[5] Estamos falando de comunidades isoladas em que é possível observar a lógica das relações de poder e da erupção da violência em condições de laboratório, por assim dizer. Essas comunidades consistem numa multiplicidade dispersa de garimpeiros individuais; embora nominalmente sejam livres empreendedores, todos dependem do mercado local, que monopoliza o comércio na área. Os mercadores lhes vendem comida, ferramentas e outros utensílios, e compram deles suas pepitas; todos têm dívidas altíssimas com os mercadores, que *não* as querem liquidadas, pois todo o poder que exercem está baseado na dívida permanente dos consumidores. As relações sociais nessas comunidades são reguladas por

---

[3] DENING. *Mr Bligh's Bad Language*, p. 77-79.

[4] HENNINGSEN, Henning. *Crossing the Equator: Sailors' Baptisms and Other Initiation Rites*. Copenhagen: Munkgaarde, 1961, citado em DENING. *Mr Bligh's Bad Language*, p. 79.

[5] Ver Christian Geffray, em intervenção durante mesa-redonda, "L'ordre et la loi", em um simpósio sobre *Violence et politique*, Cérisy-la-Salle (França), 23-30 de junho de 1994.

uma dupla ficção, ou melhor, pela coexistência sobredeterminada e paradoxal de duas ficções incompatíveis. De um lado, temos a ficção da troca igualitária, como se o garimpeiro e o mercador fossem dois sujeitos que se relacionam no mercado em termos iguais. O anverso disso é a imagem do mercador monopolista como Mestre patriarcal que cuida de seus consumidores, sendo estes quem pagam aquele por esse cuidado paternal, com amor e respeito.[6] Por trás dessa ficção contraditória existe, é claro, a realidade do monopólio dos mercadores, de sua exploração brutal. A violência que eclode nessas comunidades de tempos em tempos se dirige principalmente contra quem representa uma ameaça ao frágil equilíbrio dessa ficção dupla: os alvos preferidos dos mercenários do mercado não são as pessoas incapazes de pagar suas dívidas, mas sim quem tenta sair da região ainda endividado, especialmente quem teve êxito e agora tem condições de liquidar toda sua dívida – essas pessoas são as que mais ameaçam o poder dos mercadores. (Uma situação típica é um mercador mandar chamar um garimpeiro cuja dívida é muito alta e lhe propor cotar sua dívida pela metade se ele atear fogo na casa de outro garimpeiro bem-sucedido.) O que temos aqui é um caso exemplar de como o desejo se inscreve na ambiguidade do *ne expletif* francês: o desejo "oficial" do mercador é que seus clientes paguem suas dívidas o mais rápido possível – ele os acossa por estarem atrasados no pagamento –, mas seu verdadeiro temor é que os endividados lhe paguem, isto é, seu verdadeiro desejo é que todos continuem endividados indefinidamente. Como demonstrou Bruce Fink, um equivalente aproximado desse *ne expletif* em inglês seria o uso ambiguamente supérfluo de "*but*" ["mas", "porém", "contudo", "apenas"]: a interpolação de "*but*" costuma funcionar como uma marca que contradiz a intenção "oficial"

---

[6] Esse exemplo também nos permite determinar as condições formais precisas em que a relação dos súditos com seu Mestre (político) é uma relação de amor. O amor não tem absolutamente nada a ver com paixões primordiais desencadeadas pelo carisma do Líder; ele surge automaticamente, por assim dizer, quando ocorre um curto-circuito entre o governante e o quadro da Lei, ou seja, quando o governante não consegue mais fundamentar seu governo numa terceira entidade independente – em algum conjunto de Regras formais legais que regulam sua relação com seus súditos –, quando ele mesmo tem de se responsabilizar pela Regra que legitima sua regra. Em outras palavras, o amor atesta o abismo de um gesto autorrelativo pelo qual, devido à falta de uma garantia independente do pacto social, o próprio governante tem de garantir a Verdade de sua palavra.

do enunciado.[7] Desse modo, podemos muito bem imaginar o mercador dizendo para um garimpeiro endividado: *"I do not fear but that you will fail to honour your debt"* [Temo que você consiga honrar sua dívida], ou *"I will not deny but that your ability to repay your debt pleases me immensely"* [Não vou negar que sua incapacidade de pagar suas dívidas me agrada imensamente].

Nosso argumento pode ser resumido brevemente da seguinte maneira: a insurreição da violência "real" é condicionada por um impasse simbólico. *A violência "real" é um tipo de atuação que surge quando a ficção simbólica que garante a vida de uma comunidade está em perigo.* No entanto, existe uma característica em relação à qual o exemplo dos garimpeiros da bacia do rio Amazonas difere dos outros dois: nos primeiros dois exemplos, a ficção perturbada era uma instância sombria, obscena e publicamente desconhecida (o Tribunal de Kafka, os rituais obscenos de iniciação dos marinheiros), ao passo que na comunidade de garimpeiros, a perturbação afetava a ficção simbólica que determina a própria estrutura da autoridade pública. A melhor maneira de elaborar essa diferença crucial é tratar o problema pela outra ponta: qual é o *alvo* das insurreições da violência? No que estamos mirando, o que queremos aniquilar, quando exterminamos judeus ou espancamos estrangeiros nas nossas cidades?

A primeira resposta possível também envolve a ficção simbólica: para além da dor física e da humilhação pública, o objetivo final dos estupros na guerra da Bósnia, por exemplo, não seria solapar a ficção (a narrativa simbólica) que garante a coerência da comunidade muçulmana? O fato de que "a história que a comunidade tem contado sobre si mesma não faz mais sentido" (para parafrasear Richard Rorty) também não seria uma consequência da violência extrema? No entanto, essa destruição do universo simbólico do inimigo, esse "culturicídio", não é em si suficiente para explicar a insurreição da violência ética – é preciso buscar sua causa final (no sentido de força motora) num nível um pouco mais profundo. De que se alimenta nossa "intolerância" para com os estrangeiros? O que há neles que nos irrita e perturba nosso equilíbrio psíquico? Já no nível de uma descrição fenomenológica simples, a característica crucial dessa causa é o fato de não poder ser localizada como propriedade observável claramente definida: embora geralmente possamos enumerar uma série

---

[7] Ver FINK, Bruce. *O sujeito lacaniano: entre a linguagem e o gozo.* Tradução de Maria de Lourdes Duarte Sette. Rio de Janeiro: Zahar, 1998, p. 60-63. (N.O.)

de características que nos incomodam "neles" (a risada alta, o cheiro ruim da comida que preparam, etc.), essas características funcionam como indicadores de uma estranheza mais radical. Os estrangeiros podem parecer e agir como nós, mas existe um *je ne sais quoi* imperscrutável, algo "neles mais do que eles mesmos" que os torna "não exatamente humanos" ("alienígenas" no sentido preciso que o termo adquiriu nos filmes de ficção científica da década de 1950). Nossa relação com esse elemento traumático imperscrutável que "nos incomoda" no outro se estrutura nas fantasias (sobre a onipotência política e/ou sexual do outro, sobre "suas" práticas sexuais estranhas, sobre seus poderes hipnóticos secretos, etc.). Jacques Lacan chamou esse objeto estranho paradoxal que representa aquilo que, no objeto percebido como empírico e positivo, necessariamente escapa ao meu olhar e que, como tal, serve de força motriz do meu desejo por ele, de *objeto pequeno a*, o objeto-causa do desejo; outro nome para ele seria *plus-de-jouir*, o "mais-gozar" que designa o excesso da satisfação provocada pelas propriedades positivas e empíricas do objeto. Em seu nível mais radical, a violência é precisamente uma tentativa de desferir um golpe nesse mais-gozar insuportável contido no Outro. Como o ódio não se limita às "propriedades efetivas" de seu objeto, mas se dirige a seu núcleo real, o *objeto a*, o que é "no objeto mais do que ele mesmo", o objeto do ódio é *stricto sensu irredutível*: quanto mais destruímos o objeto na realidade, com mais potência seu núcleo sublime se ergue diante de nós. Esse paradoxo já havia se manifestado a propósito dos judeus na Alemanha nazista: quanto mais eles foram cruelmente exterminados, mais horripilantes foram as dimensões adquiridas pelo que restou.

O paradoxo de um elemento fantasmático, que quanto mais é aniquilado na realidade mais forte retorna em sua presença espectral, aponta para a problemática freudiana do complexo de castração. A ideia do complexo de castração tem sido alvo da crítica feminista há anos: apenas se aceitarmos em silêncio "ter o falo" como padrão pelo qual medimos os dois sexos, "não ter o falo" aparece como falta, isto é, a mulher é percebida como "castrada". Em outras palavras, a ideia de castração feminina acaba resultando numa variante de um antigo e famoso sofisma grego: "O que não tens perdeste; se não tens chifres é porque os perdeste". Não obstante, é apressado demais descartar esse sofisma (e assim a noção de castração) como um raciocínio falso e inconsequente. Para termos uma ideia da angústia existencial que pode dizer respeito a essa lógica, basta nos lembrarmos do Homem dos Lobos, o analisando russo de Freud, que sofria de uma hipocondríaca *idée fixe*: reclamava ser vítima de um ferimento no nariz provocado por eletrólise; no entanto, quando os exames dermatológicos não estabeleceram nada de errado com o nariz dele, isso desencadeou uma ansiedade insuportável: "Ao ouvir que nada poderia ser feito por seu nariz, porque não havia nada de errado, ele se sentiu incapaz de continuar vivendo no que considerava um estado de mutilação irreparável".[8] Essa "mutilação irreparável", é claro, representa a castração, e a lógica aqui é exatamente a mesma que a do supracitado sofisma grego: se você não tem chifres, é porque os perdeu; se nada pode ser feito, então a perda é irreparável.

Segundo Freud, a atitude do sujeito masculino para com a castração envolve uma clivagem paradoxal: sei que a castração não é uma ameaça efetiva, que não ocorrerá de fato, mas mesmo assim sua perspectiva me assombra. O mesmo vale para a figura do "judeu conceitual": ele não existe (como parte de nossa experiência da realidade social), mas, por essa razão, eu o temo ainda mais – em suma, *a própria não existência do judeu na realidade funciona como o principal argumento para o antissemitismo*. Ou seja, o discurso antissemita constrói a figura do judeu como um ente fantasmagórico que não pode ser encontrado em lugar nenhum da realidade, e depois usa essa mesma lacuna entre o "judeu conceitual" e a realidade dos judeus que existem de fato como o argumento definitivo contra os judeus. Desse modo, estamos aprisionados num círculo vicioso: quanto mais as coisas parecem ser normais, mais suspeitas despertam e mais apavorados ficamos. Nesse sentido, o judeu é como o falo materno: não existe na realidade, mas justamente por essa razão sua presença fantasmagórica e espectral dá origem a uma angústia insuportável. Nisso consiste também a definição mais sucinta do Real lacaniano: quanto mais meu raciocínio (simbólico) me diz que X não é possível, mais seu espectro me assombra – como aquele corajoso inglês que não só não acreditava em fantasmas, como também não tinha medo deles.

Aqui se impõe uma homologia entre o "judeu conceitual" e o Nome-do-Pai: no caso deste, também temos uma cisão entre conhecimento e crença ("Sei muito bem que meu pai é na verdade uma criatura imperfeita, confusa e impotente, mas mesmo assim acredito em sua

---

[8] GARDINER, Muriel. *The Wolf-Man and Sigmund Freud*. Harmondsworth: Penguin, 1973, p. 287.

autoridade simbólica"). A pessoa empírica do pai empírico nunca está à altura de seu Nome, de seu mandato simbólico – e se *estiver* à altura dele, estaremos lidando com uma constelação psicótica (o pai de Schreber, no caso analisado por Freud, foi o exemplo claro de um pai que viveu à altura de seu Nome). Não seria, portanto, a "transubstanciação", a "suprassunção", a *"Aufhebung"* do pai real no Nome-do-Pai estritamente homóloga à "transubstanciação" do judeu empírico no "judeu conceitual" (ou na forma de sua aparição)? A separação entre os efetivos judeus e a figura fantasmática do "judeu conceitual" não seria da mesma natureza que a separação entre a pessoa empírica sempre deficiente do pai e o Nome-do-Pai, seu mandato simbólico? Não será que, nos dois casos, uma pessoa real age como a personificação de uma instância fictícia irreal, o pai efetivo como substituto para a instância de autoridade simbólica e o judeu efetivo como substituto para a figura fantasmática do "judeu conceitual"?

Por mais convincente que pareça, precisamos rejeitar essa homologia por ser enganosa: no caso do judeu, a lógica comum da castração simbólica é *invertida*. Em que consiste exatamente a castração simbólica? Um pai real exerce autoridade na medida em que se põe como a encarnação de uma instância simbólica transcendente, isto é, na medida em que aceita que não é ele, mas o grande Outro que fala através dele, nas palavras dele – como o milionário de um filme de Claude Chabrol que inverte a queixa comum de ser amado só por causa dos milhões que possui: "Se pelo menos eu encontrasse uma mulher que me ame pelo dinheiro, e não por mim!"). Nisso consiste a principal lição do mito freudiano do parricídio do pai primordial que, depois de sua morte violenta, volta mais forte que nunca na forma de seu Nome, como uma autoridade simbólica: *se o pai real tem de exercer uma autoridade paternal simbólica, ele deve, de certo modo, morrer enquanto vivo* – é sua identificação com a "letra morta" do mandato simbólico que confere autoridade a sua pessoa.

O problema com as críticas sobre o "falocentrismo" de Lacan é que, via de regra, elas se referem ao "falo" e/ou à "castração" de uma maneira metafórica pré-conceitual e de senso comum: nos estudos cinematográficos feministas, por exemplo, toda vez que um homem se comporta de maneira agressiva com uma mulher ou afirma sua autoridade sobre ela, podemos ter certeza de que suas ações serão designadas como "fálicas"; toda vez que uma mulher é enquadrada, representada como indefesa, acossada, etc., podemos ter certeza de que sua experiência será designada como "castradora". O que se perde aqui é precisamente o paradoxo do falo como significante da castração: se tivermos de afirmar nossa autoridade "fálica" (simbólica), pagaremos o preço de renunciar à posição de agente e consentir em funcionar como o meio pelo qual o grande Outro age e fala. Na medida em que o falo enquanto significante designa a instância da autoridade simbólica, sua característica crucial está no fato de que ele não é "meu", não é o órgão de um sujeito vivo, mas o lugar em que um poder externo intervém e se inscreve em meu corpo, um lugar em que o grande Outro age através de mim – em suma, o fato de o falo ser um significante quer dizer, acima de tudo, que ele é estruturalmente um órgão sem corpo, de certa maneira "separado" do meu corpo.[9] Essa caraterística crucial do falo, sua separabilidade, torna-se patente no uso do falo artificial, o "dildo", nas práticas sadomasoquistas entre lésbicas em que é possível brincar com ele, em que ele circula – o falo é algo sério demais para que seu uso se restrinja a criaturas estúpidas como os homens.[10]

---

[9] Se tivéssemos de especular sobre por que o falo enquanto órgão foi escolhido para funcionar como significante fálico, a característica que o "predispõe" para esse papel seria a característica já evocada por Santo Agostinho: o falo é o órgão da força e da potência, no entanto um órgão cuja exibição de potência essencialmente escapa ao controle do sujeito – com a suposta exceção de alguns sacerdotes hindus, não podemos provocar uma ereção à nossa vontade, portanto a ereção atesta uma força estranha que age no próprio cerne do sujeito.

[10] A outra (má) interpretação, intimamente relacionada à primeira, diz respeito à oposição entre a economia fálica e a pluralidade polimórfica das posições do sujeito: segundo a visão comum, a tarefa da economia fálica é moldar a dispersa pluralidade pré-edípica das posições do sujeito em um sujeito unificado, subordinado ao domínio do Nome-do-Pai (portador e retransmissor de autoridade social), e, como tal, o sujeito ideal do Poder (social). Aqui, devemos colocar em questão o pressuposto básico de que o Poder é exercido via sujeito edípico unificado e inteiramente submetido à Lei paternal fálica e, inversamente, que a dispersão do sujeito unificado em uma multiplicidade de posições do sujeito, por assim dizer, solapa automaticamente a autoridade e o exercício do Poder. Contra esse lugar-comum, é preciso ressaltar repetidas vezes que: o Poder sempre nos interpela, ou nos aborda, como sujeitos *cindidos*; para se reproduzir, ele depende de nossa cisão – a mensagem com que o discurso de poder nos bombardeia é inconsistente por definição; sempre há uma lacuna entre o discurso público e seu suporte fantasmático. Longe de ser uma fraqueza secundária, ou seja, um sinal da imperfeição do Poder, essa cisão é constitutiva de seu exercício. Sobre essa cisão, ver o capítulo 3 de ŽIŽEK, Slavoj. *As metástases do gozo*. Tradução de Miguel Serras Pereira. Lisboa: Relógio D'Água, 2006. Com respeito à chamada forma "pós-moderna" de subjetividade que condiz com o capitalismo tardio, é preciso dar mais um passo: o objeto "pós-moderno" é constituído, no nível do discurso público, como um amontoado inconsistente de múltiplas "posições do sujeito" (um *yuppie* economicamente conservador, porém sexualmente "esclarecido", etc.).

No entanto, há uma diferença fundamental entre essa autoridade simbólica garantida pelo falo como significante da castração e a presença espectral do "judeu conceitual": apesar de lidarmos nos dois casos com a cisão entre conhecimento e crença, as duas cisões são de natureza fundamentalmente diferente. No primeiro caso, a crença diz respeito à autoridade simbólica "visível" (não obstante minha consciência da imperfeição e debilidade do pai, eu o aceito como figura de autoridade), ao passo que no segundo caso eu acredito no poder de uma aparição espectral invisível.[11] O "judeu conceitual" fantasmático não é uma figura paternal de autoridade simbólica, um meio ou portador de autoridade pública "castrado", mas algo decididamente diferente, um tipo estranho de duplo da autoridade pública, que desvirtua sua lógica própria: ele tem de agir na sombra, invisível aos olhos públicos, irradiando uma onipotência espectral e fantasmagórica. Por causa dessa condição imperscrutável e esquiva do núcleo de sua identidade, o judeu é visto – em contraste com

---

[11] Para uma demonstração clássica das diferentes versões de "Sei muito bem, mas...", ver MANNORI, Octave. I Know Well, but All the Same.... In: *Perversion and the Social Relation*. Organizado por Molly Anne Rothenberg, Dennis A. Foster e Slavoj Žižek. Durham: Duke University Press, 2003, p. 68-69; para uma leitura política dessa declaração, ver ŽIŽEK, Slavoj. *For They Know Not What They Do: Enjoyment as a Political Factor*. London; New York: Verso, 1991, p. 229-277 (London: Verso, 2002). Para uma mistura da distância "normal" entre a crença na ficção simbólica e o conhecimento da realidade com a renegação fetichista da realidade, ver DOANNE, Mary Ann. *The Desire to Desire*. Bloomington: Indiana University Press, 1987: por exemplo, "Em suma, [os filmes de mulheres] assumem que a mulher pode passar para a posição fetichista, equilibrando cuidadosamente conhecimento e crença" (p. 118). A propósito, outro ponto crítico nesse livro excelente parece ser a ideia de que o "desejo de desejar" feminino histérico é de algum modo anômalo com respeito ao desejo masculino *tout court*: "O desejo pode ser insaciável, pode implicar a busca constantemente renovada de um objeto para sempre perdido, mas pelo menos o homem tem desejo. A relação da mulher com o desejo, por outro lado, é, na melhor das hipóteses, uma relação mediada. Lacan define o desejo da histérica como 'o desejo por um desejo insatisfeito'" (p. 12). Para Lacan, no entanto, o desejo como tal é sempre, por definição, o "desejo de desejar", e nunca um desejo "direto" – isso é o que ele visa com sua fórmula clássica, "o desejo do homem é o desejo do Outro". Essa reflexividade do desejo é o que explica seu caráter "excessivo", portanto, quando Doanne diz que "o desejo é sempre excessivo – mesmo que seja apenas o desejo de desejar, o esforço para ter acesso a uma subjetividade desejante" (p. 122), devemos substituir "mesmo que" por "porque": "o desejo é sempre excessivo porque é sempre o desejo de desejar...". Em outras palavras, do ponto de vista lacaniano, a "subjetividade desejante" por excelência é justamente a subjetividade da mulher histérica.

o pai "castrado" – como *incastrável*: quanto mais sua existência efetiva, social e pública é abreviada, mais ameaçadora se torna sua ex-sistência fantasmática e esquiva.[12]

Em suma, a diferença entre o Nome-do-Pai e o "judeu conceitual" é a diferença entre *ficção* simbólica e *espectro* fantasmático: na álgebra lacaniana, entre S_1, o Significante-Mestre (significante vazio da autoridade simbólica), e o *objeto pequeno a*. Quando dotado de autoridade simbólica, o sujeito age como um apêndice desse título simbólico, ou seja, é o grande Outro que age através dele: basta nos recordarmos do juiz que pode ser uma pessoa corrupta e miserável, e, no entanto, no momento em que veste sua toga e outras insígnias, suas palavras são as palavras da própria Lei. No caso da presença espectral, por outro lado, o poder que eu exerço se baseia em algo "em mim mais do que eu mesmo", o que é mais bem exemplificado pelos diversos *thrillers* de ficção científica, de *Alien* a *O escondido*: um corpo alienígena indestrutível, que representa a substância vital pré-simbólica, é um parasita gosmento e repugnante que invade meu corpo e me domina. Desse modo, voltamos à piada de Chabrol sobre o milionário: quando alguém diz que me ama não por minha causa, mas pelo meu lugar simbólico (poder, riqueza), minha

---

[12] A mesma lógica parece estar em jogo no populismo anticomunista de direita, que vem ganhando força nos países ex-socialistas do Leste Europeu: sua resposta para os problemas atuais, não só os econômicos, é que, embora tenham perdido o poder público e legal, os comunistas continuam exercendo o controle nos bastidores, mexendo os pauzinhos do poder econômico, dominando os meios de comunicação de massa e as instituições estatais... Os comunistas são vistos, desse modo, como uma entidade fantasmática ao modo dos judeus: quanto mais perdem poder público e tornam-se invisíveis, mais forte se torna sua onipresença fantasmagórica, seu controle sombrio efetivo. Essa *idée fixe* dos populistas, segundo a qual o que hoje surge nos países pós-socialistas não é o "verdadeiro" capitalismo, mas uma falsa imitação, em que o controle e o poder efetivos permanecem nas mãos de ex-comunistas travestidos de novos capitalistas, também oferece um caso exemplar da ilusão cujo mecanismo foi exposto pela primeira vez por Hegel: o que os populistas não reconhecem é que sua oposição a esse "falso" capitalismo na verdade é uma oposição ao capitalismo *tout court*, isto é, eles, e não os ex-comunistas, são os verdadeiros herdeiros ideológicos do socialismo – não admira que os populistas sejam impelidos a ressuscitar a velha oposição comunista entre a democracia "formal" e a "verdadeira". Em suma, estamos lidando com mais um exemplo da ironia do processo revolucionário, a ironia já descrita por Marx: de repente, os revolucionários percebem, surpresos, que eram meros mediadores evanescentes, cujo "papel histórico" era preparar o terreno para que os antigos mestres dominassem usando novos disfarces.

situação é decididamente melhor do que quando alguém diz que me ama porque sente em mim a presença de "algo mais do que eu mesmo". Se o milionário perde seus milhões, a pessoa que o amava por sua riqueza simplesmente perderá o interesse por ele e o abandonará, sem traumas profundos; no entanto, se sou amado por "algo em mim mais do que eu mesmo", a própria intensidade desse amor pode se transformar facilmente em nada menos que um ódio fervoroso, uma tentativa violenta de aniquilar o mais-objeto em mim que perturba a pessoa que está comigo. Podemos assim nos solidarizar com a condição do pobre milionário: é muito mais reconfortante saber que uma mulher me ama por causa do dinheiro (ou do poder ou da glória) – essa consciência permite que eu me mantenha a uma distância segura, que evite ficar preso num jogo profundo demais, que exponha ao outro o próprio cerne do meu ser. O problema surge quando o outro *vê em mim* "algo mais do que eu mesmo" – pois o caminho se abre para o curto-circuito paradoxal entre amor e ódio, para o qual Lacan cunhou o neologismo *l'hainamoration*.[13]

Essa problemática nos permite fazer uma nova abordagem a *Lohengrin*, de Wagner: o que no fundo está em jogo nessa ópera é justamente o impasse do desfortunado milionário de Chabrol, a saber, a condição daquilo que é "nele mais do que ele mesmo", algo que a mulher percebe no herói. O principal tema da ópera é a questão proibida, isto é, o paradoxo da autodestrutiva curiosidade feminina. Um herói anônimo salva Elsa von Brabant e se casa com ela, mas impõe que ela não pergunte quem ele é ou qual o nome dele – se ela o fizer, ele será obrigado a abandoná-la. Incapaz de resistir à tentação, Elsa faz a pergunta fatídica; Lohengrin então lhe diz que é um cavaleiro do Graal, filho de Parsifal do castelo de Montsalvat, e vai embora num barco puxado por um cisne, enquanto a desfortunada Elsa cai morta. Sob uma análise mais detalhada, em que consiste, então, a discórdia que corrompe a relação entre Elsa e Lohengrin? Talvez pareça que *Lohengrin* é apenas mais uma variante do velho tema do príncipe que, para garantir que sua futura noiva o ame por sua pessoa, e não por seu título simbólico, primeiro conquista

---

[13] Diz Lacan: "O que, para vocês, eu gostaria de escrever hoje como a *hainamoration*, uma enamoração feita de ódio (*haine*) e de amor, um *amódio*, é o relevo que a psicanálise soube introduzir para nele inscrever a zona de sua experiência". LACAN, Jacques. *O seminário, livro 20: Mais, ainda*. Tradução de M. D. Magno. Rio de Janeiro: Jorge Zahar, 1985, p. 122. (N.T.)

seu amor vestido de empregado ou mensageiro. No entanto, o enigma de *Lohengrin* está em outro lugar: por que ele só pode exercer seu *poder* enquanto seu nome permanecer *desconhecido*, isto é, apenas enquanto ele não está inscrito no "grande Outro" do espaço público intersubjetivo, de modo que precisa se afastar no momento em que sua identidade simbólica é revelada publicamente? Desse modo, estamos lidando de novo com a oposição entre Significante-Mestre e *a*, o objeto "incastrável" que só pode exercer sua eficácia enquanto oculto: o mal-entendido entre Elsa e Lohengrin está no fato de Elsa perceber Lohengrin como a figura tradicional da autoridade simbólica, ao passo que ele age como uma aparição espectral que não pode sustentar seu desvelamento no meio simbólico público.

A diferença entre ficção (simbólica) e fantasia é de extrema importância para a teoria psicanalítica da ideologia. Em seu recente livro sobre Marx, Jacques Derrida usou o termo "espectro" para indicar a pseudomaterialidade esquiva que subverte as oposições ontológicas clássicas entre realidade e ilusão, etc.[14] Talvez aqui devamos procurar o último recurso da ideologia, o núcleo pré-ontológico, a matriz formal, em que se inserem várias formações ideológicas: no fato de que não existe realidade sem o espectro, de que o círculo da realidade só pode ser fechado por meio de um suplemento espectral estranho. Por que, então, não existe realidade sem o espectro? Lacan dá uma resposta precisa para essa pergunta: (o que experimentamos como) a realidade não é a "própria coisa" – ela é sempre-já simbolizada, constituída, estruturada por meio de mecanismos simbólicos. O problema está no fato de a simbolização ser sempre falha, nunca conseguir "recuperar" plenamente o Real, sempre envolver uma dívida simbólica não paga e não resolvida. *Esse Real (a parte da realidade que permanece não simbolizada) retorna na forma de aparições espectrais.* Consequentemente, não devemos confundir "espectro" com "ficção simbólica", com o fato de a própria realidade ter estrutura de ficção por ser construída simbolicamente (ou "socialmente", como dizem alguns sociólogos); as ideias de espectro e ficção (simbólica) são codependentes em sua própria incompatibilidade (são "complementares" no sentido da mecânica quântica). Dito de maneira mais simples, a realidade nunca é diretamente "ela mesma"; ela só se apresenta por meio de sua

---

[14] DERRIDA, Jacques. *Espectros de Marx*. Tradução de Anamaria Skinner. Rio de Janeiro: Relume-Dumará, 1994.

simbolização falha e incompleta, e as aparições espectrais surgem nessa lacuna que separa para sempre a realidade do real, e é por causa dessa lacuna que a realidade tem o caráter de ficção (simbólica): o espectro dá corpo ao que escapa à realidade (simbolicamente estruturada).

O "núcleo" pré-ideológico da ideologia, portanto, consiste na *aparição espectral que preenche o buraco do Real*. Isso é o que todas as tentativas de fazer uma separação clara entre realidade "verdadeira" e ilusão (ou as tentativas de fundamentar a ilusão na realidade) não levam em conta: para que (o que experimentamos como) a "realidade" surja, algo tem de ser forcluído dela: ou seja, por definição, a "realidade", assim como a verdade, nunca é "toda". *O que o espectro oculta não é a realidade, mas seu "primordialmente reprimido", o X irrepresentável em cuja "repressão" se funda a própria realidade.* Talvez pareça que nossa especulação já se perdeu em águas turvas que não têm nada a ver com as lutas sociais concretas. No entanto, o exemplo supremo desse "Real" não é fornecido pelo conceito marxista de *luta de classes*? A consequente reflexão sobre esse conceito nos obriga a reconhecer que não existe luta de classes "na realidade": "luta de classes" designa o próprio antagonismo que impede a realidade (objetiva) social de se constituir como um todo fechado em si mesmo.[15]

Essa interpretação do antagonismo social (luta de classes) como Real, não como (parte da) realidade social objetiva, permite-nos combater a desgastada linha de argumentação segundo a qual é preciso abandonar a ideia de ideologia, uma vez que o gesto de distinguir "mera ideologia" de "realidade" implica a "visão de Deus" epistemologicamente insustentável, isto é, o acesso à realidade objetiva como ela "verdadeiramente é". Nesse aspecto, a questão da conformidade do termo "luta de classes" para designar a forma hoje dominante de antagonismo é secundária e diz respeito à análise social concreta; o que importa é que a própria constituição da realidade social envolve a "repressão primordial" de um antagonismo, de modo que o suporte final da crítica da ideologia – o ponto de referência extraideológico que nos autoriza a censurar o conteúdo de nossa experiência imediata como "ideológico" – não é a "realidade", mas o Real "reprimido" do antagonismo.

Para esclarecer essa lógica estranha do antagonismo enquanto Real, recordemos a análise exemplar que faz Claude Lévi-Strauss, em *Antropologia*

---

[15] Devo essa ideia de antagonismo, obviamente, a Ernesto Laclau e Chantai Mouffe, em *Hegemony and Sociality Strategy*. London; New York: Verso, 1985.

estrutural,[16] a respeito da disposição espacial de construções numa aldeia indígena na América do Sul. Os habitantes dessa aldeia são divididos em dois subgrupos; quando pedimos para um indivíduo desenhar num pedaço de papel, ou na areia, uma planta da aldeia (disposição espacial das habitações), obtemos duas respostas diferentes, dependendo do subgrupo a que a pessoa pertence: um membro do primeiro subgrupo (vamos chamá-lo de "corporativista-conservador") entende que a aldeia tem uma planta circular – um círculo de habitações dispostas de forma mais ou menos simétrica em volta de um templo central, ao passo que um membro do segundo subgrupo (o "antagônico-revolucionário") entende a aldeia como dois amontoados de habitações separados por uma fronteira invisível.

O argumento central de Lévi-Strauss é que esse exemplo de modo nenhum deveria nos induzir a um relativismo cultural segundo o qual a percepção do espaço social depende do grupo a que pertence o observador: a própria separação em duas percepções "relativas" implica a referência oculta a uma constante – não a disposição objetiva "real" das construções, mas um núcleo traumático, um antagonismo fundamental que os habitantes da aldeia não conseguiram simbolizar, explicar, "interiorizar", aceitar, um desequilíbrio nas relações sociais que impediu a comunidade de se estabilizar em um todo harmonioso. As duas percepções da planta não passam de duas tentativas mutuamente excludentes de lidar com esse antagonismo traumático, de curar sua ferida pela imposição de uma estrutura simbólica equilibrada. (Será preciso acrescentar que as coisas são as mesmas com respeito à diferença sexual: "masculino" e "feminino" não são como as duas configurações de casas na aldeia de Lévi-Strauss?) Para desfazer a ilusão de que nosso universo "desenvolvido" não é dominado pela mesma lógica, basta recordarmos a cisão do nosso espaço político entre esquerda e direita: os sujeitos de esquerda e os de direita se comportam exatamente como membros dos subgrupos opostos na aldeia descrita por Lévi-Strauss. Além de ocuparem lugares diferentes dentro do espaço político, cada grupo percebe de maneira diferente a própria disposição do espaço político – quem é de esquerda, como o campo inerentemente dividido por algum antagonismo fundamental; quem é de direita, como a unidade orgânica de uma comunidade perturbada apenas por intrusos estrangeiros.

---

[16] LÉVI-STRAUSS, Claude. *Antropologia estrutural*. Tradução de Beatriz Perrone-Moisés. São Paulo: Cosac Naify, 2008, p. 147-153.

O senso comum nos diz que é fácil retificar a parcialidade das percepções subjetivas e afirmar o "verdadeiro estado das coisas": alugamos um helicóptero e tiramos uma fotografia da aldeia vista de cima. Com isso obtemos a visão da realidade sem distorções, mas desconsideramos por completo o Real do antagonismo social, o núcleo traumático não simbolizável que encontra expressão nas próprias distorções da realidade, nos deslocamentos fantasiados da disposição "efetiva" das casas. Isso é o que Lacan tem em mente quando diz que *a própria distorção e/ou dissimulação é reveladora*: o que surge por meio das distorções da representação precisa da realidade é o real, isto é, o trauma em torno do qual se estrutura a realidade social. Em outras palavras, se os habitantes da aldeia desenhassem a mesma planta, teríamos uma comunidade harmoniosa e não antagônica. No entanto, para chegar ao paradoxo fundamental decorrente da ideia marxiana de fetichismo da mercadoria, precisamos dar um passo a mais e imaginar, digamos, duas aldeias "efetivas" diferentes; cada uma delas realiza, na disposição de suas habitações, uma das duas plantas fantasiadas que Lévi-Strauss evoca. Nesse caso, a estrutura da realidade social materializa uma tentativa de lidar com o real do antagonismo. Ou seja, não podemos nos esquecer de que o "fetichismo da mercadoria" não designa uma teoria (burguesa) da economia política, mas sim uma série de pressupostos que determinam a estrutura da própria prática econômica "real" da troca mercantil – em teoria, os capitalistas são apegados ao nominalismo utilitarista, embora, em sua própria prática (de troca, etc.), sigam os "caprichos teológicos" e ajam como idealistas especulativos. A própria "realidade", na medida em que é regulada por uma ficção simbólica, esconde o Real de um antagonismo, e é esse Real, forcluído da ficção simbólica, que retorna na forma de aparições espectrais – de maneira exemplar, é claro, na forma do "judeu conceitual".

Podemos discernir essa dualidade da ficção simbólica e da aparição espectral por meio da ambiguidade flagrante que pertence à noção de fantasia. Ou seja, a ideia de fantasia representa um caso exemplar da dialética *coincidentia oppositorum*: de um lado, a fantasia em seu aspecto beatífico, o sonho de um estado sem perturbações, fora do alcance da depravação humana; de outro, a fantasia em seu aspecto cuja forma elementar é a inveja – tudo que me "irrita" no Outro, as imagens que me assombram a respeito do que ele ou ela está fazendo quando não vejo, de como ele ou ela me engana e conspira contra mim, de como ele ou ela me ignora e se entrega a um gozo que está muito além da minha capacidade de representação, etc. (Isso, por exemplo, é o que incomoda Swann a respeito de Odette em *Um amor de Swann*.) A lição fundamental do chamado totalitarismo não diz respeito à codependência entre esses dois aspectos da ideia de fantasia? Aqueles que supostamente realizaram plenamente a fantasia$_1$ (ficção simbólica) tiveram de recorrer à fantasia$_2$ (aparições espectrais) para explicar sua falha – o anverso forcluído da harmoniosa *Volksgemeinschaft* nazista retornou na forma de sua obsessão paranoica com a conspiração judaica. De maneira semelhante, a descoberta compulsiva dos stalinistas de novos inimigos do socialismo foi o anverso inevitável de seu fingimento de perceber o ideal do "novo homem socialista". Talvez a libertação do controle infernal da fantasia$_2$ forneça a definição mais sucinta do que é um santo.

Desse modo, fantasia$_1$ e fantasia$_2$, ficção simbólica e aparição espectral, são como frente e verso da mesma moeda: na medida em que uma comunidade experimenta sua realidade como regulada e estruturada pela fantasia$_1$, ela tem de renegar sua impossibilidade inerente, o antagonismo em seu próprio cerne – e a fantasia$_2$ (a figura do "judeu conceitual", por exemplo) dá corpo a essa renegação. Em suma, a efetividade da fantasia$_2$ é a condição para que a fantasia$_1$ mantenha seu controle.[17] Lacan reescreveu o "penso, logo sou" de Descartes como "sou aquele que pensa '*logo sou*'" – a questão aqui, é claro, é a não coincidência dos dois "sous", isto é, a natureza fantasmática do segundo "sou". Deveríamos submeter à mesma reformulação a afirmação patética da identidade étnica: o momento "Sou francês (alemão, judeu, americano)" é reescrito como "Sou aquele que pensa 'logo sou francês'", a lacuna no meio de minha identidade individual torna-se visível – e a função do "judeu conceitual" é justamente tornar visível essa lacuna.

---

[17] Para uma elaboração mais detalhada dessa lógica do antissemitismo com respeito a sua função específica no capitalismo, ver ŽIŽEK, Slavoj. *The Sublime Object of Ideology*. London; New York: Verso,1989, p. 11-53; *Enjoy Your Symptom! Jacques Lacan In Hollywood and Out*. New York; London: Routledge, 1992, p. 69-110; bem como *Tarrying with the Negative: Kant, Hegel, and the Critique of Ideology*. Durham: Duke University Press, 1993, p. 125-161.

Capítulo 12
Além da análise do discurso[1]

Hegemony and Socialist Strategy[2] costuma ser lido como um ensaio sobre a política "pós-estruturalista", um ensaio sobre traduzir para um projeto político as ideias "pós-estruturalistas" básicas: não existe Significado transcendental; a chamada "realidade" é um construto discursivo; toda identidade dada, inclusive a de sujeito, é efeito de relações contingentes diferenciais, etc. Essa leitura também gera uma crítica comum: a linguagem serve primeiramente como meio de relações de poder extralinguísticas; não podemos dissolver toda a realidade num jogo de linguagem, etc. Meu argumento é que essa leitura não considera a dimensão fundamental de *Hegemony* – o fato de ele representar a ruptura talvez mais radical na teoria social moderna.

Não é por acaso que o pressuposto básico de *Hegemony* – "a Sociedade não existe" – evoca a proposição lacaniana "*la Femme n'existe pas*" ("A Mulher não existe"). O verdadeiro feito de *Hegemony* está cristalizado no conceito de "antagonismo social": longe de reduzir a realidade a um tipo de jogo de linguagem, o campo sociossimbólico é concebido como um campo estruturado em torno de determinada impossibilidade traumática, de determinada fissura que *não pode* ser simbolizada. Em

---

[1] Publicado originalmente como posfácio de LACLAU, Ernesto. *New Reflections on the Revolution of our Time*. London; New York: Verso, 1990, p. 249-260.

[2] LACLAU, Ernesto; MOUFFE, Chantai. *Hegemony and Socialist Strategy*. London; New York: Verso, 1985. (Doravante *Hegemony*). (N.O.)

suma, Laclau e Mouffe reinventaram, por assim dizer, a noção lacaniana do Real como impossível, eles a tornaram útil como ferramenta para a análise social e ideológica. Por mais simples que pareça, essa ruptura é de uma tal novidade que muitas vezes sequer foi percebida na maioria das respostas que o livro obteve.[3]

1. O sujeito do antagonismo

Por que enfatizar a homologia entre o conceito de antagonismo proposto por Laclau e Mouffe e o conceito lacaniano do Real? Porque nossa tese é que a referência a Lacan nos permite tirar outras conclusões do conceito de antagonismo social, sobretudo conclusões que dizem respeito ao status do sujeito que corresponde ao campo social estruturado em torno de uma impossibilidade central.

Quanto à questão do sujeito, *Hegemony* apresenta até mesmo um retrocesso em relação ao livro anterior de Laclau, *Política e ideologia na teoria marxista*[4]: neste livro, encontramos uma teoria althusseriana cuidadosamente elaborada da interpelação, ao passo que, em *Hegemony*, Laclau e Mouffe ainda concebem basicamente o sujeito de uma maneira que caracteriza o "pós-estruturalismo", da perspectiva de quem assume diferentes "posições do sujeito". Por que essa regressão? Minha leitura otimista é que se trata da "vertigem de um sucesso excessivo" – para usar a boa e velha expressão stalinista –, um efeito do fato de que Laclau e Mouffe progrediram rápido demais, isto é, que, com a elaboração de seu conceito de antagonismo, realizaram uma ruptura tão radical que não foi possível acompanhá-la de imediato com um conceito correspondente de sujeito – daí a incerteza relacionada ao sujeito em *Hegemony*.

O principal aspecto de sua argumentação volta-se contra a noção clássica de *sujeito* como entidade substancial e essencial, previamente dado, dominando o processo social e não sendo produzido pela contingência do próprio processo discursivo: contra essa ideia, eles afirmam que o que temos é uma série de posições do sujeito específicas (feminista, ecologista, democrática...), cuja significação não é estabelecida de antemão: ela muda

---

[3] Para uma explicação dos paradoxos do Real lacaniano, ver ŽIŽEK, Slavoj. *The Sublime Object of Ideology*. London; New York: Verso, 1989, p. 161-173.

[4] LACLAU, Ernesto. *Política e ideologia na teoria marxista: capitalismo, fascismo e populismo*. Tradução de João Maia e Lúcia Klein. Rio de Janeiro: Paz e Terra, 1978.

conforme essas posições são articuladas numa série de equivalências por meio do excesso metafórico que define a identidade de cada uma delas. Tomemos, por exemplo, a série feminismo-democracia-movimento pela paz-ecologismo: na medida em que os participantes da luta pela democracia "descobrem por experiência" que a democracia real não existe sem a emancipação das mulheres, na medida em que os participantes da luta ecológica "descobrem por experiência" que a reconciliação real com a natureza não existe sem que se abandone a atitude masculina e agressiva para com a natureza, na medida em que os participantes do movimento pela paz "descobrem por experiência" que a paz real não existe sem a democratização, etc., ou seja, na medida em que a identidade de cada uma das quatro posições supracitadas é marcada pelo excesso metafórico das outras três posições, podemos dizer que algo parecido com uma posição do sujeito unificada está sendo construída: ser democrata significa ao mesmo tempo ser feminista, etc. O que não podemos ignorar, é claro, é que essa unidade é sempre radicalmente contingente, resultado de uma condensação simbólica, e não a expressão de uma necessidade interna de acordo com a qual os interesses de todas as posições supracitadas "convergiriam objetivamente" a longo prazo. É bem possível imaginar, por exemplo, uma posição ecológica que veja a única solução num forte Estado autoritário e antidemocrático que retomaria o controle sobre a exploração dos recursos naturais, etc.

Ora, está claro que essa ideia das posições do sujeito ainda pertence ao quadro da interpelação ideológica althusseriana como constitutiva do sujeito: a posição do sujeito é um modo de como reconhecemos nossa posição de agentes (interessados) do processo social, de como experimentamos nosso comprometimento a determinada causa ideológica. Contudo, no momento em que nos constituímos como sujeitos ideológicos, no momento em que respondemos à interpelação e assumimos determinada posição do sujeito, estamos *a priori*, e *por definição*, enganados, ignorando a dimensão radical do antagonismo social – ou seja, o núcleo traumático cuja simbolização sempre falha; e – essa é a nossa hipótese – é precisamente a noção lacaniana do sujeito como "lugar vazio da estrutura" que descreve o sujeito no seu confronto com o antagonismo, o sujeito que não está encobrindo a dimensão traumática do antagonismo social.

Para explicar essa distinção entre o sujeito e as posições do sujeito, tomemos novamente o caso do antagonismo de classes. A relação entre as classes é antagônica no sentido que Laclau e Mouffe dão ao termo, isto é, não é nem contradição nem oposição, mas a relação "impossível" entre dois termos: um impede que o outro atinja sua identidade consigo mesmo, que se torne o que realmente é. Numa interpelação ideológica, assim que me reconheço como "proletário", engajo-me na realidade social, lutando contra o "capitalista" que me impede de realizar plenamente meu potencial humano, que bloqueia meu pleno desenvolvimento. Nesse sentido, onde está a ilusão ideológica típica da posição do sujeito? Ela está precisamente no fato de que o "capitalista", esse inimigo exterior, é quem me impede de alcançar uma identidade comigo mesmo: a ilusão é que depois da derradeira aniquilação do inimigo antagônico, eu finalmente vou abolir o antagonismo e alcançar uma identidade comigo mesmo. O mesmo acontece com o antagonismo sexual: a luta feminista contra a opressão machista patriarcal é necessariamente fortalecida pela ilusão de que depois, quando a opressão patriarcal for abolida, as mulheres finalmente vão atingir sua plena identidade consigo mesmas, vão realizar seu potencial humano, etc.

No entanto, para entendermos a noção de antagonismo em sua dimensão mais radical, devemos *inverter* a relação entre os dois termos: não é o inimigo externo que me impede de atingir minha identidade comigo mesmo, mas cada identidade já é em si bloqueada, marcada por uma impossibilidade, e o inimigo externo é apenas o pequeno pedaço, o resto da realidade sobre a qual "projetamos" ou "exteriorizamos" essa impossibilidade intrínseca e imanente. Essa seria a última lição da famosa dialética hegeliana do Senhor e do Escravo,[5] a lição geralmente ignorada pela leitura marxista: o Senhor, em última instância, é uma inversão do Escravo, uma forma de o Escravo "ceder de seu desejo", escapar do bloqueio de seu próprio desejo projetando sua razão na repressão exterior do Senhor. Esse também é o verdadeiro fundamento da insistência de Freud de que a *Verdrängung* não pode ser reduzida a uma interiorização da *Unterdrückung* [a repressão externa]: há certo impedimento fundamental, radical, constitutivo e autoinfligido, uma coibição à pulsão; e o papel da figura fascinante da Autoridade exterior, de sua força repressiva, é nos cegar para esse autoimpedimento da pulsão. Por isso podemos dizer que justamente no momento em que conseguimos vencer o inimigo na luta antagônica na realidade social, nós experimentamos o antagonismo

---

[5] HEGEL, G. W. F. *Fenomenologia do espírito*. Tradução de Paulo Meneses. 8. ed. Petrópolis: Vozes, 2013, p. 142-151.

em sua dimensão mais radical, como uma autocoibição: longe de nos permitir realizar nossa plena identidade conosco, o momento da vitória é o momento da perda maior. O Escravo só se liberta do Senhor quando percebe como o Senhor estava apenas incorporando o autobloqueio de seu próprio desejo: na verdade, o Escravo nunca possuiu aquilo de que o Senhor, por sua repressão exterior, o privava, aquilo que o Senhor o impedia de realizar. Esse é o momento que Hegel chama de "a perda da perda": a experiência de que *nunca tivemos* o que supostamente perdemos. Também podemos determinar essa experiência da "perda da perda" como a experiência da "negação da negação", isto é, do puro antagonismo e que a negação é levada ao ponto de autorreferência.

Essa referência a Hegel pode parecer estranha: afinal, Hegel não é o "idealista absoluto" por excelência, o filósofo reduzindo todo o antagonismo a um momento subordinado da identidade automediadora? Mas talvez essa leitura de Hegel seja vítima da "metafísica da presença": talvez outra leitura seja possível quando a referência a Hegel nos permite distinguir o puro antagonismo da luta antagonista na realidade. O que está em jogo no puro antagonismo não é mais o fato de que – como na luta antagonista com um adversário exterior – toda a positividade, toda a consistência de nossa posição, encontra-se na negação da posição do adversário e *vice-versa*; o que está em jogo é o fato de que a negatividade do outro, que me impede de atingir minha plena identidade comigo mesmo, é apenas a exteriorização de minha própria autonegatividade, de minha autocoibição. A questão aqui é como interpretar exatamente a tese de Laclau e Mouffe (ou que ênfase dar a ela) de que, no antagonismo, a negatividade como tal assume uma existência positiva. Podemos interpretar essa tese como uma afirmação de que, numa relação antagônica, a positividade de "nossa" posição consiste apenas na positivação de nossa relação negativa para com o outro, para com o adversário antagônico: toda a consistência de nossa posição está no fato de negarmos o outro, está no fato de que "nós" não somos nada além dessa pulsão de abolir, de aniquilar nosso adversário. Nesse caso, a relação antagônica é, de certo modo, simétrica: cada posição é apenas sua relação negativa para com o outro (o Senhor impede que o Escravo alcance sua plena identidade consigo mesmo e vice-versa). Contudo, se radicalizarmos a luta antagônica na realidade ao ponto do puro antagonismo, a tese de que, no antagonismo, a negatividade como tal assume uma existência positiva deverá ser lida de outra maneira: o outro si-mesmo (o Senhor, digamos) é, em sua positividade, em sua presença fascinante, apenas a positivação da nossa própria relação negativa – do Escravo – para conosco, a incorporação positiva do nosso próprio autobloqueio. A questão é que, nesse aspecto, a relação deixa de ser simétrica: não podemos dizer que o Escravo também é, da mesma maneira, apenas a positivação da relação negativa do Senhor. O que talvez possamos dizer é que ele é o sintoma do Senhor. Quando radicalizamos a luta antagônica ao ponto do puro antagonismo, é sempre um dos dois momentos que, pela positividade do outro, mantém uma autorrelação negativa: para usar um termo hegeliano, esse outro elemento funciona como "determinação reflexiva [*Reflexionsbestimmung*]" do primeiro – o Senhor, por exemplo, é apenas uma determinação reflexiva do Escravo. Ou, tomando o antagonismo ou a diferença sexual: o homem é uma determinação reflexiva da impossibilidade da mulher de atingir uma identidade consigo mesma (daí a mulher ser um sintoma do homem).

Devemos, portanto, fazer uma distinção entre a experiência do antagonismo em sua forma mais radical – como limite do social, como impossibilidade em torno da qual se estrutura o campo social – e o antagonismo como relação entre posições do sujeito antagônicas: em termos lacanianos, devemos fazer uma distinção entre o antagonismo como *Real* e a *realidade* social da luta antagônica. E a noção lacaniana do sujeito visa precisamente a experiência do "puro" antagonismo como autocoibição, autobloqueio, esse limite interior que impede o campo simbólico de realizar sua plena identidade. O interesse de todo o processo de subjetivação, de assumir diferentes posições do sujeito, no fundo é permitir que evitemos essa experiência traumática. O limite do social, como definido por Laclau e Mouffe, esse limite paradoxal que significa que "a Sociedade não existe", não é apenas algo que subverte cada posição do sujeito, cada identidade definida do sujeito; ao contrário, ele é ao mesmo tempo o que sustenta o sujeito em sua dimensão mais radical: "o sujeito", no sentido lacaniano, é o nome desse limite interior, dessa impossibilidade interior do Outro, da "substância". O sujeito é uma entidade paradoxal que, por assim dizer, é seu próprio negativo, ou seja, que persiste apenas na medida em que sua plena realização é bloqueada – o sujeito plenamente realizado não seria mais sujeito, mas substância. Nesse sentido preciso, o sujeito está além da subjetivação ou antes dela: a subjetivação designa o movimento pelo qual o sujeito integra no universo do significado o que lhe é dado – em última instância, essa integração sempre fracassa, há algo que fica para trás e que não pode ser integrado na ordem simbólica, um objeto que resiste à subjetivação, e o sujeito é precisamente correlato a esse objeto. Em outras palavras, o sujeito é correlato de seu próprio limite, do elemento que não pode ser subjetivado, e o nome do vazio que não pode ser preenchido com a subjetivação: o sujeito é o ponto do fracasso da subjetivação (por isso a marca lacaniana que o representa é $).

2. A dimensão da fantasia social

A relação "impossível" do sujeito com esse objeto cuja perda constitui o sujeito é marcada pela fórmula lacaniana da fantasia: $ ◊ a. A fantasia deve ser concebida como um cenário imaginário cuja função é fornecer um tipo de suporte positivo que preencha o vazio constitutivo do sujeito. O mesmo vale, *mutatis mutandis*, para a fantasia social: ela é o contraponto necessário ao conceito de antagonismo, um cenário que preenche os vazios da estrutura social, que mascara seu antagonismo constitutivo pela plenitude do gozo (gozo racista, por exemplo).[6] Essa é a dimensão negligenciada pela explicação althusseriana de interpelação: antes de ficar preso na identificação, no (falso) reconhecimento simbólico, o sujeito se encontra aprisionado pelo *Outro* através de um paradoxal objeto-causa do desejo, ali no meio, incorporando o gozo, através desse segredo suposto oculto no Outro, como exemplificado pela posição do homem do campo na famosa fábula sobre a porta da Lei em *O processo*, de Kafka, essa historinha que o padre conta para K. para lhe explicar sua situação perante a Lei. A falha evidente de todas as principais interpretações dessa fábula parece apenas confirmar a tese do sacerdote de que "o texto é imutável, e as opiniões são muitas vezes apenas uma expressão de desespero por isso".[7] Mas há outra maneira de adentrarmos o mistério dessa fábula: em vez de procurar diretamente o seu significado, seria melhor tratá-la da maneira como Claude Lévi-Strauss trata um dado mito: estabelecer suas relações com uma série de outros mitos e elaborar a regra da transformação desses mitos. Desse modo, onde podemos

---

[6] Para uma explicação da ideia de fantasia, ver ŽIŽEK. *Sublime Object of Ideology*, p. 124-128.

[7] KAFKA, Franz. *O processo*. Tradução e posfácio de Modesto Carone. São Paulo: Companhia das Letras, 2005, p. 275.

encontrar em *O processo* outro "mito" que funcione como uma variação, como uma inversão da fábula referente à porta da Lei?

Não precisamos procurar muito longe: no início do segundo capítulo ("Primeiro Interrogatório"), Josef K. encontra-se diante de outra porta da Lei (a entrada para a sala de interrogatório); ali também o porteiro lhe informa que aquela porta estava destinada apenas a ele – a lavadeira lhe diz: "Depois do senhor eu preciso fechar, ninguém mais pode entrar", o que é claramente uma variação das últimas palavras do porteiro para o homem do campo na fábula do sacerdote: "Só você pode passar por esta porta, pois ela foi feita só para você. Agora vou fechá-la". Ao mesmo tempo, a fábula da porta da Lei (vamos chamá-la, a modo de Lévi-Strauss, de m^1) e o primeiro interrogatório (m^2) podem ser contrapostos por uma série de características distintas: em m^1, estamos diante da entrada de um magnífico tribunal da justiça, e, em m^2, estamos num quarteirão de prédios onde moram os operários, cheios de sujeira e descascados; em m^1, o porteiro é empregado do tribunal, e, em m^2, é uma mulher comum que lava a roupa dos filhos; em m^1, é um homem, e, em m^2, uma mulher; em m^1, o porteiro impede que o homem do campo passe pela porta e entre no tribunal, e, em m^2, a mulher o leva para dentro da sala de interrogatório contra a vontade dele, isto é, a fronteira que separa a vida cotidiana do lugar sagrado da Lei não pode ser atravessada em m^1, mas, em m^2, é fácil de ser cruzada.

Essa característica crucial de m^1 já é indicada pela localização: o tribunal fica no meio da promiscuidade vital de onde moram os operários – Reiner Stach tem bastante razão quando reconhece nesse detalhe uma característica distintiva do universo de Kafka, "a travessia da fronteira que separa o domínio vital do domínio judicial".[8] Aqui, a estrutura é a mesma de uma fita de Möbius: se avançarmos o suficiente na nossa descida até o subsolo social, de repente nos vemos do outro lado, isto é, no meio da Lei nobre e sublime. O lugar da transição entre um e ouro domínio é uma porta vigiada por uma lavadeira comum, de sensualidade provocadora. Em m^1, o porteiro não sabe nada, enquanto em m^2 a mulher possui um tipo de conhecimento avançado: ela simplesmente ignora a ingênua astúcia de K., sua desculpa de que ele está procurando por um carpinteiro chamado Lanz, e o faz entender que estão esperando por ele há muito tempo, embora K. escolha entrar no cômodo dela

---

[8] STACH, Reiner. *Kafkas erotischer Mythos*. Frankfurt: Fischer Verlag, 1987, p. 35.

quase por acaso, como última tentativa desesperada depois de uma longa e inútil caminhada:

> A primeira coisa que viu no pequeno cômodo foi um grande relógio de parede que já marcava dez horas.
> – Mora aqui um carpinteiro chamado Lanz? – perguntou.
> – Entre, por favor – disse uma jovem de olhos negros e brilhantes, que naquele momento lavava roupa de criança numa tina e que com a mão molhada apontou para a porta aberta do aposento vizinho. [...]
> – Eu lhe perguntei por um carpinteiro, um certo Lanz, não?
> – Sim – disse a mulher –, entre, por favor.
> Talvez K. não a tivesse seguido se ela não caminhasse em direção a ele, segurasse o trinco da porta e dissesse:
> – Depois do senhor eu preciso fechar, ninguém mais pode entrar.[9]

A situação aqui é a mesma do conhecido acidente de *As mil e uma noites*: o herói, perdido no deserto, entra quase por acaso numa caverna e lá encontra três velhos sábios que acordam com sua entrada e lhe dizem: "Finalmente você chegou! Estamos esperando por você há 300 anos!". Esse mistério da necessidade por trás do encontro contingente é, mais uma vez, o mistério da transferência: pressupõe-se que o conhecimento que buscamos produzir já existe no outro. O conhecimento avançado e paradoxal da lavadeira não tem absolutamente nada a ver com a chamada "intuição feminina": baseia-se simplesmente no fato de que ela está conectada com a Lei. Sua posição relativa à Lei é muito mais crucial do que a de um pequeno funcionário; K. descobre isso logo depois, quando sua argumentação calorosa diante do tribunal é interrompida por uma intrusão escabrosa:

> K. foi interrompido por um chiado no fundo da sala e protegeu os olhos para enxergar, pois a luz turva do dia tornava o vapor esbranquiçado e ofuscava a vista. Tratava-se da lavadeira, que K. havia considerado um fator fundamental de perturbação assim que ela entrou. Não era possível saber se ela agora tinha culpa ou não. K. viu apenas que um homem a puxara para um canto perto da porta e ali se comprimia contra ela. Mas não era ela quem chiava, e sim o homem, que estava com a boca escancarada e olhava para o teto.[10]

---

[9] KAFKA. *O processo*, p. 36-37.

[10] KAFKA. *O processo*, p. 33.

Então qual é a relação entre a mulher e o tribunal da Lei? Na obra de Kafka, a mulher como "tipo psicológico" é totalmente consistente com a ideologia antifeminista de um Otto Weininger: um ser sem eu próprio, incapaz de assumir uma atitude ética (mesmo quando ela parece agir baseada em princípios éticos, há por trás um cálculo oculto do gozo), um ser que não teve acesso à dimensão da verdade (mesmo quando o que diz é literalmente verdade, ela está mentindo com sua posição subjetiva), um ser sobre o qual não basta dizer que está fingindo afeto para seduzir um homem – o problema é que não há nada por trás da máscara da simulação, nada além de certo gozo glutão que é sua única substância. Confrontado com tal imagem da mulher, Kafka não sucumbe à comum tentação da crítica feminista (de demonstrar como essa figura é produto de certas condições discursivas sociais, de opor a ela os contornos de outro tipo de feminilidade, etc.). Seu gesto é muito mais subversivo – ele aceita plenamente o retrato weiningeriano da mulher como "tipo psicológico", mas o faz ocupar um lugar insólito e sem precedentes, o lugar da Lei. Como já dito por Stach, talvez essa seja a operação elementar de Kafka: esse curto-circuito entre a "substância" feminina ("tipo psicológico") e o lugar da Lei. Manchada por uma vitalidade obscena, a própria Lei – na perspectiva tradicional, uma universalidade neutra e pura – assume as características de uma bricolagem inconsistente e heterogênea impregnada pelo gozo.

No universo de Kafka, o tribunal é sobretudo *sem lei* no sentido formal: como se a cadeia de conexões "normais" entre causas e efeitos fosse suspensa, colocada entre parênteses. Toda tentativa de estabelecer, pelo raciocínio lógico, o modo de funcionamento do tribunal está fadada ao fracasso: todas as oposições percebidas por K. (entre a fúria dos juízes e a risada do público; entre o alegre lado direito e o severo lado esquerdo do público) mostram-se falsas assim que ele tenta fundamentar nelas sua tática; depois que K. dá uma resposta comum, o público cai na gargalhada.

O outro lado positivo dessa inconsistência é, obviamente, o gozo: ele irrompe abertamente enquanto K. apresenta seu caso e é interrompido por um ato sexual público. Esse ato, difícil de perceber por causa de sua própria superexposição (K. teve de "forçar os olhos para ver o que acontecia"), marca o momento de erupção do Real traumático, e o erro de K. consiste em ignorar a *solidariedade* entre a perturbação obscena e o tribunal. Ele acha que todo mundo ficaria ansioso para ver a ordem restabelecida e o casal ofensor pelo menos expulso da sala, mas quando tenta atravessar a multidão, é impedido pelas pessoas e alguém lhe segura pelo colarinho... nesse instante, o jogo acabou: confuso e perturbado, K. perde a linha de argumentação; tomado por uma raiva impotente, ele deixa a sala em seguida.

O erro fatal de K. foi encarar o tribunal, o Outro da Lei, como uma entidade homogênea, atingível por meio de um argumento consistente, enquanto o tribunal só pode retornar para ele como um sorriso obsceno misturado a sinais de perplexidade – em suma, o que K. espera do tribunal são *atos* (feitos legais, decisões), mas o que obtém é um *ato* (sexual público). A sensibilidade de Kafka em relação a essa "travessia da fronteira que separa o domínio vital do domínio judicial" depende de seu judaísmo: a religião judaica marca o momento de sua separação mais radical. Em todas as religiões anteriores, nós sempre incorremos num lugar que é o domínio do gozo sagrado (na forma de orgias rituais, por exemplo), enquanto o judaísmo remove do domínio sagrado todos os traços de vitalidade e subordina a substância viva à letra morta da Lei do Pai. Com Kafka, ao contrário, o domínio judicial é mais uma vez inundado pelo gozo, temos um curto-circuito entre o *Outro* da Lei e a *Coisa*, a substância do gozo.

É por isso que seu universo é notavelmente o do *Supereu*: o Outro como Outro da Lei simbólica não está apenas morto, ele sequer sabe que está morto (como a figura terrível do sonho de Freud) – só poderia sabê-lo uma vez que fosse totalmente insensível para a substância viva do gozo. O Supereu incorpora, ao contrário, o paradoxo de uma Lei que "provém de uma época em que o Outro não estava morto. O Supereu é um resto que sobrevive" (Jacques-Alain Miller). O imperativo "Goza!" dado pelo Supereu, a transformação da Lei morta em figura obscena do Supereu, implica uma experiência inquietante: de repente, tomamos ciência de que aquilo que há um minuto nos parecia uma letra morta na verdade está vivo, respirando, palpitando. Recordemos uma cena do filme *Aliens, o resgate*: o grupo de heróis segue por um longo túnel, cujas paredes de pedra são retorcidas como tranças de cabelo; de repente, as tranças começam a se mover e a secretar uma gosma pegajosa, e os corpos petrificados voltam à vida.

Desse modo, deveríamos reverter a metafórica comum da "alienação" em que a letra morta e formal suga, como um tipo de parasita ou vampiro, a força viva presente, isto é, em que os sujeitos vivos são prisioneiros de uma teia morta. Esse caráter morto e formal da Lei é um *sine qua non* da nossa liberdade: o verdadeiro perigo totalitário surge quando a Lei não quer mais ficar morta. Assim, o resultado de m[1] é que não existe verdade sobre a *verdade*: toda e qualquer garantia da Lei tem a condição de semblante, ou seja, a Lei não tem suporte nenhum na verdade, ela é necessária sem ser verdadeira; o encontro de K. com a lavadeira, por conseguinte, complementa o lado reverso geralmente ignorado em silêncio: uma vez que a Lei não se fundamenta na verdade, ela está impregnada pelo gozo.

3. Rumo a uma ética do real

Agora já deve estar claro como as duas ideias com as quais tentamos suplementar o aparelho teórico de *Hegemony* – o *sujeito* como lugar vazio correlato de antagonismo, e a *fantasia* social como modo ideológico elementar de mascarar o antagonismo – se apresentam de modo simples quando levamos em conta as consequências da ruptura realizada por esse livro.

Longe de ser apenas mais um livro numa série de "pós"-obras (pós-marxistas, pós-estruturalistas, etc.), o principal feito que leva *Hegemony* a ocupar, em relação a essa série, uma posição de *extimité* é ele articular, talvez pela primeira vez, os contornos de um projeto político baseado numa ética do real, da "travessia da fantasia [*la traversée du fantasme*]", uma ética de confronto com um núcleo impossível e traumático, que não é coberto por nenhum *ideal* (de comunicação não partida, de intervenção do si-mesmo). É por isso que podemos dizer efetivamente que *Hegemony* é a única resposta real a Habermas, a seu projeto baseado na ética do ideal de comunicação sem restrição. O modo como Habermas formula a "situação ideal de fala" já revela seu status de fetiche: a "situação ideal de fala" é uma coisa que, tão logo nos envolvemos na comunicação, é "simultaneamente desmentida e reivindicada",[11] isto é, devemos pressupor que o ideal de uma comunicação não partida já se realizou, mesmo que saibamos não ser esse o caso. Aos exemplos da lógica fetichista *je sais bien, mais quand même*, devemos acrescentar a fórmula da "situação ideal de fala": "sei muito bem que a comunicação é partida e deturpada, mas

---

[11] HABERMAS, Jürgen. *O discurso filosófico da modernidade*. Tradução de Luiz Sérgio Repa e Rodnei Nascimento. São Paulo: Martins Fontes, 2000, p. 451.

mesmo assim... (acredito e ajo como se a situação ideal de fala já tivesse se realizado).[12]

O que essa lógica fetichista do ideal mascara, obviamente, é a limitação típica do campo simbólico como tal: o fato de o campo significante ser sempre estruturado em torno de certo impasse fundamental. Assim, o impasse não implica nenhum tipo de resignação – ou, se houver resignação, será um paradoxo da *resignação entusiástica*: usamos aqui o termo "entusiasmo" no sentido kantiano estrito, indicando uma experiência do objeto por meio do próprio fracasso de sua representação adequada. Entusiasmo e resignação, desse modo, não são dois momentos opostos: é a própria "resignação", isto é, a experiência de certa impossibilidade, que incita o entusiasmo.

---

[12] Žižek está se referindo ao desenvolvimento dessa "negação fetichista" no famoso ensaio de Octave Mannoni "I Know Well, but All the Same ...", em *Perversion and the Social Relation*, organizado por Molly Anne Rothenberg, Dennis A. Foster e Slavoj Žižek. Durham: Duke University Press, 2003, p. 68-92. Ver também o capítulo 11 deste livro, "Entre a ficção simbólica e o espectro fantasmático: rumo a uma teoria lacaniana da ideologia" (p. 255, nota 11). (N.O.)

Capítulo 13

Revisando a crítica social "lacaniana": a Lei e seu duplo obsceno[1]

Meu argumento é que, na crítica cultural norte-americana, o que é considerado "teoria lacaniana" apresenta uma acolhida muito limitada e distorcida da obra de Lacan. Quero contestar esse quadro estabelecido e esclarecer outra dimensão de Lacan, muito mais produtiva para a teórica crítica social.

A característica predominante desse quadro estabelecido é a ideia de Lacan como um "filósofo da linguagem" falogocentrista que enfatiza o preço que o sujeito tem de pagar para ter acesso à ordem simbólica – toda a falsa poesia da "castração", de algum ato primordial de sacrifício e renúncia, do *gozo* como impossível. Comecemos, portanto, com essa desfortunada castração.

No que consiste precisamente a castração? O problema com as críticas sobre o "falocentrismo" de Lacan é que, via de regra, elas se referem ao "falo" ou à "castração" de uma maneira metafórica muito senso comum. Nos estudos cinematográficos feministas em geral, por exemplo, toda vez que um homem se comporta de maneira agressiva com uma mulher ou afirma sua autoridade sobre ela, podemos ter certeza de que suas ações serão designadas como "fálicas". Do mesmo modo, toda vez que uma mulher é enquadrada, representada como indefesa

---

[1] Publicado originalmente em *JPCS: Journal for the Psychoanalysis of Culture and Society*, n. 1, p. 15-25, 1996.

ou acossada, podemos ter certeza de que sua experiência será designada como "castradora".

O que se perde aqui é o paradoxo do próprio falo como significante da castração: se tivermos de afirmar nossa autoridade "fálica" (simbólica), pagaremos o preço de renunciar à posição de agente e consentir em funcionar como o meio pelo qual o grande Outro – a instituição simbólica – age e fala. Quando o sujeito é dotado de autoridade simbólica, ele age como um apêndice desse título simbólico: é o grande Outro que age através dele. Basta nos recordarmos do juiz que pode ser uma pessoa corrupta e miserável, mas, no momento em que veste sua toga e outras insígnias, suas palavras são as palavras da própria Lei.

O mesmo vale para a autoridade paternal: o pai real só exerce autoridade na medida em que se põe como a encarnação de uma instância simbólica transcendente, na medida em que aceita que não é ele, mas o grande Outro que fala através dele, nas palavras dele. Recordemos o milionário de um filme de Claude Chabrol que inverte a queixa comum de ser amado só por causa dos milhões que possui: "Se pelo menos eu encontrasse uma mulher que me ame pelo dinheiro, e não por mim!".

Nisso consiste a principal lição do mito freudiano do parricida, do pai primordial que, depois de sua morte violenta, retorna mais forte do que nunca na forma de seu Nome, como uma autoridade simbólica. Se o pai vivo e real tem de exercer uma autoridade paternal simbólica, ele deve, de certo modo, morrer enquanto vivo. É sua identificação com a "letra morta" do mandato simbólico que confere autoridade a sua pessoa; parafraseando o antigo *slogan* racista: "O único pai bom é o pai morto!". Na medida em que o falo enquanto significante designa a instância da autoridade simbólica, sua característica crucial está no fato de que ele não é "meu", não é o órgão de um sujeito vivo, mas o lugar em que um poder estranho intervém e se inscreve no meu corpo, um lugar em que o grande Outro age através de mim. Em suma, o fato de o falo ser um significante quer dizer, acima de tudo, que ele é estruturalmente um órgão sem corpo, de certa maneira "separado" do meu corpo.

Outra (má) interpretação de Lacan, intimamente relacionada a essa, diz respeito à oposição entre a economia fálica e a pluralidade polimórfica das posições do sujeito. De acordo com a visão comum, a tarefa da economia fálica é moldar a dispersa pluralidade pré-edípica das posições do sujeito em um sujeito unificado, subordinado à regra do Nome-do-Pai (portador e retransmissor de autoridade social), e, como tal, o sujeito ideal do Poder (social). Aqui devemos pôr em questão o pressuposto básico de que o Poder é exercido via sujeito edípico unificado e inteiramente submetido à Lei paternal fálica e, inversamente, que a dispersão do sujeito unificado em uma multiplicidade de posições do sujeito, por assim dizer, solapa automaticamente a autoridade e o exercício do Poder. Contra esse lugar-comum, é preciso ressaltar repetidas vezes que o Poder sempre nos interpela, ou nos aborda, como sujeitos cindidos. Para se reproduzir, ele depende de nossa cisão. A mensagem com que o discurso de poder nos bombardeia é inconsistente por definição: sempre há uma lacuna entre o discurso público e seu suporte fantasmático. Longe de ser uma fraqueza secundária, um sinal da imperfeição do Poder, essa cisão é necessária para seu exercício. O sujeito "pós-moderno" é diretamente constituído como um amontoado inconsistente de múltiplas "posições do sujeito" (economicamente conservador, porém sexualmente "esclarecido", tolerante, porém racista, etc.).

★ ★ ★

Se retornarmos agora para a autoridade paternal simbólica, uma homologia parece se impor entre essa autoridade, o Nome-do-Pai, e o que, na literatura sobre o antissemitismo, é chamado de "judeu conceitual", o agente mítico-invisível da conspiração judaica que, escondido nos bastidores atrás da cortina, controla nossas vidas.

A separação entre os efetivos judeus e a figura fantasmática do "judeu conceitual" não seria da mesma natureza que a separação entre a pessoa empírica sempre deficiente do pai e o Nome-do-Pai, seu mandato simbólico? Não será que, nos dois casos, uma pessoa real age como a personificação de uma instância fictícia irreal, o pai efetivo como substituto para a instância de autoridade simbólica e o judeu efetivo como substituto para a figura fantasmática do "judeu conceitual"? Por mais convincente que pareça, precisamos rejeitar essa homologia por ser enganosa. Apesar de lidarmos nos dois casos com a cisão entre conhecimento e crença ("Sei muito bem que meu pai é na verdade uma pessoa comum, mas mesmo assim acredito em sua autoridade"; "Sei muito bem que os judeus são pessoas como as outras, mas mesmo assim há algo de estranho neles"), as duas cisões são de natureza fundamentalmente diferente. No primeiro caso, a crença diz respeito à autoridade simbólica pública e "visível" (não obstante minha consciência da imperfeição e debilidade do pai, eu o aceito como figura de autoridade), ao passo que, no segundo caso, eu acredito no poder de uma aparição espectral invisível. O "judeu conceitual" fantasmático não é uma figura paternal de autoridade simbólica, um meio ou portador de autoridade pública "castrado", mas algo decididamente diferente, um tipo estranho de duplo da autoridade pública, que desvirtua sua lógica própria. O "judeu conceitual" tem de agir na sombra, invisível aos olhos públicos, irradiando uma onipotência espectral e fantasmagórica. Por causa dessa condição imperscrutável e esquiva do núcleo de sua identidade, o judeu é visto – em contraste com o pai "castrado" – como incastrável: quanto mais sua existência efetiva, social e pública é abreviada, mais ameaçadora se torna sua ex-sistência fantasmática e esquiva.

A mesma lógica parece estar em jogo no populismo anticomunista de direita, que tem ganhando força nos países ex-socialistas do Leste Europeu. Sua resposta para os problemas atuais, não só os econômicos, é que, embora tenham perdido o poder público e legal, os comunistas continuam exercendo o controle nos bastidores, mexendo os pauzinhos do poder econômico, dominando os meios de comunicação de massa e as instituições estatais. Os comunistas são vistos, desse modo, como uma entidade fantasmática ao modo dos judeus: quanto mais perdem poder público e tornam-se invisíveis, mais forte se torna sua onipresença fantasmagórica, seu controle sombrio efetivo.

Essa lógica fantasmática de um Mestre invisível e, por essa razão, todo-poderoso estava claramente em ação no modo de funcionamento da figura de Abimael Guzman – o "presidente Gonzalo", líder do Sendero Luminoso, no Peru – antes de ele ser preso. O fato de sua existência ser imprecisa (as pessoas não sabiam se ele existia de verdade ou se era apenas um ponto de referência mítico) aumentou ainda mais seu poder. O exemplo mais recente desse Mestre invisível e, justamente por isso, todo-poderoso aparece no filme *Os suspeitos*, de Bryan Singer, cuja história se centra no misterioso "Keyser Soeze", um criminoso-mestre que ninguém sabe se existe de fato. Como diz uma das personagens, "Não acredito em Deus, mas mesmo assim tenho medo dele". As pessoas têm medo de vê-lo ou, quando são obrigadas a encará-lo, de falar sobre o assunto com os outros. Sua identidade é um segredo guardado a sete chaves. No fim do filme, é revelado que Keyser Soeze é o mais miserável do grupo de suspeitos, um covarde manco e sem amor próprio. É fundamental esse contraste entre a onipotência do invisível agente do poder e o modo como esse mesmo agente, no momento em que sua identidade é revelada, é reduzido a um fracote estropiado.

A próxima característica que deve ser notada é a condição vocal desse mestre onipotente e invisível: seu poder está na autonomização estranha da voz, batizada pelo francês Michel Chion, teórico cinematográfico, de "acusmatização": o surgimento de uma voz espectral que flutua livremente num misterioso domínio intermediário e, desse modo, adquire a dimensão horripilante da onipresença e da onipotência – a voz de um Mestre invisível, de *O testamento do dr. Mabuse*, de Fritz Lang, à "voz da mãe" em *Psicose*, de Hitchcock. Em *Psicose*, a "voz da mãe" abre literalmente um buraco na realidade visual: a imagem na tela torna-se uma superfície enganadora, um engodo dominado secretamente pela voz incorpórea de um Mestre invisível ou ausente, uma voz que não pode ser vinculada a nenhum objeto na realidade diegética.

★ ★ ★

Além da castração simbólica e da distinção entre os dois Mestres – o castrado e o não castrado –, o que ainda devemos opor ao retrato comum de Lacan como teórico da perda primordial do gozo é o seu anverso, geralmente ignorado em silêncio. O problema com o gozo não é o fato de ser inatingível, de sempre escapar à nossa apreensão, mas sim o fato de nunca conseguirmos nos livrar dele, de sua mancha ser resistente. Aqui reside o argumento central do conceito lacaniano de mais-gozar: a própria renúncia ao gozo provoca um resto ou um excesso de gozo. Basta recordarmos a profunda satisfação que o sujeito sente quando responde ao pedido totalitário: "Renuncie! Sacrifique-se! Chega de prazeres!".

Esse mais-gozar complica o problema da responsabilidade. O sujeito pode se isentar da responsabilidade com respeito à rede simbólica da tradição que sobredetermina sua fala. Por exemplo, quem profere um insulto racista sempre pode evocar a rede de sedimentações históricas na qual seu ato de fala está enraizado. No entanto, o sujeito é responsável pelo pouquinho de gozo que encontra em sua explosão racista agressiva.

O mesmo vale para o caso inverso da vítima. A descrição que dou das circunstâncias em que fui vítima pode ser totalmente verídica e precisa, mas esse mesmo enunciado da minha difícil situação me proporciona um mais-gozar: o relato de minha vitimização, pelo qual eu atribuo a culpa aos outros e me apresento como uma vítima passiva e inocente das circunstâncias, sempre provoca em mim uma profunda satisfação libidinal. Encontrar a própria identidade simbólica numa injustiça específica pode ser uma fonte de profunda satisfação, e enquanto relato minha vitimização, sou responsável pela satisfação contida na minha posição subjetiva de enunciação.

Consideremos o modo como os cidadãos de Sarajevo percebem a si mesmos nesses tempos difíceis em que a cidade está sitiada. O sofrimento deles, é claro, é muito material, mas é impossível não notar a satisfação narcísica contida no relato da situação que enfrentam. Estão bastante cientes de que sua cidade se tornou um símbolo, de que, de certo modo, eles são o "centro do mundo", de que os olhos dos meios de comunicação estão voltados para eles. Consequentemente, na experiência direta que eles têm de seu próprio cotidiano doloroso, eles já desempenham um papel para o olhar do Outro virtual. O que temem (pelo menos em nível inconsciente) é a perda do papel "sagrado" privilegiado da vítima exemplar, ou seja, o momento em que Sarajevo vai se tornar uma cidade como as outras.

Podemos entender melhor esse gozo excessivo fazendo a seguinte pergunta: qual é o alvo das insurreições da violência? No que estamos mirando, o que queremos aniquilar, quando exterminamos judeus ou espancamos estrangeiros nas nossas cidades? A primeira resposta possível também envolve a ficção simbólica: para além da dor física e da humilhação pública, o objetivo final dos estupros na guerra da Bósnia, por exemplo, não seria solapar a ficção (a narrativa simbólica) que garante a coerência da comunidade muçulmana? O fato de que "a história que a comunidade tem contado sobre si mesma não faz mais sentido" (para parafrasear Richard Rorty) também não seria uma consequência da violência extrema?

Essa destruição do universo simbólico do inimigo, esse "culturicídio", no entanto, não é em si suficiente para explicar uma insurreição de violência ética. É preciso buscar sua causa final (no sentido de força motora) num nível um pouco diferente. De que se alimenta nossa "intolerância" para com os estrangeiros? O que há neles que nos irrita e perturba nosso equilíbrio psíquico? Já no nível de uma descrição fenomenológica simples, a característica crucial dessa causa é o fato de não poder ser localizada como propriedade observável claramente definida. Embora geralmente possamos enumerar uma série de características que nos incomodam "neles" (a risada alta, o cheiro ruim da comida que preparam, etc.), essas características funcionam como indicadores de uma estranheza mais radical. Os estrangeiros podem parecer e agir como nós, mas existe um *je ne sais quoi* imperscrutável, algo "neles mais do que eles mesmos" que os torna "não exatamente humanos" ("alienígenas" no sentido preciso que o termo adquiriu nos filmes de ficção científica da década de 1950).

Permitam-me relatar uma experiência bastante pessoal, algo que aconteceu com a minha mãe. Sua amiga mais íntima, no melhor dos clichês, é judia. Um dia, depois de fazer uma transação financeira com essa senhora judia, minha mãe me disse: "Que senhora adorável, mas você viu o jeito estranho como ela conta o dinheiro?". Aos olhos da minha mãe, essa característica, o jeito de a senhora judia mexer no dinheiro, funcionava exatamente como a característica misteriosa dos romances de ficção científica que nos permite identificar os alienígenas que normalmente não se distinguem de nós: uma camada fina de pele transparente entre o dedo mínimo e o anelar, um brilho estranho nos olhos, etc. Nossa relação com esse elemento traumático imperscrutável que "nos incomoda" no Outro se estrutura nas fantasias (sobre a onipotência política e/ou sexual do Outro, sobre "suas" práticas sexuais estranhas, sobre seus poderes hipnóticos secretos). Lacan chamou esse objeto estranho paradoxal que representa aquilo que, no objeto percebido como empírico e positivo, necessariamente escapa ao meu olhar e que, como tal, serve de força motriz do meu desejo por ele de *objeto pequeno a*, o objeto-causa do desejo. Em seu nível mais radical, a violência é precisamente uma tentativa de desferir um golpe nesse mais-gozar insuportável contido no Outro.

★ ★ ★

A mácula do gozo, além disso, é fundamental para o funcionamento "normal" do poder. Uma experiência pessoal me revelou essa obscenidade inerente ao Poder da maneira mais desagradavelmente agradável. Na década de 1970, passei pelo serviço militar (obrigatório) no antigo Exército Popular Iugoslavo, num pequeno quartel sem centro médico apropriado. Uma vez por semana, numa sala que também servia de alojamento para um soldado raso que se formou enfermeiro, um médico do hospital militar das redondezas dava suas consultas. Na moldura de um espelho grande preso na parede acima do lavabo, os soldados haviam afixado alguns postais de mulheres seminuas – recurso comum para a masturbação naquela época da pré-pornografia, para ser exato. Quando o médico fazia sua visita semanal, todos nós que havíamos marcado um exame médico nos assentávamos num banco comprido, que ficava encostado na parede oposta ao lavabo, e éramos examinados um de cada vez.

Um dia, enquanto eu ainda esperava para ser atendido, estava na vez de um jovem soldado semianalfabeto que reclamava de dores no pênis (o que, é claro, já era suficiente para arrancar risadinhas obscenas de todos nós, inclusive do médico): a pele da glande estava firme demais, então ele não conseguia retraí-la direito. O médico o mandou baixar as calças e mostrar o problema. O soldado obedeceu e a pele deslizou normalmente, mas o soldado logo acrescentou que o problema só acontecia durante a ereção. O médico então lhe disse: "Ok, então se masturbe para que fique ereto e a gente possa ver o que é!". Profundamente envergonhado e com o rosto corado, o soldado começou a se masturbar na frente de nós e, é claro, não consegui ter uma ereção.

O médico então pegou uma das imagens com mulheres seminuas presas no espelho, suspendeu-a bem na frente do rosto do soldado e começou a gritar com ele: "Olha esses peitos, olha essa boceta! Masturbe-se! Como assim, você não consegue uma ereção? Que tipo de homem você é? Ande logo, masturbe-se!". Todos nós naquela sala, inclusive o médico, acompanhávamos o espetáculo com uma risada obscena. Até o pobre do soldado começou a rir, sem graça, trocando olhares solidários conosco enquanto continuava se masturbando.

Essa cena provocou em mim uma experiência de quase epifania. *In nuce*, estava tudo ali, o aparelho inteiro do Poder: a mistura estranha do gozo imposto e da coerção humilhante; a instância do Poder que grita ordens severas, mas ao mesmo tempo compartilha conosco, seus subordinados, uma risada obscena que atesta uma solidariedade profunda; o excesso grotesco pelo qual, num curto-circuito excepcional, as atitudes oficialmente opostas e mutuamente excludentes revelam sua cumplicidade estranha, em que o agente solene do Poder de repente começa a piscar para nós do outro lado da mesa num gesto de obscena singularidade, deixando claro que a coisa (suas ordens) não deve ser levada tão a sério, consolidando, com isso, o seu poder. O objetivo da "crítica da ideologia", da análise de um edifício ideológico, é extrair esse núcleo sintomático que o texto ideológico, público e oficial renega, mas do qual também precisa para que funcione sem perturbações.

Permitam-me citar outro exemplo, o mais distante possível do pobre Exército Iugoslavo: a vida nos colégios ingleses como retratada em inúmeras autobiografias, e, entre outros, no filme *Se...*, de Lindsay

Anderson. Por trás da superfície liberal, civilizada e compreensiva da vida cotidiana nessas escolas, com sua atmosfera sombria, porém encantadora, existe um mundo de relações brutais de poder entre os alunos mais novos e os mais velhos. Um conjunto pormenorizado de regras tácitas dita o modo como os alunos mais velhos podem explorar e humilhar, de diversas formas, os alunos mais novos, tudo isso permeado por uma homossexualidade proibida. Não temos o domínio "repressor" da lei e da ordem enfraquecido por formas secretas de rebelião – que fazem troça da autoridade pública, etc. –, mas sim o seu oposto: a autoridade pública mantém uma aparência gentil e civilizada, mas por trás dela existe um campo sombrio em que o exercício brutal do poder é sexualizado. O ponto fundamental, é claro, é que esse campo sombrio e obsceno, longe de solapar o semblante civilizado do poder público, serve como seu suporte inerente. Os alunos só conseguem participar dos benefícios da vida escolar se forem iniciados nas regras tácitas desse campo. A pena por quebrar essas regras tácitas é muito maior do que quando se quebram as regras públicas.

A cegueira para essa mesma cisão não é o que sela o destino do desfortunado capitão Bligh, do *HMS Bounty*? Estamos lidando aqui com um verdadeiro enigma: por que esse oficial exemplar, obcecado com a segurança e a saúde de seus marinheiros, foi promovido a uma das figuras arquetípicas do Mal na nossa cultura popular? As mudanças sucessivas na influente imagem de Bligh servem como indicador perfeito para as alterações na ideologia hegemônica – cada época tem seu próprio Bligh. Basta mencionarmos os três principais retratos cinematográficos: o aristocrata decadente Charles Laughton nos anos 1930, o frio burocrata Trevor Howard nos anos 1960 e o mentalmente torturado Anthony Hopkins nos anos 1980... O que "aconteceu realmente" no *HMS Bounty*? Qual foi a "verdadeira causa" do motim? Bligh era visto "não como um verdadeiro cavalheiro", como alguém que tinha poder (como o comandante do navio, ele tinha direito de tomar decisões e dar ordens, direito que ele aproveitava), mas de algum modo era "duro", faltava-lhe a sensibilidade que diz a um bom líder quando e como aplicar as regras, como levar em conta a rede "orgânica" e espontânea das relações entre seus subordinados.

Mais precisamente, o erro de Bligh não foi apenas ser insensível à rede concreta de relações "orgânicas" entre os marinheiros; sua limitação crucial era o fato de ele ser totalmente cego para a função estrutural das relações de poder ritualizadas entre os marinheiros (o direito dos marinheiros mais velhos e experientes de humilhar os mais novos e inexperientes, de explorá-los sexualmente, de submetê-los a suplícios, etc.). Esses rituais forneciam um suplemento ambíguo às relações de poder públicas legais. Eles agiam como duplo sombrio dessas relações, aparentemente transgredindo-as e subvertendo-as, mas na verdade servindo como seu suporte fundamental: uma sátira sobre instituições legais, uma inversão do Poder público, e ainda uma transgressão que consolida aquilo que transgride.

Em sua cegueira para o papel estabilizador desses rituais, Bligh os proibia, ou pelo menos lhes tirava o vigor, transformando-os num exercício folclórico inofensivo. Preso numa armadilha do Esclarecimento, Bligh percebeu apenas o aspecto brutal e inumano desses rituais, não a satisfação que provocavam, não até que ponto seu próprio poder público e legal se baseava nesse submundo obsceno de regras tácitas. O motim – a violência – eclodiu quando Bligh interviu no mundo obscuro de rituais obscenos que servia como pano de fundo fantasmático do Poder.

Aqui, no entanto, precisamos tomar cuidado para evitar uma confusão: esse conjunto de regras obscenas tácitas que Bligh desconhece não deve ser identificado apressadamente com o chamado pano de fundo impenetrável e implícito de nossas atividades, isto é, com o fato de que, como diriam os heideggerianos, nós, seres humanos finitos, somos sempre "lançados" numa situação e temos de nos encontrar nela de uma maneira que nunca pode ser formalizada num conjunto de regras explícitas.

Recordemos mais um filme que representa o ritual obsceno do Poder: *Nascido para matar*, de Stanley Kubrick. Na primeira parte temos o exercício militar, a disciplina corporal estrita, saturada por uma mistura única de exibição humilhante de poder, sexualização e blasfêmia obscena (no Natal, os soldados são obrigados a cantar "Feliz aniversário, Jesus querido") – em suma, a máquina superegoica do Poder em sua forma mais pura. Quanto ao status dessa máquina obscena com respeito a nosso cotidiano mundo vivido, a lição do filme é clara: a função desse submundo obsceno dos rituais não é permitir que a ideologia "pública" oficial "se difunda", que comece a funcionar como constituinte de nossa vida social efetiva. Ou seja, esse submundo obsceno não faz uma "mediação" entre a estrutura abstrata da lei simbólica e a experiência concreta do efetivo mundo vivido. A situação, na verdade, é inversa: precisamos de um "rosto humano", de um senso de distância, para conseguirmos nos adaptar às exigências loucas da máquina superegoica.

A primeira parte do filme acaba com o soldado que, por causa de sua superidentificação com a máquina superegoica militar, perde o controle e atira primeiro no sargento instrutor, depois em si mesmo; a identificação radical e direta com a máquina superegoica conduz necessariamente a uma assassina *passage à l'acte*. (*Nascido para matar* resiste com sucesso à tentação de "humanizar" o sargento instrutor, em oposição a *A força do destino*, por exemplo, que põe em cena o gesto ideológico de deixar que saibamos que, por trás de sua aparência cruel e desafiadora, o sargento instrutor é uma figura cordial e paternal.) A segunda (e principal) parte do filme acaba com uma cena em que um soldado (Matthew Modine) que, durante todo o filme, demonstra um tipo de "distanciamento humano" irônico em relação à máquina militar (no capacete, vemos a inscrição "nascido para matar", mas também o símbolo da paz, etc.) mata por compaixão a atiradora vietnamita que está ferida. Ele é o único com quem a interpelação do grande Ouro militar obteve sucesso; ele é o sujeito militar plenamente constituído.

Na medida em que a máquina superegoica obscena exibe a estrutura do inconsciente e, por conseguinte, exemplifica de maneira impressionante a tese de Lacan de que o Mestre é inconsciente, tiramos disso uma conclusão mais geral. O feito paradoxal de Lacan que muitas vezes passa despercebido até por seus defensores é que, em nome da psicanálise, ele retorna à racionalista e "descontextualizada" noção de sujeito, típica da Idade Moderna.

Um dos lugares-comuns da apropriação norte-americana atual de Heidegger é enfatizar como ele, junto de Wittgenstein, Merleau-Ponty e outros, elaborou o quadro conceitual que nos dá a base para nos livrarmos da noção racionalista de sujeito como agente autônomo que, excluído do mundo, processa, como um computador, os dados fornecidos pelos sentidos. A ideia heideggeriana de "ser-no-mundo" aponta para nosso irredutível e insuperável "imbricamento" num mundo vivido concreto e, em última instância, contingente: estamos sempre-já no mundo, envolvidos num projeto existencial dentro de um contexto que escapa à nossa apreensão e continua para sempre sendo o horizonte opaco no qual somos "lançados" como seres finitos. É comum interpretar a oposição entre consciência e inconsciência ao longo das mesmas linhas: o Eu destituído de corpo representa a consciência racional, enquanto o "inconsciente" é sinônimo do pano de fundo opaco que jamais podemos dominar totalmente, pois sempre-já fazemos parte dele, presos nele.

Lacan, entretanto, num gesto sem precedentes, diz o exato oposto disso: o "inconsciente" freudiano não tem nada a ver com a opacidade estruturalmente necessária e irredutível do pano de fundo, do contexto de vida em que nós, agentes sempre-já engajados, estamos imbricados. O "inconsciente" é, antes, a máquina racional sem corpo que segue seu caminho independentemente das demandas do mundo vivido do sujeito. Ele corresponde ao sujeito racional na medida em que é originalmente "desconjuntado", em desacordo com sua situação contextualizada. O "inconsciente" é a fenda que explica o fato de a atitude primordial do sujeito não ser a de "ser-no-mundo".

Com essa formulação, também podemos dar uma solução nova e inesperada para o antigo problema fenomenológico de como é possível para o sujeito se desligar do mundo vivido concreto e perceber-se (erroneamente) como agente racional destituído de corpo. Esse desligamento só é possível porque, desde o início, existe algo no sujeito que resiste à sua plena inclusão no contexto de seu mundo vivido, e esse "algo", é claro, é o inconsciente como máquina psíquica que desconsidera os requisitos do "princípio de realidade".

★ ★ ★

É fundamental reconhecermos a condição inerentemente vocal dessas regras tácitas, desse domínio paralegal e sombrio, que pode nos ensinar muita coisa sobre a voz. Sim, a experiência de *s'entendre-parler*, de se ouvir falar, fundamenta a ilusão da autopresença transparente do sujeito que fala. No entanto, a voz ao mesmo tempo não é aquilo que destrói mais radicalmente a autopresença e a autotransparência do sujeito? Ouço-me falar, mas o que ouço nunca é plenamente eu mesmo, mas um parasita, um corpo estranho em meu cerne. Esse estranho em mim adquire existência positiva em diferentes disfarces, desde a voz da consciência até a voz opaca do hipnólogo ao perseguidor na paranoia. A voz é aquilo que, no significante, resiste ao significado: ela representa a inércia opaca que não pode ser recuperada pelo significado.

É apenas a dimensão da escrita que explica a estabilidade do significado, ou, para citar as palavras imortais de Samuel Goldwyn: "Um contrato verbal não vale o papel em que é escrito". Como tal, a voz não está nem viva nem morta: seu status fenomenológico primordial é, antes, o de um morto-vivo, de uma aparição espectral que, de algum modo, sobrevive à própria morte, isto é, o eclipse do significado. Em outras palavras, é verdade que a vida de uma voz pode ser oposta à letra morta da escrita, mas essa vida é a vida estranha de um monstro não-vivo, e não uma autopresença viva e "saudável" do Significado.

Para deixar clara essa voz estranha, basta olharmos rapidamente para a história da música, que se apresenta como um tipo de contra-história ao relato comum que se faz da metafísica ocidental como um domínio da voz sobre a escrita. O que encontramos nela repetidas vezes é uma voz que ameaça a Ordem estabelecida e, por essa razão, tem de ser controlada, subordinada à articulação racional da palavra escrita e falada, solidificada na escrita. Para mostrar o perigo que aqui espreita, Lacan cunhou o neologismo "*jouis-sense*", gozo-no-sentido, precisamente o momento em que a voz que canta se desliga de sua ancoragem no significado e se precipita em um gozo de si desgastante.

O esforço para dominar e regular esse excesso vai da antiga China, onde o próprio imperador legislava a música, ao medo de Elvis Presley que uniu a maioria moral conservadora nos Estados Unidos e os linhas-duras comunistas na União Soviética. Em *A república*, Platão só tolera a música enquanto estritamente subordinada à ordem da Palavra. A música está localizada nos cruzamentos entre Natureza e Cultura. Ela nos captura, por assim dizer, "no real", de uma maneira muito mais direta que o significado das palavras. Por essa razão, ela pode servir como a mais poderosa arma de educação e disciplina, mas no momento em que perde sua base e se vê presa no círculo vicioso e autopropulsivo do gozo, pode destruir as fundações não só do Estado, mas também da ordem social como tal.

Na Idade Média, o poder da Igreja enfrentou esse mesmo dilema: é impressionante notar quanta energia e atenção as mais altas autoridades eclesiásticas (os papas) dedicaram à questão aparentemente leviana da regulação da música (o problema da polifonia, o "tritão do demônio", etc.). A figura que personifica a atitude ambígua do Poder para com o excesso da Voz é, é claro, Hildegarda de Bingen, que atribuiu o gozo místico à música e por isso correu o risco constante de ser excomungada, embora estivesse integrada ao mais alto nível da hierarquia do poder, aconselhando frequentemente o imperador.

A mesma matriz entra em ação novamente na Revolução Francesa, cujos ideólogos tentaram impor como "normal" a diferença sexual sob o domínio da palavra falada masculina contra a decadente satisfação aristocrata encontrada nos prazeres de ouvir os *castrati*. Um dos últimos episódios dessa luta perpétua é a infame campanha soviética, fomentada pelo próprio Stalin, contra a ópera *Katarina Izmajlova*, do compositor Dmitri Shostakovich. De forma bastante curiosa, uma das principais críticas foi que a ópera era uma massa de gritos desarticulados.

O problema, por conseguinte, é sempre o mesmo: como evitamos que a voz escorregue para um gozo de si desgastante que "afemina" a confiável Palavra masculina? Aqui a voz funciona como um "suplemento" no sentido derridiano: tentamos contê-la, controlá-la, subordiná-la à Palavra articulada, e no entanto não podemos prescindir dela totalmente, pois uma dose apropriada é vital para o exercício do poder (basta recordarmos o papel das canções patrióticas militares na construção das comunidades totalitárias).

No entanto, essa breve descrição pode dar a impressão errada de que estamos lidando com uma simples oposição entre a Palavra articulada "repressora" e a voz desgastante "transgressora": de um lado, a Palavra articulada que disciplina e regula a voz como meio de afirmar a autoridade e a disciplina social, e do outro, a Voz do gozo de si que age como meio de libertação, como meio de romper as amarras disciplinares da lei e da ordem. Mas o que dizer das "marchas" hipnóticas dos Fuzileiros Navais dos Estados Unidos? Seu ritmo debilitante e seu conteúdo sádico e sem sentido não são um exemplo do gozo de si desgastante a serviço do Poder? O excesso da voz, por conseguinte, é radicalmente indeterminável.

★ ★ ★

De onde vem a cisão entre a lei pública escrita e seu suplemento paralegal obsceno? O que está por trás dela é o paradoxo da escolha forçada que marca nossa relação mais fundamental para com a sociedade a que pertencemos: em determinado ponto, a sociedade nos impele a escolher livremente o que já nos é necessariamente imposto. Essa ideia de escolher livremente o que não obstante é inevitável e a ideia de um gesto simbólico vazio, um gesto – uma oferta – feito para ser rejeitado, são estritamente codependentes. Uma é o anverso da outra. Ou seja, o que o gesto vazio oferece é a possibilidade de escolher o impossível, o que inevitavelmente não vai acontecer.

Encontramos um caso exemplar desse gesto vazio no romance *A Prayer for Owen Meany*, de John Irving. Depois que o menino Owen acidentalmente mata a mãe de John – seu melhor amigo e o narrador da história –, ele fica, é claro, extremamente perturbado. Então, para mostrar o quanto está sentido, discretamente ele dá para John sua coleção completa de figurinhas de basebol, o que tinha de mais precioso. Contudo, Dan, o sensível padrasto de John, diz a ele que o correto a fazer é devolver o presente. O que temos aqui é a troca simbólica em sua forma mais pura: um gesto feito para ser rejeitado. O principal aspecto, a "mágica" da troca simbólica, é que, embora no fim cheguemos aonde estávamos no início, o resultado geral da operação não é zero, mas um ganho distinto para as duas partes, o pacto de solidariedade.

Não existe algo semelhante nos nossos costumes cotidianos? Quando eu ganho uma promoção no emprego depois de lutar por ela de maneira ferrenha com meu amigo mais íntimo, o correto a fazer é me oferecer a recusar a promoção para que ele a tenha. E o correto para ele é rejeitar minha oferta. Talvez assim nossa amizade possa ser salva. O problema, obviamente, é este: e se o outro a quem a oferta é feita a aceitar de fato? E se, depois de ser derrotado numa competição, eu aceitar a oferta da promoção no lugar dele? Uma situação desse tipo é catastrófica: ela provoca a desintegração do semblante (da liberdade) que pertence à ordem social. No entanto, como nesse nível as coisas, de certa forma, são o que parecem ser, essa desintegração do semblante é igual à desintegração da substância social, do próprio elo social. As sociedades ex-comunistas representam um caso extremo dessa escolha livre forçada. Nelas, os sujeitos sofreram um bombardeio incessante de pedidos para que expressassem livremente sua atitude para com o Poder, no entanto, todos sabiam muito bem que essa liberdade era estritamente limitada à liberdade de dizer "Sim" para o próprio regime comunista. Por essa mesma razão, as sociedades comunistas eram extremamente sensíveis ao status do semblante: o Partido dominante queria, a todo custo, manter intacta a aparência (do amplo apoio popular ao regime).

O final do filme *Casablanca*, de Michael Curtiz – Humphrey Bogart fica em Casablanca e deixa Ingrid Bergman partir com seu marido heroico –, é tão profundamente satisfatório para nossa atitude machista porque também se centra nesse gesto feito para ser recusado: Bogart interpreta corretamente com esse gesto a oferta de Ingrid Bergman feita na noite anterior – ela ficaria com ele caso ele conseguisse o visto para o marido.

Essa cena condensa, num único e mesmo gesto, três atitudes que correspondem à tríade kierkegaardiana composta de Estético, Ético e

Religioso. Primeiro, a maneira "estética" de interpretar o gesto de Bogart é discernir nele a consciência de que, embora estejam apaixonados, a realização de sua relação (os dois ficarem juntos) iria necessariamente azedar, então é melhor sustentar o sonho da felicidade possível. O que encontramos aqui é a característica básica da ordem simbólica, o fato de que, nela, a possibilidade já conta como efetividade: muitas vezes, a satisfação é dada pela mera consciência de que poderíamos ter feito algo que desejávamos (dormir com alguém por quem sentimos um forte desejo sexual, vingar-se de um inimigo de longa data), como se a realização dessa possibilidade estragasse de algum modo a pureza do nosso sucesso.

A segunda leitura é ética: Bogart prefere a Causa política universal à idiossincrasia do prazer privado (e com isso se prova digno do amor de Bergman). Esse tema do homem que se prova digno do amor de uma mulher demonstrando-lhe que consegue sobreviver sem ela é um constituinte fundamental da nossa identidade simbólica masculina.

Há, no entanto, uma terceira leitura possível que torna visível a renúncia final de Bogart como ato narcísico cruel de vingança sobre Bergman, isto é, uma punição por ela tê-lo decepcionado em Paris: depois de fazê-la confessar que o ama verdadeiramente, agora é a vez dele de rejeitá-la num gesto cuja mensagem cínica é: "você queria seu marido e agora está presa a ele, mesmo que prefira a mim!". Essa mesma lógica de um "ajuste de contas" vingativo, humilhante e cruel torna o gesto final de Bogart um gesto "religioso", e não apenas "estético". Para mim, o gesto de renúncia de Bogart é o gesto simbólico em sua forma mais pura, e por isso é errado perguntar "Qual dessas três leituras é verdadeira?". O impacto do gesto final de Bogart está precisamente no fato de servir como um tipo de "receptáculo" neutro para as três atitudes libidinais, de modo que exatamente o mesmo gesto satisfaça uma multiplicidade de desejos inconsistentes e até contraditórios: evitar a decepção de realizar o próprio desejo, de cativar a mulher assumindo uma posição moral de autossacrifício, e de se vingar por uma ferida narcisista. Nisso consiste o feito paradoxal da simbolização: a busca vã pelo "verdadeiro sentido" (o significado definitivo) é suplantada por um único gesto significante.

Agora podemos ver como esse gesto feito para ser rejeitado, esse semblante da escolha livre, está conectado à lei cindida entre, de um lado, a lei pública escrita, e, de outro, o Supereu (a lei secreta, tácita e obscena). A lei tácita e obscena articula a injunção paradoxal do que o sujeito, seu interpelado, tem de escolher livremente; como tal, essa injunção tem de continuar invisível aos olhos públicos para o Poder continuar funcionando. Em suma, o que nós, meros sujeitos da lei, na verdade queremos é um controle na forma de liberdade, de uma escolha livre: queremos obedecer, mas ao mesmo tempo manter o semblante da liberdade e, com isso, salvar as aparências. Se o controle é feito diretamente, contornando o semblante da liberdade, a humilhação pública nos fere e pode nos induzir à rebeldia; se não há ordem discernível no discurso do Mestre, essa falta de controle é vivenciada como sufocante e dá origem à demanda de um novo Mestre capaz de proporcionar uma injunção clara.

★ ★ ★

Essa distância entre a lei pública escrita e seu suplemento superegoico obsceno também nos permite demonstrar claramente onde falha o cinismo, o distanciamento cínico. Como o distanciamento cínico funciona hoje em dia? Em uma de suas cartas, Freud se refere ao conhecido chiste sobre o homem recém-casado que, quando ouve o amigo perguntar como sua mulher se parece, se ela é bonita, responde: "Pessoalmente não me agrada, mas isso é uma questão de gosto". O paradoxo dessa resposta é que o sujeito finge assumir o ponto de vista da universalidade a partir do qual "ser agradável" aparece como uma idiossincrasia, uma característica "patológica" contingente que, como tal, não deve ser levada em consideração.

Encontramos a mesma posição "impossível" de enunciação no racismo contemporâneo "pós-moderno". Quando questionados sobre as razões de sua violência contra estrangeiros, os *skinheads* neonazistas na Alemanha geralmente dão três tipos de resposta: as utilitárias (os estrangeiros estão roubando nossos empregos, estuprando nossas mulheres), as ideológicas (os estrangeiros são uma ameaça ao nosso estilo de vida ocidental) e um tipo de referência primitiva ao princípio de prazer (eles simplesmente me dão nos nervos, não suporto nem olhar para eles, me sinto bem batendo neles). Agora, no entanto, eles tendem a evocar cada vez mais um quarto tipo de resposta: de repente, começaram a falar como assistentes sociais, sociólogos e psicólogos sociais, mencionando a redução da mobilidade social, o aumento da insegurança, a desintegração da autoridade paternal, a falta de amor maternal na família, etc.

Encontramos uma falsidade homóloga na atitude daqueles psicanalistas tradicionais que preferem pacientes "ingênuos" e ignorantes quanto à teoria psicanalítica, uma ignorância que supostamente lhes permite produzir sintomas "mais puros", isto é, sintomas nos quais seu inconsciente não é muito distorcido pelo conhecimento racional. Por exemplo, o sonho incestuoso de um paciente que já sabe tudo sobre o complexo de Édipo será muito mais distorcido, valendo-se de estratégias mais complexas para esconder seu desejo, do que o sonho de um paciente "ingênuo". Todos nós almejamos os velhos e bons tempos heroicos da psicanálise, em que o paciente dizia ao analista: "Essa noite sonhei que matava um dragão e depois atravessava uma floresta densa até chegar a um castelo", ao que o analista, triunfante, respondia: "Elementar, meu caro paciente! O dragão é seu pai e o sonho expressa seu desejo de matá-lo para poder voltar ao refúgio do castelo maternal".

A proposta de Lacan nesse ponto é exatamente o oposto: o sujeito da psicanalise é o sujeito moderno da ciência, o que significa, entre outras coisas, que seus sintomas, por definição, nunca são "inocentes", sempre se direcionam ao analista enquanto sujeito suposto saber (seu sentido) e com isso implicam, por assim dizer, ou apontam, sua própria interpretação. Por esse motivo, é justo dizer que não temos apenas interpretações junguianas, kleinianas e lacanianas de um sintoma, mas também sintomas que, em si mesmos, são junguianos, kleinianos e lacanianos, ou seja, cuja realidade envolve a referência explícita a alguma teoria psicanalítica.

Desse modo, no nível político, o problema hoje é como neutralizar essa atitude cínica "refletida": será que existe algum tipo de conhecimento que impossibilite o ato, um conhecimento que não possa mais ser cooptado pelo distanciamento cínico ("Sei o que estou fazendo, mas mesmo assim o faço")? Ou será que devemos deixar para trás o domínio do conhecimento e recorrer a uma intervenção direta, corporal e extrassimbólica, ou a um "Esclarecimento" intuitivo, uma mudança de atitude subjetiva, para além do conhecimento?

A aposta fundamental da psicanálise é que existe um conhecimento que produz efeitos no Real, que podemos "desfazer as coisas (sintomas) com palavras". A questão central do tratamento psicanalítico é o fato de atuar exclusivamente no nível do "conhecimento" (palavras), mas ter efeitos no Real dos sintomas corporais.

Como, então, especificamos esse "conhecimento" que, inclusive na nossa era de cinismo, provoca efeitos no Real? O que é que o cínico não põe em questão? A resposta é clara: o cínico faz troça da Lei pública desde a posição de seu submundo obsceno, que consequentemente ele deixa intacto. Na medida em que o gozo que permeia esse submundo obsceno é estruturado nas fantasias, também podemos dizer que o que o cínico deixa intacto é a fantasia, o pano de fundo fantasmático do texto ideológico público escrito.

★ ★ ★

No entanto, a noção de fantasia já está tão desgastada que precisa ser explicada. O que é a fantasia? A primeira coisa que devemos notar é a ambiguidade flagrante que pertence à noção de fantasia. Ou seja, a ideia de fantasia representa um caso exemplar da dialética *coincidentia oppositorum*: de um lado há a fantasia em seu aspecto beatífico, em sua dimensão estabilizadora, o sonho de um estado sem perturbações, fora do alcance da depravação humana. De outro há a fantasia em sua dimensão desestabilizadora, cuja forma elementar é a inveja – tudo que me "irrita" no Outro, as imagens que me assombram a respeito do que estão fazendo enquanto não vejo, de como me enganam e conspiram contra mim, de como me ignoram e se entregam a um gozo que está muito além da minha capacidade de representação, etc. (Isso, por exemplo, é o que incomoda Swann a respeito de Odette em *Um amor de Swann*.)

A lição fundamental do chamado totalitarismo não diz respeito à codependência entre esses dois aspectos da ideia de fantasia? O anverso da harmoniosa "comunidade do povo" [*Volksgemeinschaft*] nazista era sua obsessão paranoica com a conspiração judaica. De maneira semelhante, a descoberta compulsiva dos stalinistas de novos inimigos do socialismo foi o anverso inevitável de seu fingimento de perceber o ideal do "novo homem socialista". Talvez a libertação do controle infernal do aspecto desestabilizador da fantasia forneça a definição mais sucinta do que é um santo.

Repetindo, então: o que é a fantasia? Como todos sabem, a fantasia é uma realização alucinatória do desejo. Em princípio, isso é verdade; no entanto, o estado efetivo das coisas lembra mais a boa e velha piada soviética de Rabinovitch: Ele ganhou mesmo um carro na loteria? Em princípio, sim, só que não era um carro, mas uma bicicleta; além disso, ele não a ganhou, pois foi roubada dele. O mesmo acontece com a fantasia: sim, a fantasia é a realização do desejo; no entanto, não "realização" no sentido de satisfazê-la, mas "realização" no sentido de trazê-la adiante, de determinar suas coordenadas. Não é que o sujeito saiba de antemão o que quer e depois, quando não consegue obtê-lo na realidade, passe a obter uma satisfação alucinatória na fantasia. Antes, o sujeito originalmente não sabe o que quer, e é papel da fantasia informar-lhe disso, "ensiná-lo" a desejar.

Além disso, o desejo "realizado" na fantasia não é o desejo do sujeito, mas o desejo do Outro. Ou seja, a fantasia, formação fantasmática, é uma resposta para o enigma do *che vuoi?* ("o que você quer?"), que produz a posição primordial e constitutiva do sujeito. A questão original do desejo não é exatamente "O que você quer?", mas "O que os outros querem de mim? O que veem em mim? O que sou para os outros?". A criança está imbricada numa rede complexa de relações, servindo como uma espécie de catalisador e campo de batalha para os desejos de quem a cerca. Seu pai, sua mãe, seus irmãos e suas irmãs travam batalhas em volta dela – a mãe mandando uma mensagem para o pai através do cuidado com o filho, etc. Embora esteja muito ciente desse papel, a criança não compreende precisamente que tipo de objeto ela é para os outros, qual é a natureza exata dos jogos que acontecem a seu redor. A fantasia dá uma resposta para esse enigma. Em seu nível mais fundamental, a fantasia me diz o que sou para os meus outros. Mais uma vez, é o antissemitismo, a paranoia antissemita, que torna visível, de maneira exemplar, esse caráter radicalmente intersubjetivo da fantasia: a fantasia (por exemplo, a fantasia social da conspiração judaica) é uma tentativa de responder à pergunta: "O que a sociedade quer de mim?" – isto é, revelar o significado dos acontecimentos obscuros dos quais sou obrigado a participar. Por essa razão, a teoria comum da "projeção", segundo a qual o antissemita "projeta" na figura do judeu a parte renegada de si próprio, não é suficiente. A figura do "judeu conceitual" não pode ser reduzida a uma exteriorização do "conflito interno" (do antissemita); ao contrário, ela atesta (e tenta lidar com) o fato de que o sujeito é originalmente descentrado, parte de uma rede opaca cujo significado e lógica escapam de seu controle.

★ ★ ★

Percebemos mais uma vez como o distanciamento cínico e a plena confiança na fantasia são estritamente codependentes: hoje, o sujeito típico é aquele que, enquanto demonstra uma desconfiança cínica de qualquer ideologia pública, envolve-se sem nenhum limite em fantasias paranoicas sobre conspirações, ameaças e formas excessivas do gozo do Outro. O melhor termo para designar a percepção das restrições das quais o próprio cínico é prisioneiro talvez seja "ironia". O gesto fundamental do cinismo é desmascarar a "autoridade genuína" como uma pose, cujo único conteúdo efetivo é a crua coerção ou submissão em nome de algum ganho material. O ironista, ao contrário, duvida se um utilitarista frio e calculista é realmente o que se diz ser. O ironista desconfia de que essa aparência de distanciamento calculista esconda um engajamento muito mais profundo. O cínico é rápido para desmascarar o fingimento ridículo da autoridade solene; o ironista consegue identificar o verdadeiro apego no desdém ou na indiferença fingida.

Uma noção comum da psicanálise transforma quase em epítome o cinismo enquanto atitude interpretativa: a interpretação psicanalítica não envolve, em sua própria essência, o ato de discernir motivações "inferiores" (por exemplo, luxúria, agressividade inconfessa) por trás de gestos aparentemente "nobres" de elevação espiritual dos entes queridos, do autossacrifício heroico, etc.? No entanto, essa noção é algo escorregadia. Talvez o enigma original que a psicanálise tenta explicar seja exatamente o oposto: como o afetivo comportamento de uma pessoa que proclama sua liberdade dos "preconceitos" e das "restrições moralistas" dá testemunho de inúmeros impedimentos internos e proibições inconfessas? Por que uma pessoa que é livre para "gozar a vida" se envolve na sistemática "busca da infelicidade", organiza metodicamente suas falhas? O que elas ganham com isso – qual lucro libidinal perverso?

Aqui devemos nos lembrar da reversão lacaniana da famosa proposição de Dostoiévski em *Os irmãos Karamázov*: "*se Deus não existir então absolutamente mais nada é permitido*". A maior prova dessa reversão não seria a passagem da Lei enquanto Proibição para o domínio das "normas" ou "ideais" que hoje testemunhamos nas nossas sociedades "permissivas"? Em todos os domínios da vida cotidiana, dos hábitos de alimentação ao comportamento sexual e o sucesso profissional, há cada vez menos proibições, e no entanto mais culpa quando a ação do sujeito, em relação à norma ou ao ideal, descobre-se faltosa. Esse enigma é o devido tema da psicanálise: de que modo a própria falta de proibições explícitas sobrecarrega o sujeito com uma culpa muitas vezes insuportável? Como a própria injunção de ser feliz e simplesmente desfrutar de si mesmo pode se transformar num monstro superegoico feroz?

Capítulo 14

Por que Wagner é digno de ser salvo?

Com o Romantismo, o papel da música muda: ela deixa de meramente acompanhar a mensagem transmitida na fala e passa a conter ou transmitir uma mensagem própria, "mais profunda" do que aquela transmitida nas palavras. Rousseau foi o primeiro que articulou claramente o potencial expressivo da música como tal, quando disse que, em vez de apenas imitar as características afetivas da fala verbal, a música deveria ter o direito de "falar por si própria" – em contraste à fala verbal enganadora, para parafrasear Lacan, o que fala na música é a própria verdade. Como já dissera Schopenhauer, a música encena ou representa a Vontade numenal, enquanto a fala permanece limitada ao nível da representação fenomenal. A música é a substância que transmite o verdadeiro cerne do sujeito, o que Hegel chamou de a "Noite do Mundo", o abismo da negatividade radical: a música se torna a barreira da verdadeira mensagem para além das palavras durante a passagem do sujeito do *lógos* racional típico do Esclarecimento para o sujeito romântico da "noite do mundo", isto é, com a mudança da metáfora que representa o núcleo do sujeito, passando do Dia para a Noite. Aqui encontramos o Estranho: não mais a transcendência externa, mas, seguindo a virada transcendental em Kant, o excesso da Noite no próprio cerne do sujeito (a dimensão do não-morto), o que Tomlinson chamou de "sobrenaturalidade que marca o sujeito kantiano".[1] Por conseguinte, o que a música transmite não é

---

[1] TOMLINSON, Gary. *Metaphysical Song*. Princeton: Princeton University Press, 1999, p. 94.

mais a "semântica da alma", mas sim o fluxo subjacente "numenal" do gozo além da significatividade linguística. Esse numenal é radicalmente diferente da Verdade divina transcendente pré-kantiana: é o excesso inacessível que forma o próprio núcleo do sujeito.

Na história da ópera, percebemos esse excesso sublime da vida em duas variantes, a italiana e a alemã, ou seja, Rossini e Wagner – desse modo, talvez, embora eles sejam os grandes opostos, a surpreendente simpatia de Wagner por Rossini, bem como seu encontro amigável em Paris, atesta uma afinidade mais profunda. As três grandes figuras masculinas de Rossini, todas elas de *Barbiere di Siviglia* [*O barbeiro de Sevilha*] ("Largo al factotum" de Fígaro, "Calunnia" de Basílio e "Un dottor dela mia sorte" de Bartolo), junto do desejoso autorretrato da corrupção do pai em *La Cenerentola, ossia La bontà in trionfo* [*Cinderela, ou A bondade em triunfo*], representam uma trocista queixa de si mesmo, em que o sujeito se imagina numa posição de desejo, sendo bombardeado por pedidos de favores ou serviços. O sujeito muda sua posição duas vezes: primeiro, ele assume os papéis de quem o interpela, encenando a multiplicidade esmagadora de demandas que lhe são bombardeadas; depois, ele finge uma reação, o estado de profunda satisfação de ser esmagado por demandas que não consegue satisfazer. Tomemos o exemplo do pai em *Cinderela*: ele imagina como, depois que uma de suas filhas se casar com o príncipe, as pessoas vão procurá-lo oferecendo-lhe propina para um serviço na corte, e ele vai reagir primeiro com uma deliberação de astúcia, depois com um falso desespero por ser bombardeado com tantos pedidos... O ponto culminante da arquetípica ária rossiniana é esse momento único de felicidade, de plena asserção do excesso de Vida que ocorre quando o sujeito é sobrecarregado de demandas, sem conseguir mais lidar com elas. No ponto alto dessa ária do "factótum", Fígaro exclama: "Quanta gente [me bombardeando de demandas] – tenham misericórdia, um de cada vez [*uno per volta, per carita*]!", referindo-se, assim, à experiência kantiana do Sublime, em que o sujeito é bombardeado por um excesso de informações, mas não consegue compreendê-las. Aqui, a economia é obsessiva: o objeto do desejo do herói é a demanda do outro.

Esse excesso é o próprio contraponto ao Sublime wagneriano, ao *höchte Lust* da imersão no Vazio que conclui *Tristan und Isolde* [*Tristão e Isolda*]. A oposição entre o Sublime rossiniano e o wagneriano corresponde perfeitamente à oposição kantiana entre o Sublime matemático e o dinâmico: como acabamos de ver, o Sublime rossiniano é matemático, encena a incapacidade do sujeito de compreender a pura quantidade das demandas que lhe sobrecarregam, enquanto o Sublime wagneriano é dinâmico, encena a força esmagadora e concentrada de *uma única* demanda, a demanda incondicional do amor. Podemos dizer também que o Sublime wagneriano é a Emoção absoluta – é assim que deveríamos interpretar a famosa primeira frase de "Religião e Arte", de Wagner, em que ele afirma que, quando a religião se artificializa, a arte pode salvar o verdadeiro espírito da religião, seu núcleo oculto – mas como? Precisamente abandonando o dogma e exprimindo apenas a emoção religiosa autêntica, isto é, transformando a religião na experiência estética suprema.

Desse modo, devemos interpretar *Tristão* como a resolução da tensão entre a paixão sublime e a religião que ainda está presente em *Tannhäuser und der Sängerkrieg aus Wartburg* [*Tannhäuser e o torneio de trovadores de Wartburg*]. O início de *Tannhäuser* põe em cena uma estranha reversão da súplica comum: não escapar às restrições da mortalidade e se juntar novamente aos seus entes queridos, mas sim o pedido aos entes queridos para deixar que o herói parta e retorne à vida mortal da dor, da luta e da liberdade. Tannhäuser reclama que, como mortal, ele não pode sustentar o gozo contínuo ("Embora um deus possa apreciar o gozo [*Geniessen*] eterno,/Estou sujeito à mudança;/no coração, não tenho apenas prazer;/e, em minha alegria, anseio pela dor"). Um pouco depois, Tannhäuser deixa claro que o que anseia é a paz da própria morte: "Meu anseio me incita ao combate/não busco prazer e enlevo! Ah, se pudesses entender, deusa!/É a morte que busco! Sou atraído por ela!". Se existe um conflito entre a eternidade e a existência temporal, entre a transcendência e essa realidade terrestre, então Vênus está ao lado de uma eternidade *apavorante* do insuportável e excessivo gozo [*Geniessen*].

Isso fornece a chave para o conflito central da ópera: *não se trata*, como se costuma dizer, de um conflito entre o espiritual e o corporal, entre os prazeres sublimes e os ordinários da carne, mas um conflito inerente ao Sublime em si, dividindo-o. Vênus e Elisabeth são, *ambas*, figuras metafísicas do sublime: nenhuma das duas é uma mulher destinada a se tornar esposa comum. Enquanto Elisabeth, obviamente, é a virgem sagrada, a entidade puramente espiritual, a Dama idealizada e *intocável* do amor cortês, Vênus também representa o excesso metafísico, do gozo sexual intensificado em excesso; na verdade, é Elizabeth que mais se aproxima da vida terrena ordinária. Nos termos de Kierkegaard, podemos dizer que Vênus representa o Estético, e Elizabeth, o

Religioso – desde que concebamos aqui o Estético como incluído no Religioso, elevado ao nível de Absoluto incondicional. Nisso consiste o pecado imperdoável de Tannhäuser: não no fato de ele ter se envolvido um pouco na sexualidade livre (nesse caso, a punição severa seria ridiculamente exagerada), mas no fato de ele ter elevado a sexualidade, a luxúria, ao nível do Absoluto, afirmando-a como anverso inerente do Sagrado. É por isso que os papéis de Vênus e de Elisabeth deveriam ser definitivamente representados pela mesma cantora: as duas *são* uma e a mesma pessoa; a única diferença está na atitude do homem herói em relação a ela. Isso não fica claro com a escolha final que Tannhäuser tem de fazer entre as duas? Quando está em sua agonia mortal, Vênus o chama para se juntar a ela de novo (*"Komm, O komm! Zu mir! Zu mir!"*); quando se aproxima dela, Wolfram grita do fundo: "Elisabeth!", ao que Tannhäuser responde: "Elisabeth!". Na encenação clássica, a Elisabeth morta e sagrada dá a Tannhäuser a força para escapar ao abraço de Vênus, e Vênus então vai embora furiosa; no entanto, não seria muito mais lógico reproduzir essa cena de modo que Tannhäuser continuasse se aproximando da *mesma* mulher, descobrindo, ao chegar perto dela, que Vênus na verdade é Elisabeth? O poder subversivo dessa mudança é que ela faz uma reviravolta no velho tema poético do amor cortês, o amor da bela e deslumbrante mulher que se revela, quando alguém chega muito perto, como uma entidade repugnante, cuja carne está apodrecida e cheia de vermes – aqui, a virgem sagrada é revelada no próprio cerne da dissoluta sedutora. Desse modo, a mensagem não é a dessublimação comum ("Cuidado com a bela mulher! Ela é um engodo que esconde a carne podre repugnante!"), mas a surpreendente sublimação, a elevação da mulher erótica ao modo de aparência da Coisa sagrada. A tensão de *Tannhäuser*, portanto, é a tensão entre os dois aspectos do Absoluto, Ideal-Simbólico e Real, Lei e Superego. O verdadeiro tema de *Tannhäuser* é o tema da *perturbação na ordem do sublime*: a sublimação começa a oscilar entre esses dois polos.

Agora vemos em que sentido preciso *Tristão* incorpora a atitude "estética" (no sentido kierkegaardiano do termo): ao se recusar a ceder de seu desejo, o sujeito vai até o fim e, desejosamente, abraça a morte. *Die Meistersinger von Nürnberg* [*Os mestres cantores de Nuremberg*] é um contraponto disso com uma solução ética: a verdadeira redenção consiste não em seguir a paixão imortal até sua conclusão autodestrutiva; antes, é preciso aprender a superá-la pela sublimação criativa e retornar, num modo de sábia resignação, à vida "diária" das obrigações simbólicas. Em *Parsifal*, finalmente, a paixão não pode mais ser superada via reintegração numa sociedade em que ela sobrevive de forma gentrificada: é preciso negá-la totalmente na asserção extática do gozo religioso. A tríade *Tristão-Mestres cantores-Parsifal*, então, segue uma lógica precisa: *Mestres cantores* e *Tristão* representam duas versões opostas da matriz edípica, dentro da qual *Mestres cantores* inverte *Tristão* (o filho rouba a mulher da figura paternal; a paixão eclode entre a figura paternal e a jovem mulher destinada como parceira do jovem rapaz), enquanto *Parsifal* dá as próprias coordenadas de uma virada antiedípica – o sujeito ferido que lamenta é aqui a figura paternal (Amfortas), não o jovem transgressor (Tristão). (O mais perto que chegamos do lamento em *Mestres cantores* é na canção "Wahn, wahn!", de Sachs, no Ato III.) Wagner planejou que, na primeira parte do Ato III de *Tristão*, Parsifal visitasse o ferido Tristão, mas, sabiamente, rejeitou a ideia: a cena não só arruinaria a estrutura geral perfeita do Ato III, como também representaria o encontro *impossível* de um personagem *consigo mesmo* (com a realidade alternada, a versão diferente de si mesmo), como nas viagens no tempo das ficções científicas, em que eu encontro *comigo mesmo*. Podemos ainda chegar ao ridículo de imaginar um *terceiro* herói se juntando aos dois primeiros – Hans Sachs (em sua encarnação anterior, como rei Marcos que chega de navio antes de Isolda) –, de modo que os três (Tristão, Marcos e Parsifal), representando as três atitudes, debatem suas diferenças numa conversa habermasiana sem distorções.

Somos tentados a dizer que a tríade *Tristão-Mestres cantores-Parsifal* é reproduzida em três óperas pós-wagnerianas exemplares: *Salome* [*Salomé*], de Richard Strauss, *Turandot*, de Puccini, e *Moses und Aron* [*Moisés e Arão*], de Schoenberg. *Salomé* não seria mais uma versão do possível resultado de *Tristão*? E se, no final do Ato II, quando o rei Marcos surpreende os amantes, ele tivesse um acesso de fúria e ordenasse que Tristão fosse decapitado? – Isolda, desesperada, levaria a cabeça do amado nas mãos e começaria a lhe beijar os lábios como no *Liebestod* salomeano... (E, para acrescentar mais uma variação do elo virtual entre *Salomé* e *Tristão*: e se, no final de *Tristão*, Isolda não simplesmente morresse depois de terminar seu "*Mild und leise*" – e se ela permanecesse arrebatada pela imersão no gozo extático e, sentindo aversão por isso, o rei Marcos desse a ordem: "Que seja morta esta mulher!"?) Costuma-se dizer que a cena final de *Salomé* é baseada no *Liebestod* de Isolda: no entanto, o que a torna uma versão pervertida do

Liebestod wagneriano é o seguinte fato: Salomé, num ato incondicional de capricho, quer beijar os lábios de João Batista ("Quero beijar-lhe os lábios!") – não o contato com a pessoa, mas com um objeto parcial. Se *Salomé* é o contraponto de *Tristão*, então *Turandot* é o contraponto de *Mestres cantores* – não nos esqueçamos de que as duas são óperas sobre uma disputa pública, cujo prêmio do herói é uma mulher.

Salomé insiste até o fim em seu pedido: primeiro, exige que os soldados lhe tragam Iokanaan; então, depois da dança dos sete véus, ela pede para que o rei Herodes lhe traga numa bandeja de prata a cabeça de Iokanaan – quando o rei, acreditando que Iokanaan é de fato um homem sagrado e que por isso é melhor não tocar nele, oferece a Salomé, em troca por sua dança, qualquer coisa que ela quiser, até metade de seu reino e os objetos mais sagrados sob sua tutela, mas não a cabeça (e a morte) de Iokanaan, ela ignora esse acesso explosivo de ofertas cada vez maiores e simplesmente repete o inexorável pedido: "Traga-me a cabeça de Iokanaan". Não há algo típico de Antígona nesse pedido? Como Antígona, ela insiste sem considerar as consequências. Portanto, Salomé não seria, de certa forma, e não menos que Antígona, a incorporação de uma certa posição ética? Não admira que ela se sinta tão atraída por Iokanaan – é a questão de um santo reconhecendo outro. E como é possível não notar que, no final da peça de Oscar Wilde em que se baseia a ópera de Strauss, depois de lhe beijar a cabeça, ela faz um comentário propriamente cristão sobre como isso prova que o amor é mais forte do que a morte, que o amor pode superar a morte?

Qual seria, então, o contraponto de *Parsifal*? Desde o início, *Parsifal* foi vista como uma obra ambígua: a tentativa de reafirmar a arte em sua forma mais suprema, o espetáculo protorreligioso que reúne a Comunidade (arte como mediadora entre religião e política) contra a corrupção utilitarista da vida moderna com sua cultura *kitsch* comercializada – ao mesmo tempo fluindo para a comercializada estética *kitsch* de uma religião *ersatz*, uma fraude, se é que existiu uma. Em outras palavras, o problema de *Parsifal* não é o dualismo sem intermédios de seu universo (o reino de Klingsor dos falsos prazeres *versus* o domínio sagrado do Graal), mas, antes, a falta de distanciamento, a identidade suprema, de seus opostos: o ritual do Graal (que nos dá o espetáculo estético mais satisfatório da obra, seus dois "maiores *hits*") não seria a suprema fraude "kingsoriana"? (A mancha da má-fé na nossa apreciação de *Parsifal* é semelhante à má-fé em nossa apreciação de Puccini.) Por essa razão, *Parsifal* é o ponto de partida traumático que nos permite conceber a multiplicidade de óperas posteriores como reações a ela, como tentativas de resolver seu impasse. A principal dessas tentativas, naturalmente, é *Moisés e Arão*, de Schoenberg, a maior candidata ao título de "última ópera", a metaópera sobre as condições de (im)possibilidade da própria ópera: a ruptura repentina no final do Ato II, depois do desesperado "*O Wort, das mir fehlt!*", de Moisés, o fracasso de não compor a ópera até o fim. *Moisés e Arão*, de fato, é anti-*Parsifal*: enquanto *Parsifal* conserva uma confiança plena e ingênua no poder (redentor) da música, e não vê nenhum problema em transmitir a dimensão numenal divina no espetáculo estético do ritual, *Moisés e Arão* tenta o impossível: ser uma ópera contra o próprio princípio da ópera, o do espetáculo musical de palco – é uma representação operística da proibição judaica da representação estética...

A música alegre do Bezerro de Ouro não é a versão suprema da música dos bacanais em Wagner, de *Tannhäuser* à música das floristas em *Parsifal*? Não existe ainda outro paralelo fundamental entre *Parsifal* e *Moisés e Arão*? Como dito por Adorno, a maior tensão em *Moisés e Arão* não é apenas entre a transcendência divina e sua representação na música, mas também, inerente à própria música, entre o espírito "coral" da comunidade religiosa e os dois indivíduos (Moisés e Arão) que se destacam como sujeitos; do mesmo modo, em *Parsifal*, Amfortas e o próprio Parsifal destacam-se como indivíduos vigorosos – as duas "queixas" de Amfortas não são as passagens mais fortes de *Parsifal*, que enfraquecem implicitamente a mensagem da renúncia da subjetividade? A oposição musical entre o estilo coral claro da comunidade do Graal e o cromatismo do universo de Klingsor em *Parsifal* é radicalizada em *Moisés e Arão* como a oposição entre a *Sprechstimme* de Moisés e a canção completa de Arão – nos dois casos, a tensão não é resolvida.

Então o que pode suceder desse colapso? Aqui somos tentados a retornar ao nosso ponto de partida, a comédia rossiniana. Depois do colapso completo da subjetividade expressiva, a comédia ressurge – mas agora uma comédia esquisita, estranha. O que surge depois de *Moisés e Arão* é a *Sprechgesang* "cómica" e imbecil de *Pierrot Lunaire* [*Pierrot Lunar*], o sorriso de um louco tão devastado pela dor que sequer consegue perceber a própria tragédia – como o sorriso de um gato nos desenhos animados, com os passarinhos voando em volta de sua cabeça depois de levar uma marretada. A comédia surge quando a situação é apavorante demais para ser considerada tragédia – por isso, a única forma apropriada de fazer filmes sobre campos de concentração é usando a comédia: há algo de falso nas tragédias sobre campo de concentração...[2]

No entanto, seria essa a única saída? E se *Parsifal* também apontar em outra direção, a do surgimento de um novo coletivo? Se *Tristão* representa a redenção como fuga suicida extática *desde a* ordem social, e *Mestres cantores,* a resignada integração *na* ordem social existente, então *Parsifal* conclui com a intervenção de uma nova forma do Social. Com o "Revele o Graal!" [*"Enthüllt den Graal!"*] de Parsifal, passamos para a comunidade do Graal como ordem fechada, em que o Graal é apenas revelado, no momento determinado, para o círculo dos iniciados, para uma nova ordem em que o Graal tem de permanecer revelado o tempo todo: "Que o santuário não fique mais fechado!" [*"Nicht soll der mehr verschlossen sein!"*]. Quanto às consequências revolucionárias dessa mudança, recordemos o destino da figura do Mestre na tríade *Tristão-Mestres cantores-Parsifal* (rei Marcos, Hans Sachs, Amfortas): nas duas primeiras obras, o Mestre sobrevive como figura entristecida e melancólica; na terceira, ele é deposto e morre.

Por que, então, não interpretar *Parsifal* a partir de uma perspectiva atual: o rei de Klingsor no Ato II é o domínio da fantasmagoria digital, do divertimento virtual – Harry Kupfer estava certo quando representou o jardim mágico de Klingsor como uma sala de vídeo, reduzindo as floristas a fragmentos de corpos femininos (rostos, pernas) que surgem na tela de televisores espalhados. Klingsor não é um tipo de Mestre da Matriz, que manipula a realidade virtual – uma combinação de Murdoch e Bill Gates? Quando passamos do Ato II para o Ato III, na verdade não passamos da falsa realidade virtual para o "deserto do real", a "terra perdida" na sequência da catástrofe ecológica que descarrila o funcionamento "normal" da natureza? Parsifal não seria um modelo para Keanu Reeves em *Matrix*, com Laurence Fishburne no papel de Gurnemanz?

Assim, temos a tendência de dar uma resposta direta e "vulgar" à pergunta: que raios Parsifal fez em sua jornada durante o longo tempo que se passa entre o Ato II e o Ato III? O verdadeiro "Graal" é o povo, seu próprio sofrimento. E se ele simplesmente se familiarizou com a miséria, o sofrimento e a exploração humanos? E se o *novo* coletivo for

---

[2] Žižek desenvolve esse argumento mais detalhadamente em *The Art of the Ridiculous Sublime: On David Lynch's Lost Highway*. Seattle: University of Washington Press, 2000, p. 28-29. (N.O.)

semelhante a um partido revolucionário? E se arriscarmos interpretar *Parsifal* como a precursora das *Lehrstücke* [*Peças didáticas*], de Brecht? E se seu tema do sacrifício aponta para *Die Massnahme* [*A decisão*], musicada por Hanns Eisler, terceiro grande pupilo de Schoenberg, depois de Bert e Webern? O tema tanto de *Parsifal* quanto de *A decisão* não é o do aprendizado – o herói tem de aprender como ajudar as pessoas que sofrem? O resultado, no entanto, é o oposto: em Wagner, a compaixão; em Brecht e Eisler, a força de não sucumbir à própria compaixão e agir diretamente sobre ela. No entanto, essa oposição é relativa: o tema comum é o da *compaixão fria e distanciada*. A lição de Brecht é a arte da compaixão fria, a compaixão pelo sofrimento que aprende a resistir ao ímpeto de ajudar os outros; a lição de Wagner é a *compaixão* fria, a atitude virtuosa e distanciada (recordemos a garota fria de quem Parsifal se aproxima na versão de Syberberg) que, não obstante, conserva a compaixão. A lição de Wagner (e a constatação de Wotan) sobre como o maior ato de liberdade é aceitar e encenar livremente o que, por necessidade, tem de ocorrer ecoa estranhamente na lição básica das "peças didáticas" de Brecht: o que o rapaz prestes a ser morto pelos colegas tem de aprender é a arte de *Einverständnis*, de aceitar o próprio assassinato, que ocorrerá de qualquer maneira.

E o que dizer da misoginia que obviamente sustenta essa alternativa? Afinal, *Parsifal* não negou o pressuposto comum das primeiras duas obras, sua afirmação do amor (amor cortês extático, amor conjugal), escolhendo a comunidade masculina excludente? No entanto, e se, também aqui, Syberberg estiver certo: depois do beijo de Kundry, na própria rejeição da feminilidade (histérica-sedutora), Parsifal se transforma numa mulher, adotando uma posição subjetiva feminina? E se o que de fato obtemos é uma comunidade dedicada "radical", liderada por uma mulher fria e implacável, uma nova Joana d'Arc?

E o que dizer da ideia de que a comunidade do Graal é um círculo elitista e fechado, apenas para os iniciados? A injunção final de Parsifal para que o Graal seja revelado solapa a falsa alternativa do elitismo/populismo: todo verdadeiro elitismo é universal, endereçado a todos, e existe algo de inerentemente vulgar nas sabedorias gnósticas, secretas e iniciáticas. Os amantes de *Parsifal* costumam fazer a mesma queixa: uma grande ópera, com diversas passagens de uma beleza arrebatadora – mas, não obstante, as duas longas narrativas de Gurnemanz (que ocupam quase toda a primeira metade do Ato I e do Ato II) são o que há de pior em Wagner: uma recapitulação entediante de feitos passados que já conhecemos, sem nenhuma tensão dramática. A leitura "comunista" que propomos de *Parsifal* implica uma completa restruturação dessas duas narrativas como momentos cruciais da ópera – devemos entender o fato de parecerem "entediantes" nos termos de um curto poema escrito por Brecht no início da década de 1950, direcionado a um trabalhador anônimo da República Democrática Alemã que, depois de horas de trabalho, é obrigado a ouvir um discurso político entediante proclamado por um funcionário do partido:

> Estás exausto do longo trabalho
> O orador só faz se repetir
> Suas palavras são prolixas, faz esforço para dizê-las
> Não te esqueças tu, que estás exausto:
> Ele fala a verdade.[3]

Esse é o papel de Gurnemanz – nada mais, nada menos que o agente –, o porta-voz (e por que não?) da verdade. Nesse caso específico, o próprio predicado de "entediante" é um indicador (até mesmo um vetor) da verdade, em oposição à perplexidade estonteante dos chistes e dos divertimentos superficiais. (Existe, é claro, um outro sentido em que, como Brecht sabia muito bem, a própria dialética é inerentemente cômica.)

E o que dizer do chamado final do Coro, "Redime o Redentor!", que algumas pessoas interpretam como a declaração antissemita para "redimir ou salvar Cristo das amarras da tradição judaica, dessemitizá-lo"? No entanto, e se interpretarmos essa linha de modo mais literal, como reflexo de outra declaração "tautológica" do final: "a ferida só pode ser curada pela espada que golpeia" ("*die Wunde schliesst der Speer nur, der sie schlug*")? Não seria esse o paradoxo-chave de todo processo revolucionário, em cujo decorrer não só a violência é necessária para superar a violência que já existe, mas também a revolução, para se estabilizar numa Nova Ordem, precisa engolir seus próprios filhos?

Isso quer dizer que Wagner é um protofascista? Por que não deixar para trás essa busca pelos elementos "protofascistas" em Wagner e, em vez disso, num gesto violento de apropriação, reinscrever *Parsifal* na tradição dos partidos revolucionários radicais? Talvez essa leitura nos permita lançar

---

[3] BRECHT, Bertolt. *Die Gedichte in einem Band*. Frankfurt: Suhrkamp Verlag, 1999, p. 1005.

novas luzes sobre a ligação entre *Parsifal* e *Der Ring des Nibelungen* [*O anel de Nibelungo*]. *O anel* retrata um mundo pagão que, seguindo sua lógica inerente, *tem de* acabar numa catástrofe global; contudo, há sobreviventes dessa catástrofe, a multidão sem nome da humanidade, que testemunha em silêncio a autodestruição de Deus. Na figura única de Hagen, *O anel* também fornece o primeiro retrato do que depois surgirá como o líder fascista; no entanto, como o mundo de *O anel* é pagão, preso na família edípica das paixões, ele sequer pode abordar o verdadeiro problema de como essa humanidade, a força do Novo, deve se organizar, de como ela deveria aprender a verdade sobre seu lugar; *essa* é a tarefa de *Parsifal*, que, portanto, sucede logicamente *O anel*. O conflito entre a dinâmica edípica e o universo pós-edípico está inscrito em *Parsifal*: as aventuras de Klingsor e Amfortas são edípicas, e o que acontece com a grande virada de Parsifal (rejeição de Kundry) é precisamente ele deixar para trás o erotismo edípico incestuoso, abrindo-se para uma nova comunidade.

A figura sombria de Haden é profundamente ambígua: embora retratado inicialmente como conspirador, tanto no poema épico *Das Nibelungenlied* quanto no filme de Fritz Lang, ele surge como herói principal na obra inteira e é redimido no fim como o caso supremo da *Nibelungentreue*, a fidelidade até a morte à própria causa (ou, antes, ao Mestre que representa essa causa), afirmada no assassinato final na corte de Átila. Aqui, o conflito é entre a fidelidade ao Mestre e às nossas obrigações morais cotidianas: Hagen representa um tipo de suspensão teleológica da moral em nome da fidelidade; ele é o *"Gefolgsmann"* supremo.

Vale destacar que *somente* Wagner retrata Hagen como uma figura do Mal – não seria esse um indício de como Wagner, não obstante, pertence ao espaço moderno da liberdade? E o retorno de Lang ao Hagen positivo não seria um indício de como o século XX marcou o ressurgimento de uma nova barbárie? Foi a genialidade de Wagner de intuir, à frente de seu tempo, a figura iminente do executivo fascista implacável que, ao mesmo tempo, é um demagogo e agitador político (recordemos a apavorante *Männerruf* de Hagen) – um valioso suplemento a sua outra grande intuição, a da histérica (Kundry), bem antes de essa figura dominar a consciência europeia (na clínica de Charcot, na arte de artistas que vão de Ibsen a Schoenberg).

O que faz de Hagen um "protofascista" é seu papel de apoio incondicional ao governante fraco (rei Gunther): ele faz o "trabalho sujo" para Gunther, um trabalho que, embora necessário, precisa continuar escondido dos olhos do público – *"Unsere Ehre heisst Treue"*. Essa postura, um tipo de imagem especular da Bela Alma que se recusa a sujar as mãos, está presente em sua forma mais pura na admiração da direita pelos heróis que estão prontos para fazer o trabalho sujo necessário: é fácil fazer algo nobre pelo próprio país, até sacrificar a própria vida, mas é muito mais difícil cometer um *crime* pelo próprio país quando é necessário... Hitler soube muito bem como fazer esse jogo duplo a propósito do holocausto, usando Himmler como seu Hagen. Em seu discurso aos líderes do SS em Poznan, em 4 de outubro de 1943, Himmler falou abertamente sobre o assassinato em massa dos judeus como "uma página gloriosa de nossa história, uma página que nunca foi escrita nem jamais será", incluindo explicitamente o assassinato de mulheres e crianças:

> Para mim não justificava exterminar homens – quer dizer, matá-los ou mandar matá-los – e permitir que seus vingadores, na forma de crianças, crescessem para depois atacar nossos filhos e netos. Foi preciso tomar a difícil decisão de sumir com essas pessoas da Terra.

Essa é a *Treue* de Hagen levada ao extremo – no entanto, o preço paradoxal que Wagner pagou por retratar Hagen negativamente não foi sua *Judifizierung*? Há diversas obras recentes de história que tentam apresentar o "verdadeiro significado" contextual das figuras e dos temas de Wagner: o pálido Hagen na verdade é um judeu masturbador; a ferida de Amfortas na verdade é sífilis, etc. A ideia é que Wagner mobiliza códigos históricos conhecidos por qualquer pessoa em sua época; quando uma pessoa tropeça, canta de forma desafinada, gesticula nervosamente, etc., "todos sabiam" se tratar de um judeu, então Mime, de *Siegfried*, é a caricatura de um judeu; o medo da sífilis como doença na virilha contraída através do sexo com uma mulher "impura" era uma obsessão na segunda metade do século XIX, então estava "claro para todo mundo que Amfortas tinha mesmo contraído a sífilis de Kundry... Marc Weiner é o responsável pela versão mais perspicaz dessa decodificação, pois ele se concentra na microtessitura dos dramas musicais de Wagner – a maneira de cantar, os gestos, os aromas; é nesse nível do que Deleuze chamaria de afetos pré-subjetivos que o antissemitismo atua nas óperas de Wagner, mesmo que os judeus não sejam mencionados explicitamente: no modo como Beckmesser canta, no modo como Mime reclama...

No entanto, o primeiro problema é que, mesmo que sejam precisas, essas constatações não contribuem muito para o entendimento apropriado da obra em questão. Costuma-se ouvir que, para entender uma obra de arte, é preciso saber seu contexto histórico. Em oposição a esse lugar-comum historicista, devemos afirmar que a informação excessiva sobre o contexto histórico pode embaçar o contato apropriado com uma obra de arte – para entender apropriadamente *Parsifal*, digamos, precisaríamos nos *abstrair* dessas trivialidades históricas, precisaríamos *descontextualizar* a obra, arrancá-la do contexto ao qual estava originalmente integrada. Mais ainda, na verdade é a obra de arte em si que dá o contexto necessário para entendermos apropriadamente determinada situação histórica. Se fôssemos visitar a Sérvia hoje, o contato direto com a informação bruta nos deixaria confusos. No entanto, se lêssemos alguns livros de literatura e víssemos alguns filmes bem típicos, definitivamente teríamos o contexto que nos permitiria situar a informação bruta de nossa experiência. Desse modo, existe uma verdade surpreendente no velho dizer cínico da União Soviética stalinista: "ele mente como uma testemunha ocular!".

Existe um outro problema mais fundamental nessa decodificação historicista: não basta "decodificar" Alberich, Mime, Hagen, etc. como judeus, argumentando que *O anel* é um grande tratado antissemita, um relato sobre como os judeus, ao renunciarem ao amor e escolherem o poder, trouxeram a corrupção para o universo; o fato mais básico é que *a figura antissemita do próprio judeu não é um referente supremo direto, mas já codificado, uma cifra dos antagonismos ideológicos e sociais.* (O mesmo vale para a sífilis: na segunda metade do século XIX, ela foi, junto com a tuberculose, mais um grande caso da "doença como metáfora" (Susan Sontag), servindo como mensagem codificada sobre os antagonismos sociossexuais, e é por isso que as pessoas eram tão obcecadas por ela – não por representar uma ameaça real e direta, mas por causa do investimento ideológico em excesso que se fazia nela.) Uma leitura apropriada de Wagner deveria levar em conta esse fato, não simplesmente "decodificar" Alberich como judeu, mas também fazer a pergunta: *Como a codificação de Wagner se refere ao antagonismo social "original" do qual o próprio "judeu" (ou a figura antissemita do "judeu") já é uma cifra?*

Outro contra-argumento diz que Siegfried, oponente de Mime, de modo algum é simplesmente o belo herói Aryan – seu retrato é muito mais ambíguo. A última cena curta do Ato I de *Götterdämmerung* [*Crepúsculo dos deuses*] (Siegfried rapta Brünnhilde violentamente; usando *Tarnhelm*, o elmo mágico, Siegfried se disfarça de Gunther) é um interlúdio chocante, de extrema brutalidade, fantasmagórico e aterrorizante. O que a torna ainda mais interessante é uma das grandes inconsistências de *O anel*: por que Siegfried, depois de subjugar Brünnhilde brutalmente, põe sua espada entre os dois quando eles se deitam, para provar que não farão sexo, uma vez que ele está apenas fazendo um favor para seu amigo, o frágil rei Gunther? *Para quem* ele tem de provar isso? Supostamente, Brünnhilde não deveria pensar que ele *é* Gunther? Antes de ser subjugada, Brünnhilde mostra a mão para o mascarado Siegfried ainda com o anel, certa de que o anel servirá como proteção; quando Siegfried arranca brutalmente o anel de sua mão, o gesto tem de ser interpretado como a repetição do primeiro roubo extremamente violento do anel na Cena IV de *Das Rheingold* [*O ouro do reino*], quando Wotan arranca o anel da mão de Alberich. O horror dessa cena é que ela expõe a brutalidade nua e crua de Siegfried: de alguma maneira, ela "despsicologiza" Siegfried, mostrando-o como um monstro inumano, ou seja, como ele "realmente é", destituído de sua máscara enganadora – *esse* é o efeito que a poção lhe provoca.

Decerto que Siegfried de Wagner possui uma agressividade "inocente" e incontida, um ímpeto de passar diretamente ao ato e simplesmente destruir o que lhe dá nos nervos – como nas palavras de Siegfried para Mime no Ato I de *Siegfried*:

> Quando te vejo por aí,
> aos trôpegos, arrastando os pés,
> inclinando-te servil, piscando os olhos semicerrados,
> minha vontade é agarrar-te pelo pescoço
> e pôr um fim a esse pestanejo obsceno!

O som do original em alemão é ainda mais impressionante:

> *Seh'ich dich stehn, gangeln und gehn,*
> *knicken und nicken,*
> *mit den Augen zwicken,*
> *beim Genick möcht'ich den Nicker packen,*
> *den Garaus geben dem garst'gen Zwicker!*

O mesmo rompante se repete duas vezes no Ato II:

> *Das eklige Nicken*
> *und Augenzwicken,*
> *wann endlich soll ich's*
> *nicht mehr sehn,*
> *wann werd ich den Albernen los?*

Esse arrastar de pés, sorrateiro,
esses olhos que piscam –
quanto tempo mais
conseguirei suportar essa visão?
Quando devo me livrar desse tolo?

E, pouco tempo depois:

Grade so garstig,
griesig und grau,
klein und krumm,
höckrig und hinkend,
mit hängenden Ohren,
triefigen Augen – Fort mit dem Alb!
Ich mag ihn nicht mehr sehn.

Sorrateiro, arrastando os pés,
grisalho e cinzento,
baixo e curvado,
manco e corcunda,
de orelhas caídas e olhos turvos –
Fora daqui com esse demônio!
E que seja de uma vez por todas!

Essa não é a repulsa ou aversão mais elementar sentida pelo Eu quando confrontado com um corpo estranho intruso? Podemos facilmente imaginar um *skinhead* neonazista gritando as mesmas palavras diante de um *Gastarbeiter* turco de idade já avançada...[4]

Por fim, não devemos nos esquecer de que, em *O anel*, a fonte de todo o mal não é a escolha fatal de Alberich na primeira cena de *O ouro do reino*: muito antes desse acontecimento, Wotan rompeu o equilíbrio natural sucumbindo ao engodo do poder, preferindo o poder ao amor – ele arrancou e destruiu a Árvore do Mundo, fazendo dela sua lança na qual inscreve as runas que determinam as leis de seu domínio; além disso, ele arrancou um de seus olhos para poder enxergar a verdade interior.

---

[4] Quando Nietzsche, em *O caso Wagner*, rejeita a modo de troça o universo de Wagner, seu estilo não se refere a esses versos? O próprio Wagner era-lhe uma figura repulsiva – e há uma certa justiça poética nisso, uma vez que Mime na verdade é o autorretrato irônico de Wagner.

O Mal, desse modo, não vem do Exterior – o interior do trágico "monólogo com Brünnhilde", de Wotan, no Ato II de *Die Walküre* [*A valquíria*], é que o poder de Alberich e a perspectiva do "fim do mundo" é, em última instância, a própria culpa de Wotan, resultado de seu fiasco ético – em hegelês, a oposição externa é efeito da contradição interna. Não admira, por conseguinte, que Wotan seja chamado de "Alva Branco" em oposição ao "Alva Preto", Alberich – na verdade, a escolha de Wotan foi eticamente pior que a de Alberich: Alberich ansiava o amor e só se voltou para o poder após ser brutalmente ridicularizado pelos Rhinemaidens, enquanto Wotan recorre ao poder depois de ter gozado plenamente dos frutos do amor e ter se cansado deles. Devemos também nos lembrar de que, depois de seu fiasco moral em *A valquíria*, Wotan se transforma em "*Wanderer*" – uma alusão ao Judeu Errante, já como o primeiro grande herói wagneriano, o Navio Fantasma (Holandês Voador), esse "*Ahasver des Ozeans*".

O mesmo vale para *Parsifal*, cujo tema não é o círculo elitista dos "de puro sangue" ameaçados pela contaminação externa (na cópula com a judia Kundry). Há dois problemas nessa ilustração: primeiro, o próprio Klingsor, o mágico maléfico e Mestre de Kundry, é um ex-cavaleiro do Graal, ele vem de dentro; segundo, se interpretarmos o texto com mais atenção, concluiremos necessariamente que a verdadeira fonte do mal, o desequilíbrio primordial que mudou os rumos da comunidade do Graal, reside em seu próprio centro – a origem de todo infortúnio está na fixação excessiva de Titurel em gozar do Graal. A verdadeira figura do Mal é Titurel, esse obsceno *père-jouisseur* (talvez comparável aos membros monstruosos da Corporação Espacial no romance *Duna*, de Frank Herbert, cujos corpos são repugnantemente distorcidos devido ao consumo excessivo da "especiaria").

Essa interpretação, portanto, enfraquece a perspectiva antissemita segundo a qual o desequilíbrio sempre vem de fora, disfarçado de um corpo estranho que desconjunta o equilíbrio do organismo social: para Wagner, o intruso externo (Alberich) é apenas uma repetição secundária, uma exteriorização, de um antagonismo ou inconsistência (de Wotan) absolutamente imanente. Para citar a famosa frase de Brecht, "O que é roubar um banco se comparado a fundar um novo banco?", somos tentados a dizer: "O que é um pobre judeu roubando ouro se comparado à violência de Aryan (Wotan) para fundar o Estado de Direito?".

Um dos sinais dessa situação de desequilíbrio inerente é o fiasco dos finais apoteóticos das óperas de Wagner: aqui, o fiasco formal indica a persistência do antagonismo social. Tomemos como exemplo o maior de todos eles, o pai de todos os finais, o de *Crepúsculo dos deuses*. É sabido que, nos últimos minutos da ópera, a orquestra executa uma rede extremamente intrincada de motivos, nada menos que uma recapitulação da riqueza motívica do ciclo *O anel de Nibelungo* – não seria esse fato a maior demonstração de que o próprio Wagner não tinha certeza do que "significa" a apoteose final de *O anel*? Sem essa certeza, ele deu uma espécie de "salto adiante" e arranjou às pressas *todos* os motivos juntos. Assim, o motivo culminante de "Redenção pelo Amor" (uma bela e arrebatadora linha melódica que aparece anteriormente somente no Ato III de *A valquíria*) só nos leva a interpretar o comentário sarcástico de Joseph Kerman sobre as últimas notas de *Tosca*, de Puccini, em que a orquestra bombasticamente recapitula a "bela" linha melódica patética de "E lucevan le stelle", de Cavaradossi, como se, sem ter certeza do que fazer, Puccini apenas repetisse desesperadamente a melodia mais "eficaz" da peça anterior, ignorando toda a lógica narrativa ou emocional.[5] E se Wagner fez *exatamente a mesma coisa* no final de *Crepúsculo dos deuses*? Sem ter certeza sobre a virada final que estabilizaria e garantiria o significado de tudo, ele recorreu a uma bela melodia cujo efeito é algo do tipo "seja lá o que tudo isso signifique, vamos garantir que a impressão final seja a de algo triunfante e feliz em sua beleza redentora...". Em suma, e se esse motivo final for, na verdade, um *gesto vazio*?

É um lugar-comum nos estudos sobre Wagner dizer que o final triunfante de *O ouro do reino* é falso, um triunfo vazio que indica tanto a fragilidade do poder dos deuses quanto sua queda vindoura – no entanto, o mesmo não vale para o final de *Siegfried*? O sublime dueto entre Brünnhilde e Siegfried, que conclui a ópera, falha alguns minutos antes do final, com a entrada do motivo anunciando a triunfante reunião do casal (geralmente nomeado de o motivo do "amor feliz" ou do "vínculo amoroso") – esse motivo é, obviamente, falso (sem falar do miserável fiasco do *tutti* orquestral bombástico e barulhento do final, que carece da energia da entrada dos deuses em Valhala, em *O ouro do reino*). Esse fiasco não codifica a crítica (inconsciente?) de Wagner a Siegfried? Recordemos o fato curioso de que esse motivo é quase idêntico – ou pelo menos está estritamente relacionado – ao motivo de Beckmesser em *Mestres cantores*

---

[5] KERMAN, Joseph. *A ópera como drama*. Tradução de Eduardo Francisco Alves. Rio de Janeiro: Jorge Zahar, 1990.

(devo essa constatação a Gerhard Koch: o Ato III de *Siegfried* foi escrito logo depois de *Mestres cantores*)! Além disso, esse fiasco vazio bombástico nas notas finais não seria também um sinal da futura catástrofe do amor entre Brünnhilde e Siegfried? Como tal, esse "fiasco" do dueto é uma necessidade estrutural.[6] (No entanto, devemos acompanhar de perto a estrutura triádica interna desse dueto: toda sua dinâmica está em Brünnhilde, que muda sua posição subjetiva duas vezes, enquanto Siegfried permanece o mesmo. Primeiro, da sua posição divina elevada, Brünnhilde afirma alegremente seu amor por Siegfried; depois, quando descobre o que significam as investidas apaixonadas de Siegfried – a perda de seu distanciamento seguro –, ela demonstra medo de perder sua identidade, de descer ao nível de uma mulher mortal e vulnerável, uma presa para o homem, uma vítima passiva. Numa metáfora admirável, ela se compara a uma bela imagem na água que se distorce quando tocada e agitada pela mão do homem. Por fim, ela se rende às investidas apaixonadas de Siegfried e se atira no vórtice.) Porém, com exceção das últimas notas, o Ato III de *Siegfried* (pelo menos do instante em que Siegfried quebra a lança de Wotan até o momento em que Brünnhilde acorda), além de ser de uma beleza estonteante, também é a declaração mais concisa da problemática edipiana numa perspectiva wagneriana típica.

A caminho da montanha mágica onde estava Brünnhilde, cercada por uma muralha de fogo que só poderia ser ultrapassada por um herói destemido, Siegfried primeiro encontra Wotan, o deus supremo deposto (ou melhor, que abdicou do trono), disfarçado de Errante; Wotan tenta detê-lo, mas de forma ambígua – basicamente ele *quer* que Siegfried quebre sua lança. Depois que Siegfried desrespeitosamente o faz, em sua ignorância cheio de desdém pelo velho sábio e amargurado, ele atravessa as chamas e se depara com uma criatura maravilhosa, em sono profundo. Pensando que a armadura no peito da criatura dificultava-lhe a respiração, ele começa a cortar as tiras com a espada; quando levanta a armadura e vê os seios de Brünnhilde, dá um grito, surpreso: *"Das ist kein Mann!"*.

---

[6] Esse dueto de amor é também uma das reincidências de Verdi em Wagner (a mais conhecida é o trio de vingança que fecha o Ato III de *Crepúsculo dos deuses*, sobre o qual Bernard Shaw diz parecer o trio dos conspiradores de *Un ballo in maschera* [*Baile de máscaras*], de Verdi – Gutman o descreveu como uma despedida ao drama musical rumo ao "redescoberto objetivo da suprema grande ópera". GUTMAN, Robert. *Richard Wagner: The Man, his Mind and his Music*. London: Harcourt Brace Jovanovich, 1968, p. 299.

Essa reação, é claro, só pode nos soar cômica, exagerada para além da credulidade. No entanto, não podemos nos esquecer de duas coisas.

Primeiro, o argumento central da história de *Siegfried* até esse momento é que, embora Siegfried passe toda sua juventude na floresta, na companhia solitária do malvado anão Mime, que dizia ser seu único parente, mãe-pai, Siegfried observa que, no caso dos animais, os pais são sempre um casal, e com isso deseja encontrar sua mãe, o contraponto feminino de Mime. A busca de Siegfried de uma mulher, portanto, é uma busca da diferença sexual, e o fato de sua busca ser ao mesmo tempo a busca do medo, de uma experiência que lhe ensinaria o que é o medo, aponta claramente na direção da castração – mas com uma ressalva específica. Na descrição freudiana paradigmática da cena da castração, o olhar descobre uma ausência onde uma se espera uma presença (do pênis),[7] e aqui o olhar de Siegfried descobre uma presença excessiva (dos seios – e vale ressaltar que a típica soprano wagneriana é opulenta, de seios largos, de modo que a exclamação de Siegfried, "*Das ist kein Mann!*", costuma despertar risadas calorosas do público).[8]

Segundo, devemos pensar na aparente inconsistência do libreto que nos direciona para a compreensão apropriada dessa cena: por que Siegfried fica tão surpreso por não encontrar um homem se, antes disso, ele tinha afirmado que queria atravessar o fogo justamente para encontrar uma mulher do outro lado? Para o Errante, ele diz: "Saia da frente, pois sei que aquele caminho ali leva à mulher adormecida". Alguns instantes depois: "Retire-se, fanfarrão! Preciso entrar ali, no coração do fogo, e seguir até Brünnhilde!". Por conseguinte, só podemos chegar a uma conclusão: *embora Siegfried estivesse de fato procurando uma mulher, ele não esperava que ela não fosse um homem*. Em outras palavras, ele procurava uma mulher que fosse – não igual a um homem, mas – um complemento simétrico do homem, com o qual ela formaria uma díade significante equilibrada, e o que encontrou foi um insuportável excesso/falta... O que ele descobriu foi o excesso/falta não coberto pelo significante binário,

---

[7] FREUD, Sigmund. O fetichismo. In: *Obras completas, volume 17: Inibição, sintoma e angústia, O futuro de uma ilusão e outros textos (1926-1929)*. Tradução de Paulo César de Souza. São Paulo: Companhia das Letras, 2014.

[8] Como se referindo a essa cena, Jacques-Alain Miller uma vez fez um experimento mental em que enumerou outros possíveis operadores da diferença sexual que pudessem substituir a presença/ausência do pênis, e mencionou a presença/ausência dos seios.

ou seja, o fato de que Mulher e Homem não são complementares, mas assimétricos, que não existe um equilíbrio *yin-yang* – em suma, que não existe a relação sexual.

Não admira, portanto, que Siegfried tenha um ataque de pânico e a sensação de perda de realidade ao descobrir que Brünnhilde "não é um homem", e nessa perda ele procure o refúgio da mãe (desconhecida): "Mas não é um homem! Um feitiço doloroso dilacera meu peito; uma angústia feroz enche meus olhos; estou perdendo os sentidos! A quem posso pedir ajuda? Mãe, mãe! Pense em mim!". Em seguida, ele junta toda sua coragem e decide beijar na boca a mulher adormecida, mesmo que isso signifique sua própria morte: "Sugarei a vida desses doces lábios, *ainda que eu morra por beijá-los*". O que se segue é o majestoso despertar de Brünnhilde e o dueto amoroso que fecha a ópera. É importante notar que essa aceitação da morte como preço pelo contato com o Outro feminino é acompanhada musicalmente pelo eco do chamado motivo da "renúncia", supostamente o *leitmotiv* mais importante de toda a tetralogia. Esse motivo aparece pela primeira vez na Cena I de *O ouro do reino*, quando, ao responder à pergunta de Alberich, Woglinde revela que "só quem renuncia ao poder do amor pode tomar posse do ouro (*nur wer der Minne Macht versagt*)"; sua próxima aparição notável acontece quase no final do Ato I de *A valquíria*, no momento da mais triunfante demonstração de amor entre Sieglinde e Siegmund – pouco antes de tirar a espada do tronco da árvore, Siegmund canta o motivo nas seguintes palavras: "a mais elevada necessidade do mais sagrado amor" ["*Heiligster Minne hoechste Not*"]. Como devemos interpretar essas duas ocorrências juntas? E se as encararmos como dois fragmentos da frase completa que foi distorcida pelo "trabalho do sonho", isto é, tornou-se ilegível ao ser dividida em duas – a solução, por conseguinte, é reconstruir a proposição completa: "A mais elevada necessidade do amor é renunciar ao próprio poder". Isso é o que Lacan chama de "castração simbólica": para permanecermos fiéis ao nosso amor, não podemos elevá-lo ao foco central, mas sim rejeitar sua centralidade. Talvez uma digressão pelo melhor (ou pior) do melodrama hollywoodiano possa nos ajudar a esclarecer esse ponto. A lição básica de *No turbilhão da metrópole*, de King Vidor, é que, para ganhar o amor da amada, o homem precisa provar que é capaz de sobreviver sem ela, que prefere sua missão ou profissão a ela. Existem duas escolhas imediatas: (1) minha carreira profissional é o mais importante para mim, a mulher não passa de uma diversão, um distrativo; (2) a mulher é tudo para mim, estou pronto para me humilhar, para sacrificar toda minha dignidade pública e profissional por ela. As duas são falsas, pois levam ao homem rejeitado pela mulher. A mensagem do amor verdadeiro, por conseguinte, é esta: mesmo que você seja tudo para mim, eu posso sobreviver sem você, estou disposto a abrir mão de você em nome da minha missão ou profissão. A melhor maneira de a mulher testar o amor do homem, então, é "traí-lo" no momento crucial da carreira dele (o primeiro concerto público no filme, o principal exame, a negociação que vai decidir sua carreira) – somente se ele conseguir sobreviver à provação e realizar com sucesso sua tarefa, ainda que profundamente traumatizado pelo abandono que sofreu, ele será digno do amor e ela voltará para ele. O paradoxo básico dessa visão é que o amor, precisamente enquanto o Absoluto, não deve ser posto como objetivo principal – ele deveria manter sua condição de subproduto, de algo que recebemos como graça, mas sem merecer. Talvez não exista amor maior do que o amor de um casal revolucionário, em que cada um está pronto para abandonar o outro a qualquer momento, se assim a revolução exigir.

O que acontece, então, quando Siegfried beija a adormecida Brünnhilde, de modo que o ato mereça ser acompanhado do motivo da "renúncia"? O que Siegfried diz é que beijará os lábios de Brünnhilde *ainda que morra por beijá-los*" – abrir-se para o Outro Sexo implica aceitar a própria mortalidade. Recordemos aqui outro momento sublime de *O anel*: no Ato II de *A valquíria*, Siegmund literalmente renuncia à imortalidade. Ele prefere continuar sendo um mero mortal se sua amada Sieglinde não puder acompanhá-lo até Valhala, a morada eterna dos heróis mortos – não seria esse o maior ato ético de todos? Brünnhilde, destroçada, comenta sobre essa recusa: "Valorizas tão pouco a perene felicidade? Ela não é tudo para ti, esta pobre mulher que, triste e cansada, repousa em teu colo? Não consegues pensar em nada menos glorioso?". Ernst Bloch estava certo quando afirmou que o que falta na história da Alemanha são mais gestos como o de Siegmund.

Mas, qual *amor* é aqui renunciado? Dito sem rodeios: o amor maternal incestuoso. O "herói destemido" é destemido na medida em que se vê protegido pela mãe, pelo invólucro maternal – "aprender a temer", na verdade, equivale a aprender que se está exposto no mundo sem nenhum escudo materno. É fundamental interpretar essa cena junto com a cena de *Parsifal* em que Kundry beija Parsifal: nos dois casos, um herói inocente descobre o medo e/ou o sofrimento através de um beijo que está no meio do caminho entre o maternal e o propriamente feminino. Até o fim do século XIX, praticava-se em Montenegro um estranho ritual noturno de casamento: na noite posterior à cerimônia de casamento, o filho se deitava na cama com a mãe e, depois de adormecer, a mãe se levantava em silêncio para que a noiva tomasse seu lugar: depois de passar o resto da noite com a noiva, o filho tinha de deixar a aldeia, ir para uma montanha e passar alguns dias lá, sozinho, para se acostumar com a vergonha de estar casado... Algo semelhante não acontece em Siegfried?

Contudo, a diferença entre *Siegfried* e *Parsifal* é que, na primeira, a mulher é aceita, e na segunda, ela é rejeitada. Isso não significa que a dimensão feminina desaparece em *Parsifal* e que permanecemos com a comunidade masculina homoerótica do Graal. Syberberg estava certo quando, depois que Parsifal rejeita o beijo de Kundry, "o último beijo da mãe e o primeiro beijo de uma mulher", trocou o garoto-Parsifal por uma atriz, jovem e fria – com isso, ele não pôs em cena o *insight* de Freud de que a identificação, em sua forma mais radical, é a identificação com o objeto libidinal perdido (ou rejeitado)? Nós *nos tornamos* o *objeto* do qual somos privados (ou nos identificamos com ele), de modo que nossa identidade subjetiva é um repositório dos vestígios de nossos objetos perdidos.

Capítulo 15
O real da diferença sexual[1]

1. As "fórmulas de sexuação"

The Little Books of Clichés, de Roger Ebert,[2] contém centenas de cenas estereotípicas e costumeiras – desde a famosa regra do "Carrinho de verduras" (durante qualquer cena que envolva uma localidade étnica ou estrangeira, um carrinho de verduras sempre é derrubado por um carro e um vendedor ambulante furioso corre no meio da rua sacudindo os punhos para o veículo do herói) e a mais refinada regra do "Obrigado, mas..." (quando duas pessoas acabam de ter uma conversa franca, a pessoa A começa a sair da sala e a pessoa B, hesitante, diz: "Bob [ou qualquer que seja o nome da pessoa A]?"; a pessoa A então se vira e diz: "Sim?", ao que a pessoa B diz: "Obrigado"), até a regra da "Sacolinha de supermercado" (sempre que uma mulher cínica e assustada, que não quer se apaixonar de novo, é importunada por um pretendente que deseja arrancá-la de suas muralhas da solidão, ela vai ao supermercado; as saco-linhas rasgam e as frutas e verduras caem, ou para simbolizar a bagunça que sua vida é, ou para que o pretendente possa juntar os pedaços de sua

---

[1] Publicado originalmente em BARNARD, Suzanne; FINK, Bruce (Ed.). *Reading Seminar XX: Lacan's Major Work on Love, Knowledge and Feminine Sexuality*. Albany: SUNY Press, 2002, p. 57-75.

[2] Ver EBERT, Roger. *The Little Book of Hollywood Clichés*. London: Virgin Books, 1995.

vida, ou as duas coisas). O "grande Outro", a substância simbólica da nossa vida, é justamente isto: um conjunto de regras tácitas que regulam efetivamente nossa fala e nossos atos, a garantia final da Verdade à qual temos de nos referir mesmo quando mentimos ou tentamos ludibriar nossos parceiros na comunicação, precisamente com o intuito de termos êxito em nosso engano.

No entanto, devemos nos lembrar de que Lacan, em suas últimas décadas de ensino, fez duas ressalvas severas a esse status do grande Outro:

- primeiro, no final da década de 1950, quando enfatizou que o "ponto de estofo" – o significante-mestre quase-transcendental que garante a consistência do grande Outro – é *falso* em última instância, um significante vazio sem significado. Basta nos lembrarmos de como funciona uma comunidade: o significante-mestre que garante a consistência da comunidade é um significante cujo significado é um enigma para os próprios membros – ninguém sabe exatamente o que ele quer dizer, mas cada um pressupõe de alguma maneira que o outro sabe, que tem de significar "a coisa real", então eles o usam o tempo inteiro. Essa lógica está presente não só nas ligações político-ideológicas (com diferentes termos para a *cosa nostra*: nossa nação, revolução, etc.), mas também em algumas comunidades lacanianas, nas quais o grupo se reconhece pelo uso comum de expressões carregadas de jargões cujo significado não é claro para ninguém, seja "castração simbólica", seja "sujeito dividido" – todos se referem a essas expressões, e o que mantém o grupo unido é, no final das contas, sua *ignorância* compartilhada. O argumento de Lacan, naturalmente, é que a psicanálise deveria permitir que o sujeito *rompesse* com essa segura dependência do significante-mestre enigmático.

- segundo, e de maneira ainda mais radical, em *O seminário, livro 20: Mais, ainda*, quando Lacan desenvolve a lógica do "não-todo" e da exceção constitutiva do universal. O paradoxo da relação entre a série (de elementos que pertencem ao universal) e sua exceção não está apenas no fato de que "a exceção fundamenta a regra (universal)", ou seja, que cada série universal envolve a exclusão de uma exceção (todos os homens têm direitos inalienáveis, com exceção dos loucos, criminosos, primitivos, analfabetos, das crianças, etc.). A questão propriamente dialética está, antes, no modo como uma série e as exceções coincidem diretamente: a série é sempre a série de "exceções", isto é, de entidades que exibem certa qualidade excepcional que as qualifica a pertencer à série (de heróis, de membros da nossa comunidade, de cidadãos verdadeiros, etc.). Recordemos a lista de mulheres conquistadas pelo sedutor padrão: cada uma das mulheres é "uma exceção", cada uma foi seduzida por um *je ne sais quoi* específico, e a série é precisamente a série dessas figuras excepcionais...[3]

A mesma matriz também está presente nas mudanças da noção lacaniana de sintoma. É melhor falarmos da diferença existente entre a última fase dos ensinamentos de Lacan e as fases anteriores pelo modo como essa noção se modifica. Antes, o sintoma era uma formação patológica que (pelo menos idealmente) se dissolveria na interpretação analítica e através dela, um sinal de que o sujeito, de algum modo e em algum lugar, cedera de seu desejo, ou um sinal da deficiência ou do mau funcionamento da Lei simbólica que garante a capacidade de desejar do sujeito. Em suma, os sintomas eram a série de exceções, perturbações e maus funcionamentos, medida pelo ideal da plena integração na Lei simbólica (o Outro). Depois, no entanto, com a noção de sintoma universalizado, Lacan fez uma mudança paradoxal da lógica "masculina" da Lei e sua exceção constitutiva para a lógica "feminina", na qual não há exceção à série de sintomas – ou seja, na qual há *apenas* sintomas, e a Lei simbólica (o Nome paternal) acaba sendo apenas um sintoma (o mais eficaz ou estabelecido) na série de sintomas.

De acordo com Jacques-Alain Miller, esse é o universo de Lacan em *O seminário, livro 20*: um universo de cisão radical (entre significante e significado, entre o *gozo* das pulsões e o *gozo* do Outro, entre masculino e feminino) no qual nenhuma Lei *a priori* garante a conexão ou a sobreposição entre os dois lados, de modo que apenas os sintomas-nós parciais e contingentes (pontos de estofo, pontos de gravitação) podem gerar uma coordenação frágil e limitada entre os dois domínios. Nessa perspectiva, a "dissolução de um sintoma", longe de provocar um estado não patológico da capacidade plena de desejar, leva a uma catástrofe psicótica total, à

---

[3] Devo esse argumento a uma conversa que tive com Alenka Zupančič. Para dar mais um exemplo: também consistiu nisso o impasse do "casamento aberto" entre Jean-Paul Sartre e Simone de Beauvoir: ao lermos suas cartas, fica claro que esse "pacto" na verdade era assimétrico e não funcionou, gerando muitos traumas para De Beauvoir. Ela esperava que embora Sartre tivesse uma série de outras amantes, ela fosse a Exceção, a única conexão de amor verdadeiro, enquanto, para Sartre, não era que ela fosse apenas uma na série, mas que ela fosse precisamente *uma das exceções* – sua série era uma série de mulheres, cada uma com algo para ele "excepcional".

dissolução do universo inteiro do sujeito. Não existe um "grande Outro" que garanta a consistência do espaço simbólico no qual habitamos: há apenas pontos de estabilidade contingentes, pontuais e frágeis.[4]

Somos tentados a dizer que, em última análise, a própria passagem do judaísmo ao cristianismo obedece à matriz da passagem do "masculino" ao "feminino" nas fórmulas de sexuação. Vamos esclarecer essa passagem a propósito da oposição entre o *gozo* das pulsões e o *gozo* do Outro, elaborada por Lacan em *O seminário, livro 20: Mais, ainda*, e que também é sexualizada de acordo com a mesma matriz. De um lado, temos o circuito fechado das pulsões, no fundo solipsista, que encontra sua satisfação no ato masturbatório idiota (autoerótico), no círculo perverso ao redor do *objeto pequeno a* como objeto de uma pulsão. Do outro lado, temos os sujeitos para os quais o acesso ao gozo está ligado de maneira muito mais íntima ao domínio do discurso do Outro, ao modo como os sujeitos menos falam e são mais "falados": por exemplo, o prazer erótico depende do discurso sedutor do amante, da satisfação fornecida pela própria fala, e não só do ato em sua estupidez. Esse contraste não explica a diferença há muito observada no modo como os dois sexos se relacionam com o sexo virtual? Os homens tendem muito mais a usar o ciberespaço como dispositivo de masturbação para sua brincadeira solitária, imerso no prazer estúpido e repetitivo, enquanto as mulheres estão mais propensas a participar de salas de bate-papo, usando o ciberespaço para trocar palavras sedutoras.

---

[4] A diferença entre essas duas noções de sintoma, a distorção particular e o sintoma universalizado ("*sinthome*"), explica as duas leituras opostas da última cena de *Um corpo que cai*, de Hitchcock (Scottie no precipício da torre da igreja, olhando para o abismo no qual Judy-Madeleine, seu amor absoluto, desapareceu segundos antes): alguns intérpretes veem nessa cena a indicação de um final feliz (Scottie finalmente se livrou da agorafobia e agora é totalmente capaz de enfrentar a vida), enquanto outros veem nela o completo desespero (se Scottie sobreviver à segunda perda de Judy-Madeleine, ele sobreviverá como morto-vivo). Tudo depende de como interpretamos a declaração de Lacan de que "a mulher é um sintoma do homem". Se usamos o termo "sintoma" em seu sentido tradicional (formação patológica que atesta o fato de o sujeito ter sido traído pelo seu desejo), então a tomada final indica efetivamente um final feliz: a obsessão de Scottie por Judy-Madeleine era seu "sintoma", o sinal de sua fraqueza ética, de modo que sua retidão é restabelecida quando ele se livra dela. No entanto, se usamos o termo "sintoma" em um sentido mais radical, isto é, se Judy-Madeleine é seu *sinthome*, então a última cena aponta um final catastrófico: quando Scottie é privado de seu *sinthome*, seu universo inteiro se despedaça, perdendo sua consistência material.

Não encontramos um caso claro dessa oposição entre o gozo fálico-masturbatório masculino da pulsão e o gozo feminino do Outro no filme *Ondas do destino*, de Lars von Trier? Preso a uma cama de hospital, Jan diz para Bess que ela deve transar com outros homens e lhe descrever detalhadamente suas experiências – assim ela manterá desperto o desejo dele pela vida. Embora ela se envolva fisicamente com outros homens, o verdadeiro sexo acontecerá na conversa entre os dois. O gozo de Jan é claramente fálico-masturbatório: ele usa Bess para conseguir a tela fantasmática necessária para que consiga se entregar ao gozo masturbatório solipsista, enquanto Bess encontra o gozo no nível do Outro (ordem simbólica), ou seja, nas palavras. Para ela, a maior fonte de satisfação não é o ato sexual em si (ela se envolve nos atos sexuais de forma puramente mecânica, como um sacrifício necessário), mas sim o modo como ela os *relata* para o paralítico Jan.

O gozo de Bess é o gozo "do Outro" em mais de um sentido: não é um gozo apenas nas palavras, mas também (e esse é, em última análise, apenas mais um aspecto da mesma coisa) no sentido da completa alienação – seu gozo é totalmente alienado/exteriorizado em Jan como seu Outro. Ou seja, o gozo está totalmente na consciência de que ela está permitindo que o Outro goze. (Esse exemplo é crucial na medida em que nos permite prescindir de uma leitura equivocada de Lacan, segundo a qual o gozo feminino é uma beatitude mística além da fala, isenta da ordem simbólica – na verdade, é a mulher que está imersa na ordem da fala *sem exceção*.)[5]

Como isso nos permite lançar novas luzes sobre a tensão entre o judaísmo e o cristianismo? O primeiro paradoxo que devemos notar é que a dialética viciosa entre a Lei e sua transgressão, elaborada por são Paulo, é o terceiro termo invisível, o "mediador evanescente" entre o judaísmo e o cristianismo. Seu espectro assombra as duas, embora nenhuma das duas posições religiosas ocupe realmente seu lugar: por um lado, os judeus *ainda não* chegaram lá, ou seja, eles tratam a Lei como o Real escrito, o que não os envolve no círculo vicioso superegoico da culpa; por outro, como são Paulo deixa claro, o propósito básico do cristianismo propriamente dito é *romper* pelo Amor o círculo vicioso superegoico da

---

[5] Para uma leitura mais detalhada de *Ondas do destino*, ver ŽIŽEK, Slavoj. Death and the Maiden. In: WRIGHT, Elizabeth; WRIGHT, Edmond (Ed.). *The Žižek Reader*. Oxford: Blackwell, 1998, p. 206-221.

Lei e sua transgressão. Em *O seminário, livro 7*, Lacan discute longamente a dialética paulina entre a Lei e sua transgressão. Talvez então devêssemos ler essa dialética paulina junto com seu corolário, a *outra* passagem paradigmática de são Paulo, sobre o amor em 1 *Coríntios* 13:

> Ainda que eu falasse a língua dos homens e dos anjos, se eu não tivesse o amor, seria como um bronze que soa ou como um címbalo que tine. Ainda que eu tivesse o dom da profecia, e compreendesse todos os mistérios e todo o conhecimento, ainda que tivesse toda a fé, a ponto de transportar montanhas, se não tivesse o amor, eu nada seria. Ainda que eu distribuísse todos os meus bens, ainda que entregasse o meu corpo em adoração [tradução alternativa: para ser queimado], se não tivesse o amor, isso nada me adiantaria [...]
>
> O amor não passa jamais. Quanto às profecias, desaparecerão. Quanto às línguas, cessarão. Quanto ao conhecimento, também desaparecerá. Pois só sabemos em parte, e profetizamos em parte. Mas, quando vier o que é completo, o que é parcial desaparecerá. [...] vemos em espelho e de maneira confusa, mas, depois, veremos face a face. Agora o meu conhecimento é limitado, mas, depois, conhecerei plenamente como também sou plenamente conhecido. Agora, portanto, permanecem a fé, a esperança, o amor, estas três coisas. A maior delas, porém, é o amor.[6]

Nesse ponto, é crucial o lugar claramente paradoxal do Amor com respeito ao Todo (à série completa do conhecimento ou das profecias). Primeiro, são Paulo afirma que o amor existe ainda que a gente possua *todo* o conhecimento – depois, na segunda parte da citação, ele afirma que existe amor apenas para os seres *incompletos*, ou seja, seres que possuem conhecimento incompleto. Quando eu "conhecer plenamente como também sou plenamente conhecido", ainda haverá amor? Embora, ao contrário do conhecimento, "o amor não passe jamais", só "agora" (enquanto ainda sou incompleto) está claro que "permanecem a fé, a esperança, o amor".

A única saída desse impasse é interpretar as duas afirmações inconsistentes de acordo com as fórmulas lacanianas de sexuação do feminino: mesmo quando é "todo" (completo, sem exceção), o campo do conhecimento de certa forma permanece não-todo, incompleto. O amor não é

---

[6] Versículos da *Bíblia de Jerusalém* (São Paulo: Paulus, 2013), com leves modificações para corresponder melhor ao trecho usado por Žižek. (N.T.)

uma exceção ao Todo do conhecimento, mas sim um "nada" que torna incompleta até mesmo a série completa (ou o campo) do conhecimento. Em outras palavras, o ponto central da afirmação de que mesmo se eu tivesse todo o conhecimento, sem amor eu não seria nada, não é simplesmente que *com* o amor eu sou "algo". Afinal, no amor, *eu também sou nada*, mas, por assim dizer, um Nada humildemente ciente de si, um Nada paradoxalmente enriquecido pela própria consciência de sua falta. Apenas um ser faltoso e vulnerável é capaz de amar: o maior mistério do amor, portanto, é a incompletude ser, de certa forma, superior à completude.

Por um lado, somente um ser imperfeito e faltoso ama: nós amamos porque não conhecemos tudo. Por outro lado, ainda que conhecêssemos tudo, o amor inexplicavelmente ainda seria superior ao conhecimento completo. Talvez o verdadeiro feito do cristianismo seja elevar um Ser amado (imperfeito) ao lugar de Deus, ou seja, ao lugar da perfeição suprema. Por conseguinte, a extensiva discussão de Lacan sobre o amor em *O seminário, livro 20* deveria ser interpretada no sentido paulino, em oposição à dialética entre a Lei e sua transgressão. Essa última dialética é claramente "masculina" ou fálica: ela envolve a tensão entre o Todo (Lei universal) e sua exceção constitutiva. O amor, por outro lado, é "feminino": envolve os paradoxos do não-Todo.

2. A diferença sexual como instituição de tipo zero

A noção de diferença sexual subjacente às fórmulas de sexuação em *O seminário, livro 20* é extremamente parecida com a proposição de Lacan de que "não existe relação sexual". A diferença sexual não é um conjunto fixo de oposições simbólicas "estáticas" e inclusões ou exclusões (a normatividade heterossexual que relega a homossexualidade e outras "perversões" a um papel secundário), mas sim o nome de um impasse, um trauma, uma questão aberta – algo que *resiste* a cada tentativa de simbolização. Toda tradução da diferença sexual em um conjunto de oposições simbólicas está fadada ao fracasso, e é justamente essa "impossibilidade" que abre o terreno da luta hegemônica para o que a "diferença sexual" vai significar. O que está barrado *não é* o que está excluído no regime hegemônico atual.[7]

---

[7] A separação eterna entre o Real de um antagonismo e (sua tradução em) uma oposição simbólica torna-se palpável num excesso que surge a propósito de cada

Então como devemos entender a condição "a-histórica" da diferença sexual? Talvez uma analogia à ideia de "instituição de tipo zero", de Claude Lévi-Strauss, seja útil aqui. Estou me referindo à análise exemplar de Lévi-Strauss, em *Antropologia estrutural*, sobre a disposição das moradias entre os Winnebago, uma das tribos dos Grandes Lagos norte-americanos. A tribo se divide em dois subgrupos (duas "metades"), "os de cima" e "os de baixo". Quando pedimos para um indivíduo desenhar uma planta da aldeia (disposição espacial das habitações), obtemos duas respostas diferentes, dependendo do subgrupo a que a pessoa pertence. Os dois grupos percebem a aldeia como um círculo. No entanto, para um dos subgrupos, existe dentro desse círculo um outro círculo de casas centrais, de modo que temos dois círculos concêntricos; para o outro subgrupo, o círculo é dividido em duas partes por uma linha bem nítida. Em outras palavras, um membro do primeiro subgrupo (vamos chamá-lo de "corporativista-conservador") entende que a planta da aldeia é um círculo de casas dispostas de forma mais ou menos simétrica em volta de um templo central, ao passo que um membro do segundo subgrupo (o "antagônico-revolucionário") entende a aldeia como dois amontoados de habitações, separados por uma fronteira invisível.[8]

O argumento central de Lévi-Strauss é que esse exemplo de modo nenhum deveria nos induzir a um relativismo cultural segundo o qual a percepção do espaço social depende do grupo a que pertence o observador: a própria separação em duas percepções "relativas" implica a referência oculta a uma constante. Essa constante não é a disposição objetiva

---

tradução desse tipo. Quando traduzimos o antagonismo de classes na oposição de classes enquanto grupos sociais positivos e efetivos (burguesia *versus* classe trabalhadora), sempre há, por razões estruturais, um excedente, um terceiro elemento que não "se encaixa" nessa oposição (por exemplo, lumpemproletariado). O mesmo acontece, obviamente, com a diferença sexual enquanto real: isso significa que sempre há, por razões estruturais, algo que sobra do excesso "perverso" sobre o "masculino" e o "feminino" como duas identidades simbólicas opostas. Somos inclusive tentados a dizer que a articulação simbólica/estrutural do Real de um antagonismo é sempre uma tríade; hoje, por exemplo, o antagonismo de classes aparece, no edifício da diferença social, como a tríade de "classe alta" (elite administrativa, política e intelectual), "classe média" e a não integrada "classe baixa" (trabalhadores imigrantes, sem-teto, etc.).

[8] LÉVI-STRAUSS, Claude. As organizações dualistas existem?. In: *Antropologia estrutural*. Tradução de Beatriz Perrone-Moisés. São Paulo: Cosac Naify, 2008, p. 147-178.

"real" das construções, mas um núcleo traumático, um antagonismo fundamental que os habitantes da aldeia não conseguiram simbolizar, explicar, "interiorizar" ou aceitar: um desequilíbrio nas relações sociais que impediu a comunidade de se estabilizar em um todo harmonioso. As duas percepções da planta não passam de duas tentativas mutuamente excludentes de lidar com esse antagonismo traumático, de esconder sua ferida pela imposição de uma estrutura simbólica equilibrada.

Será preciso acrescentar que as coisas são as mesmas com respeito à diferença sexual? "Masculino" e "feminino" são como as duas configurações de casas na aldeia de Lévi-Strauss? Para desfazer a ilusão de que nosso universo "desenvolvido" não é dominado pela mesma lógica, basta recordarmos a cisão do nosso espaço político entre esquerda e direita: os sujeitos de esquerda e os de direita se comportam exatamente como membros dos subgrupos opostos na aldeia descrita por Lévi-Strauss. Além de ocuparem lugares diferentes dentro do espaço político, cada grupo percebe de maneira diferente a própria disposição do espaço político – quem é de esquerda, como o campo inerentemente dividido por algum antagonismo fundamental; quem é de direita, como a unidade orgânica de uma comunidade perturbada apenas por intrusos estrangeiros.

No entanto, Lévi-Strauss cita um ponto importante aqui: como os dois subgrupos formam uma e a mesma tribo, vivendo na mesma aldeia, essa identidade tem de ser simbolicamente inscrita de alguma maneira. Mas como isso é possível se nenhuma das articulações simbólicas da tribo – nenhuma de suas instituições sociais – é neutra, mas sim sobredeterminada pela divisão antagônica constitutiva e fundamental? É possível pelo que Lévi-Strauss chama engenhosamente de "instituição de tipo zero" – um tipo de contraponto institucional do "mana", o significante vazio sem nenhum significado determinado, pois significa apenas a presença do significado como tal, em oposição à sua ausência. Essa instituição de tipo zero não tem função positiva determinada – sua única função é a puramente negativa de sinalizar a presença e a efetividade da instituição social como tal em oposição a sua ausência, ou seja, em oposição ao caos pré-social. É a referência a uma instituição de tipo zero que permite que todos os membros da tribo se sintam como membros da mesma tribo.

Essa instituição de tipo zero não seria a ideologia em sua forma mais pura, ou seja, a encarnação direta da função ideológica de fornecer um espaço neutro e oniabrangente no qual se elimina o antagonismo social e todos os membros da sociedade podem se reconhecer? Além disso, a luta pela hegemonia não seria precisamente a luta sobre como essa instituição de tipo zero será sobredeterminada, colorida por alguma significação particular? Para dar um exemplo concreto: a ideia moderna de nação não seria uma instituição de tipo zero, surgida com a dissolução dos elos sociais fundados em inequívocas matrizes simbólicas tradicionais ou familiares – ou seja, quando, com o ataque furioso da modernização, as instituições sociais começaram a se fundar cada vez menos na tradição naturalizada e a serem vistas cada vez mais como uma questão de "contrato"?[9] É de especial importância aqui o fato de a identidade nacional ser vista como pelo menos minimamente "natural", como um pertencimento fundado "no sangue e no solo", e, como tal, oposto ao pertencimento "artificial" das instituições sociais propriamente ditas (Estado, profissão, etc.). As instituições pré-modernas funcionavam como entidades simbólicas "naturalizadas" (como instituições fundadas em tradições inquestionáveis), e no momento em que as instituições foram concebidas como artefatos sociais, surgiu a necessidade de uma instituição de tipo zero "naturalizada" que lhe serviria de fundamento neutro comum.

Voltando à diferença sexual, sinto-me impelido a arriscar a hipótese de que a mesma lógica da instituição de tipo zero talvez possa ser aplicada não só à unidade de uma sociedade, mas também a sua cisão antagônica. E se a diferença sexual, em última instância, for um tipo de instituição de tipo zero da divisão social da humanidade, uma diferença de tipo zero mínima e naturalizada, uma cisão que, antes de indicar qualquer diferença social determinada, indique essa diferença como tal? Desse modo, a luta por hegemonia, mais uma vez, seria a luta sobre como essa diferença de tipo zero é sobredeterminada por outras diferenças sociais particulares.

É levando em conta esse contexto que deveríamos interpretar uma característica importante, embora muitas vezes ignorada, do esquema lacaniano do significante. Lacan substitui o esquema padrão saussuriano (a palavra *"arbre"* em cima da barra, e embaixo o desenho de uma árvore) com as palavras "homens" e "mulheres" próximas uma da outra acima da barra, e dois desenhos idênticos de uma porta embaixo da barra. Para dar ênfase ao caráter diferencial do significante, Lacan primeiro substitui o esquema saussuriano de um único significante por um par de

---

[9] Ver MOČNIK, Rastko. Das "Subjekt, dem unterstellt wird zu glauben" und die Nation als eine Null-Institution. In: BÖKE, H. (Ed.). *Denk-Prozesse nach Althusser*. Hamburg: ArgumentVerlag, 1994, p. 87-99.

significantes: a oposição homens/mulheres – ou seja, a diferença sexual. Mas a verdadeira surpresa está no fato de que, no nível do referente imaginário, *não há diferença*: Lacan não nos fornece um indicador gráfico da diferença sexual, como os desenhos simplificados de um homem e uma mulher, como costumamos encontrar na porta da maioria dos banheiros contemporâneos, mas sim *a mesma porta* reproduzida duas vezes. Será possível dizer, em termos mais claros, que a diferença sexual não designa nenhuma oposição biológica fundamentada em propriedades "reais", mas sim uma oposição puramente simbólica sem nenhum correspondente nos objetos designados – nenhum correspondente além do Real de algum X indefinido que não pode ser capturado pela imagem do significado?[10]

Voltando ao exemplo de Lévi-Strauss dos desenhos da aldeia, observemos que nesse ponto é que podemos ver em que sentido preciso o Real intervém pela anamorfose. Primeiro temos o arranjo "efetivo" e "objetivo" das casas, depois duas simbolizações diferentes que distorcem o arranjo efetivo anamorficamente. No entanto, o "real" aqui não é o arranjo efetivo, mas o núcleo traumático do antagonismo social que distorce a visão que os membros da tribo têm do verdadeiro antagonismo. O Real, portanto, é o X renegado responsável pela nossa visão anamorficamente distorcida da realidade. (A propósito, esse aparelho de três níveis é estritamente homólogo ao aparelho de três níveis freudiano para a interpretação dos sonhos: o núcleo real do sonho não é o pensamento latente do sonho, que se desloca ou é traduzido para a tessitura explícita do sonho, mas sim o desejo inconsciente que se inscreve, pela própria distorção do pensamento latente, na tessitura explícita.)

O mesmo vale para a cena artística de hoje: nela, o Real *não* retorna primordialmente na forma da intrusão brutal e chocante de objetos excrementosos, corpos mutilados, fezes, etc. Esses objetos, por certo, estão fora do lugar – mas para que estejam fora do lugar, o lugar (vazio) já deve estar lá, e esse lugar é reproduzido pela arte "minimalista", a começar com Kazimir Malevich. Encontramos aqui a cumplicidade entre os dois ícones opostos do alto modernismo: Malevich, com *Quadrado preto sobre fundo branco*, e Marcel Duchamp, que expõe como obra de arte objetos já prontos. Quando Duchamp promove objetos comuns e cotidianos a obras de arte, a ideia por trás disso é que ser uma obra de arte não é propriedade inerente

---

[10] Ver LACAN, Jacques. A instância da letra no inconsciente ou a razão desde Freud. In: *Escritos*. Tradução de Vera Ribeiro. Rio de Janeiro: Jorge Zahar, 1998, p. 496-533. (N.T.)

do objeto. É o próprio artista que, ao se apropriar do objeto (ou melhor, de qualquer objeto) e colocá-lo em determinado lugar, transforma-o em obra de arte – ser uma obra de arte não é uma questão de "por que", mas sim de "onde". O que a disposição minimalista de Malevich faz é simplesmente representar – ou isolar – esse lugar como tal, um lugar vazio (ou quadro) com a propriedade protomágica de transformar em obra de arte qualquer objeto que se encontre em seu escopo. Em suma, não existe Duchamp sem Malevich: é só depois que a prática da arte isola o quadro/lugar como tal, esvaziado de todo seu conteúdo, é que podemos nos entregar ao procedimento do *ready-made*. Antes de Malevich, um urinol continuaria sendo apenas um urinol, mesmo que exposto na mais distinta das galerias.

O surgimento de objetos excrementosos que estão deslocados, por conseguinte, é estritamente correlato ao surgimento do lugar sem objeto nenhum, do quadro vazio como tal. Consequentemente, o Real na arte contemporânea tem três dimensões, que, de algum modo, repetem a tríade Real-Simbólico-Imaginário dentro do Real. O Real primeiro se encontra como a mancha anamórfica, a distorção anamórfica da imagem direta da realidade – como uma imagem distorcida, um puro semblante que "subjetiva" a realidade objetiva. Depois, o real se encontra como o lugar vazio, uma estrutura, uma construção que nunca é efetiva ou experimentada como tal, mas que só pode ser explicada retroativamente e tem de ser pressuposta como tal – o Real como construção simbólica. Por fim, o Real é o Objeto obsceno e excrementoso deslocado, o Real "em si". Esse último Real, se isolado, é um mero fetiche cuja presença fascinante e cativante mascara o Real estrutural, da mesma maneira que, no antissemitismo nazista, o judeu como Objeto excrementoso é o Real que mascara o "Real" estrutural insuportável do antagonismo social. Essas três dimensões do Real resultam dos três modos como podemos nos distanciar da realidade "ordinária": submetemos essa realidade à distorção anamórfica; introduzimos um objeto que não tem lugar nela; depois subtraímos ou eliminamos todo o conteúdo (objetos) da realidade, de modo que tudo que resta é o próprio lugar vazio que esses objetos estavam ocupando.

3. "Pensamento pós-secular?" Não, obrigado!

Em *O seminário, livro 20*, Lacan faz uma reestruturação da problemática religiosa (a Mulher como um dos nomes de Deus, etc.). No entanto, levando em conta a noção propriamente lacaniana do Real, não é difícil perceber por que a chamada virada "pós-secular" da desconstrução, que encontra sua máxima expressão em determinado tipo de apropriação derridiana de Lévinas, é totalmente incompatível com Lacan, embora alguns de seus proponentes tentem relacionar o Outro levinasiano à Coisa lacaniana. Esse pensamento pós-secular reconhece plenamente que a crítica modernista destrói os fundamentos da ontoteologia, a ideia de Deus como Ente Supremo, etc. Seu principal argumento é que o resultado final desse gesto desconstrutivo é limpar o terreno para uma nova forma não desconstrutível de espiritualidade, para a relação com uma Alteridade incondicional que precede a ontologia. E se a experiência fundamental do sujeito não for a da autopresença, da força da mediação/apropriação dialética de toda Alteridade, mas sim a de uma passividade primordial, uma senciência, de responder, de ter uma dívida eterna para com o chamado (e ser responsável por ele) de uma Alteridade que nunca adquire características positivas, mas continua sempre recolhida, o traço de sua própria ausência? Aqui podemos evocar o famoso dito espirituoso de Marx a respeito de Proudhon em *Miséria da filosofia* (em vez de tratar de pessoas reais em suas circunstâncias reais, a teoria social pseudo-hegeliana de Proudhon nos dá as próprias circunstâncias, desprovidas das pessoas que dão vida a elas)[11]: em vez da matriz religiosa que põe Deus em seu cerne, a desconstrução pós-secular nos dá a própria matriz, desprovida da figura positiva de Deus que a sustenta.

A mesma configuração se repete na "fidelidade" de Derrida ao espírito do marxismo: "A desconstrução nunca teve sentido ou interesse, pelo menos em minha visão, exceto como radicalização, o que equivale dizer na tradição de certo marxismo, em certo espírito do marxismo".[12] A primeira coisa que devemos notar aqui (da qual Derrida sem dúvida tem ciência) é como essa "radicalização" está baseada na oposição tradicional entre Letra e Espírito: reafirmar o espírito autêntico da tradição marxista significa deixar para trás sua letra (a análise particular de Marx e suas propostas de medidas revolucionárias, que são irredutivelmente manchadas pela tradição da ontologia) para salvar das cinzas a autêntica promessa messiânica da

---

[11] MARX, Karl. *A miséria da filosofia*. Tradução de José Paulo Netto. São Paulo: Global, 1985, p. 103.

[12] DERRIDA, Jacques. *Specters of Marx*. New York: Routledge, 1994, p. 92. [Ed. bras.: *Espectros de Marx*. Tradução de Anamaria Skinner. Rio de Janeiro: Relume-Dumará, 1994.]

libertação emancipatória. O que necessariamente chama nossa atenção é a estranha proximidade dessa "radicalização" com a (compreensão comum da) suprassunção [*Aufhebung*] hegeliana: na promessa messiânica, a herança marxiana é "suprassumida", isto é, seu núcleo essencial é resgatado pelo próprio gesto de superar/renunciar a sua forma histórica particular. Além disso — e aqui temos o cerne da questão, ou seja, do método de Derrida —, o importante não é simplesmente que a formulação específica de Marx e suas medidas propostas tenham de ser deixadas para trás e substituídas por outras fórmulas e medidas mais apropriadas, mas sim que a promessa messiânica que constitui o "espírito" do marxismo é traída por *qualquer* formulação particular, por *qualquer* tradução em medidas político-econômicas determinadas. A premissa subjacente da "radicalização" de Derrida em relação a Marx é que quanto mais "radicais" são essas medidas político-econômicas determinadas (até os campos de extermínio do Khmer Vermelho ou do Sendero Luminoso), menos radicais elas efetivamente são e mais continuam presas no horizonte metafísico ético-político. Em outras palavras, a "radicalização" de Derrida significa, de certo modo (de modo prático, mais precisamente), seu exato oposto: a renúncia de quaisquer medidas políticas radicais efetivas.

A "radicalidade" da política derridiana envolve a lacuna irredutível entre a promessa messiânica da "democracia por vir" e todas as suas encarnações positivas: por sua própria radicalidade, a promessa messiânica permanece para sempre uma promessa — ela nunca pode ser traduzida em uma série de medidas político-econômicas determinadas. A desproporção entre o abismo da Coisa indecidível e qualquer decisão particular é irredutível: nossa dívida para com o Outro jamais pode ser recompensada, nossa resposta ao chamado do Outro nunca é plenamente adequada. Devemos contrapor essa posição às análogas tentações do pragmatismo sem princípios e do totalitarismo, pois ambos suspendem a lacuna: enquanto o pragmatismo simplesmente reduz a atividade política à manobra oportunista, ou seja, a intervenções estratégicas limitadas em situações contextualizadas, dispensando qualquer referência à Alteridade transcendente, o totalitarismo identifica a Alteridade incondicional com uma figura histórica particular (o Partido *é* a Razão histórica encarnada).

Em suma, vemos aqui a problemática do *totalitarismo* em sua virada desconstrucionista específica: em seu nível mais elementar — diríamos quase *ontológico* —, o "totalitarismo" não é apenas uma força política que visa ao controle total da vida social, que visa tornar a sociedade totalmente transparente, mas sim um curto-circuito entre a Alteridade messiânica e o agente político determinado. O "por vir [*à venir*]", por conseguinte, não é apenas uma qualificação adicional da democracia, mas sim seu núcleo mais íntimo, o que torna a democracia uma democracia: no momento em que ela deixa de ser "por vir", mas pretende ser efetiva – plenamente efetivada –, nós entramos no totalitarismo.

Para evitar qualquer interpretação distorcida: essa "democracia por vir" não é, obviamente, apenas uma democracia que promete chegar no futuro, mas uma democracia cuja chegada é adiada para sempre. Derrida conhece muito bem a "urgência", a "agoridade", a necessidade de justiça. Se alguma coisa lhe é estranha, é o adiamento complacente da democracia para um estágio posterior na evolução, como na notória distinção stalinista entre a presente "ditadura do proletariado" e a futura democracia "plena", legitimando o terror presente enquanto cria as condições necessárias para a liberdade posterior. Essa estratégia "bifásica" é, para Derrida, o pior da ontologia; em contraste a uma economia tão estratégica da dose certa da (não) liberdade, a "democracia por vir" se refere às emergências/explosões imprevisíveis da responsabilidade ética, quando sou confrontado de repente com a urgência de atender a um chamado, de intervir em uma situação que vivencio com intoleravelmente injusta. Entretanto, é sintomático que Derrida ainda sustente a oposição irredutível entre uma experiência tão espectral do chamado messiânico de justiça e sua "ontologização", sua transposição em um conjunto de medidas legais e políticas positivas. Ou, para colocar nos termos da oposição entre ética e política, o que Derrida mobiliza aqui é a lacuna entre ética e política:

> Por um lado, a ética é definida como responsabilidade infinita da hospitalidade incondicional. Por outro lado, a política pode ser definida como a tomada de uma decisão sem quaisquer garantias transcendentais determinadas. Desse modo, o hiato em Levinas permite que Derrida tanto afirme a primazia de uma ética da hospitalidade quanto deixe em aberto a esfera do político como campo do risco e do perigo.[13]

O campo ético, desse modo, é o pano de fundo (e fundamento) da indecidibilidade, enquanto o campo político é o domínio da decisão (ou

---

[13] CRITCHLEY, Simon. *Ethics-Politics-Subjectivity: Essays on Derrida, Lévinas and Contemporary French Thought*. London; New York: Verso, 1999, p. 275.

das decisões) de assumir plenamente o risco de cruzar o hiato e traduzir esse importante pedido ético por justiça messiânica em uma intervenção particular que nunca está à altura do pedido, que é sempre injusta para com os outros (ou alguns deles). O domínio ético propriamente dito, o pedido espectral incondicional que nos torna absolutamente responsáveis e que não pode ser traduzido em uma medida/intervenção positiva, portanto, talvez não seja tanto um quadro/pano de fundo *a priori* formal das decisões políticas, mas sim sua *différance* inerente e indefinida, indicando que nenhuma decisão determinada pode "acertar o alvo" em cheio.

Podemos representar melhor essa unidade frágil e temporária entre a injunção ética incondicional e as intervenções políticas pragmáticas parafraseando a famosa fórmula de Kant da relação entre razão e experiência: "Se a ética sem política é vazia, a política sem ética é cega".[14] Por mais elegante que seja essa solução (aqui a ética é condição de possibilidade *e* condição de impossibilidade do campo político, pois simultaneamente abre espaço para a decisão política como um ato sem garantia no grande Outro e a condena a seu maior fracasso), devemos contrapô-la ao ato no sentido lacaniano, em que a distância entre o ético e o político colapsa.

Pensemos no caso de Antígona. Podemos dizer que ela exemplifica a fidelidade incondicional à Alteridade da Coisa que abala o edifício social inteiro. Do ponto de vista da ética da *Sittlichkeit*, dos costumes que regulam o coletivo intersubjetivo da *polis*, a insistência de Antígona é efetivamente "louca", abaladora, má. Em outras palavras, Antígona não seria – nos termos da noção desconstrucionista da promessa messiânica que está sempre "por vir" – uma figura prototototalitária? Com respeito à tensão (que nos dá as coordenadas definitivas do espaço ético) entre o Outro enquanto Coisa, a Alteridade abissal que nos interpela com a injunção condicional, e o Outro enquanto Terceiro, a instância que medeia meu encontro com os outros (outros humanos "normais") – podendo ser esse Terceiro a figura da autoridade simbólica, mas também o conjunto "impessoal" de regras que regulam minha troca com os outros –, Antígona não representa o apego exclusivo e inflexível ao Outro enquanto Coisa, eclipsando o Outro enquanto Terceiro, enquanto instância da mediação/reconciliação simbólica? Ou, para ser levemente irônico, não seria Antígona a anti-habermasiana por excelência? Não existe diálogo, não existe tentativa de argumentação racional para convencer Creonte

---

[14] CRITCHLEY. *Ethics-Politics-Subjectivity*, p. 283.

das boas razões de seus atos – existe apenas uma insistência cega em seu direito. Na verdade, os chamados "argumentos" estão do lado de Creonte (o enterro de Polinice instigaria a inquietação pública, etc.), enquanto o contraponto de Antígona é, em última analise, uma insistência tautológica: "Muito bem, digam o que quiserem, não mudarei nada – insisto na minha decisão!".

Mas essa hipótese não é sofisticada: alguns leitores que interpretam Lacan como protokantiano na verdade interpretam (mal) sua interpretação da Antígona, dizendo que Lacan condena a insistência incondicional de Antígona e a descarta como se fosse um exemplo suicida trágico de perda da distância apropriada em relação à Coisa letal, de imersão imediata na Coisa.[15] Dessa perspectiva, a oposição entre Creonte e Antígona é a oposição entre o pragmatismo sem princípios e o totalitarismo: longe de ser totalitário, Creonte age como um político pragmático do Estado, que esmaga impiedosamente qualquer atividade que desestabilize o bom funcionamento do Estado e da paz civil. Além disso, o próprio gesto elementar da sublimação não seria "totalitário", na medida em que consiste em elevar um objeto ao status de Coisa (na sublimação, alguma coisa – um objeto que faz parte da nossa realidade comum – é elevada ao status de objeto incondicional que o sujeito valoriza mais do que a vida em si)? E esse curto-circuito entre um objeto determinado e a Coisa não seria a condição mínima do "totalitarismo ontológico"? Em oposição a esse curto-circuito, a maior lição ética da desconstrução não seria que a lacuna que separa a Coisa de qualquer objeto determinado é irredutível?

4. O Outro: imaginário, simbólico e real

Nossa questão aqui é se a "ética do Real" em Lacan – a ética que não se concentra num Deus imaginário, tampouco na forma simbólica pura de um Dever universal – não seria outra versão dessa ética desconstrutiva-levinasiana do encontro traumático com uma Alteridade radical com a qual o sujeito infinitamente mantém uma dívida. O maior ponto de referência do que o próprio Lacan chama de Coisa ética não seria o próximo, *der Nebenmensch*, em sua dimensão abissal da Alteridade irredutível, que não

---

[15] Ver BERNET, Rudolf. Subjekt und Gesetz in der Ethik von Kant und Lacan. In: GONDEK, Hans-Dieter; WIDMER, Peter (Ed.). *Kant und Psychoanalyse*. Frankfurt: Fischer Verlag, 1994.

pode nunca ser reduzida à simetria do reconhecimento mútuo do Sujeito e seu Outro, e na qual a dialética hegeliana-cristã da luta intersubjetiva encontra sua resolução, ou seja, na qual os dois polos são mediados de forma bem-sucedida?

Embora seja grande a tentação de dar esse argumento como certo, é *aqui* que devemos insistir na maneira como Lacan realiza a passagem da Lei para o Amor, em suma, do judaísmo para o cristianismo. Para Lacan, o horizonte final da ética *não* é a dívida infinita para com uma Alteridade abissal. Para ele, o ato é estritamente correlato à suspensão do "grande Outro", não só no sentido da rede simbólica que forma a "substância" da existência do sujeito, mas também no sentido do originador ausente do Chamado ético, daquele que nos interpela e com quem mantemos uma dívida irredutível e a quem temos de responder, uma vez que (colocando em termos levinasianos) nossa própria existência é "responsiva" – ou seja, nós surgimos como sujeitos em resposta ao Chamado do Outro. O ato (ético) propriamente dito não é *nem* uma resposta ao apelo compassivo de meu *semelhante* amistoso (matéria do humanismo sentimental), *tampouco* uma resposta ao chamado do Outro imperscrutável.

Talvez aqui devêssemos arriscar uma interpretação de Derrida em relação ao próprio Derrida. Em *Adeus a Emmanuel Lévinas*, Derrida tenta fazer uma separação entre a decisão e seus predicados metafísicos habituais (autonomia, consciência, atividade, soberania...) e tenta pensá-la como "a decisão do outro em mim": "poderíamos sustentar então que, sem me exonerar de nada, a decisão e a responsabilidade são sempre *do outro*? Elas sempre incumbem o outro, elas sempre procedem do outro, mesmo que seja do outro em mim?"[16] Quando Simon Critchley tenta explicar essa noção derridiana da "decisão do outro em mim" em relação a suas consequências políticas, sua formulação mostra uma ambiguidade radical:

---

[16] DERRIDA, Jacques. *Adeus a Emmanuel Lévinas*. Tradução de Fábio Landa. São Paulo: Perspectiva, 2008, p. 41. [Nota dos organizadores: O texto original de Žižek cita Derrida da seguinte maneira: "A decisão passiva, condição do acontecimento, é sempre em mim, estruturalmente, uma decisão do outro, uma decisão divisora como a decisão do outro. Do absolutamente outro em mim, do outro como o absoluto que decide sobre mim em mim". Ele atribui a passagem a *Adieu à Emmanuel Lévinas*. Paris: Éditions Galilée, 1997, p. 87, mas ela não corresponde a nada que está no livro. A passagem que usamos aqui para substituir a citação errônea do original expressa o mesmo sentido da "decisão do outro em mim".]

a decisão política é tomada *ex nihilo*, e não deduzida ou entendida a partir de uma concepção previamente dada de justiça ou lei moral, como em Habermas, digamos, e ainda assim não é arbitrária. É a demanda provocada pela decisão do outro em mim que evoca a invenção política, que me instiga a inventar uma norma e tomar uma decisão.[17]

Quando interpretamos essa passagem com a devida atenção, percebemos que, de repente, temos *dois* níveis de decisão: não existe uma lacuna apenas entre o abissal Chamado ético do Outro e minha decisão (no fundo sempre inadequada, pragmática, calculada, contingente e infundada) de como traduzir esse Chamado numa intervenção concreta. A própria decisão está cindida entre a "decisão do outro em mim" e minha decisão de realizar alguma intervenção política pragmática como resposta a essa decisão do outro em mim. Em suma, a primeira decisão é identificada com/como a injunção da Coisa em mim para decidir; é uma *decisão de decidir*, e continua sendo minha responsabilidade (do sujeito) traduzir essa decisão de decidir numa intervenção concreta efetiva – ou seja, "inventar uma nova regra" a partir de uma situação singular na qual essa intervenção tenha de obedecer a considerações pragmáticas/ estratégicas e nunca estar no nível da decisão.

Essa distinção entre os dois níveis não se aplica ao ato de Antígona? Quer dizer, a decisão de Antígona (de insistir incondicionalmente que o irmão tenha funeral apropriado) não seria precisamente uma decisão *absoluta*, em que suas duas dimensões *se sobrepõem*? Esse é o ato lacaniano em que o abismo da liberdade, da autonomia e da responsabilidade absolutas coincide com uma necessidade incondicional: sinto-me obrigado a realizar o ato como uma automação, sem refletir (eu simplesmente *tenho* de fazê-lo, não é uma questão de deliberação estratégica). Dito em termos mais "lacanianos": a "decisão do outro em mim" *não* se refere às antigas expressões estruturalistas cheias de jargão sobre como "não sou eu, o sujeito, que fala, mas sim o grande Outro, a própria ordem simbólica, que fala através de mim, de modo que sou falado por ele", e outras tagarelices parecidas; ela se refere a algo muito mais radical e sem precedentes: o que confere a Antígona essa firmeza inabalável e contundente para persistir em sua decisão é justamente a identificação *imediata* de seu desejo particular/determinado

---

[17] CRITCHLEY. *Ethics-Politics-Subjectivity*, p. 277.

com a injunção/chamado (da Coisa) do Outro. Nisso consiste a monstruosidade de Antígona, a "loucura" kierkegaardiana da decisão evocada por Derrida: Antígona não se refere meramente ao Outro-Coisa; por um breve e passageiro momento de decisão, ela *é* justamente a Coisa, excluindo-se, então, da comunidade regulada pela instância intermediária das regulações simbólicas.

O tema do "outro" não deve ser submetido a uma análise espectral que revele seus aspectos imaginários, simbólicos e reais. Talvez ele forneça o melhor exemplo da ideia lacaniana do "nó borromeano" que une essas três dimensões. Primeiro há o outro imaginário – outras pessoas "como eu", meus colegas humanos com os quais mantenho relações especulares de competição, reconhecimento mútuo, etc. Depois há o "grande Outro" simbólico – a "substância" da nossa existência social, o conjunto impessoal de regras que coordenam nossa existência. Por fim há o Outro enquanto Real, a Coisa impossível, o "parceiro inumano", o Outro com quem é impossível manter qualquer diálogo simétrico mediado pela Ordem simbólica. É fundamental perceber como essas três dimensões estão ligadas. O próximo [*Nebenmensch*] como Coisa significa que, por trás do próximo como meu *semelhante*, minha imagem refletida, sempre espreita o abismo imperscrutável da Alteridade radical, de uma Coisa monstruosa que não pode ser "gentrificada". Lacan ressalta essa dimensão já em *O seminário, livro 3*:

> Por que [o Outro] com um O maiúsculo? Por uma razão sem dúvida delirante, como a cada vez que se é forçado a empregar signos suplementares àquilo que é fornecido pela linguagem. Essa razão delirante é a seguinte. *Você é minha mulher* – afinal, o que sabem vocês disso? *Você é meu mestre* – de fato, estão vocês certos disso? O que constitui precisamente o valor fundador dessas falas, é que o que é visado na mensagem, como também o que é manifesto no fingimento, é que o outro está aí enquanto Outro absoluto. Absoluto, isto é, que ele é reconhecido, mas que ele não é reconhecido. Da mesma forma, o que constitui o fingimento é que vocês não sabem no fim de contas se é um fingimento ou não. É essencialmente essa incógnita na alteridade do Outro que caracteriza a ligação da palavra no nível em que ela é falada ao outro.[18]

---

[18] LACAN, Jacques. *O seminário, livro 3: As psicoses*. Tradução de Aluísio Menezes. 2. ed. Rio de Janeiro: Jorge Zahar, 1997, p. 48-49.

A noção lacaniana de "fala fundadora", desenvolvida no início da década de 1950, a declaração que nos confere um título simbólico e assim faz de nós o que somos (esposa, mestre), geralmente é percebida como um eco da teoria dos performativos (Émile Benveniste foi o responsável pela ligação entre Lacan e Austin, autor da ideia de performativos). No entanto, fica claro a partir da citação anterior que Lacan visa algo mais: precisamos recorrer à performatividade, ao engajamento simbólico, precisamente e apenas na medida em que o outro que encontramos não é somente o *semelhante* imaginário, mas também Outro esquivo e absoluto da Coisa Real com o qual não é possível nenhuma reciprocidade. Para tornar minimamente tolerável nossa coexistência com a Coisa, é preciso que a ordem simbólica enquanto Terceiro, o mediador pacificador, intervenha: a "gentrificação" do mero Outro-Coisa em um "companheiro humano normal" não pode ocorrer por meio de nossa interação direta, mas pressupõe uma terceira instância à qual ambos nos submetemos – não existe intersubjetividade (não existe relação comum e simétrica entre humanos) sem a Ordem simbólica impessoal. Por conseguinte, nenhum eixo entre os dois termos pode subsistir sem um terceiro: se o funcionamento do grande Outro é suspenso, o próximo amistoso coincide com a Coisa monstruosa (Antígona): se não há próximo com o qual eu possa me relacionar como parceiro humano, a própria Ordem simbólica se transforma na Coisa monstruosa que me parasita sem intermédios (como o Deus de Daniel Paul Schreber, que me controla diretamente, penetrando-me com raios de gozo); se não há uma Coisa para consolidar a troca cotidiana que mantemos com os outros, uma troca regulada simbolicamente, nós nos encontramos em um universo habermasiano asséptico e "achatado" no qual os sujeitos são desprovidos da *hybris* de sua paixão excessiva, reduzidos a peões inanimados no jogo da comunicação cheio de regras. Antígona-Schreber-Habermas: um *ménage à trois* verdadeiramente estranho.

5. Historicismo e o real

Desse modo, como podemos responder a conhecida objeção de Judith Butler, segundo a qual o Real lacaniano envolve a oposição entre a "ordem simbólica" (hipostasiada, prototranscendental, pré-histórica e pré-social), ou seja, o "grande Outro", e a "sociedade" como campo das lutas sociossimbólicas contingentes? Os principais argumentos de Butler contra Lacan podem ser reduzidos à crítica básica de que Lacan hipostasia uma formação historicamente contingente (mesmo que seja a própria Falta) em um *a priori* formal, pré-social e prototranscendental. No entanto, essa linha de raciocínio crítica só funciona se o Real (lacaniano) for silenciosamente reduzido a uma norma simbólica pré-histórica apriorística: só nesse caso podemos conceber a diferença sexual lacaniana como uma norma prescritiva ideal, e todas as variações concretas da vida social como restringidas por essa condição normativa não tematizável. Butler, é claro, sabe que a *"il n'y a pas de rapport sexuel"* de Lacan significa que qualquer relação sexual "efetiva" é sempre manchada pelo fracasso. No entanto, ela interpreta esse fracasso como o fracasso da realidade histórica contingente da vida sexual de efetivar plenamente a norma simbólica: a ideia continua lá, mesmo quando os corpos em questão – contingentes e formados historicamente – não correspondem ao ideal.

Ouso dizer que, para chegar ao ponto que visava Lacan com *"il n'y a pas de rapport sexuel"*, precisamos começar enfatizando que, longe de servir como uma norma simbólica implícita que a realidade jamais conseguirá alcançar, a diferença sexual como real/impossível significa precisamente que essa norma não existe: a diferença sexual é aquela "base de impossibilidade" responsável pelo fracasso de toda "formalização" da diferença sexual. No sentido em que Butler fala de "universalidades rivais", também podemos falar de simbolizações/normatizações rivais da diferença sexual: se for possível dizer que a diferença sexual é "formal", ela certamente é de uma forma estranha – uma forma cujo principal resultado é precisamente destruir cada forma universal que visa apreendê-la.

Se insistirmos em nos referir à oposição entre universal e particular, entre transcendental e contingente/patológico, então podemos dizer que a diferença sexual é o paradoxo de um particular mais universal que a própria universalidade – uma diferença contingente, um resto indivisível da esfera "patológica" (no sentido kantiano do termo), que, de algum modo, sempre descarrila ou desestabiliza a própria idealidade normativa. Longe de ser normativa, a diferença sexual é patológica, portanto, no sentido mais radical do termo: uma mancha contingente que todas as ficções simbólicas dos posicionamentos de parentesco simétrico tentam em vão apagar. Longe de restringir antecipadamente a variedade de arranjos sexuais, o Real da diferença sexual é a causa traumática que põe em movimento a proliferação contingente desses arranjos.[19]

Essa noção de Real também me permite responder a queixa de Butler de que Lacan hipostasia o "grande Outro" em um tipo de *a priori* transcendental pré-histórico. Pois, como já vimos, quando Lacan afirma enfaticamente que "não existe o grande Outro", seu propósito é precisamente que não há um esquema estrutural formal *a priori* isento das contingências históricas: existem apenas configurações contingentes, frágeis e inconsistentes. (Além disso, longe de se prender à autoridade simbólica paternal, o "Nome-do-Pai" é, para Lacan, uma fraude, um semblante que esconde essa inconsistência estrutural.) Em outras palavras, a afirmação de que o Real é inerente ao Simbólico equivale estritamente à afirmação de que "não existe o grande Outro": o Real lacaniano é aquela traumática "espinha na garganta" que contamina toda idealidade do simbólico, tornando-o contingente e inconsistente.

Por essa razão, longe de ser oposto à historicidade, o Real é o seu próprio fundamento "a-histórico", o *a priori* da própria historicidade. Desse modo, vemos como se dá a mudança de toda a topologia – da descrição de Butler do Real e do "grande Outro" como *a priori* pré-histórico para seu efetivo funcionamento no edifício lacaniano. Em seu retrato crítico, Butler descreve um "grande Outro" ideal que persiste como norma, embora nunca seja plenamente efetivada, descreve as contingências da história que tolhem sua plena imposição, enquanto o edifício de Lacan, ao contrário, concentra-se na tensão entre algum "absoluto particular" traumático, algum núcleo que resiste à simbolização, e as "universalidades rivais" (para usar o termo de Butler) que tentam em vão simbolizá-lo/normatizá-lo. A lacuna entre a Forma simbólica apriorística e a história/sociabilidade é totalmente alheia a Lacan. A "dualidade" com a qual Lacan trabalha não é a dualidade entre a forma e a norma apriorísticas, a Ordem

---

[19] Aqui me baseio, é claro, no pioneiro "Sex and the Euthanasia of Reason", de Joan Copjec, em *Read My Desire: Lacan Against the Historicists*. Cambridge, MA: MIT Press, 1995, p. 201-36. É sintomático como esse ensaio sobre os fundamentos filosóficos e as consequências da noção lacaniana de diferença sexual é silenciosamente ignorado em diversos ataques feministas a Lacan.

simbólica e sua realização histórica imperfeita: para Lacan, bem como para Butler, não há *nada* fora das práticas simbólicas contingentes, parciais e inconsistentes, não existe um "grande Outro" que garanta a consistência definitiva dessas práticas. No entanto, em oposição a Butler e ao historicismo, Lacan fundamenta a historicidade de uma maneira diferente: não no excesso empírico simples da "sociedade" sobre os esquemas simbólicos, mas sim no núcleo resistente *dentro* do próprio processo simbólico.

O Real lacaniano, portanto, não é simplesmente um termo técnico para o limite neutro da conceituação. Devemos ter aqui a maior precisão com respeito à relação entre o trauma como real e o domínio das práticas históricas sociossimbólicas: o Real não é um efeito pré-social, tampouco um efeito social. Antes, a questão é que o próprio Social *se constitui* pela exclusão de algum Real traumático. O que está "fora do Social" não é alguma forma ou norma simbólica apriorística positiva, mas simplesmente seu próprio gesto fundador negativo.

Para concluir, como refutar a rejeição pós-moderna comum da diferença sexual como uma oposição "binária"? Somos levados a traçar um paralelo com a rejeição pós-moderna da relevância do antagonismo de classes: segundo essa visão, o antagonismo de classes não deveria ser "essencializado" no supremo ponto de referência hermenêutico a cuja "expressão" todos os outros antagonismos devem ser reduzidos, pois hoje testemunhamos o florescimento de subjetividades políticas múltiplas novas (de classe, étnica, gay, ecológica, feminista, religiosa...), e a aliança entre elas é resultado da luta hegemônica aberta e totalmente contingente. No entanto, filósofos tão diferentes quanto Alain Badiou e Fredric Jameson demonstraram, a propósito da celebração multiculturalista atual da diversidade de estilos de vida, como esse florescimento das diferenças está baseado no Um subjacente, ou seja, na obliteração radical da Diferença, da lacuna antagônica.[20] Podemos dizer o mesmo sobre a crítica pós-moderna comum que define a diferença sexual

---

[20] Alain Badiou, em *Deleuze: The Clamor of Being* (tradução para o inglês de Louise Burchill. Minneapolis: University of Minnesota Press, 2000), enfatiza em detalhes como Deleuze, filósofo da multiplicidade rizomática florescente, é ao mesmo tempo o monista mais radical da filosofia moderna, o filósofo da Mesmidade, do Um que perpassa todas as diferenças – não só no nível do conteúdo de seus escritos, mas já no nível de seu procedimento formal. Afinal, o estilo de Deleuze não é caracterizado por uma compulsão obsessiva de afirmar o mesmo padrão conceitual

como "oposição binária" a ser desconstruída: "não existem apenas dois sexos, mas uma multiplicidade de sexos e de identidades sexuais". Em todos esses casos, no momento em que introduzimos a "multiplicidade florescente", o que afirmamos de fato é o exato oposto: a Mesmidade subjacente que tudo permeia. Em outras palavras, a noção de uma lacuna antagônica radical que afeta todo o corpo social é obliterada. Nesse aspecto, a Sociedade não antagônica é o próprio "receptáculo" no qual há espaço suficiente para todas as multiplicidades de comunidades culturais, estilos de vida, religiões e orientações sexuais.[21]

---

ou matriz em todos os fenômenos que analisa, deste os sistemas filosóficos até a literatura e o cinema?

[21] Já existe uma razão *filosófica* precisa para que o antagonismo seja uma díade, ou seja, que faz com que a "multiplicação" da diferença resulte na reafirmação do Um subjacente. Como enfatizou Hegel, cada gênero no fundo tem apenas duas espécies, ou seja, a diferença específica no fundo é a diferença entre o próprio gênero e suas espécies "como tais". Em nosso universo, por exemplo, a diferença sexual não é apenas a diferença entre as duas espécies do gênero humano, mas sim a diferença entre um termo (homem) que representa o gênero como tal, e o outro termo (mulher) que representa a Diferença dentro do gênero como tal, isto é, seu momento particular e especificador. Desse modo, na análise dialética, mesmo quando temos a aparência de múltiplas espécies, devemos sempre procurar a espécie excepcional que nitidamente dá corpo ao gênero como tal: a verdadeira Diferença é a diferença "impossível" entre essa espécie e todas as outras.

Posfácio do autor

Por que Hegel é lacaniano?

Primeira parte – a pulsão comparada ao nirvana: ética lacaniana

E é por sabermos, melhor do que aqueles que nos precederam, reconhecer a natureza do desejo que está no âmago dessa experiência, que uma revisão ética é possível, que um juízo ético é possível, o qual representa essa questão com seu valor de Juízo Final – Agiste conforme o desejo que te habita?[1]

A máxima lacaniana da ética da psicanálise é esta: "A única coisa da qual se pode ser culpado é de ter cedido de seu desejo [*d'avoir cédé sur son désir*]".[2] Essa máxima, por mais simples e clara que pareça, ganha ambiguidade no momento em que tentamos especificar seu significado – como ela se sustenta com respeito à panóplia de opções éticas da atualidade? Ela parece estar de acordo com três de suas principais versões: o hedonismo liberal tolerante, a ética imoral e o chamado "budismo ocidental".[3] Analisemos então essas três posições, uma de cada vez.

---

[1] LACAN, Jacques. *O seminário, livro 7: A ética da psicanálise, 1959-1960*. Tradução de Antônio Quinet. Rio de Janeiro: Jorge Zahar, 2008, p. 367.

[2] LACAN. *O seminário, livro 7*, p. 319.

[3] Aqui, o maior problema é que a psicanálise parece capaz de se encaixar em todas as posições éticas hoje predominantes – as três supramencionadas e mais uma

A primeira coisa que deve ser declarada categoricamente é que a ética lacaniana não é uma ética do hedonismo: o que quer que signifique "não ceder de seu desejo", não tem a ver com o domínio irrestrito do que Freud chamou de "o princípio de prazer", o funcionamento do aparelho psíquico que visa atingir o prazer. Para Lacan, o hedonismo na verdade é *o* modelo do desejo posposto em nome de "compromissos realistas": para atingir a maior quantidade possível de prazer, tenho de calcular e economizar, sacrificando prazeres de curto prazo para obter prazeres mais intensos e de longo prazo. Desse modo, não há ruptura entre o princípio de prazer e seu contraponto, o "princípio de realidade": este (que nos incita a levar em conta as limitações da realidade que tolhem nosso acesso direto ao prazer) é um prolongamento inerente daquele. Até mesmo o budismo (ocidental) não está imune a essa armadilha: o próprio Dalai Lama escreveu que "o propósito da vida é ser feliz"[4] – *o que não é verdade para a psicanálise*, acrescentemos. Na descrição de Kant, o dever ético funciona como um intruso traumático estranho que, a partir de fora, abala o equilíbrio homeostático do sujeito, e sua pressão insuportável obriga o sujeito a agir "além do princípio de prazer", ignorando a busca de prazeres. Para Lacan, a mesmíssima descrição vale para o desejo, e é por isso que o gozo não é algo que surge naturalmente para o sujeito, como uma realização de seu próprio potencial interno, mas sim o conteúdo de uma injunção traumática do Supereu.

Por conseguinte, se rejeitamos o hedonismo, é possível considerar a ética lacaniana uma versão da ética heroica imoral, que nos obriga a permanecer fiéis a nós mesmos, a persistir no caminho escolhido para além do bem e do mal? Pensemos na decisão de Don Giovanni no último ato da ópera de Mozart, quando o Convidado de Pedra o afronta com uma escolha: ele está perto da morte, mas caso se arrependa de seus pecados, ainda pode se redimir; no entanto, se não renunciar à sua vida de pecados, queimará no inferno para sempre. Heroicamente, Don Giovanni se recusa a se arrepender, mesmo estando ciente de que não

---

quarta: a ética levinasiana-derridiana da responsabilidade para com a Alteridade; e também a defesa conservadora da necessidade de reafirmar a lei simbólica (na forma de autoridade paternal) como a única maneira de resolver o impasse da permissividade hedonista.

[4] Foreword by the Dalai Lama. In: EPSTEIN, Mark. *Thoughts without a Thinker.* New York: Basic Books, 1996, p. xiii.

tem nada a ganhar com sua persistência, a não ser o sofrimento eterno – mas por que ele age assim? Obviamente, não para ter algum lucro ou pela promessa de prazeres por vir. A única explicação é sua suprema fidelidade à vida dissoluta que escolhera. Esse é um exemplo claro de ética imoral: a vida de Don Giovanni era indubitavelmente imoral; no entanto, como prova sua fidelidade a si mesmo, ele era um imoral por princípios, um imoral que se comportava daquele jeito como parte de uma escolha fundamental. Ou, para dar um exemplo feminino de ópera: *Carmen*, de Bizet. Carmen é, naturalmente, imoral (envolvida numa promiscuidade implacável, arruinando a vida dos homens, destruindo famílias), mas, apesar disso, totalmente ética (fiel até o fim ao caminho escolhido, mesmo que signifique a morte certa).

Friedrich Nietzsche (grande admirador de *Carmen*) foi o grande filósofo da ética imoral, e devemos sempre nos lembrar de que o título da obra-prima de Nietzsche é *Genealogia da moral* (não *"da ética"*) – a distinção entre as duas deve ser precisa. A moral ocupa-se da simetria das minhas relações com outros seres humanos; sua regra basilar é "não faça comigo o que não quer que eu faça com você".[5] A ética, ao contrário, lida com minha consistência comigo mesmo, minha fidelidade ao meu próprio desejo. Na folha de guarda da edição de 1939 de *Materialismo e empiriocriticismo*, de Lenin, Stalin fez a seguinte anotação em vermelho:

1 Fraqueza
2 Ociosidade
3 Estupidez

Essas são as três únicas coisas que podem ser chamadas de vícios. Todo o resto, na ausência das supracitadas, sem dúvida é *virtude*. NB! Se um homem é 1) forte (espiritualmente), 2) ativo, 3) esperto (ou capaz), então é bom, a despeito de quaisquer "vícios"! 1) mais 3) é igual a 2).[6]

---

[5] É por isso que a melhor resposta psicanalítica para essa máxima moral é imaginar o que significaria para um *masoquista* nos prometer que não seguirá essa máxima em relação a nós.

[6] Publicado pela primeira vez em russo no *Pravda*, em 21 de dezembro de 1994. Sob a nota, Stalin acrescentou em azul: "Ai de mim, o que vemos, o que vemos?". A tradução para o inglês é citada a partir de Donald Rayfield, *Stalin and His Hangmen*. London: Penguin, 2004, p. 22.

Essa é a formulação mais concisa que existe da *ética imoral*; em contraste com ela, um fracote que obedece a regras morais e se preocupa com sua culpa representa a *moral antiética*, alvo da crítica que Nietzsche faz do *ressentimento*. No entanto, há um limite para o stalinismo: não é que ele seja imoral demais, mas sim moral demais, e ainda se vale da figura do grande Outro. No livro *Humanismo e terror* (1946), talvez a legitimação mais inteligente do terror stalinista, Maurice Merleau-Ponty argumenta que o terror é justificado como uma espécie de aposta no futuro, quase à moda da injunção teológica de Pascal de que deveríamos fazer uma aposta em Deus: se o resultado final do horror que vemos hoje for um futuro comunista brilhante, então esse resultado redimirá retroativamente as coisas terríveis que os revolucionários têm de fazer hoje. Num raciocínio semelhante, até mesmo alguns stalinistas, quando obrigados a admitir que muitas vítimas de seus expurgos eram inocentes e foram mortas porque "o partido precisava de sangue para fortalecer sua unidade", imaginam o momento futuro da vitória final em que todas as vítimas necessárias finalmente receberão o que lhes é devido, e seu supremo sacrifício pela Causa será reconhecido. É isso que Lacan, em *O seminário, livro 7*, chama de "perspectiva de Juízo Final", uma perspectiva perceptível de maneira ainda mais clara num dos principais termos do discurso stalinista, a "culpa objetiva" e o "significado objetivo" dos nossos atos: mesmo que sejamos indivíduos honestos que agem com a mais sincera das intenções, não deixaremos de ser "objetivamente culpados" caso nossos atos sirvam às forças reacionárias – obviamente, é o Partido que tem acesso direto ao que nossos atos "significam objetivamente". Aqui, mais uma vez, temos não só a perspectiva de Juízo Final (que formula o "significado objetivo" dos nossos atos), mas também o *agente presente* que já tem a capacidade única de julgar os atos e os acontecimentos de hoje a partir dessa perspectiva.[7]

Agora vemos por que o lema de Lacan de que "não existe o grande Outro [*il n'y a pas de grand Autre*]" nos leva ao centro da problemática

---

[7] O mesmo vale para um ateu hedonista radical como marquês de Sade: os leitores perspicazes de sua obra (como Pierre Klossowski) conjecturaram há muito tempo que a compulsão ao gozo que impele o libertino sadiano implica uma referência oculta a uma divindade oculta, ao que Lacan chamou de "Ser-supremo-em-maldade", um Deus obscuro que exige ser alimentado com o sofrimento dos inocentes. (Ver KLOSSOWSKI, Pierre. *Sade My Neighbour*. Tradução para o inglês de Alphonso Lingis. Evanston: Northwestern University Press, 1991, p. 19-21. (N.O.)

ética: o que ele exclui é justamente essa "perspectiva de Juízo Final", a ideia de que em algum lugar – mesmo que como ponto de referência totalmente virtual, mesmo admitindo que jamais ocuparemos seu lugar e daremos o juízo efetivo – tem de haver um padrão que nos permita mensurar nossos atos e proferir seu "verdadeiro significado", seu verdadeiro estatuto ético. A noção de "desconstrução como justiça", de Jacques Derrida, também não parece baseada na esperança utópica que sustenta o espectro da "justiça infinita", sempre adiada, sempre por vir, mas ainda assim presente como o horizonte final de nossa atividade?

A severidade da ética lacaniana é que ela exige que *não só* abdiquemos totalmente desse ponto de referência – além disso, ela propõe que essa abdicação nos entrega a uma insegurança ética ou relativismo, ou até solapa os próprios fundamentos da atividade ética, mas também que renunciar à garantia de algum grande Outro é a própria condição da ética verdadeiramente autônoma. Recordemos que o sonho da injeção de Irma, usado por Freud como caso exemplar para ilustrar seu procedimento de análise dos sonhos, no fundo é um sonho sobre a responsabilidade (a responsabilidade do próprio Freud pelo fracasso do tratamento de Irma) – só esse fato já indica que a responsabilidade é uma noção freudiana crucial. Mas como concebê-la? Como evitar a interpretação equivocada e comum de que a mensagem ética básica da psicanálise é justamente nos livrar da nossa responsabilidade e pôr a culpa no Outro – "como o inconsciente é o discurso do Outro, não sou responsável pelas minhas formações; é o grande Outro que fala por mim, sou seu mero instrumento"? O próprio Lacan indicou a saída desse impasse ao se referir à filosofia de Kant como o antecedente fundamental da ética psicanalítica.

Segundo a crítica convencional, a limitação da ética universalista kantiana do "imperativo categórico" (a injunção incondicional de cumprirmos nosso dever) está em sua indeterminação formal: a Lei moral não me diz *qual* é o meu dever, apenas me diz *que* devo cumprir meu dever, e assim abre o espaço para o voluntarismo vazio (o que eu decidir que é meu dever *é* meu dever). No entanto, longe de ser uma limitação, essa característica nos leva ao cerne da autonomia ética kantiana: não é possível derivar da própria Lei moral as normas concretas que devo seguir em minha situação específica – isso significa que o próprio sujeito tem de assumir a responsabilidade de traduzir a injunção abstrata da Lei moral numa série de obrigações concretas. A aceitação total desse paradoxo nos obriga a rejeitar qualquer referência ao dever como uma desculpa, no seguinte sentido: "Sei que isso é pesado e pode ser doloroso, mas o que posso fazer? É o meu dever...". Não é raro considerar que a ética kantiana do dever incondicional justifica essa atitude – não admira que o próprio Adolf Eichmann tenha se referido à ética kantiana para tentar justificar seu papel no planejamento e na execução da "solução final": ele estava apenas cumprindo seu dever ao obedecer às ordens do Führer. No entanto, o objetivo da ênfase de Kant na plena autonomia moral e na plena responsabilidade moral do sujeito é justamente impedir quaisquer dessas manobras de jogar a culpa em alguma figura do grande Outro.

Durante a Cruzada do rei Luís IX da França, Yves le Breton relatou o encontro que teve com uma senhora que vagava pela rua com uma bandeja em chamas na mão direita e uma bacia de água na mão direita. Quando lhe perguntaram o que fazia, ela respondeu que com o fogo queimaria o Paraíso até que não restasse mais nada, e com a água apagaria o fogo do Inferno até que não restasse mais nenhuma chama: "Porque não quero que ninguém faça o bem para ser recompensado com o Paraíso ou por temer o Inferno, mas sim por amor a Deus".[8] Essa postura ética tipicamente cristã – de que o bem é feito pelo bem, sem pensar em futuros benefícios ou punições – faz parte definitivamente da postura lacaniana, apesar (ou melhor, precisamente por causa) do ateísmo convicto de Lacan.

Percebemos melhor o núcleo do ateísmo de Lacan no par conceitual de "alienação" e "separação" desenvolvido por ele em *O seminário, livro 11*.[9] Inicialmente, o grande Outro representa a alienação do sujeito dentro da ordem simbólica: o grande Outro exerce o controle nos bastidores, o sujeito não fala, mas é "falado" pela estrutura simbólica, etc. Em suma, o "grande Outro" é o nome da substância social, aquilo que sempre vai impedir o sujeito de controlar plenamente os efeitos de seus atos – isto é, aquilo que sempre faz com que o resultado final de sua atividade seja sempre algo *diferente* do previsto ou planejado. A separação acontece quando o sujeito nota como o grande Outro é em si inconsistente, faltoso (*barré*, como Lacan gostava de dizer): o grande Outro não possui o que falta no sujeito. Na separação, o sujeito experimenta como sua própria falta a propósito do grande Outro já é a falta que afeta

---

[8] PAYNE, Robert. *The Crusades*. Ware: Wordsworth Editions, 1998, p. 355.

[9] LACAN, Jacques. *O seminário, livro 11: Os quatro conceitos fundamentais da psicanálise*. Tradução de M. D. Magno. 2. ed. Rio de Janeiro: Zahar, 1985, p. 193-217.

o próprio grande Outro. Para lembrar da expressão imortal de Hegel a respeito da Esfinge: "os segredos antigos egípcios são segredos para os próprios egípcios". Nessa mesma linha, o inacessível *Dieu obscur* deve também ser inacessível para si mesmo – deve ter um lado obscuro, algo que nele é mais do que ele mesmo.[10]

Essa noção da falta no Outro (Ⱥ) também revela uma nova abordagem à fantasia, entendida precisamente como uma tentativa de preencher essa falta do Outro, isto é, de reconstituir a consistência do grande Outro. Por essa razão, fantasia e paranoia estão inerentemente ligadas: a paranoia, em sua forma mais elementar, é uma crença no "Outro do Outro", em mais um Outro que, oculto por trás do Outro da tessitura social explícita, determina (o que nos aparece como) os efeitos imprevistos da vida social, e com isso garante sua consistência (por trás do caos do mercado, da degradação dos costumes, etc., existe a estratégia premeditada da conspiração judaica, por exemplo – ou hoje, mais na moda, a conspiração templária). Essa postura paranoica foi impulsionada pela digitalização contínua da nossa vida diária: num momento em que toda nossa existência (social) é progressivamente exteriorizada, materializada no grande Outro da rede mundial de computadores, não é difícil imaginar um programador maligno apagando nossa identidade digital e, desse modo, privando-nos de nossa existência social, transformando-nos em não pessoas.

No domínio do conhecimento, encontramos essa lógica da separação quando, de repente, entendemos que o que pensávamos ser a limitação do nosso conhecimento sobre uma coisa na verdade é uma limitação inerente dessa mesma coisa. Recordemos a análise de Adorno sobre o caráter antagônico da noção de sociedade.[11] Nas ciências sociais, a noção de sociedade oscila entre dois extremos. Ou a concebemos nos termos do nominalismo-individualista anglo-saxão, como um composto de indivíduos interativos que seriam os únicos agentes realmente existentes, ou então adotamos uma perspectiva mais continental, exemplificada pela obra de Émile Durkheim, e concebemos a sociedade como um Todo orgânico, uma totalidade preexistente aos indivíduos. Esse

---

[10] O mesmo vale para a mulher na psicanálise: a mascarada da feminilidade significa que não existe um X feminino inacessível por trás das múltiplas camadas de máscaras, uma vez que essas máscaras no fundo escondem o fato de que não há nada para esconder.

[11] Ver a discussão de Žižek sobre o antagonismo social no capítulo 3 deste livro, "'O mais sublime dos histéricos': Hegel com Lacan", p. 44-45. (N.O.)

antagonismo é irredutível, e parece que estamos lidando com uma verdadeira antinomia kantiana (a existência de duas afirmações mutuamente excludentes, até contraditórias, que são igualmente justificadas) que não pode ser resolvida por nenhuma síntese dialética superior: a sociedade como tal só pode parecer como uma Coisa-em-si, para sempre fora da apreensão de nossas capacidades cognitivas. No entanto, como uma abordagem diferente, deveríamos simplesmente observar como essa antinomia radical, que parece impedir nosso acesso à Coisa, *já está em ação na própria Coisa*: a característica fundamental da sociedade atual *é* o antagonismo irreconciliável entre a totalidade social e os indivíduos. O que antes se mostrava como o sinal da nossa incapacidade de entender o que a sociedade realmente é se mostra agora como a característica fundamental da própria realidade social. Ou seja, inicialmente éramos "alienados", nosso conhecimento limitado nos impedia de obter uma noção de sociedade; depois, numa reversão propriamente dialética, essa limitação passa a indicar o antagonismo da sociedade como tal.

Encontramos um impasse semelhante na física quântica: como interpretar o chamado "princípio da incerteza", que nos impede de atingir o pleno conhecimento das partículas no nível quântico (determinar tanto a velocidade quanto a posição de uma partícula)? Para Einstein, esse princípio da incerteza prova que a física quântica não fornece uma descrição completa da realidade, que deve haver algumas características desconhecidas que seu aparato conceitual não capta. Heisenberg, Böhr e outros, ao contrário, insistiram que essa incompletude do nosso conhecimento a respeito da física quântica indica a incompletude da própria realidade quântica – afirmação que leva a uma ontologia impressionantemente esquisita. Se quisermos simular a realidade dentro de um meio artificial (virtual, digital), não precisamos ir até o fim: precisamos apenas reproduzir as características que tornarão a imagem realista desde o ponto de vista do espectador. Por exemplo, se há uma casa ao fundo, não precisamos programar todo seu interior, pois supomos que o participante não vai querer entrar na casa; ou então, a construção de uma pessoa virtual pode se limitar a seu exterior – não é preciso construir órgãos, ossos, etc. Precisamos apenas instalar um programa que preencha prontamente essa lacuna caso a atividade do participante torne necessário esse preenchimento (se, por exemplo, ele cravar uma faca no corpo da pessoa virtual). É como quando percorremos um longo texto na tela do computador: as páginas anteriores e posteriores não existem antes que as vejamos; da mesma maneira, quando simulamos um universo virtual, a estrutura microscópica dos objetos pode ser deixada em branco, e se as estrelas no horizonte parecerem turvas, não precisamos nos preocupar com a aparência delas sob um exame mais detalhado, pois ninguém irá lá em cima para observá-las de perto. O que há de interessante nisso é que a indeterminação quântica que encontramos quando investigamos os componentes mais básicos do universo pode ser interpretada exatamente da mesma maneira, como uma característica da resolução limitada de nosso mundo simulado, isto é, como um sinal da incompletude ontológica da(quilo que experimentamos como a) própria realidade. Nesse ponto, o verdadeiro dilema é: como interpretamos esse fato? Ele é um sinal de que já vivemos num universo simulado, ou uma prova direta da incompletude ontológica da própria realidade? No primeiro caso, a incompletude ontológica é transposta para uma incompletude epistemológica, ou seja, ela é percebida como efeito do fato de que outro agente (secreto, porém real) construiu nossa realidade como um universo simulado. O que é realmente difícil, mas necessário, é aceitar a segunda opção, a incompletude ontológica da própria realidade.

O único outro modo de pensar que aceita plenamente a incompletude da realidade e a inexistência do grande Outro é o budismo – será que na ética budista encontraremos a solução? Há boas razões para considerar essa alternativa. O budismo não nos leva a pôr em prática um tipo de "travessia da fantasia" – ou seja, superar as ilusões em que se baseiam nossos desejos e enfrentar o vazio por trás de cada objeto do desejo? Além disso, o que a psicanálise compartilha com o budismo é a ênfase de que não existe Si-mesmo como agente substantivo da vida psíquica: não admira que Mark Epstein, em seu livro sobre budismo e psicanálise, refira-se positivamente a um dos primeiros textos de Lacan, o curto *écrit* sobre o "estádio do espelho", com sua noção do Eu como objeto, resultado da identificação do sujeito com uma imagem fixa idealizada de si: o Si-mesmo é uma ilusão fetichizada de um núcleo substancial da subjetividade em que, efetivamente, não há nada.[12] É por isso que, para o budismo, a questão não é descobrir o "verdadeiro Si-mesmo", mas sim aceitar que ele não existe, que o "Si-mesmo como tal é uma ilusão, uma impostura". Colocando em termos mais psicanalíticos, deveríamos não só analisar as resistências, mas também entender que, no fundo, "não há realmente *nada além* da resistência para analisar; não existe

---

[12] EPSTEIN. *Thoughts without a Thinker*, p. 152.

um si-mesmo verdadeiro aguardando a oportunidade de ser libertado".[13] O si-mesmo é uma metáfora perturbadora, falsa e, como tal, desnecessária para o processo da percepção e do conhecimento: quando despertamos para o conhecer, percebemos que tudo que acontece conosco é o fluxo de "pensamentos sem pensador". A impossibilidade de descobrir quem ou o que somos é inerente, uma vez que não existe nada que "realmente somos" – apenas um vazio no núcleo do nosso ser. Consequentemente, no processo da iluminação budista, nós não deixamos o mundo terrestre para ocupar uma outra realidade mais verdadeira; na verdade, nós aceitamos seu caráter não substancial, efêmero e ilusório, e passamos pelo processo de "ruir sem se desfazer". No modo gnóstico, para o budismo, a ética é, em última instância, uma questão de conhecimento e ignorância: nossa ânsia (desejo) – nosso apego aos bens terrenos – é condicionada pela nossa ignorância, portanto a libertação vem do conhecimento apropriado. O amor cristão significa que, ao contrário, existe uma decisão que não é fundamentada no conhecimento (verdadeiro ou falso) – o cristianismo, desse modo, rompe com toda a tradição da primazia do conhecimento que vai do budismo, passa pelo gnosticismo e chega a Espinosa.

É importantíssima para o budismo a flutuação reflexiva que parte do objeto e passa para o próprio pensador: primeiro, isolamos a coisa que nos incomoda, a causa do nosso sofrimento; depois mudamos não o objeto, mas a nós mesmos, o modo como nos relacionamos com (o que parece ser) a causa do sofrimento: "O que se extinguiu foi apenas a *falsa visão* do si-mesmo. O que sempre foi ilusório foi compreendido como tal. Nada mudou além da perspectiva do observador".[14] Essa mudança envolve uma grande dor – não se trata apenas de uma liberação, de um passo adentro da incestuosa alegria do infame "sentimento oceânico", mas também a experiência violenta de perder o próprio chão, de sermos desprovidos do estágio mais íntimo de nosso próprio ser. É por isso que o ponto de partida da iluminação budista é se concentrar no sentimento mais elementar da "inocência ferida", de sofrer uma injustiça sem causa (tema preferido dos pensamentos masoquistas narcisistas): "Como ela pôde fazer isso comigo? Não mereço ser tratado desse jeito".[15] O próximo passo, então, é fazer a passagem para o próprio Eu, para o sujeito dessas emoções

---

[13] EPSTEIN. *Thoughts without a Thinker*, p. 121.

[14] EPSTEIN. *Thoughts without a Thinker*, p. 83.

[15] EPSTEIN. *Thoughts without a Thinker*, p. 211.

dolorosas, deixando clara e palpável sua própria condição passageira e irrelevante – a agressão contra o objeto que causa sofrimento deveria se voltar contra o próprio Si-mesmo. Não reparamos o dano; ganhamos percepção da natureza ilusória daquilo que deveria ser reparado.

Em que consiste, então, a lacuna que separa permanentemente a psicanálise do budismo? Para responder essa pergunta, precisamos acarear o enigma básico do budismo, seu ponto cego: como ocorre a entrada em *samsara*, a Roda da Vida? Essa pergunta, obviamente, é o exato *oposto* da preocupação comum do budista: como podemos romper a Roda da Vida e atingir o *nirvana*? (A mudança é homóloga à reversão hegeliana da pergunta metafísica clássica – como atravessamos as falsas aparências para chegar a sua realidade essencial subjacente? Para Hegel, *a* pergunta é, ao contrário: como a aparência surgiu a partir da realidade?) A natureza e a origem do ímpeto pelo qual o desejo, seu engano, surgiu do Vazio são a maior incógnita no cerne do edifício budista: ela aponta para um ato que "rompe a simetria" dentro do próprio *nirvana* e assim faz algo aparecer do nada (outra analogia com a física quântica, com a ideia de romper a simetria). A resposta freudiana é *pulsão*: o que Freud chama de *Trieb* não é, como pode parecer, a Roda da Vida budista, a ânsia que nos escraviza ao mundo das ilusões. A pulsão, ao contrário, permanece mesmo tendo o sujeito "atravessado a fantasia" e se libertado da ânsia ilusória pelo objeto (perdido) do desejo.

Aqui, mais uma vez, temos uma analogia surpreendente com as "ciências duras". Podemos representar perfeitamente o paradoxo da pulsão aludindo à hipótese do "campo de Higgs", amplamente discutida na física contemporânea das partículas. Se deixados em um ambiente para o qual possam transferir sua energia, todos os sistemas físicos acabarão assumindo um estado de baixíssima energia; dito de outra maneira, quanto mais massa retiramos de um sistema, mais baixamos sua energia, até atingirmos um estado de vácuo em que a energia é zero. No entanto, existem fenômenos que nos compelem a propor a hipótese de que tem de haver algo (alguma substância) que não pode ser tirada de um dado sistema sem que sua energia *aumente*. Esse "algo" é chamado "campo de Higgs": uma vez que esse campo *aparece* em um recipiente que foi esvaziado e cuja temperatura foi baixada o máximo possível, sua energia também é *baixada*. Esse "algo" que aparece é algo que contém *menos* energia que nada, um "algo" caracterizado por uma energia negativa geral – em suma, o que temos aqui é a versão física de como "algo surge do nada".

Isso é o que visa Lacan quando enfatiza a diferença entre a pulsão de morte freudiana e o chamado "princípio de *nirvana*", segundo o qual todo sistema de vida tende ao equilíbrio, ao nível mais baixo de energia, e por fim à morte.[16] O "nada" (vazio, ser desprovido de toda substância) e o nível mais baixo de energia paradoxalmente deixam de coincidir; é mais "barato" (custa ao sistema menos energia) persistir em "algo" do que insistir no "nada", no nível mais baixo de tensão, ou no vazio, a dissolução de toda ordem. É a distância que sustenta a pulsão de morte (isto é, a pulsão como tal, pois, como diz Lacan, "toda pulsão é virtualmente pulsão de morte"): longe de ser a mesma coisa que o princípio de *nirvana* (o esforço por dissolver toda a tensão, a ânsia por retornar ao nada original), a pulsão de morte é a tensão que persiste e insiste para além do princípio de *nirvana* e contra ele. Em outras palavras, longe de se opor ao princípio de prazer, o princípio de *nirvana* é sua expressão mais elevada e mais radical. Nesse sentido preciso, a pulsão de morte representa seu exato oposto, a dimensão do "não-morto", de uma vida espectral que insiste para além da morte (biológica). E, na psicanálise propriamente dita, esse paradoxo do "campo de Higgs" também não traduz o mistério da castração simbólica? O que Lacan chama de "castração simbólica" é uma privação, um gesto de despossessão (a perda do objeto supremo e absoluto – "incestuoso" – do desejo) que, *em si*, é generoso, produtivo, gerador, aberto e sustenta o espaço do desejo e do significado. A natureza frustrante de nossa existência humana, o fato de nossas vidas serem sempre desconjuntadas, marcadas por um desequilíbrio traumático, é o que nos propele, como seres humanos, à permanente criatividade.

É por isso que a psicanálise é fortemente arraigada na tradição judaico-cristã ocidental, em oposição não só à espiritualidade oriental, mas também ao islamismo – uma das religiões do Livro, que, como a espiritualidade oriental, endossa a ideia da futilidade suprema, da natureza ilusória, de todo objeto de desejo. Em *O livro das mil e uma noites*, durante a 614ª noite, Judar, seguindo as ordens de um mágico marroquino, tem de atravessar sete portas que o levarão a um tesouro. Ao chegar à sétima porta,

> aproximou-se dele sua mãe, dizendo-lhe: "Saudações, meu filho". "Quem é você?", perguntou ele. "Ó meu filho, sou sua mãe, eu o carreguei nove meses em meu ventre, o amamentei, cuidei de você".

---

[16] LACAN. *O seminário, livro 7*, p. 253-254. (N.O.)

"Dispa-se", disse ele. "Você é meu filho, como pode querer me ver nua?", disse ela. "Dispa-se, ou arrancarei sua cabeça com minha espada", disse ele, levando a mão à espada e empunhando-a, e prosseguiu: "Se não se despir, eu a mato". A disputa entre os dois se estendeu, e toda vez que ele fazia uma nova ameaça, ela tirava uma parte da roupa e ele dizia: "dispa-se do resto", coagindo-a. E enquanto ela se despia de cada peça devagar, continuava dizendo: "Ó meu filho, você decepciona quem o criou", até restar apenas a anágua. Então ela disse: "Ó meu filho, seu coração é de pedra? Quer me desonrar expondo minhas vergonhas? Na verdade, isso é proibido, meu filho!". Ao que ele respondeu: "O que diz é verdade; não se dispa da anágua". Enquanto ele dizia essas palavras, ela gritou: "Ele agiu errado; batam nele!". E sobre ele foram deferidos golpes como se fossem gotas de chuva, e os servos do tesouro se juntaram em volta dele e deram-lhe uma surra da qual ele não se esqueceu pelo resto de seus dias.

Na 615ª noite, descobrimos que Judar teve uma nova chance e tentou outra vez; quando chega à sétima porta,

a figura de sua mãe aparece diante dele, dizendo: "Bem-vindo, meu filho!", mas ele diz a ela: "Como posso ser seu filho, amaldiçoada! Dispa-se!". Ela então começa a seduzi-lo e tira peça por peça, até restar apenas as roupas de baixo; ele então lhe diz: "Dispa-se, maldição!", ao que ela retira a última pela e se torna um corpo sem alma. Ele então entra no salão dos tesouros, onde encontra pilhas e pilhas de ouro...

Fethi Benslama afirma que essa passagem indica que o islamismo conhece o que o universo ocidental nega: o fato de que o incesto não é proibido, mas inerentemente impossível (quando finalmente a mãe se despe, desintegra-se como um espectro). Benslama se refere aqui a Jean-Joseph Goux, que demonstrou que o mito de Édipo é uma exceção se comparado a outros mitos, um mito ocidental cuja característica básica é justamente que, *"por trás da proibição, o impossível recolhe-se"*.[17] A própria proibição é vista como indício de que o incesto é possível.

Aqui, no entanto, devemos permanecer fiéis à tradição "edípica" ocidental: é claro que o objeto de desejo é um engodo ilusório, é claro que o gozo pleno do incesto não é apenas proibido, mas em si impossível;

---

[17] BENSLAMA, Fethi. *La psychanalyse a l'epreuve de l'Islam*. Paris: Aubier, 2002; e GOUX, Jean-Joseph. *Oedipus, Philosopher*. Tradução para o inglês de Catherine Porter. Stanford: Stanford University Press, 1993.

no entanto, é nesse ponto que devemos afirmar plenamente a máxima lacaniana do *les non-dupes errent*.[18] Mesmo que o objeto do desejo seja um engodo ilusório, *existe um Real nessa ilusão*: o objeto do desejo em sua natureza positiva é vão, *mas não o lugar que ele ocupa*, o lugar do Real, e é por isso que existe mais verdade na fidelidade incondicional ao nosso desejo do que na resignada compreensão da vaidade da nossa aspiração.

Isso nos leva ao que, para Lacan, é a maior armadilha ética: a tentação de conferir valor de sacrifício a esse gesto de privação, algo que tem de ser justificado com referência a um significado mais profundo. Na verdade, essa é a armadilha na qual caiu *A vida de David Gale* (2003), filme que tem a característica duvidosa de ter sido a primeira grandiosa produção hollywoodiana com uma referência lacaniana explícita. Kevin Spacey interpreta David Gaye, um professor de filosofia contra a pena de morte, que logo no início do filme aparece dando uma palestra sobre o "grafo do desejo" de Lacan. Depois ele transa com uma das suas alunas (que acaba o acusando de estupro), perde o emprego e a família, é rechaçado pela comunidade, acusado de ter assassinado uma amiga íntima e acaba parando no corredor da morte. Enquanto aguarda a execução da sentença, ele é entrevistado por uma repórter (Kate Winslet) que tem certeza de ele cometeu o assassinato. Mas, quando começa a preparar sua matéria, Winslet descobre uma gravação que revela não ser ele o assassino – infelizmente tarde demais para impedir que fosse executado. Ela divulga a gravação, revelando finalmente a corrupção e a deficiência da pena de morte. Nos últimos momentos do filme, Winslet recebe outra versão da gravação esclarecendo toda a verdade: a mulher supostamente assassinada se matou (estava morrendo de câncer) e Spacey estava presente no momento do suicídio. Em outras palavras, Spacey estava envolvido numa elaborada trama ativista contra a pena de morte: ele sacrificou a si mesmo pelo bem maior de expor o horror e a injustiça da pena de morte. O interessante do filme é que, retroativamente, vemos como esse ato é fundamentado na leitura que Spacey faz de Lacan no início do filme: a partir da compreensão (correta) do apoio fantasmático dos nossos desejos, ele conclui com a vaidade dos desejos humanos e propõe que ajudar os outros, mesmo com um sacrifício suicida, é a única virtude ética decente. Nesse ponto, se avaliado por padrões propriamente lacanianos, o

---

[18] "*Les non-dupes errent*"é uma expressão clássica de Lacan que, traduzida literalmente, significa "os não tolos erram". Há, no entanto, uma homofonia com "*le nom du père*", Nome-do-Pai. (N.T.)

filme fracassa, pois endossa uma ética do autossacrifício radical pelo bem dos outros; é por essa razão que o herói envia a versão completa da gravação para Winslet – no fundo, ele precisa do reconhecimento simbólico de seu ato. Não importa quão radical seja o autossacrifício do herói, o grande Outro ainda está aí.

Segunda parte – A astúcia da razão: Lacan como leitor de Hegel

> a questão do término da análise é a do momento em que a satisfação do sujeito encontra meios de se realizar na satisfação de cada um, isto é, de todos aqueles com quem ela se associa numa obra humana. Dentre todas as que se propõem neste século, a obra do psicanalista talvez seja a mais elevada, porque funciona como mediadora entre o homem da preocupação e o sujeito do saber absoluto.[19]

Essa passagem do *Rapport de Rome* contém *in nuce* o programa de Lacan do início da década de 1950 – um programa que, sem dúvida, qualquer filósofo profissional rejeitaria como sendo um contrassenso: unir Heidegger (que define a "cura" como característica fundamental do finito *Dasein*) e Hegel (filósofo do Saber Absoluto infinito no qual o Universal e o Particular são plenamente mediados).[20] O analista lacaniano como figura do Saber Absoluto? Essa tese não está restrita a um momento histórico específico (início da década de 1950), quando a influência de Hegel sobre Lacan (mediada por Alexandre Kojève e Jean Hyppolite) estava no auge? Não aconteceu de logo depois Lacan passar de Hegel para Kant, insistindo no caráter inacessível ("impossível") do Real que sempre resiste à simbolização, na separação radical entre o sujeito e a causa de

---

[19] LACAN, Jacques. Função e campo da fala e da linguagem em psicanálise. In: *Escritos*. Tradução de Vera Ribeiro. Rio de Janeiro: Jorge Zahar, 1998, p. 322.

[20] Quando avaliada pelos padrões atuais, a proposta de unir Hegel e Heidegger parece nitidamente inconsistente. No entanto, devemos lembrar o papel crucial desempenhado por Alexandre Kojève no desenvolvimento de Lacan – até o fim, Lacan se referiu a Kojève como seu *maître* (sendo o psiquiatra Clérambault o outro *maître*). O pressuposto principal de Kojève era justamente unir Hegel e Heidegger, isto é, fazer uma leitura dos temas da negatividade de Hegel e, de maneira exemplar, da luta de vida ou morte entre o (futuro) Senhor e o Escravo, pela temática heideggeriana do ser-para-a-morte.

seu desejo? A melhor descrição do projeto central de Lacan não seria a da *crítica do puro desejo*, no qual devemos entender o termo "crítica" no sentido kantiano preciso: sustentando a lacuna que sempre separa todo objeto empírico ("patológico") de seu objeto-causa "impossível" cujo lugar permanece vazio? O que Lacan chama de "castração simbólica" não seria justamente essa lacuna que torna insatisfatório todo objeto empírico? Aliás, nos parágrafos que agora cito desse mesmo *Rapport de Rome*, Lacan já define "os limites em que é impossível a nossa técnica desconhecer os momentos estruturantes da fenomenologia hegeliana":

> Mas se restava algo de profético na exigência, pela qual se avalia o talento de Hegel, da identidade intrínseca entre o particular e o universal, foi justamente a psicanálise que lhe trouxe seu paradigma, ao desvelar a estrutura em que essa identidade se realiza como desarticuladora do sujeito, e sem apelar para o amanhã.
>
> Digamos apenas que aí está o que, para nós, objeta a qualquer referência à totalidade no indivíduo, já que o sujeito introduz nele a divisão, bem como no coletivo que é seu equivalente. A psicanálise é, propriamente, o que remete um e outro à sua condição de miragem.[21]

Com isso voltamos às águas que conhecemos: a consciência-de-si hegeliana, o sujeito da automediação conceitual absoluta que suplanta/devora toda alteridade, *versus* o sujeito dividido lacaniano do inconsciente, por definição separado de sua Causa. No entanto, não basta reduzir Hegel a essas fórmulas amplas (o Absoluto não só como Substância, mas também como Sujeito; a efetividade do racional; o Saber Absoluto; a força autoanuladora da negatividade, etc.), e depois rejeitá-lo apressadamente como a expressão suprema do delírio moderno da mediação/apropriação subjetivo-conceitual de toda realidade. É preciso mostrar, a propósito do próprio Hegel, o que Gérard Lebrun, autor de um dos melhores livros sobre Hegel, chamou de "paciência do conceito": interpretar Hegel *em detalhe*, seguir as minúcias de sua prática teórica, de suas viradas dialéticas.[22] A aposta dessa operação é dupla: ela pode fundamentar a (única) crítica (séria) de Hegel, a crítica imanente que avalia Hegel usando seus próprios padrões, que analisa

---

[21] LACAN. Função e campo da fala e da linguagem em psicanálise, p. 293.

[22] LEBRUN, Gérard. *A paciência do conceito*. Tradução de Silvia Rosa Filho. São Paulo: Unesp, 2006.

como ele realiza seu próprio programa; por outro lado, ela também serve como meio de resgatar Hegel, de revelar o verdadeiro significado de suas grandes máximas pragmáticas como algo oposto à concepção clássica que se tem delas.

Desse modo, onde estamos de fato com respeito ao Saber Absoluto? Se, nos escritos em torno do *Rapport de Rome*, o próprio Lacan define a conclusão de um tratamento como a posição do Saber Absoluto hegeliano, como interpretar esse ponto junto com a insistência de Lacan na finitude humana, no irredutível *futur antérieur* que pertence ao processo de simbolização (toda conclusão requer um gesto de participação, nunca ocorre "agora", mas sim num "agora" visto retrospectivamente)? Tomemos a seguinte passagem:

> O que se realiza em minha história não é o passado simples daquilo que foi, uma vez que ele já não é, nem tampouco o perfeito composto do que tem sido naquilo que sou, mas o futuro anterior do que terei sido para aquilo em que me estou transformando.[23]

O mesmo acontece em Hegel: quando ele adota a posição do "fim da história", apresentando-nos uma narrativa coerente sobre a totalidade da história, ele não só vê o passado desde a perspectiva do presente; embora ele impeça a filosofia de especular sobre o futuro e a limite ao entendimento do que *é* o caso, passado e presente, a posição da qual ele representa a "reconciliação" final tem uma dimensão futura própria, a do "futuro perfeito" a partir do qual o próprio presente é visto desde uma distância mínima, em sua forma realizada.

> Trata-se de um presente que erige a si mesmo, é essencialmente reconciliado, levado à consumação pela negação de sua imediatez, consumado na universalidade, mas numa consumação que ainda não foi alcançada, e que portanto deve ser apreendida como *futuro* – um agora do presente que tem a consumação diante dos olhos; mas como a comunidade é posta agora na ordem do tempo, a consumação se distingue desse "agora" e é posta como futuro.[24]

---

[23] LACAN. Função e campo da fala e da linguagem em psicanálise, p. 301.

[24] HEGEL, G. W. F. *Lectures on the Philosophy of Religion, Volume III: The Consummate Religion.* Organizado por P. C. Hodgson. Tradução para o inglês de R. F. Brown, P. C. Hodgson, J. M. Stewart e H. S. Harris. Berkeley: University of California Press, 1985, p. 188.

Esse "futuro perfeito" é o da simbolização consumada – e é por isso que Lacan, em seu *Rapport de Rome*, identifica sistematicamente a conclusão do tratamento analítico com o Saber Absoluto de Hegel: o objetivo do tratamento é atingir o mesmo "futuro perfeito" da simbolização consumada. Tomemos o seguinte exemplo. Todos os dias, a edição do *Le Monde*, jornal francês mais prestigiado (e esnobe, a propósito), aparece no início da tarde do dia anterior (digamos, a edição de 4 de julho começa a ser vendida por volta das 15h de 3 de julho), como se os editores quisessem indicar um movimento simultâneo de adiantamento e atraso: eles escrevem da eternidade, observando os acontecimentos de um ponto posterior àquele de outros jornais presos no relato imediato "ao vivo"; ao mesmo tempo, no entanto, conseguem enxergar o próprio presente a partir de seu futuro imediato (isto é, nos termos de seu verdadeiro potencial, não só como aparece em sua caótica imediatez) – nesse sentido, já podemos saber como as coisas serão no dia 3 de julho a partir da perspectiva do dia 4 de julho. Não admira que o *Le Monde* seja acusado de arrogante: essa coincidência entre atraso e adiantamento efetivamente revela sua pretensão de representar um tipo de "Saber Absoluto" entre os (outros) jornais diários que simplesmente retratam opiniões passageiras.

Desse modo, quando Lacan se refere ao Saber Absoluto de Hegel, em seu *Rapport de Rome*, devemos ler com atenção os indícios de como ele concebe essa identificação do analista com o senhor hegeliano, e não sucumbir rapidamente à tentação de retraduzir "Saber Absoluto" por "simbolização consumada". Para Lacan, o analista representa o senhor hegeliano, a encarnação do Saber Absoluto, na medida em que renuncia a toda "forçagem" (*forçage*) da realidade e, plenamente ciente de que o efetivo já é em si racional, adota a posição de observador passivo que não intervém diretamente no conteúdo manifesto, mas meramente manipula a cena para que o conteúdo se destrua, confrontado por suas próprias inconsistências. É assim que devemos interpretar a afirmação de Lacan de que a obra de Hegel "vem muito a propósito dar um sentido que não seja de estupor à nossa chamada neutralidade"[25] – é essa neutralidade que mantém o analista na "via de nosso não-agir".[26] A aposta hegeliana é que a melhor maneira de destruir o inimigo é soltar as rédeas para que ele ponha em ação seu potencial; ao fazer isso, seu sucesso será seu fracasso,

---

[25] LACAN. Função e campo da fala e da linguagem em psicanálise, p. 294.

[26] LACAN. Função e campo da fala e da linguagem em psicanálise, p. 315.

pois a falta de obstáculos externos o fará enfrentar o obstáculo inerente da inconsistência de sua própria posição:

> A astúcia é algo diferente da trapaça. *A mais aberta das atividades é a maior astúcia* (o outro deve ser tomado em sua verdade). Em outras palavras, com sua abertura, o homem expõe o outro em si mesmo, o faz aparecer como ele é e por si mesmo, e com isso abole a si mesmo. A astúcia é a grande arte de induzir os outros a serem como são em si e por si, e trazer isso à tona para a luz da consciência. Embora outros tenham razão, não sabem como defendê-la *pela fala*. A mudez é ruim, é má astúcia. Consequentemente, o verdadeiro mestre [*Meister*] no fundo é aquele capaz de provocar *o outro a se transformar através de seu ato.*[27]

A proposta da Astúcia da Razão hegeliana, portanto, não é tanto que devemos confiar no poder da Razão (podemos ficar tranquilos e recuar; a Razão vai garantir que vença o lado bom), mas sim que devemos confiar no poder da "irracionalidade" em cada agente determinado que, abandonado a si mesmo, se destruirá: "se a razão é tão astuciosa quanto disse Hegel, ela executará bem sua obra sem vós".[28]

Isso (e não a ideia ridícula de algum Espírito misterioso que controla tudo secretamente nos bastidores e garante o bom resultado das nossas lutas) é o que significa a "Astúcia da Razão" hegeliana: eu não escondo nada de você, renuncio a toda e qualquer "hermenêutica da suspeita", não atribuo nenhum tema obscuro a você, simplesmente deixo o campo aberto para que você revele seu potencial e assim se destrua. Não é difícil perceber aqui a inesperada proximidade entre o senhor hegeliano e o analista, à qual alude Lacan: a Astúcia da Razão hegeliana significa que a Ideia se realiza no próprio fracasso de sua realização e através dele. Vale recordarmos a sublime reversão presente, entre outros, em *Grandes esperanças*, de Charles Dickens. Quando, ao nascer, Pip é descrito como um "homem de grandes esperanças", todos percebem essa descrição como o prognóstico de seu sucesso no mundo; no entanto, no final do romance, quando ele abandona

---

[27] HEGEL, G. W. F. *Jenaer Realphilosophie*. In: *Werke*. Hamburg: Meiner, 1967, v. V-VI, p. 199. A propósito, o texto prossegue: "Pela astúcia, o querer se torna *feminino*" – para Hegel, portanto, a "passividade feminina" não é inferior à do homem, mas superior: uma passividade que deixa o outro (masculino) se solapar.

[28] LACAN, Jacques. A coisa freudiana, ou Sentido do retorno a Freud em psicanálise. In: *Escritos*, p. 411.

o falso *glamour* de Londres e volta para sua modesta comunidade da infância, entendemos que ele cumpriu o prognóstico que marcou sua vida – é somente encontrando a força para deixar para trás o entusiasmo vão da alta sociedade de Londres que ele valida a noção de ser um "homem de grandes esperanças". Estamos lidando aqui com um tipo de reflexividade hegeliana: o que muda no decorrer da provação do herói não é apenas seu caráter, mas também o próprio padrão ético pelo qual medimos seu caráter. Aqui temos a "negação da negação" em sua forma mais pura: a mudança de perspectiva que transforma o fracasso em sucesso – e o mesmo não vale para o *Fehlleistung* freudiano – um ato que dá certo em seu próprio fracasso?

É trivial em Hegel o fato de ele ter criticado a ideia das Cruzadas por confundir a posse da verdade espiritual do cristianismo com a posse do local do sepulcro de Cristo, o local de sua crucificação e ressureição; no entanto, mais uma vez, a escolha aqui não é imediata: para experimentarmos a verdade espiritual do cristianismo, primeiro *devemos* ocupar o sepulcro e depois experimentar seu vazio – é somente nessa decepção, é somente através desse triunfo-no-fracasso, que entendemos que, para "viver em Cristo", não é preciso ir a terras distantes e ocupar sepulcros vazios, uma vez que Cristo está sempre onde houver amor entre seus seguidores. Então, recontando a experiência nos termos da famosa piada de Rabinovitch: "Nós vamos para Jerusalém por duas razões. Primeiro porque queremos encontrar o sepulcro de Cristo e passar um tempo na presença da divindade". "Mas quando chegar a Jerusalém, vai ver que o sepulcro está vazio, não há nada lá, você só tem a si mesmo..." "Ora, essa comunidade do espírito *é* o Cristo vivo, e é isso que realmente procuramos!"

Podemos recontar nesses termos até mesmo a observação supostamente feita por Brecht a respeito dos acusados nos julgamentos-espetáculo de Moscou na década de 1930: "Se são inocentes, merecem ainda mais serem mortos". Essa declaração é totalmente ambígua – pode ser interpretada como a afirmação clássica do stalinismo radical (sua própria insistência na sua inocência individual, sua recusa de se sacrificar pela Causa, atesta sua culpa, que está no fato de você preferir sua individualidade aos interesses do Partido); ou, pode ser interpretada como seu oposto, de maneira radicalmente antistalinista (se os acusados tinham condições de tramar e executar o assassinato de Stalin e sua comitiva, e eram "inocentes" – isto é, não aproveitaram a oportunidade que tinham –, efetivamente mereciam morrer por não conseguirem nos livrar de Stalin). Por conseguinte, a verdadeira culpa dos acusados é que, em vez de rejeitarem o próprio quadro ideológico do stalinismo e agirem cruelmente contra Stalin, eles, de forma narcisista, se apaixonaram pela própria vitimização e ou se declararam inocentes, ou ficaram fascinados pelo derradeiro sacrifício que fizeram pelo partido ao confessar seus crimes que não existiram. Desse modo, a maneira propriamente dialética de entender como esses dois sentidos estão imbricados seria começar com a primeira leitura, acompanhada da reação moralista comum a Brecht: "Mas como você pode dizer algo tão cruel? Será que essa lógica que exige o autossacrifício cego pelos caprichos acusatórios do Líder não funciona apenas num universo totalitário criminoso e aterrorizante – longe de aceitar essas regras, é dever de cada cidadão ético lutar contra um universo desse tipo se utilizando de todos os meios, incluindo a remoção física (assassinato) da liderança totalitária?". E depois, "Pois veja bem, se os acusados são inocentes, merecem ainda mais serem mortos – eles de fato *tinham* condições de bolar um plano para se livrar de Stalin e seus companheiros, e perderam a única oportunidade de livrar a humanidade de crimes terríveis!".[29] Também podemos ver a mesma ambiguidade na infame declaração geralmente atribuída (embora erroneamente) a Reich Marshal Hermann Göring: "Quando escuto a palavra 'cultura', pego minha arma [*Wenn ich Kultur hore... entsichere ich mein Browning*]". O que ele supostamente queria dizer é que estava pronto para usar armas para defender a alta cultura alemã, se necessário, contra os judeus e outros bárbaros; no entanto, o verdadeiro significado é que ele mesmo é o bárbaro que explode violentamente quando confrontado com produtos culturais efetivos...

Essa inversão é mais complexa do que pode parecer: em sua forma mais radical, não é apenas a inversão de um predicado (a razão *contra* se torna razão *para*), mas sim uma mudança do predicado para a posição do próprio sujeito. Esclareçamos essa característica fundamental da dialética hegeliana a propósito da conhecida ideia machista de que, em contraste com a firme identidade pessoal do homem, "a essência da mulher é dispersa,

---

[29] Apesar de a mesma reversão funcionar na direção oposta. Recentemente, na Eslovênia, a promotoria de justiça abriu inquérito contra um antigo funcionário comunista envolvido em julgamentos-espetáculo e assassinatos em massa sem o julgamento dos membros das unidades anticomunistas eslovenas presos assim que a Segunda Guerra Mundial acabou. Depois que o inquérito foi noticiado na imprensa, por acaso me encontrei com outro impenitente do antigo quadro comunista e o questionei sobre o ocorrido – para minha surpresa, ele me disse que o funcionário acusado merecia totalmente a pena mais dura, e acrescentou: "Não pelo crime que o acusam, é claro, mas por seu verdadeiro crime, cometido décadas depois, de permitir que os comunistas perdessem o poder!"

esquiva, deslocada": nesse ponto, devemos passar dessa afirmação de que a essência da mulher é sempre dispersa para a afirmação mais radical de que *esse deslocamento/dispersão como tal é a "essência da feminilidade"*. Isso é o que Hegel descreveu como mudança dialética, em que o próprio predicado se transforma em sujeito – uma mudança que, mais uma vez, pode ser recontada como uma versão da piada de Rabinovitch: "Descobri a essência da feminilidade". "Mas é impossível encontrá-la! A feminilidade é dispersa, deslocada..." "Ora, essa dispersão *é* a essência da feminilidade..."

E nesse aspecto o "sujeito" não é apenas um exemplo, mas a própria estrutura formal da reversão dialética: o "sujeito" como tal é um predicado subjetivado – o sujeito não só está sempre-já deslocado, etc., ele *é* o próprio deslocamento. O caso supremo dessa mudança constitutiva da dimensão da subjetividade é o da *suposição*. No início, Lacan concebia o analista como o "sujeito suposto saber" que surge pela transferência (suposto saber o quê? – o significado do desejo do paciente). No entanto, ele logo percebeu que estava lidando com uma estrutura mais geral da suposição, em que uma figura do Outro não só é suposta saber, mas pode também acreditar, gozar, chorar e rir, ou ainda *não* saber em meu nome (da roda de oração tibetana à risada enlatada da televisão). Essa estrutura da pré-suposição não é infinita: é estritamente limitada, restrita pelos quatro elementos do discurso: S_1 representa o sujeito suposto acreditar; S_2, o sujeito suposto saber; a, o sujeito suposto gozar... mas e \$? Não temos aqui um "sujeito suposto ser sujeito"? O que significaria isso? E se interpretarmos essa estranha fórmula como a representação da própria estrutura da suposição: não é só que o sujeito é suposto ter uma qualidade, executar ou sofrer uma ação (saber, gozar, etc.) – *o próprio sujeito é uma suposição*, isto é, o sujeito nunca é diretamente dado, como uma entidade substancial positiva, e por isso nós nunca o encontramos diretamente; ele é apenas um vazio bruxuleante "suposto" entre os dois significantes. (Aqui, mais uma vez, encontramos a passagem hegeliana do sujeito ao predicado: do "sujeito suposto..." para o próprio sujeito como suposição.) Ou seja, o que exatamente é o "sujeito"? Imaginemos uma proposição, uma declaração – como, ou quando, essa declaração é "subjetivada"? Quando alguma característica reflexiva inscreve nela uma atitude subjetiva – nesse sentido preciso, um significante "representa o sujeito para outro significante". O sujeito é o X ausente que tem de ser suposto para explicar esse viés reflexivo, essa distorção. Lacan leva adiante essa ideia até o fim: não é só que o sujeito é suposto por algum observador externo; ele é *em si uma suposição*.

Isso nos leva de volta a Hegel: quando ele escreve que o Conceito "não é apenas *alma*, mas livre Conceito subjetivo, que está para si e portanto possui *personalidade* – Conceito prático e objetivo, determinado em si e para si que, enquanto pessoa, é subjetividade atômica impenetrável",[30] ele parece criar um curto-circuito sem sentido entre o domínio lógico-abstrato dos conceitos, das determinações conceituais, e o domínio psicológico da personalidade, das pessoas reais. No entanto, sob uma análise mais detalhada, percebemos claramente o seguinte: a personalidade, na sua "subjetividade atômica impenetrável", o abismo ou vazio do "eu" para além de todas as minhas propriedades positivas, é uma singularidade *conceitual*: é a abstração "realmente existente" do Conceito, isto é, nela, na "subjetividade atômica impenetrável" do eu, o poder negativo do Conceito adquire existência efetiva, torna-se "para si". E o $ de Lacan, o "sujeito barrado", é justamente essa singularidade conceitual, destituída de todo conteúdo psicológico. É nesse sentido preciso que Hegel escreve: "A singularidade é sua [própria] passagem, de seu conceito a uma realidade exterior; é o esquema puro".[31]

Cada palavra dessa proposição precisa e concisa foi medida. O sujeito na sua unicidade, longe de representar a singularidade da existência irredutível a qualquer Conceito universal (ideia repetida inúmeras vezes por Kierkegaard em sua crítica de Hegel), é o modo como a universalidade de um Conceito passa para a "realidade externa", ou seja, adquire existência efetiva como parte dessa realidade temporal. Aqui, o giro propriamente dialético, é claro, é que a universalidade adquire existência efetiva na forma de seu oposto, na retração da multiplicidade da realidade em pura singularidade. Como a realidade externa é definida por suas coordenadas espaçotemporais, o sujeito, em sua efetividade, tem de existir no tempo, como a autossuprassunção do espaço no tempo; e como *é* o Conceito que adquire existência temporal, essa temporalidade só pode ser a de um "esquema" no sentido kantiano preciso do termo – isto é, a forma temporal *a priori* que faz a mediação entre a universalidade conceitual atemporal e a "realidade externa" espaçotemporal. Consequentemente, como a realidade externa é o correlato do sujeito que a constitui transcendentalmente, esse sujeito é o "puro esquema" dessa

---

[30] HEGEL, G. W. F. *Science of Logic*. Tradução para o inglês de A. V. Miller. London: George Allen & Unwin, 1969, p. 824.

[31] HEGEL, G. W. F. *Fenomenologia do espírito*. Tradução de Paulo Meneses. 8. ed. Petrópolis: Vozes, 2013, § 236, p. 175.

realidade – não só seu horizonte transcendental, o quadro das categorias *a priori* da Razão, mas também seu *esquema*, a forma *a priori* da própria finitude temporal, *o horizonte temporal do próprio* a priori *atemporal*. Nisso consiste o paradoxo (que Heidegger, em *Kant e o problema da metafísica*, foi o primeiro a identificar): o puro eu como agente da síntese transcendental não está "acima" das categorias atemporais da razão, mas é o próprio "esquema" da finitude temporal que delimita o campo de sua aplicação.

Terceira parte – A constipação da ideia: sobre Hegel e a defecação

Um dos pontos centrais da rejeição pseudofreudiana de Hegel é considerar seu sistema como a mais elevada e exagerada expressão da economia oral: a Ideia hegeliana não seria uma onívora, que "devora" vorazmente todo objeto com que se depara? Não surpreende que Hegel percebesse a si mesmo como cristão: para ele, o consumo ritual do pão transubstanciado na carne de Cristo indica que o sujeito cristão pode incorporar e digerir o próprio Deus sem deixar restos. Consequentemente, o "entendimento" hegeliano não seria uma versão sublimada da digestão? Quando Hegel escreve –

> Que o ser humano faça algo, concretize algo, atinja [certo] objetivo, fundamenta-se no fato de que a coisa em si, no seu conceito, comporta-se daquele modo. Portanto, comer uma maçã significa que destruo sua identidade orgânica consigo mesma e a absorvo. Que eu possa fazê-lo representa que a maçã em si (já previamente, antes de eu pegá-la) tem em sua natureza a propriedade de estar sujeita à destruição, e ao mesmo tempo tem em si uma homogeneidade com meus órgãos digestivos de modo que eu possa torná-la homogênea comigo mesmo.[32]

– ele não está oferecendo uma versão vulgar do próprio processo cognitivo no qual, como gosta de dizer, só podemos apreender o objeto se o objeto já "quer ser apreendido por nós"? Devemos concluir essa metáfora: a leitura crítica comum gosta de conceber a Substância-Sujeito hegeliana absoluta como totalmente *constipada* – retendo sempre dentro de si o conteúdo que devorou. Mas o que dizer do inevitável movimento contrário, a evacuação, a defecação hegeliana? O sujeito do que Hegel chama de

---

[32] HEGEL. *Lectures on the Philosophy of Religion, Volume III*, p. 127.

"Saber Absoluto" não é também um sujeito totalmente *esvaziado*, reduzido ao papel de puro observador do automovimento do próprio conteúdo?

> O mais rico é, portanto, o mais concreto e mais *subjetivo*, e o que se recolhe para a profundidade mais simples é o mais poderoso e oniabrangente. O ponto mais alto e concentrado é a *pura personalidade* que, apenas pela dialética absoluta que é sua natureza, não mais *abarca e guarda tudo dentro de si*.[33]

Nesse sentido estrito, o próprio sujeito é a substância ab-rogada ou purificada, uma substância reduzida ao vácuo da forma vazia da negatividade autorrelativa, esvaziada de toda riqueza de "personalidade" – em lacanês, o movimento da Substância ao Sujeito é o movimento de S a $, ou seja, o sujeito é a substância barrada. (Quando Adorno e Horkheimer, na *Dialética do esclarecimento*, defendem a ideia de que o Si-mesmo empenhado na mera sobrevivência tem de escarificar todo conteúdo que faria sua sobrevivência valer a pena, eles estão reiterando exatamente essa afirmação de Hegel.) Schelling se referiu a esse mesmo movimento como *contração* (mais uma vez, com todas as conotações excrementosas de se livrar das próprias fezes): o sujeito é a substância contraída.

Sendo assim, a posição subjetiva final do Sistema Hegeliano não nos impele a inverter a metáfora digestiva? O caso supremo (e, para muitos, o mais problemático) desse movimento contrário ocorre no final da *Ciência da lógica*, quando a Ideia, depois de completar o desdobramento conceitual e fechar o círculo da Ideia absoluta, *"liberta-se livremente"* da Natureza, descarta-a, afasta-a de si e assim se liberta.[34]

O mesmo movimento é realizado pelo próprio Deus, que, na aparência de Cristo, esse mortal finito, também "liberta-se livremente" na existência temporal. O mesmo vale para os primórdios da arte moderna ou "romântica". Hegel explica o surgimento das pinturas de "natureza morta" (não só paisagens, flores, etc., mas também de comida e animais mortos) nos seguintes termos: no desenvolvimento da arte, a subjetividade não precisa mais do visual como principal meio de expressão, pois a ênfase passou a ser da poesia e da música como meios mais diretos de expressar a vida interior do sujeito. O mundo exterior, assim, é "libertado" do fardo da subjetividade expressiva e ganha liberdade, pode ser asseverado por

---

[33] HEGEL. *Science of Logic*, p. 841.

[34] HEGEL. *Science of Logic*, p. 843.

conta própria.[35] Além disso, como alguns leitores atentos de Hegel já notaram, a própria suprassunção da arte nas ciências filosóficas (no pensamento conceitual), o fato de a arte não ser mais obrigada a servir como principal meio de expressão do Espírito, liberta-a, permite que ganhe autonomia e autossuficiência, ou, como diz Hegel, "concede aos traços marcados do não-belo um amplo espaço de jogo" – não seria essa a própria definição do nascimento da arte moderna propriamente dita, uma arte que não é mais subordinada à tarefa de representar a realidade espiritual?

O modo como a ab-rogação se relaciona com a suprassunção não é o de uma simples sucessão ou oposição externa: não se trata de um "come-se primeiro, defeca-se depois". Defecar é a *conclusão* imanente do processo todo: sem ela, estaríamos lidando com uma "falsa infinidade" de um processo de suprassunção interminável, um processo que, em si, só chega ao fim pelo movimento contrário:

> Contrário ao que imaginaríamos inicialmente, esses dois processos de suprassunção e ab-rogação são completamente interdependentes. Considerando o último momento do espírito absoluto (*Filosofia*), percebemos de imediato a sinonímia entre os verbos *aufheben* e *befrein* ("libertar"), bem como *ablegen* ("descartar", "remover", "tirar"). A ab-rogação especulativa, de modo algum alheia ao processo de *Aughebung*, na verdade é sua concretização. A ab-rogação é a *suprassunção da suprassunção*, resultado do trabalho da *Aufhebung* sobre si mesma e, como tal, sua transformação. O movimento de supressão e preservação produz essa transformação em determinado momento na história, o momento do Saber Absoluto. A ab-rogação especulativa é a *suprassunção absoluta*, se por "absoluto" entendermos um alívio ou suprassunção que se liberta de determinado tipo de apego.[36]

A verdadeira cognição, desse modo, não é apenas a "apropriação" conceitual do seu objeto: o processo de apropriação só acontece na medida em que a cognição permanece incompleta. O sinal de sua completude é liberar seu objeto, deixar que seja, largá-lo. É por isso, e desse modo, que a suprassunção culmina no gesto autorrelativo de suprassumir a si mesmo. Mas o que dizer desse contra-argumento óbvio:

---

[35] HEGEL, G. W. F. *Curso de estética*. Tradução de Marco Aurélio Werle e Oliver Tolle. São Paulo: Edusp, 2000, v. 2, p. 260-261.

[36] MALABOU, Catherine. *The Future of Hegel; Plasticity, Temporality and Dialectic*. Tradução para o inglês de Lisabeth During. New York; London: Routledge, 2004, p. 156.

a parte ab-rogada, libertada, não seria precisamente o aspecto arbitrário e passageiro do objeto, o aspecto que a redução/mediação conceitual se permite abandonar como algo em si inútil? É justamente essa ilusão que devemos evitar, e por dois motivos. Em primeiro lugar, a parte liberada, precisamente como algo descartado, é, ao contrário, se nos permitem insistir na metáfora do excremento, o *esterco* do desenvolvimento espiritual, o fundamento do qual brota o desenvolvimento posterior. A libertação da Natureza para dentro de si mesma, portanto, estabelece a fundação do Espírito propriamente dito, que só pode se desenvolver a partir da Natureza, como sua autossuprassunção inerente. Em segundo lugar, e de maneira mais fundamental, o que é liberado no seu próprio ser na cognição especulativa é, em última instância, o próprio objeto da cognição, que, quando verdadeiramente apreendido (*begriffen*), não se vale mais da intervenção ativa do sujeito, mas se desenvolve de acordo com seu próprio automatismo conceitual, com o sujeito reduzido a um observador passivo que, sem nenhuma intervenção (*Zutun*), permite que a coisa liberte seu potencial e simplesmente registre o processo. É por isso que a cognição hegeliana é ao mesmo tempo *ativa* e *passiva*, mas as duas num sentido que desloca radicalmente a noção kantiana de cognição como unidade de atividade e passividade. Em Kant, o sujeito sintetiza ativamente o conteúdo (confere unidade a ele, a multiplicidade sensível) pelo qual é passivamente afetado. Para Hegel, ao contrário, no nível do Saber Absoluto, o sujeito cognoscente é completamente apassivado: ele deixa de intervir no objeto e passa apenas a registrar o movimento imanente da autodiferenciação/autodeterminação do sujeito (ou, usando um termo mais contemporâneo, a auto-organização autopoiética do objeto). Por conseguinte, o sujeito não é, em seu aspecto mais radical, o *agens* do processo: o *agens* é o próprio Sistema (de conhecimento), que se desencadeia "automaticamente", sem a necessidade de motivação ou estímulo externo. Essa passividade total, no entanto, ao mesmo tempo envolve a máxima: o sujeito precisa se esforçar arduamente para "se apagar" em seu conteúdo particular, enquanto agente que intervém no objeto, e para se expor como meio neutro, lugar do autodesenvolvimento do Sistema. Desse modo, Hegel supera o dualismo comum entre Sistema e Liberdade, entre a noção espinosiana de um *Deus sive natura* substancial do qual eu faço parte, preso no determinismo, e a noção fichteana do sujeito como agente oposto à matéria inerte, tentando dominá-la e apropriar-se dela: *o momento supremo da liberdade do sujeito é libertar seu objeto*, deixar que se expanda livremente: "a liberdade absoluta da ideia é que ela [...] decide-se a deixar sair livremente de si o momento de sua particularidade".[37] Nesse contexto, a "liberdade absoluta" é literalmente *absoluta* no sentido etimológico de *absolvere* – liberar, deixar ir. Schelling foi o primeiro a criticar esse passo como ilegítimo: depois que completou o círculo do autodesenvolvimento lógico do Conceito, e ciente de que todo o desenvolvimento aconteceu no meio abstrato do pensamento, fora da vida real, Hegel tinha de fazer a passagem para a vida real de alguma maneira – contudo, não havia na sua lógica categorias capazes de realizar essa passagem, e por isso ele teve de recorrer a termos como "decisão" (a Ideia "decide" libertar a Natureza de si mesma), que não são categorias da lógica, mas da vontade e da prática. Essa crítica nitidamente não considera como o ato de libertar o outro é completamente *imanente* ao processo dialético, seu momento conclusivo, o sinal da conclusão de um círculo dialético.

É dessa maneira que devemos interpretar o "terceiro silogismo da Filosofia" de Hegel, Espírito-Lógica-Natureza: o ponto de partida do movimento especulativo reproduzido por esse silogismo é a Substância espiritual, na qual os sujeitos estão imersos; depois, por meio de uma tarefa conceitual árdua, a riqueza dessa substância é reduzida à sua estrutura lógica/conceitual elementar subjacente; uma vez que essa tarefa é cumprida, a Ideia lógica plenamente desenvolvida pode libertar de si mesma a Natureza.

Então, para levar adiante uma metáfora de muito mau gosto, Hegel não era um coprófago sublimado, como nos faria acreditar a descrição comum do processo dialético. A matriz do processo dialético não é a da defecação-exteriorização seguida do consumo (reapropriação) do conteúdo exteriorizado, mas sim o processo de sua apropriação seguido da manobra excrementícia de deixar cair ou soltar, deixar ir embora. Isso quer dizer que não deveríamos igualar a exteriorização à alienação: a exteriorização que conclui o ciclo dialético *não* é alienação, mas sim o ponto mais alto da *desalienação*: nós só nos reconciliamos verdadeiramente com algum conteúdo objetivo não quando temos de lutar para dominá-lo e controlá-lo, mas sim quando permitimos o supremo gesto soberano de libertar esse conteúdo de nós, de deixá-lo ir embora. (Aliás,

---

[37] HEGEL, G. W. F. *Enciclopédia das ciências filosóficas em compêndio: A ciência da lógica*. Tradução de Paulo Meneses. São Paulo: Loyola, 1995, v. 1, § 244, p. 370-371.

é por isso que, como salientaram alguns intérpretes mais atentos, longe de subjugar a natureza inteiramente à humanidade, Hegel abre um espaço imprevisível para a consciência ecológica: para ele, a pulsão para explorar tecnologicamente a natureza ainda é uma marca da finitude do homem; nessa perspectiva, a natureza é percebida como um objeto externo ameaçador, uma força opositora que deve ser dominada, ao passo que o filósofo, partindo do ponto de vista do Saber Absoluto, não experimenta a natureza como um campo estranho ameaçador que deve ser controlado e dominado, mas sim como algo que devemos deixar seguir seu caminho inerente.)

Isso significa que o Sujeito-Substância hegeliano não tem nada a ver com algum tipo de Megassujeito que controla o processo dialético mexendo os pauzinhos nos bastidores: para ser franco, não há ninguém mexendo os pauzinhos ou determinando o processo – o sistema hegeliano é um avião sem piloto. Nesse aspecto, Louis Althusser errou quando opôs o Sujeito-Substância hegeliano, o "teleológico" processo-com-sujeito, ao materialista-dialético "processo sem sujeito". O processo dialético hegeliano não é apenas a versão mais radical de um "processo sem sujeito", no sentido de um agente que o controla e o dirige (seja Deus, a humanidade ou uma classe sujeito coletivo) – a bem da verdade, Althusser começou a se dar conta disso em seus últimos escritos. No entanto, Althusser não tinha a menor noção do fato de que o processo dialético hegeliano, enquanto "processo sem sujeito" (no sentido de um agente controlador), significa *exatamente* a mesma coisa que a tese fundamental de Hegel, segundo a qual "deve-se apreender o Absoluto não só como Substância, mas também como Sujeito": o surgimento de um sujeito puro enquanto vazio é o correlato estrito do conceito de "Sistema" como autodesenvolvimento do próprio objeto, sem a necessidade de nenhum agente subjetivo que o impulsione ou direcione.

Talvez os críticos da voracidade de Hegel na verdade precisem de uma boa dose de laxante.

Glossário

Como dissemos na "Introdução", a obra de Žižek funciona por um processo de *capitonnage*, com certos termos e exemplos "presos" por um momento num discurso geralmente solto. No entanto, é preciso dizer três coisas a respeito da especificidade desse método, a produção material dos próprios textos. Primeiro, como vemos no modo como certos conteúdos são revisados de ensaio a ensaio, os mesmos termos nem sempre desempenham o mesmo papel na obra de Žižek: às vezes, determinado termo é primário ou absoluto, um conceito a ser explicado ou elaborado; outras vezes, o mesmo termo é secundário, usado para esclarecer algum outro conceito. Segundo, por essa razão, os *points de capiton* do discurso de Žižek não tendem a ser os mesmos da teoria inspirada pela psicanálise (Imaginário, Simbólico, Real...). Ao contrário, geralmente são incomuns ou excêntricos, aparentemente de interesse apenas para o próprio Žižek (a discussão de Lévi-Strauss sobre as duas concepções diferentes da estrutura da aldeia em *Antropologia estrutural*, a parábola da Porta da Lei em *O processo*, de Kafka...). Por fim, por ambas as razões, este Glossário só pode ser uma certa *capitonnage* ou um estofamento do próprio discurso de Žižek: momentâneo, parcial, provisório. Há muitos outros termos que poderíamos ter usado para pôr em foco os textos aqui coletados: por exemplo, a lógica da negação fetichista, encontrada na canônica expressão "Sei muito bem, mas...", de Mannoni, nossa desejada ignorância diante do "conhecimento no Real" encarnado no genoma humano e o corriqueiro fetichismo da mercadoria. Ao compilar nosso Glossário, tivemos talvez dois precedentes ou duas fontes de inspiração:

o chamado "*kit* Lynch", com o qual Michel Chion termina seu livro sobre David Lynch (livro que Žižek já disse ser um de seus prediletos), e o projeto "Les mathèmes de Lacan", de Daniel Siboni, que pretende reduzir o pensamento de Lacan a uma série de declarações curtas que podem ser consideradas ou aforismos memoráveis ou fórmulas absolutamente transmissíveis. Os números entre parênteses se referem ao número das páginas do livro.

ADORNO (*ver também* LÉVI-STRAUSS)

Sem dúvida, a concepção aberta e não teleológica de Žižek a respeito da dialética deve muito a Adorno – embora ele raramente o reconheça –, apesar de Žižek levar mais adiante do que Adorno a possibilidade de que Hegel já propusesse essa concepção. Nesse contexto, Žižek também adota a noção adorniana da "verdade" do social, que reside no conflito ou diferença entre suas várias construções. Como ele diz a respeito da cisão entre a concepção "organicista" e a "individualista" do social: "A virada dialética acontece quando essa mesma contradição se torna a resposta: as diferentes definições da sociedade não funcionam como obstáculo, mas são inerentes à 'própria coisa'" (p. 44). No entanto, num ensaio posterior sobre a noção de "visão em paralaxe" de Karatani – a ideia de que a "verdade" está na mudança de perspectiva em relação a algo –, vemos Žižek criticar, ou pelo menos sutilizar, sua própria visão anterior. Ou seja, quando Žižek se distancia de Karatani, não vemos aí uma certa autocrítica sobre como usara Adorno anteriormente?

AMOR (*ver também* EXCEÇÃO/NÃO-TODO, JUDEU/CRISTÃO)

O sentido que o amor tem para Žižek foi desenvolvido pela primeira vez por Lacan em seu *O seminário, livro 20*. Desse modo, ele está desde o início associado a certa lógica "feminina" do não todo e implica uma maneira de pensar além do significante-mestre e de sua universalidade garantida pela exceção: "a extensiva discussão de Lacan sobre o amor em *O seminário, livro 20* deveria ser interpretada no sentido paulino, em oposição à dialética entre a Lei e sua transgressão. Essa última dialética é claramente 'masculina' ou fálica [...]. O amor, por outro lado, é 'feminino': envolve os paradoxos do não-Todo" (p. 327).

Žižek associa o amor a são Paulo, e é uma maneira que ele encontra de pensar a diferença entre o judaísmo, cuja economia libidinal ainda é fundamentalmente a economia da lei e sua transgressão, e o cristianismo, que, pelo perdão e pela possibilidade de nascer de novo, busca superar essa dialética: "é *aqui* que devemos insistir na maneira como Lacan realiza a passagem da Lei para o Amor, em suma, do judaísmo para o cristianismo" (p. 338). Em outras palavras, podemos dizer que esse amor atesta − como também vimos com a pulsão e a enunciação − um momento que precede e possibilita a ordem simbólica e sua mediação social, o fato de as coisas nunca serem exatamente o que são, mas sim representarem uma outra coisa: "o amor atesta o abismo de um gesto autorrelativo pelo qual, devido à falta de uma garantia independente do pacto social, o próprio governante tem de garantir a Verdade de sua palavra" (p. 249, nota 6).

ANTAGONISMO (*ver também* ADORNO, LÉVI-STRAUSS)

Em toda sua obra, Žižek apresenta o campo social como inerentemente cindido, antagônico, sem nenhuma possibilidade de unidade ou harmonia final. É por essa razão que os vários termos ideológicos que constroem a imagem que a sociedade tem de si (ecologia, feminismo, racismo, etc.) estão sempre em disputa. Mas, para além de qualquer definição específica desses termos − sejam de esquerda, de direita ou do centro −, encontramos a "verdade" da sociedade na própria disputa: "Na vida social, por exemplo, o que a multiplicidade de simbolizações-narrativizações (ideológicas) não exprime não é a *autoidentidade* da sociedade, mas o *antagonismo*, a cisão constitutiva do 'corpo político'" (p. 207). Um dos nomes desse antagonismo é *luta de classes*, o conflito contínuo entre os trabalhadores e os controladores dos meios de produção: "o exemplo supremo desse 'Real' não é fornecido pelo conceito marxista de *luta de classes*? A consequente reflexão sobre esse conceito nos obriga a reconhecer que não existe luta de classes 'na realidade': 'luta de classes' designa o próprio antagonismo que impede a realidade (objetiva) social de se constituir como um todo fechado em si mesmo" (p. 259). Em outras palavras, podemos dizer que a luta de classes é apenas o nome da cisão subjacente entre as entidades ideológicas constituídas positivamente e o vazio desde o qual são enunciadas. Ela não é um tipo de limite externo ou uma deficiência que, algum dia, poderia ser criado – como até mesmo a noção clássica de luta de classes parece propor –, mas sim um limite interno estruturalmente necessário para a realização do social: "para entendermos a noção de antagonismo em sua dimensão mais radical, devemos *inverter* a relação entre os dois termos: não é o inimigo externo que me impede de atingir minha identidade comigo mesmo, mas cada identidade já é em si bloqueada, marcada por uma impossibilidade, e o inimigo externo é apenas o pequeno pedaço, o resto da realidade sobre a qual 'projetamos' ou 'exteriorizamos' essa impossibilidade intrínseca e imanente" (p. 266).

ANTÍGONA/MEDEIA
(*ver também* PULSÃO/PULSÃO DE MORTE, EXCEÇÃO/ NÃO-TODO, MASCULINO/FEMININO)

Essas duas figuras do teatro grego clássico são usadas para ilustrar certos conceitos éticos, e, de modo geral, Žižek entende ambas como positivas, como figuras que rompem com um desconstrutivo "respeito pelo Outro" que, em última instância, é apenas uma maneira de protelar o ato (ético e político). "Essa leitura (equivocada) das ideias de Lacan levou alguns filósofos alemães a interpretarem o apego de Antígona ao desejo como uma atitude *negativa*, isto é, como o caso exemplar da obsessão letal pela Coisa que não pode atingir sua sublimação e, com isso, perde-se num abismo suicida" (p. 203). Mas, na verdade, "o que confere a Antígona essa firmeza inabalável e contundente para persistir em sua decisão é justamente a identificação *imediata* de seu desejo particular/determinado com a injunção/chamado (da Coisa) do Outro" (p. 339-340). Além disso, Žižek faz uma distinção entre Antígona e Medeia (e Sygne de Coûfontaine, de Paul Claudel), pois em Antígona há uma exceção particular pela qual todo o resto é sacrificado (para Žižek, a lógica "masculina" de uma exceção que gera uma universalidade), ao passo que, para Medeia, mesmo essa exceção ou causa deve ser sacrificada (a lógica feminina de um não-todo sem exceções). Para Žižek, essa é a forma moderna de subjetividade, em oposição à tradição: "Os sujeitos modernos se constituem por meio desse gesto de renúncia dobrada, isto é, de sacrificar o próprio núcleo de seu ser, a substância particular pela qual estão prontos para sacrificar qualquer coisa" (p. 217).

DERRIDA (*ver também* KANT)

Derrida é um dos interlocutores de longa data de Žižek, ainda que um pouco oculto. É decerto contra sua desconstrução que Žižek afirma sua leitura de Lacan e Hegel. Por exemplo: "a leitura desconstrutivista derridiana de Lacan reduz o *corpus* dos textos de Lacan a uma *doxa* sobre ele que restringe seus ensinamentos a um quadro da filosofia tradicional [...] Lacan suplementa Derrida com a identidade hegeliana como coincidência de opostos" (p. 201-202, 206). É também por essas razões – a insistência de Derrida na incompletude ou adiamento da identidade – que Žižek contesta as consequências éticas e políticas da desconstrução, cujo "respeito pelo Outro" resulta simplesmente numa recusa histérica da ação: "não é difícil perceber por que a chamada virada 'pós-secular' da desconstrução, que encontra sua máxima expressão em determinado tipo de apropriação derridiana de Lévinas, é totalmente incompatível com Lacan [...] é sintomático que Derrida ainda sustente a oposição irredutível entre uma experiência tão espectral do chamado messiânico de justiça e sua 'ontologização', sua transposição em um conjunto de medidas legais e políticas positivas" (p. 332-333, 335). Podemos perguntar, por exemplo, o quanto Žižek na verdade é diferente de Derrida – será que ele não faz uma leitura equivocada sistemática de Derrida, uma leitura que permite fazer essa distinção entre os dois? Por exemplo, a concepção de Žižek das origens da Lei (p. 125-134) não é fundamentalmente diferente da de Derrida em seu "Força de Lei: o fundamento místico da autoridade"?

DIALÉTICA (*ver também* ADORNO, HEGEL)

Para Žižek, a dialética hegeliana não é um processo de suprassunção final, de eliminação de toda diferença numa unidade completada. "Deveríamos, pois, abandonar a noção clássica de que o processo dialético avança a partir de elementos particulares (limitados e 'unilaterais') em direção a uma totalidade final" (p. 44). Em vez disso, assim como o significante-mestre atua por um tipo de duplicação pela qual, como em são Paulo, a própria derrota é percebida como vitória, na dialética o que antes era percebido como problema é agora visto como sua própria solução. Não é que nada mude efetivamente, mas sim que nossa própria capacidade de reconhecer o que é uma derrota indica que a vitória já foi alcançada. Nesse aspecto, a dialética poderia ainda ser relacionada à ideia de sublime que, para Žižek, Hegel desenvolveu partindo de Kant: "A virada dialética acontece quando essa mesma contradição se torna a resposta [...] o que quer que se apresente inicialmente como obstáculo se torna, na virada dialética, a prova de que tivemos contato com a verdade [...] a reversão dialética consiste na mudança de perspectiva por meio da qual *o fracasso como tal* aparece como vitória" (p. 44, 45, 51). Surge então uma questão complexa na obra de Žižek: como o método dialético de Hegel não é simplesmente a base para um novo significante-mestre? Qual é a diferença entre a transformação de derrota em vitória dentro da dialética e a transformação do nada em algo produzida pelo significante-mestre?

ENUNCIADO/ENUNCIAÇÃO (*ver também* PULSÃO/ PULSÃO DE MORTE, SUJEITO)

Tomando o tema hegeliano da substância como sujeito, uma das maneiras de expor a artificialidade e a arbitrariedade da construção simbólica da realidade é localizar o lugar de onde ela é enunciada. Isso, é claro, tem alguma relação com o método desmistificador de pôr a questão às concepções abstratas de justiça: Justiça de quem? Qual grupo específico na sociedade essa concepção de justiça favorece? Mas falar desse lugar necessariamente vazio a partir do qual falamos de *todas* as construções simbólicas vai além disso: "é precisamente a senha *enquanto* fala vazia que reduz o sujeito à pontualidade do 'sujeito da enunciação': nela, ele está presente *enquanto* ponto simbólico puro, livre de todo conteúdo enunciado [...] é somente a fala vazia que, por sua própria vacuidade (sua distância do conteúdo enunciado [...]), cria o espaço para a 'fala plena' (p. 151). É nesse sentido que a tentativa de pensar esse lugar vazio pode ser vista como a tentativa de pensar o sujeito vazio (por isso podemos dizer que Descartes marca o início da filosofia em seu sentido crítico moderno): "E se o si-mesmo for [...] o vazio que não é nada em si, que não tem identidade positiva substantiva, mas que serve como ponto irrepresentável de referência"? (p. 111). Assim como a filosofia pode ser definida como a busca por essa posição vazia, ela também pode vir dessa posição vazia, incorporar o que não tem lugar dentro de nossa situação atual: "*O cogito* não é uma entidade substancial, mas sim uma função estrutural pura, um lugar vazio [...] como tal, ele só pode surgir nos interstícios de sistemas coletivos substanciais" (p. 19).

EXCEÇÃO/NÃO-TODO (*ver também* ANTÍGONA/ MEDEIA, UNIVERSALIDADE CONCRETA, HEGEL, KANT)

Esses dois conceitos geralmente são opostos como o lado masculino e o lado feminino das fórmulas de sexuação de Lacan: o lado masculino consiste na universalidade possibilitada por uma exceção; o lado feminino não forma tal universalidade, mas não tem exceção. "A mulher é não-toda [...], mas isso significa precisamente que a mulher é não-toda presa na função fálica" (p. 73). Na verdade, essa lógica masculina coincide com a lógica do significante-mestre, em que determinado termo (sempre indefinido) fora de uma série de fenômenos os explica e permite que sejam trocados um pelo outro: "o Significante-Mestre [...] não [é] mais uma simples abreviação que designa uma série de marcas, mas o nome do fundamento oculto dessa série de marcas que agem como muitos efeitos-impressões desse fundamento" (p. 199). Mas, à medida que a obra de Žižek avança, ele põe cada vez mais ênfase na lógica feminina do não-todo sobre a lógica masculina da exceção, compreendendo-a, em última instância, como sua causa real. A lógica masculina da exceção é uma "exceção" dentro de uma lógica mais ampla do não-todo. Por exemplo, sobre o "sintoma", Žižek escreve: "os sintomas eram a série de exceções, perturbações e maus funcionamentos [...]. Depois, no entanto, com a noção de sintoma universalizado, Lacan fez uma mudança paradoxal [...] na qual *não* há exceção à série de sintomas [...] e a Lei simbólica [...] acaba sendo apenas um [dos sintomas]" (p. 323). Isso leva Žižek a considerar a lógica hegeliana da "universalidade concreta", na qual não é que "a exceção fundamenta a regra (universal) [...], [mas sim que] série e [suas] exceções coincidem diretamente" (p. 322). Também vemos essa lógica na ideia de amor em Žižek, que representa o que é não-todo, sem, no entanto, ser uma exceção a ele: "mesmo quando é 'todo' (completo, sem exceção), o campo do conhecimento de certa forma permanece não-todo, incompleto. O amor não é uma exceção ao Todo do conhecimento, mas sim um 'nada' que torna incompleta até mesmo a série completa (ou o campo) do conhecimento" (p. 326-327).

FANTASIA (*ver também* JUDEU)

Uma das inovações decisivas de Žižek é pensar o papel da fantasia dentro da ideologia: podemos dizer, desse modo, que ele vai além de nomes como Althusser. A fantasia é tanto aquilo que encobre as inconsistências dentro da ordem simbólica quanto aquilo que permite a interpelação ideológica na nossa época aparentemente "pós-ideológica": é por meio da nossa aparente distância da ideologia (gozo não ideológico, fantasia, cinismo) que a ideologia nos captura. "[A] mensagem com que o discurso de poder nos bombardeia é inconsistente por definição; sempre há uma lacuna entre o discurso público e seu suporte fantasmático. Longe de ser uma fraqueza secundária, ou seja, um sinal da imperfeição do Poder, essa cisão é constitutiva de seu exercício" (p. 254, nota 10). Ou então: "Talvez aqui devamos procurar o último recurso da ideologia, o núcleo pré-ontológico, a matriz formal, em que se inserem várias formações ideológicas: no fato de que não existe realidade sem o espectro [diríamos fantasia], de que o círculo da realidade só pode ser fechado por meio de um suplemento espectral estranho. [...] *Esse Real (a parte da realidade que permanece não simbolizada) retorna na forma de aparições espectrais*. [...] as ideias de espectro e ficção (simbólica) são codependentes em sua própria incompatibilidade" (p. 258). É por isso que, para Žižek, a primeira tarefa de qualquer crítica ideológica é atacar a fantasia que nos prende à ideologia: "se tivermos de superar o poder social 'efetivo', precisaremos primeiro romper o controle fantasmático que ele exerce sobre nós" (p. 245). Para fazer isso, é preciso provar que não existe fantasia, ou que o Outro não possui o que nos falta: "Se a travessia da fantasia se sobrepõe à experiência de alguma falta, *essa falta é do Outro* e não do próprio sujeito" (p. 54).

HEGEL (*ver também* EXCEÇÃO/NÃO-TODO, KANT)

Hegel é uma referência constante para Žižek, desde os seus primeiros escritos até os mais recentes (na verdade, ele vai se tornando *mais hegeliano* à medida que avança em sua obra). A principal constatação de Žižek é que Hegel completa a revolução kantiana na filosofia no sentido de propor uma explicação "transcendental" para a realidade, mas sem uma causa que simplesmente esteja fora dela. Para Hegel, a realidade não precisa de uma exceção fora dela mesma. Em vez disso, ela já é sua própria exceção, sua própria remarca: "um corolário hegeliano a Kant é que a limitação deve ser concebida como anterior ao que está 'além' dela, de modo que, em última análise, a própria noção kantiana da Coisa-em-si permanece 'reificada' demais. [...] o que ele [Hegel] afirma ao dizer que o Suprassensível é 'aparência enquanto aparência' é justamente que a Coisa-em-si é *a limitação dos fenômenos como tais*" (p. 167). Para Žižek, essa é a modernidade de Hegel, mas nós diríamos que é a pós-modernidade. Na verdade, na surpreendente comparação que Žižek faz de Deleuze com Hegel, ele enfatiza apenas esse aspecto nos dois: que essa "causa" não está fora do que ela explica, que, parafraseando Deleuze, ela pertence a "puros acontecimentos-efeitos destituídos de qualquer suporte substancial" (p. 181). Nesse sentido, podemos dizer que, em oposição à "negação" kantiana daquilo que é, em Hegel nós temos uma "negação da negação", a "negação" mesmo daquela negação ou exceção que permanece fora da ordem positiva. "É por isso que a 'perda da perda' hegeliana definitivamente não é o retorno a uma identidade plena, sem nenhuma perda: a 'perda da perda' é o momento em que a perda deixa de ser perda *de* 'algo' e se torna a abertura do lugar vazio que o objeto ('algo') pode ocupar" (p. 53). Esse "demorar-se com o negativo" tem grandes consequências para a ética e a política, e marca o que verdadeiramente está em jogo naquele ato revolucionário que Žižek parece defender: "A 'negação da negação' não é um tipo de prestidigitação existencial pela qual o sujeito finge colocar tudo em risco, quando na verdade sacrifica apenas o inessencial. Em vez disso, ela diz respeito à experiência terrível que ocorre quando, depois de sacrificar tudo que é considerado 'inessencial', percebo de repente que a própria dimensão essencial, pela qual sacrifiquei o inessencial, já se perdeu" (p. 211).

JUDEU (*ver também* SIGNIFICANTE-MESTRE, OBJETO a)

A importância da figura ideológica do "judeu" no antissemitismo é que ele ocupa a posição tanto do significante-mestre quanto do *objeto a*. Como escreve Žižek, ao falar da diferença entre o judeu como significante-mestre e o judeu como *objeto a*: "No entanto, há uma diferença fundamental entre essa autoridade simbólica garantida pelo falo como significante da castração e a presença espectral do 'judeu conceitual' [...] O 'judeu conceitual' fantasmático não é uma figura paternal de autoridade simbólica, um meio ou portador de autoridade pública 'castrado' [...]. Em suma, a diferença entre o Nome-do-Pai e o 'judeu conceitual' é a diferença entre *ficção* simbólica e *espectro* fantasmático: na álgebra lacaniana, entre S_1, o Significante-Mestre (significante vazio da autoridade simbólica), e o *objeto pequeno a*" (p. 255-256). Essa menção ao aspecto "não castrado" do judeu como *objeto a* nos lembra que o judeu, nessa lógica de racismo, é uma figura do gozo: que o que no fundo ressentimos é como o Outro, o judeu, parece ser capaz de gozar de um modo que não conseguimos. O judeu, nesse sentido, torna-se um sintoma, na medida em que sugere uma razão aparentemente externa para a impossibilidade interna do gozo. Ao falar dessa lógica do judeu tanto como significante-mestre quanto como *objeto a*, Žižek diz: "a ideia de fantasia representa um caso exemplar da dialética *coincidentia oppositorum*: de um lado, a fantasia em seu aspecto beatífico [...]; de outro, a fantasia em seu aspecto cuja forma elementar é a inveja [...] Aqueles que supostamente realizaram plenamente a fantasia$_1$ (ficção simbólica) tiveram de recorrer à fantasia$_2$ (aparições espectrais) para explicar sua falha [...] fantasia$_1$ e fantasia$_2$, ficção simbólica e aparição espectral, são como frente e verso da mesma moeda" (p. 261-262). Na verdade, Žižek afirma que os judeus *não são* detentores desse gozo secreto, não só por não conhecerem seu próprio segredo – parafraseando Hegel, o segredo dos judeus é segredo para os próprios judeus –, mas também porque a religião judaica talvez seja a primeira a romper com o gozo vitalista pagão: "Em todas as religiões anteriores, nós sempre incorremos num lugar que é o domínio do gozo sagrado [...], enquanto o judaísmo remove do domínio sagrado todo os traços de vitalidade e subordina a substância viva à letra morta da Lei do Pai" (p. 273).

JUDEU/CRISTÃO (*ver também* MASCULINO/FEMININO)

Žižek tem feito cada vez mais uma distinção entre judaísmo e cristianismo em suas obras mais recentes. Embora siga uma distinção originalmente feita por Hegel, esse é um modo de Žižek falar de duas relações diferentes para com a lei: a exceção que funda a lei (judaísmo) e a lei "não-toda" do amor (cristianismo). Ou seja, no judaísmo, há uma transgressão que tanto leva à lei quanto só pode ser pensada dentro da lei (a única coisa da qual nada pode se dizer dentro do judaísmo é a fundação da lei). No cristianismo, não há transgressão ou contorno da lei (porque, por excelência, o cristianismo é a religião da culpa interior e da consciência na qual já somos culpados), e mesmo assim ela é não-toda. De maneira intrigante, no entanto, levando-nos de volta a uma certa ambiguidade na sua forma de pensar a relação entre o masculino e o feminino, Žižek pode alternar na sua caracterização da relação entre as duas. Por um lado, ele as opõe como masculino e feminino: "Somos tentados a dizer que, em última análise, a própria passagem do judaísmo ao cristianismo obedece à matriz da passagem do 'masculino' ao 'feminino' nas fórmulas de sexuação" (p. 324). Por outro, elas não se opõem, porque o cristianismo (como o feminino) é apenas uma passagem rumo ao limite do judaísmo (o masculino): "a dialética viciosa entre a Lei e sua transgressão, elaborada por são Paulo, é o terceiro termo invisível, o 'mediador evanescente' entre o judaísmo e o cristianismo. [...] os judeus *ainda não* chegaram lá, ou seja, eles tratam a Lei como o Real escrito, o que não os envolve [...]; por outro, [...] o propósito básico do cristianismo propriamente dito é *romper* pelo Amor o círculo vicioso superegoico da Lei e sua transgressão" (p. 325-326). Mas, se for este o caso, o que dizer sobre a relação entre masculino e feminino? Da mesma maneira, seria o feminino apenas uma forçada no limite do princípio masculino (talvez não apenas a eliminação da exceção, mas sim uma exceção à sua exceção)? Também podemos pensar essa questão nos termos da reconceituação que Žižek faz da ética e da relação da "perda" com a "perda da perda".

KAFKA

Žižek muitas vezes recorre a *O processo*, de Kafka, para falar da ideia de interpelação ideológica: seu argumento é que Kafka, na parábola da porta da Lei, fala de como a interpelação ideológica só existe depois de ter sido aceita. Por meio de uma certa distorção de perspectiva, nós não percebemos que a Lei só existe depois de nós – por conseguinte, tanto a noção de amor em Žižek tirada de são Paulo quanto o Mal diabólico tirado de Kant são modos de falar daquela "liberdade" ou "culpa" anteriores à lei, anteriores à necessidade de seguir a lei (mesmo ao recusá-la ou transgredi-la). É justamente essa "distância" da lei que a possibilita – "antes de ficar preso na identificação, no (falso) reconhecimento simbólico, o sujeito se encontra aprisionado pelo *Outro* através de um paradoxal objeto-causa do desejo, ali no meio, incorporando o gozo, [...] como exemplificado pela posição do homem do campo na famosa fábula sobre a porta da Lei em *O processo*, de Kafka" (p. 269) – e apresenta certa maneira de pensar o que está "fora" dela no sentido de vir "antes" dela – "a verdadeira conspiração do Poder está na própria ideia de conspiração, na ideia de uma Instância misteriosa que 'controla tudo nos bastidores' e de fato comanda o espetáculo" (p. 244).

KANT (*ver também* ANTÍGONA/MEDEIA, DERRIDA, HEGEL)

A crítica "transcendental" kantiana é absolutamente fundamental para Žižek, que recorre a ela em toda sua obra. Como ele mesmo escreve, ao resumir a contribuição de Kant para a história da filosofia: "ela envolve a proibição da metafísica, ou seja, de uma visão de mundo oniabrangente que fornece a estrutura numenal do universo" (p. 110). Ao mesmo tempo, no entanto, Žižek concorda totalmente com o argumento de Hegel, de que o próprio Kant entendeu mal a natureza dessa ruptura, e que é necessário ler Kant nos termos do próprio Kant ou além dele. Isso é o que Hegel representa para Žižek: não uma oposição a Kant, ou ainda a simples superação de Kant, mas sim a dedução de consequências que só são implícitas nele. Em oposição à distinção entre o numenal e o fenomenal em Kant, podemos dizer que "a [...] passagem de Kant a Hegel [...] [é a] da tensão entre imanência e transcendência para a diferença/lacuna mínima na própria imanência [...] Hegel, desse modo, não está distante de Kant: o problema de Kant foi ele ter efetuado a mudança, mas, por razões estruturais, ter sido incapaz de formulá-la explicitamente" (p. 231). Nesse sentido, Žižek identifica Kant cada vez mais com uma certa lógica masculina" da universalidade e sua exceção (S_1), enquanto Hegel representa uma lógica "feminina" do não-todo, em que não há nada fora das aparências fenomenais, mas a aparência não é tudo que existe, principalmente por causa de sua capacidade de ser marcada como tal ($\$$). Žižek inclusive chega a comparar a cisão kantiana entre numenal e fenomenal com a ética derridiana da "Alteridade" e com o sacrifício que faz Antígona de todas as coisas por uma única, em oposição à ética verdadeiramente moderna de Hegel, em que até mesmo essa própria causa pode ser sacrificada.

LEI (*ver também* AMOR)

Žižek está preocupado em mostrar a transgressão secreta que sustenta e possibilita a lei simbólica: "'No princípio' da lei, há uma transgressão, uma certa realidade da violência, que coincide com o próprio ato do estabelecimento da lei" (p. 129). Ou, como ele dirá sobre os rituais aparentemente ilícitos que parecem subverter a lei: "eles são uma sátira sobre instituições legais, uma inversão do Poder público e ainda uma transgressão que consolida o que é transgredido" (p. 248). Mas, além disso, a própria lei possui certa dimensão obscena, irreconciliável, superegoica: "De um lado, existe a Lei como Ideal de Eu, ou seja, a Lei em sua função pacificadora [...], como Terceiro intermediário que dissolve o impasse da agressividade imaginária. De outro, existe a lei em sua dimensão de Supereu, ou seja, a lei como pressão 'irracional', a força da culpa, totalmente incomensurável com nossa responsabilidade efetiva" (p. 155). Em outras palavras, a lei em si é sua própria transgressão, e é justamente essa circularidade que Žižek busca dissolver ou superar. Como ele diz, repetindo de uma única vez o problema e a solução: "A forma mais apropriada de indicar essa curva do *point de capiton*, da 'negação da negação', na linguagem comum é, paradoxalmente, a da tautologia: 'lei é lei'" (p. 127).

LÉVI-STRAUSS (*ver também* ADORNO)

O exemplo fundamental que Žižek tira de Lévi-Strauss é sua famosa análise, em Antropologia estrutural, sobre dois diferentes grupos da mesma tribo que concebem sua aldeia de maneira diferente. O argumento de Žižek é que a "verdade" da aldeia não está nem na reconciliação das duas versões conflitantes nem numa visão "objetiva" e neutra da aldeia quando observada do alto, mas sim na própria divisão: "Voltando ao exemplo de Lévi-Strauss dos desenhos da aldeia, observemos que nesse ponto é que podemos ver em que sentido preciso o Real intervém pela anamorfose" (p. 331). Žižek vai relacionar isso à "cisão" fundamental da diferença sexual, em que, mais uma vez, a "verdade" não está na reconciliação ou na junção de um todo, mas sim no próprio antagonismo. Ele pergunta: "como devemos entender a condição 'a-histórica' da diferença sexual? Talvez uma analogia à ideia de 'instituição de tipo zero', de Claude Lévi-Strauss, seja útil aqui" (p. 328). Žižek vai usar a análise adorniana do social exatamente no mesmo sentido que a de Lévi-Strauss.

LUGAR VAZIO/VÁCUO
(*ver também* DERRIDA, HEGEL, KANT)

Perpassa toda a obra de Žižek a importante distinção entre o objeto dentro da ordem simbólica e o lugar vazio que ele ocupa: "É preciso introduzir a distinção crucial entre a 'significação simbólica' e seu próprio lugar, o lugar vazio preenchido pela significação" (p. 52). Žižek geralmente afirma que é o "lugar vazio" que precede o objeto e possibilita que ele seja preenchido: "no momento em que surge a ordem simbólica, passamos a lidar com a diferença mínima entre um lugar estrutural e o elemento que ocupa e preenche esse espaço: um elemento é sempre precedido pelo lugar na estrutura que preenche" (p. 189). Ou, como dirá a respeito da arte moderna: "[os] objetos, por certo, estão fora do lugar – mas para que estejam fora do lugar, o lugar (vazio) já deve estar lá, e esse lugar é reproduzido pela arte 'minimalista', a começar com Kazimir Malevich" (p. 331). No entanto, algumas vezes Žižek é inconsistente nesse aspecto, e afirma que, na verdade, o objeto precede e revela o espaço vazio que ocupa: "As duas leituras [de Kafka], embora opostas, deixam escapar o mesmo ponto: como essa ausência, esse lugar vazio é desde sempre preenchido por uma presença inerte, obscena, suja e revoltosa" (p. 148). Também encontramos essa ambiguidade em várias formas nas discussões de Žižek a respeito de Derrida (em sua oposição às interpelações de Derrida à religião sem um Deus efetivo), Deleuze (na relação entre a "profundidade pré-simbólica" e os "acontecimentos de superfície") e o status divergente do "transcendental" em Kant e Hegel.

MASCULINO/FEMININO
(ver também EXCEÇÃO/NÃO-TODO)

As "fórmulas de sexuação" lacanianas representam uma parte fundamental do pensamento de Žižek: uma das formas de definirmos a trajetória global de sua obra é como um movimento que parte de uma lógica masculina do universal e sua exceção e segue para uma lógica feminina de um "não-todo" sem exceção. Contudo, Žižek não opõe simplesmente o masculino ao feminino, ao contrário: ele argumenta que o masculino é um certo efeito do feminino: "o homem é uma determinação reflexiva da impossibilidade da mulher de atingir uma identidade consigo mesma (daí a mulher ser um sintoma do homem)" (p. 268). Ou seja, tudo em Žižek pode no fundo ser entendido nos termos dessas duas fórmulas. Como diz Žižek: "E se a diferença sexual, em última instância, for um tipo de instituição de tipo zero da divisão social da humanidade, uma diferença de tipo zero mínima e naturalizada, uma cisão que, antes de indicar qualquer diferença social determinada, indique essa diferença como tal? Desse modo, a luta por hegemonia, mais uma vez, seria a luta sobre como essa diferença de tipo zero é sobredeterminada por outras diferenças sociais particulares" (p. 330). No entanto, essas duas posições são mesmo consistentes? Por um lado, Žižek diz que o homem é explicado pela mulher; por outro, que a cisão entre os dois sexos é irreconciliável, como as duas concepções diferentes da mesma aldeia em Lévi-Strauss.

OBJETO a (*ver também* JUDEU, SIGNIFICANTE-MESTRE)

Objeto a, um dos "matemas" ou neologismos conceituais mais famosos de Lacan, é, antes de tudo, aquele elemento que representa o Real dentro de qualquer sistema simbólico. Ele é ao mesmo tempo o que não pode ser explicado dentro desse sistema e, no entanto, o que produz o sistema como tentativa de falar dele. É nesse sentido abstrato e não patológico que Žižek descreve o *objeto a* como objeto-causa do desejo: "A tese fundamental de Lacan é que esse objeto impossível não obstante nos é dado numa experiência específica, a do *objeto pequeno a*, objeto-causa do desejo, que não é 'patológico', que não se reduz a um objeto de necessidade ou demanda" (p. 130). E, como continua dizendo Žižek, o objetivo da análise da ideologia é revelar o estatuto duplo desse *objeto a*, como tanto o que completa o círculo simbólico da autoridade, agindo como a garantia ou o Outro desse Outro, quanto o que não pode ser explicado dentro dele, o que sempre aparece como excessivo dentro de sua razão de ser declarada oficialmente: "O objetivo da 'crítica da ideologia', da análise de um edifício ideológico, é extrair esse núcleo sintomático que o texto ideológico, público e oficial renega, mas do qual também precisa para que funcione sem perturbações" (p. 284). Esse *objeto a* pode ter muitas formas dentro da ideologia: gozo aparentemente transgressor, racismo, paranoia, crença numa explicação oculta por trás da ideologia pública. Nesse sentido, ela funciona como o "significante-mestre" do significante-mestre – o argumento de Žižek, na esteira de Lacan, é revelar que não existe Outro do Outro, que o Outro não possui o *objeto a* ou a causa do nosso desejo, mas que, de certo modo, nós sim: no fundo, somos nossa própria causa. Ou seja, se, por um lado, "Lacan define o *objeto a* como 'estofo' fantasmático do Eu,[1] como aquilo que confere ao $, à fissura da ordem simbólica, ao vazio ontológico do que chamamos 'sujeito', a consistência ontológica de uma 'pessoa'", por outro

---

[1] LACAN, Jacques. Subversão do sujeito e dialética do desejo no inconsciente freudiano. In: *Escritos*. Tradução de Vera Ribeiro. Rio de Janeiro: Jorge Zahar, 1998, p. 831. (N.O.)

lado, ele é "o que Lacan, pelo menos em sua última fase, chamava de 'destituição subjetiva', envolvida na posição do analista enquanto ocupa a posição de *objeto pequeno a*" (p. 157, 61-62).

OUTRO (*ver também* AMOR)

A posição decisiva de Žižek é que não existe o "Outro do Outro", ou seja, não existe garantia da ordem simbólica: "Não existe um 'grande Outro' que garanta a consistência do espaço simbólico no qual habitamos: há apenas pontos de estabilidade contingentes, pontuais e frágeis" (p. 324). Mais precisamente, além de uma certa "falta" no Outro ser necessária para que a ordem simbólica funcione, ela também oferece uma forma de pensar um "lado de fora" ou um além" da ordem simbólica. Ou seja, por um lado, "se o Outro não é cindido, [...] a única relação possível do sujeito com a estrutura é a de uma alienação total, de uma sujeição sem resto: mas a falta no Outro quer dizer que há um resto, um resíduo não integrável no Outro, *objeto a*, e o sujeito é capaz de evitar a alienação total apenas na medida em que se põe como correlato desse resto: $ ◊ a" (p. 38-39). Por outro, "[e]ssa outra Lei oculta age como parte do 'Outro do Outro' no sentido lacaniano, a parte da metagarantia da consistência do grande Outro (a ordem simbólica que regula a vida social)" (p. 244). Essa falta do Outro do Outro tem consequências enormes para o pensamento da ética e da política: suas bases não seriam um "respeito pelo Outro", mas a tentativa, por um momento, de *se tornar* o Outro ou incorporar a ordem simbólica, com a própria ordem simbólica surgindo apenas como efeito secundário dessas ações "livres": "Para Lacan, o horizonte final da ética *não* é a dívida infinita para com uma Alteridade abissal. Para ele, o ato é estritamente correlato à suspensão do 'grande Outro'" (p. 338). Isso leva Žižek a considerar a noção paulina de amor: o amor como a doação daquilo que não se tem, ou seja, algo sem o suporte de nenhuma garantia simbólica.

PULSÃO/PULSÃO DE MORTE (*ver também* LUGAR VAZIO/VÁCUO, ENUNCIADO/ENUNCIAÇÃO)

Žižek toma esse termo de Freud e o usa para explicar o "vazio" que subjaz à realidade simbólica: a pulsão pode ser entendida como a repetida dobra de um processo sobre si mesmo com o intuito de expor o vazio que ela ocupa. Nesse sentido, pode ainda ser entendida a propósito do que torna o desejo possível: "O Real enquanto pulsão é [...] o *agens*, a 'força motora', do desejar. [...] [Isso] não implica, de modo nenhum, que o Real da pulsão seja, quanto a seu status ontológico, um tipo de substancialidade plena [...] Uma pulsão não é uma força positiva primordial, mas um fenômeno topológico puramente geométrico, o nome da curvatura do espaço do desejo" (p. 204). Voltando à questão do espaço vazio ou do vácuo que perpassa toda a obra de Žižek, no entanto, essa pulsão como princípio abstrato não deve ser vista fora dos objetos efetivos que o ocupam: "não seria essa 'vida pura' além da morte, esse anseio que vai além do circuito de geração e corrupção, o *produto* da simbolização, de modo que a própria simbolização gera o excesso que lhe escapa?" (p. 171). Nesse sentido, a pulsão não é, estritamente falando, oposta ao desejo – assim como o feminino não é oposto ao masculino –, mas sim sua extensão ao infinito, o que vale inclusive para si mesma. Como diz Žižek, ela é a "curvatura do espaço do desejo". Outro nome para essa pulsão é o *sujeito* ($) – o que nos leva à relação entre enunciado e enunciação na obra de Žižek: "O nome psicanalítico para essa lacuna, é claro, é pulsão de morte, enquanto seu nome filosófico no idealismo alemão é 'negatividade abstrata', o ponto da absoluta autocontradição que constitui o sujeito como o vazio da pura autorrelação" (p. 115).

SABER ABSOLUTO (*ver também* DIALÉTICA)

Na leitura que Žižek faz de Hegel, o Saber Absoluto não deve ser entendido como princípio de completude ou totalidade: "Inegavelmente, o 'Saber Absoluto' não é uma posição de 'onisciência', em que o sujeito, em última instância, 'sabe tudo'" (p. 55). Na verdade, paradoxalmente, o Saber Absoluto é a realização da impossibilidade de qualquer posição neutra fora de sua posição de enunciação; além disso, também a ausência de qualquer garantia semelhante no Outro: "o Saber Absoluto revela-se como o nome hegeliano do que Lacan tentou delinear com a descrição do *passe*, o momento final do processo analítico, a experiência da falta no Outro" (p. 34). Em última instância, é essa recusa de levar em conta a posição subjetiva de enunciação que diferencia Saber de Verdade: "os proponentes politicamente corretos dos estudos culturais geralmente pagam por sua arrogância e pela falta de uma abordagem séria ao confundir verdade (posição subjetiva engajada) e conhecimento, isto é, ao renegar a lacuna que os separa, ao subordinar diretamente o conhecimento à verdade" (p. 100).

SIGNIFICANTE-MESTRE
(*ver também* IDEOLOGIA, JUDEU)

Um dos termos centrais do pensamento de Žižek, bem como uma peça central de sua renovada análise da ideologia, é a noção de significante-mestre. Žižek talvez nos dê duas explicações de como o significante-mestre atua para fazer parecer natural ou convencional o que na verdade é uma construção forçada e artificial da realidade: "Deveríamos buscar a operação elementar do *point de capiton* nessa virada 'milagrosa', nesse *quid pro quo* por meio do qual o que antes era a fonte da desordem se tornou a prova e o testemunho de um triunfo" (p. 125); e "o Significante-Mestre [...] não [é] mais uma simples abreviação que designa uma série de marcas, mas o nome do fundamento oculto dessa série de marcas que agem como muitos efeitos-expressões desse fundamento" (p. 199). Ou seja, o significante mestre não é uma simples qualidade empírica que dá sentido a circunstâncias previamente existentes, mas sim um tipo de hipótese radical que propõe um significante sempre irrepresentável pelo qual essas mesmas circunstâncias se tornam visíveis pela primeira vez. "Nisso consiste o feito paradoxal da simbolização: a busca vã pelo 'verdadeiro sentido' (o significado definitivo) é suplantada por um único gesto significante" (p. 292). Mas se essa é a única força do significante-mestre – o fato de não ser apenas uma designação empírica, de já levar em conta nossa própria distância em relação a ele, sua incapacidade de ser declarado definitivamente –, é também ela que abre um caminho para fora dele, pois somos sempre capazes de apontar para uma explicação mais profunda do que ele é, do que ele representa e do que permite que seja declarado. Vemos algo parecido na noção de universalidade concreta de Hegel e no pensamento de Žižek a respeito do espaço vazio da enunciação. Žižek diz sobre como o significante-mestre é seu próprio limite: Lacan, em contraposição a Derrida, "*oferece sem ambiguidades um conceito desse elemento* [do suplemento], a saber, o conceito do Significante-Mestre, S_1, em relação a S_2 [...]. Em Lacan, S_1 representa o suplemento [...] e, ao mesmo tempo, o Significante-Mestre. [...] O Centro que Derrida tenta 'desconstruir' é, em última análise, o próprio suplemento que ameaça perturbar seu poder totalizante" (p. 205).

SUJEITO (*ver também* LUGAR VAZIO/VÁCUO)

Para Žižek, o sujeito é, antes de tudo, uma posição crítica da qual se analisa a ideologia: representa o ponto vazio que precede a ideologia e a partir do qual a ideologia se articula. Nesse sentido, o sujeito deve ser oposto à subjetivação, que é precisamente o processo de interiorizar e tornar natural a ideologia: "no momento em que nos constituímos como sujeitos ideológicos, no momento em que respondemos à interpelação e assumimos determinada posição do sujeito, estamos [...] ignorando a dimensão radical do antagonismo social – ou seja, o núcleo traumático cuja simbolização sempre falha; [...] é precisamente a noção lacaniana do sujeito como 'lugar vazio da estrutura' que descreve o sujeito no seu confronto com o antagonismo, o sujeito que não está encobrindo a dimensão traumática do antagonismo social" (p. 265). Nesse sentido, podemos conceber o sujeito como um certo excesso da interpelação ideológica, aquilo que, de certo modo, permanece "além da interpelação": "o que define o sujeito, não nos esqueçamos, é precisamente a pergunta" (p. 46). A experiência da subjetividade, portanto, é a experiência da pura negatividade, na qual cada aspecto da identidade deve ser perdido ou sacrificado: "[Ao] 'demorar-se com o negativo', [...] a questão mesmo de Hegel é que o sujeito *não* sobrevive à provação da negatividade: ele *efetivamente* perde sua essência e se transfaz em seu Outro" (p. 211-212). O correlato do sujeito dentro da ordem simbólica, portanto, pode ser concebido como *objeto a*, aquilo que ocupa o lugar do Real: "o matema para o sujeito é $, um lugar vazio na estrutura, um significante elidido, enquanto o *objeto a* é, por definição, um objeto excessivo, um objeto que carece de seu lugar na estrutura" (p. 190). Essa equivalência, não obstante, deve ser esclarecida: "o paralelo entre o vazio do sujeito transcendental ($) e o vazio do objeto transcendental – o X inacessível que causa nossas percepções – é enganoso: o objeto transcendental é o vazio *para além* das aparências fenomenais, enquanto o sujeito transcendental *já aparece como um vazio*" (p. 228).

UNIVERSALIDADE CONCRETA (*ver também* EXCEÇÃO/ NÃO-TODO, MASCULINO/FEMININO)

Žižek usa essa noção hegeliana, desenvolvida detalhadamente em sua *Ciência da lógica*, para falar do momento final da dialética, em que algo (Ser) coincide com seu oposto (Nada). A "universalidade concreta" é atingida não quando há um universal ocupado por todos os outros, mas sim – daí a conexão com a lógica "feminina" do não-todo – quando esse universal é apenas o espaço que permite a equivalência de todos os outros, quando o próprio universal é apenas um desses outros: "O que temos aqui, portanto, não é uma simples redução do universal ao particular, mas um tipo de excesso do universal. Nenhum universal abrange o conteúdo particular inteiro, pois cada particular tem seu próprio universal, cada um contém uma perspectiva específica sobre o campo inteiro" (p. 75). Nesse sentido, não existe uma construção objetiva e neutra da realidade social, porque qualquer suposto significante-mestre ou ponto de estofo é em si apenas um dos elementos a ser suturado. Isso está relacionado ao argumento mais geral de Žižek, na esteira de Adorno e Lévi-Strauss, de que a dimensão da sociedade não está em nenhuma de suas várias descrições, tampouco na combinação delas, mas sim na própria cisão que elas indicam: "não existe nenhuma posição neutra, mas justamente porque existe apenas uma ciência, e essa ciência é cindida desde dentro" (p. 83). É nesse sentido que Žižek pode dizer que cada gênero tem apenas duas espécies, o gênero em si e o vazio que ele ocupa (p. 344-345). Vemos isso na questão da diferença sexual: não existem dois sexos que podem ser colocados juntos, mas apenas um sexo (masculino) e aquele que ele ocupa (o feminino), e é por essa razão que a diferença sexual é uma das maneiras de representar apropriadamente a "universalidade concreta" do social.

Agradecimentos

Os organizadores gostariam de agradecer a Sarah Douglas e Hywel Evans pelo entusiasmo e pela paciência intermináveis durante toda a preparação deste livro, e a Tristan Palmer por encomendar a organização deste volume, em primeiro lugar.

Scott Stephens gostaria de agradecer, em particular, ao apoio da Australian Research Theological Foundation, cuja generosidade nos primeiros estágios deste projeto foi fundamental para sua realização. Ele também agradece a Stephen Morton por ajudar a localizar e obter certas referências difíceis de serem encontradas.

Este livro foi composto com tipografia Bembo e impresso
em papel Off-White 80 g/m² na Formato Artes Gráficas.